招商局会计史
(1978—2022)

本书编写组

中国财经出版传媒集团
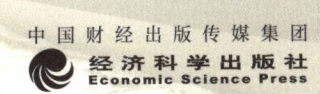
经济科学出版社
Economic Science Press

编辑委员会

主　任：缪建民
副主任：胡建华
委　员：王　宏　邓仁杰　段湘晖
　　　　周　松　李百安　冯波鸣
　　　　洪小源　李亚东　张军立

编 写 组

组　　长：周　松
副 组 长：刘威武　郑洪涛
编写人员：吴振勤　刘清亮　王琳琳　吕胜洲
　　　　　　刘　杰　钟　涛　李佳杰　罗　立
　　　　　　张　洁　曾　诚　胡艳君　李二根
　　　　　　胡效涛　黄璐璐　张　婧　董姜宏
　　　　　　张继超　帅　俊　余　超　袁　迪
　　　　　　熊　迅　蔡绿朋　张军华　汪军民
　　　　　　张　颖　李福武　张时颖　林庆发
　　　　　　杨之凯　李泽瑞　张思达　崔晓航
　　　　　　杨域巍　王佳腾　范欣足　郑国花

序　言

时光荏苒，沧海桑田。2022年，创办于洋务运动时期的轮船招商局已经走过波澜壮阔的150个春秋。纵观150年历史，招商局以勇立潮头的精神，深度经历和参与了洋务运动、新中国建设、改革开放等重大历史变革。特别是1978年改革开放以来，招商局锐意进取、敢为人先，抓住香港回归和内地发展的有利时机，在改革开放的前沿进行创新探索，独资开发了中国第一个对外开放的工业区——蛇口工业区，创办了中国第一家由企业法人持股的股份制商业银行——招商银行，中国第一家企业股份制保险公司——平安保险公司，为中国改革开放事业探索提供了市场化、国际化发展的宝贵经验。

在历史的长河中，招商局的发展是时代的折射；招商局的会计史，则是招商局发展的剪影。因此，在招商局150周年华诞之时，透过这本书，可以见微知著，从财务会计的角度更好地理解招商局的底色，更深地理解我们如何与时代同行。

"会计"这个词，看似平淡，但如巴菲特所说，会计，是商业世界的语言。本书所称的会计史，不仅包括了会计记账，还囊括了资金管理、财务管理在内的财务会计体系演变过程。招商局的会计发展史也是鲜活的中国企业会计演变史，自改革开放以来，招商局的会计工作以中国会计事业的发展与改革为主线、以招商局的发展转型为依托，绘制出一幅灿烂辉煌的会计历史画卷。

改革开放初期，招商局的经营自主权不断扩大，招商局率先打破传统，敢于负债经营，面对市场，自我积累，向"独立经营、独立核算、自负盈亏"的现代会计模式转变。同时，在蛇口工业区推行目标管理责任制、剩余收益制，创立双轨记账制核算办法，真正将"时间就是金钱，效率就是生命"的口号落到实处。

邓小平南方谈话后，招商局倡导"空谈误国、实干兴邦"，按照"统

一领导、分级管理、分级核算"的原则，初步建立了现代化、国际化的会计体系，创新市场化的融资方式，并开启了财务信息系统的电算化转型，促进了招商局的快速发展。集中的财务管控体系为招商局平稳渡过亚洲金融危机发挥了积极的作用。

进入21世纪，招商局着手打造强财务管控体系，通过完善财务制度、建立财务模型、提升财务信息化、加强财务人才队伍建设等，逐步构建并推动了集团强财务管控体系的成型，为招商局"重整、再造、新的再造、稳中求进"战略目标助力。

步入新常态，招商局启动了向价值创造型财务的战略转型，大力倡导"忠诚、干净、专注、高效"的财务文化，全面打造战略财务、业务财务和运营财务功能，积极推进财务共享中心和财务数字化建设，持续深化流动性风险预警、汇率风险预警、财务工作考核评价等量化管理工具的应用，为招商局实现"创建世界一流企业""高质量发展"目标奠定了坚实基础。

招商局的财务会计工作自始至终是招商局经营管理中最积极和最扎实的中坚力量之一，有力支撑和引领了招商局的战略转型与发展。在时代的洪流中，招商局形成了开放包容、敢为人先、实干笃行的文化，这也造就了招商局财务会计体系的特质——坚持实事求是、坚持专业为本、坚持合作共赢、坚持大道至简。鉴古知今，我们回顾这一段历史，不是为了从成功中寻求慰藉，而是为了总结历史经验、把握历史规律，增强开拓前进的勇气和力量。财务，是忠实的记录者、阐释者，在未来，更是企业价值的守护者、业务发展的同行者。招商局的财务会计，从来都不仅是"账房先生"，财务始终与战略紧密结合，通过与业务的深刻连接，以商业语言记录和剖析价值，并从资源配置的角度支撑价值创造。

成功不是终点，失败也并非终结，唯有前进的勇气长存。掩卷长思，在这段峥嵘岁月里，我们需要致敬伟大的时代，致敬锐意前行的领军者，更要致敬的，是那些默默无闻，但为招商局财务会计体系奉献和无悔付出的每一位财务工作者。

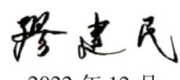

2022年12月

招商局会计史
(1978—2022)

本书编写组

中国财经出版传媒集团
经济科学出版社
Economic Science Press

编辑委员会

主　任：缪建民
副主任：胡建华
委　员：王　宏　邓仁杰　段湘晖
　　　　　周　松　李百安　冯波鸣
　　　　　洪小源　李亚东　张军立

编 写 组

组　　长： 周　松
副 组 长： 刘威武　郑洪涛
编写人员： 吴振勤　刘清亮　王琳琳　吕胜洲
　　　　　　刘　杰　钟　涛　李佳杰　罗　立
　　　　　　张　洁　曾　诚　胡艳君　李二根
　　　　　　胡效涛　黄璐璐　张　婧　董姜宏
　　　　　　张继超　帅　俊　余　超　袁　迪
　　　　　　熊　迅　蔡绿朋　张军华　汪军民
　　　　　　张　颖　李福武　张时颖　林庆发
　　　　　　杨之凯　李泽瑞　张思达　崔晓航
　　　　　　杨域巍　王佳腾　范欣足　郑国花

序　言

时光荏苒，沧海桑田。2022年，创办于洋务运动时期的轮船招商局已经走过波澜壮阔的150个春秋。纵观150年历史，招商局以勇立潮头的精神，深度经历和参与了洋务运动、新中国建设、改革开放等重大历史变革。特别是1978年改革开放以来，招商局锐意进取、敢为人先，抓住香港回归和内地发展的有利时机，在改革开放的前沿进行创新探索，独资开发了中国第一个对外开放的工业区——蛇口工业区，创办了中国第一家由企业法人持股的股份制商业银行——招商银行，中国第一家企业股份制保险公司——平安保险公司，为中国改革开放事业探索提供了市场化、国际化发展的宝贵经验。

在历史的长河中，招商局的发展是时代的折射；招商局的会计史，则是招商局发展的剪影。因此，在招商局150周年华诞之时，透过这本书，可以见微知著，从财务会计的角度更好地理解招商局的底色，更深地理解我们如何与时代同行。

"会计"这个词，看似平淡，但如巴菲特所说，会计，是商业世界的语言。本书所称的会计史，不仅包括了会计记账，还囊括了资金管理、财务管理在内的财务会计体系演变过程。招商局的会计发展史也是鲜活的中国企业会计演变史，自改革开放以来，招商局的会计工作以中国会计事业的发展与改革为主线、以招商局的发展转型为依托，绘制出一幅灿烂辉煌的会计历史画卷。

改革开放初期，招商局的经营自主权不断扩大，招商局率先打破传统，敢于负债经营，面对市场，自我积累，向"独立经营、独立核算、自负盈亏"的现代会计模式转变。同时，在蛇口工业区推行目标管理责任制、剩余收益制，创立双轨记账制核算办法，真正将"时间就是金钱，效率就是生命"的口号落到实处。

邓小平南方谈话后，招商局倡导"空谈误国、实干兴邦"，按照"统

一领导、分级管理、分级核算"的原则，初步建立了现代化、国际化的会计体系，创新市场化的融资方式，并开启了财务信息系统的电算化转型，促进了招商局的快速发展。集中的财务管控体系为招商局平稳渡过亚洲金融危机发挥了积极的作用。

进入21世纪，招商局着手打造强财务管控体系，通过完善财务制度、建立财务模型、提升财务信息化、加强财务人才队伍建设等，逐步构建并推动了集团强财务管控体系的成型，为招商局"重整、再造、新的再造、稳中求进"战略目标助力。

步入新常态，招商局启动了向价值创造型财务的战略转型，大力倡导"忠诚、干净、专注、高效"的财务文化，全面打造战略财务、业务财务和运营财务功能，积极推进财务共享中心和财务数字化建设，持续深化流动性风险预警、汇率风险预警、财务工作考核评价等量化管理工具的应用，为招商局实现"创建世界一流企业""高质量发展"目标奠定了坚实基础。

招商局的财务会计工作自始至终是招商局经营管理中最积极和最扎实的中坚力量之一，有力支撑和引领了招商局的战略转型与发展。在时代的洪流中，招商局形成了开放包容、敢为人先、实干笃行的文化，这也造就了招商局财务会计体系的特质——坚持实事求是、坚持专业为本、坚持合作共赢、坚持大道至简。鉴古知今，我们回顾这一段历史，不是为了从成功中寻求慰藉，而是为了总结历史经验、把握历史规律，增强开拓前进的勇气和力量。财务，是忠实的记录者、阐释者，在未来，更是企业价值的守护者、业务发展的同行者。招商局的财务会计，从来都不仅是"账房先生"，财务始终与战略紧密结合，通过与业务的深刻连接，以商业语言记录和剖析价值，并从资源配置的角度支撑价值创造。

成功不是终点，失败也并非终结，唯有前进的勇气长存。掩卷长思，在这段峥嵘岁月里，我们需要致敬伟大的时代，致敬锐意前行的领军者，更要致敬的，是那些默默无闻，但为招商局财务会计体系奉献和无悔付出的每一位财务工作者。

2022年12月

前言
PREFACE

创办于1872年洋务运动时期的招商局,是中国民族工商业的先驱,至今已有150年历史。它是中国近代第一家股份制公司,曾组建了中国近代第一支商船队,开办了中国第一家银行、第一家保险公司等,不仅开创了中国近代民族航运业,还带动了其他许多近代产业的发展,在中国近现代经济史和社会发展史上具有重要地位。《招商局会计史(1978—2022)》在上一版《招商局会计史》的基础上,记录了招商局从1978年改革开放至今的会计工作发展历程。编写过程中大量引用招商局历史档案及有关财务文献,以期完整记录招商局在不同时代背景下的经营特点,以及财务会计工作不断迈向现代化、市场化、强管控、价值创造、建设世界一流财务体系的发展步伐。

本书根据历史发展脉络,结合招商局发展情况,将1978年至2022年划分为四篇九章。每章的内部结构先从宏观发展背景到招商局的发展情况,再由此延伸到招商局的会计工作如何随着战略进行相应的转变与调整,得以形成不同时期的管理模式并取得相应成效。

第一篇为改革开放初期(1978—1991年),招商局抓住内地和香港发展的历史机遇,突破传统计划经济对国有企业的大一统管理模式,进行了一系列的市场化会计体制和财务管理创新。招商局的财务会计工作从"收支两条线"的计划管理模式向"独立经营、独立核算、自负盈亏"的市场化财务管理模式转变。招商局打破传统,敢于负债经营,充分利用香港银行和金融机构的资金,采用多种筹资形式,积极参与合营投资,面对市场,自我积累,自我发展,增加了企业经营发展的活力。在集团化架构设立后,招商局从集团化的视角建立统一的经济效益考核体系,进行统一的

资金筹集和管理。蛇口工业区对直属企业实行以"统一管理，分级核算"为原则的财务管理体制，设立内部结算中心，创立了双轨记账制核算办法，初步形成企业集团管理模式。

第二篇为市场经济时期（1992—2000年），招商局不断探索和创新，逐步构建了现代企业会计体系。在经营自主权不断扩大的基础上，招商局实施规模化投资与多元化经营，产业规模迅速扩大。在应对亚洲金融危机导致的集团现金流危机中，招商局审时度势，收缩战略，强力进行业务归并、资产重组，通过深化财务集中管理，有效应对亚洲金融危机。1997年"三乡会议"，招商局确立了新"二十四字方针"的发展战略，采取"稳固基础、稳健经营"的双稳方针，实施"集团多元化，经营专业化"的经营方式。根据新的战略，招商局按照"统一领导、分级管理、分级核算"的原则，调整和优化财务管理职能、设立国际财务公司、拓展融资渠道、统一预算管理、开始财务信息系统的电算化转型，基本形成了集团化的现代会计管理体系和管控模式。

第三篇为全球化时期（2001—2013年），招商局形成了具有自身特色的强财务管控体系。2001年，中国加入世界贸易组织，中国经济的市场化、国际化得到了前所未有的发展。2003年，国资委挂牌成立，开启了国有企业"管人、管事、管资产"的时代。基于亚洲金融危机的经验教训，招商局通过建立统一集中的财务组织、实施资金集中管理、优化债务结构、构建财务模型、做好与风险管理及内部控制的协同等手段，构建起以集团总部为中心的强财务管控体系，保证了"重整招商局""再造招商局""新的再造计划"的成功推进。随后，招商局在"稳中求进"发展战略的指导下，通过深化投融资管理、强化成本费用管理、细化财务模型变量、完善风险管理与内控制度等，深入推进精细化财务管理。内地与香港的两地发展，也使得招商局的会计报告体系在与国际会计准则趋同方面更具代表性。

第四篇为新常态时期（2014—2022年），招商局在产业结构优化和竞争能力提升的同时，持续探索向价值创造型财务管控体系转型。在此阶段，中国进入经济发展新常态，开始由追求GDP总量发展逐步向高质量发展转变。招商局顺应国家号召，提出创建世界一流企业的战略目标，持续

前　言

优化产业布局、优化发展模式、提升竞争能力。这一时期，招商局积极探索财务转型路径、提炼总结财务文化、深入开展质效提升、统一招采管理、推进财务共享与信息化建设、探索财务量化管理手段、推进以融促产、加快财务人才队伍建设，推动财务管理向价值创造型转型。随着数字信息技术的发展创新，招商局以财务数智化为财务发展方向，通过财务数智化创新解决方案，加快推进财务数字化规划的落地，助力向价值创造型财务转型，以实现支撑战略、支持决策、服务业务、创造价值和防控风险的目标，向世界一流财务管理持续迈进。

《招商局会计史（1978—2022）》是一本企业会计历史文献，具有一定的历史和现实意义。本书系统阐述了改革开放后招商局会计工作的历史演进过程，反映招商局会计工作在集团经营、发展和不断壮大过程中起到的积极作用，总结有益经验并为后续的会计工作提供参考。同时招商局作为中央直接管理的国有重要骨干企业、百年央企、综合央企、驻港央企，其会计工作的发展也是一部鲜活的中国企业会计演变史，对其他企业的管理也具有一定的借鉴作用。

本书在编写过程中，得到了招商局各级领导的高度重视和悉心指导。同时，在招商局集团办、人资部、战发部、风管部、历史博物馆及各公司的大力支持下，对大量历史档案以及集团研究文献进行了收集梳理及研究学习。在此，谨向编写过程中给予各种帮助的领导、同仁，致以诚挚的感谢。

由于编者水平所限，对本书中存在的错误和不当之处，恳请专家和读者批评指正。

编　者

2022 年 12 月

目 录
Contents

第一篇
改革开放初期探索现代企业会计体制
(1978—1991年)

第一章　招商局两地发展与市场化会计体制的探索
　　　　（1978—1985 年） / 003

　　第一节　改革开放初期经济体制调整与招商局的发展契机 / 004

　　第二节　改革开放初期招商局的发展状况 / 009

　　第三节　改革开放初期招商局财务管理体系 / 015

　　第四节　蛇口工业区的财务管理体系 / 024

　　第五节　内部结算中心的设立与发展 / 042

　　第六节　改革开放初期招商局的会计核算与报告体系 / 047

第二章　招商局集团架构设立与集团化会计体制的建设
　　　　（1986—1991 年） / 064

　　第一节　改革开放深化与招商局集团化发展战略 / 065

　　第二节　招商局集团架构设立初期发展状况 / 068

　　第三节　集团化统一管控的财务管理体系 / 073

　　第四节　蛇口工业区目标管理责任制与剩余收益制改革 / 085

第五节　招商局集团化的会计核算与会计报告　/　089

第二篇
市场经济时期构建现代企业会计体系
（1992—2000年）

第三章　招商局集团快速扩张与全面构建现代化会计体系
（1992—1996年）　/　125

第一节　社会主义市场经济体制确立与招商局集团发展战略　/　126

第二节　招商局集团快速扩张时期发展状况　/　129

第三节　招商局集团现代化财务管理　/　132

第四节　招商局集团融资方式创新　/　148

第五节　基于市场化会计准则的会计核算与会计报告　/　152

第四章　招商局集团应对亚洲金融危机与加强财务集中管控
（1997—2000年）　/　171

第一节　亚洲金融危机与招商局集团发展战略调整　/　172

第二节　招商局集团亚洲金融危机应对时期发展状况　/　173

第三节　亚洲金融危机时期招商局集团的财务管理　/　179

第四节　财务管控时期的会计核算与会计报告　/　195

第三篇
全球化时期增强财务管控能力
（2001—2013年）

第五章　招商局集团重整与集团财务强管控体系确立
（2001—2003年）　/　209

第一节　经济全球化与招商局集团发展战略　/　210

第二节　招商局集团重整时期发展状况　/　214

第三节　以集团为中心的财务管控体系　/　217

第四节　基于统一企业会计制度的会计核算与会计报告　/　227

第六章　招商局集团再造与财务强管控体系的深化
（2004—2010 年）／ 243

第一节　中国社会经济的快速发展与招商局集团再造战略　／　244

第二节　招商局集团再造时期发展状况　／　246

第三节　以集团为中心的财务管控体系深化　／　249

第四节　与风险管理及内部控制相协同的集团财务管控深化　／　263

第五节　财务信息化系统的扩展与改进　／　268

第六节　基于新企业会计准则的会计核算与会计报告　／　272

第七章　招商局集团稳中求进与精细化财务管理
（2011—2013 年）／ 295

第一节　中国经济增速放缓与招商局集团发展战略　／　296

第二节　招商局集团稳中求进时期发展状况　／　300

第三节　以精细化为导向的财务管理　／　302

第四节　财务信息化升级　／　312

第五节　基于信息化提升的会计核算与会计报告　／　314

第四篇
新常态下打造价值创造型财务管控体系
（2014—2022年）

第八章　招商局集团跨越式发展与财务价值创造
（2014—2019 年）／ 329

第一节　新常态下高质量发展要求与招商局集团发展战略　／　330

第二节　招商局集团跨越式发展时期发展状况　／　333

第三节　价值创造型财务管控体系的转型　／　338

第四节　深入开展质效提升　／　351

第五节　财务管控助力重组整合　／　355

第六节　财务共享与信息化推进　／　362

第七节　财务量化管理手段应用的深化与探索　／　379

第八节　采购管理体系深化与提升　／　386

第九节　金融业务财务管理体系完善　/　391

第十节　日趋成熟的会计核算与会计报告　/　397

第九章　招商局集团创建世界一流与财务数智化（2020—2022 年）　/　415

第一节　双循环下高质量发展与招商局集团创建世界一流发展战略　/　416

第二节　招商局集团发展状况　/　420

第三节　招商局集团创建世界一流财务管理　/　422

第四节　招商局集团财务人才工程　/　446

第五节　招商局集团财务数智化建设　/　452

第六节　招商局集团以融促产的深化与创新　/　457

第七节　招商局集团的会计核算与会计报告　/　463

参考文献　/　474

后记　/　484

第一篇 改革开放初期探索现代企业会计体制

（1978—1991年）

第一章

招商局两地发展
与市场化会计体制的探索
（1978—1985年）

20世纪70年代末至80年代中期，我国面临的国际环境发生重大变化，"中美三个联合公报"的发表标志着中美关系进入新的阶段，此后我国与世界各经济体的关系也开始逐渐缓和。1978年召开的党的十一届三中全会是我国现代发展史上的重要转折点，拉开了我国改革开放的序幕，我国逐步从计划经济体制向以计划经济为主、市场调节为辅的经济体制转变；从公有制经济向以公有制为主体、多种所有制经济共同发展的经济模式转变；从以阶级斗争为纲向以经济建设为中心的社会主义现代化建设转变。此时的香港经济发展迅速，逐步成为亚太地区的金融、贸易与航运中心，改革开放后的内地和香港优势互补，合作互利双赢，为招商局轮船股份有限公司（以下简称"招商局"）的发展提供了重大历史性战略机遇。

1978年6月，为了更好地贯彻中央对港澳地区"长期打算，充分利用"的方针，交通部党组向党中央和国务院报送了《关于充分利用香港招商局问题的请示》。党中央和国务院批准了交通部党组的请示，大大扩充了招商局的自主经营权，指出招商局的经营方针为"立足港澳，背靠国内，面向海外，多种经营，买卖结合，工商结合"（1980年2月交通部党组规定招商局的经营方针加上"以航运为中心"），摆脱了旧的经济体制的

羁绊，进入现代化发展的新时期。1979年，招商局的管理体制由中国远洋运输总公司（以下简称"中远总公司"）直接领导改归交通部领导，交通部委托中远总公司代管。招商局抓住历史机遇，成为改革开放的排头兵，独资开发和独立经营蛇口工业区，开创了由一家企业开发工业区的先例。招商局蛇口工业区（以下简称"蛇口工业区"）作为中国在历史新时期推行改革开放政策的前哨阵地，既是率先对外开放的"窗口"，也是进行经济体制改革的"试验田"。蛇口工业区按照"特事特办""新事特办"的原则，打破内地传统经济体制的束缚，提出了"时间就是金钱，效率就是生命"的口号，进行了一系列改革的尝试和探索。"蛇口模式"的成功，在国内外产生了巨大而深远的影响。改革开放初期，招商局由单一航运企业向多功能、多元化、国际化企业集团发展，开启了历史性的"二次辉煌"，业务范围遍及航运、工业、油田后勤服务、商业贸易、金融、房地产、建筑、旅游、酒店等多种行业，形成了多元化业务全面配套协调发展的崭新格局。

招商局的财务会计工作从"收支两条线"的计划管理模式向"独立经营，独立核算，自负盈亏"的市场化财务管理模式转变。招商局打破了传统，敢于负债经营，充分利用香港银行和金融机构的资金，采用多种筹资形式，积极参与合营投资，面对市场，自我积累，自我发展，增加了企业经营发展的活力。同时，随着管理体制的调整，招商局的财政独立，并与中远总公司"脱钩"，面对业务全面发展的形势，财务管理工作也面临着种种新的问题。招商局根据自身经营方式和管理制度，不断调整和修订会计核算以及会计报告体系，各公司也根据自身情况进行具体的、专业性的财务管理，其中蛇口工业区开创性地根据产权关系确定财务管理体制，对直属企业实行"统一管理，分级核算"，对投资参股及合营企业则实行完全独立核算的财务体制。

第一节　改革开放初期经济体制调整与招商局的发展契机

20世纪80年代，经济全球化发展趋势加剧，国际航运业随着国际贸易量的不断增长而日益繁荣。从1978年改革开放开始，招商局跨入了崭新的历史阶段，在国家的支持下，招商局作为交通部的驻港机构，在大力发展航运业务的同时不断拓宽业务范围，形成以航运为核心的运输、船舶、仓储等业务体系，积累了丰富的市场化经营管理经验。招商局在内地投资与建设蛇口工业区，将市场化的经营管理理念贯彻到蛇口工业区的开发与建设中。

一、改革开放初期经济体制调整与发展环境

改革开放初期，我国进行经济体制调整，由计划经济向市场经济转型，国营企业也面临着新的历史机遇和挑战，企业管理的自主权、经营管理方式和利益分配等方面都发生了重大变革，此时的香港也正处于繁荣与挑战并存的发展阶段。

（一）国内改革开放与经济体制转型

1978年7—9月，国务院务虚会与中央工作会议提出要放手利用外国资金，保障工业企业必要的独立地位，适当扩大经济自主权。同年底，党的十一届三中全会召开，提出实行对内改革、对外开放的政策，对经济管理体制进行改革，让企业在国家统一计划的指导下拥有更多的经营管理自主权。1982年，党的十二大提出正确贯彻计划经济为主、市场调节为辅的原则。1984年，党的十二届三中全会通过《中共中央关于经济体制改革的决定》，指出我国的社会主义经济是"公有制基础上的有计划的商品经济"，提出建立多种形式的经济责任制，贯彻按劳分配原则，在国营企业内实行政企职责分离。

（二）香港经济繁荣的机遇与挑战

20世纪50—70年代，香港是内地对外交流的窗口与重要的渠道，为内地的发展提供了金融、贸易、物流等方面的支持。80年代是香港经济发展最快的时期，但同时面临着土地资源紧张、人力资源与原材料资源价格不断提高等限制因素，内地逐渐成为香港产业转移与升级的最大依靠。改革开放后，香港企业与内地企业通过合作实现双赢，进一步加深了香港与内地的经济联系。

二、"充分利用香港招商局"的战略布局

1978年10月,为贯彻中央对港澳地区"长期打算、充分利用"的方针,交通部党组草拟了《关于充分利用香港招商局问题的请示》(以下简称《请示》)报送党中央和国务院,得到批准。自此,招商局进入了一个新的历史发展时期。

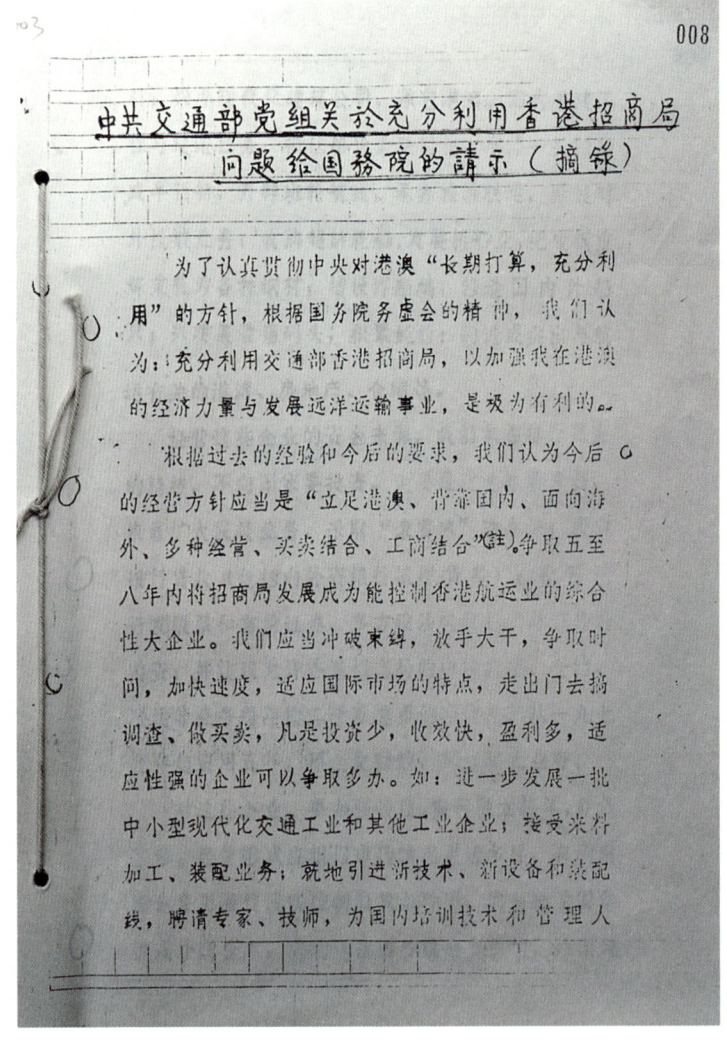

《关于充分利用香港招商局问题的请示》

（一）招商局自主权的扩大

关于招商局的经营，《请示》提出了24字的经营方针："立足港澳，背靠国内，面向海外，多种经营，买卖结合，工商结合。"《请示》还提出"凡是投资少、收效快、盈利多、适应性强的企业可以争取多办"。

关于资金来源，《请示》提出："经营这些企业的资金来源，我们本着自力更生的精神，不向国家要投资。主要是就地筹集资金，依靠扩大发展业务，采取滚雪球的办法，或向银行贷款（包括向外资银行抵押贷款），也可试行发股票和有价证券，多方设法吸引港澳与海外游资；并建议允许香港招商局的中转代理、仓储、驳运等业务每年约两千万港币的净收入，从一九七九年起留用五年，不上缴财政，用以扩大业务。"

为提高办事效率，《请示》建议，"鉴于港澳的资本主义竞争激烈，情况瞬息多变，一定要改革上层建筑，简化审批手续。应该确定（香港招商局）就地独立处理问题的机动权。建议授权港澳工委可以一次批准招商局动用当地五百万美元的权限，从事业务活动"，还要求招商局对所属企业加强管理，实行独立核算，自负盈亏，根据市场情况，采取灵活多样的经营形式。

（二）招商局两地发展的定位

《请示》将招商局的发展目标定位为"争取在五至八年内发展成为能控制香港航运业的综合性大企业"。招商局围绕航运业，广泛开展各类运输、贸易、修船等业务。为了贯彻落实《请示》，在综合考虑香港兴办工业企业成本高、困难多等问题，招商局经再三研究决定在广东宝安县邻近香港的沿海地带，建立一批与航运有关的工业企业。1979年1月，香港招商局代交通部和广东省革委会起草了《关于我驻香港招商局在广东宝安建立工业区的报告》，联名上报国务院，党中央、国务院批准了这份报告，同意创建蛇口工业区。由此，确立了招商局两地发展的定位。这样既充分利用内地的较廉价的土地与劳动力，又能利用国外的资金、技术、设备和管理经验，实现两地的优势互补。

广东省革命委员会
交 通 部 文件

粤革发〔1979〕4号

关于我驻香港招商局在广东宝安建立工业区的报告

先念副总理并国务院：

为了贯彻华主席、党中央对交通部《关于充分利用香港招商局问题的请示》的批示："立足港澳，依靠国内，面向海外，多种经营，工商结合，买卖结合"的方针，我驻香港招商局要求在广东宝安县邻近香港的沿海地带，建立一批与交通航运有关的工业企业。经我们共同研究，一致同意招商局在广东宝安境内邻近香港地区的地方建立工

—1—

1979年招商局代交通部和广东省革委会起草的
《关于我驻香港招商局在广东宝安建立工业区的报告》

第二节

改革开放初期招商局的发展状况

招商局利用自主权扩大的契机,在香港全面发展以航运为核心的运输、船舶、仓储等业务,扩充了远洋航运团队、港口码头及其相关产业,初步形成了较完整的航运体系。招商局在内地投资与建设蛇口工业区,运用市场化的机制,引进、合资开办了诸多企业,逐步建成以高附加值为特征的工业产业。该时期招商局发展迅速,资产规模与收入利润大幅增加。

一、招商局多元化产业体系初步形成

(一)招商局航运体系的形成与发展

航运是招商局的传统业务,既是"祖业"也是"主业"。改革开放初期,招商局运输系统的综合能力迅速增强,不仅拥有一支颇具规模的远洋船队,以及港口码头、仓库、驳船队、车队、船厂等设施,还建成了船务代理、船舶检验、港湾建筑工程、船舶打捞救助、船舶机械物料供应、船舶贸易等配套部门,发展为门类比较齐全,业务比较完整的航运体系。

为了满足不断增长的航运业务需求以及应对日益加剧的市场竞争,招商局大力发展航运的传统和基础业务,包括船舶代理、货运代理、货物中转以及码头装卸和货物仓储。1979年招商局成立船务部,负责筹建远洋船队及开辟远洋业务,同年在广州注册成立广州海顺船务公司(以下简称"海顺公司")。1980年船务部改组为香港明华船务有限公司(以下简称"明华公司"),具体经营船东、船舶代理、船舶买卖租赁等业务。中转代理业务实现稳步发展,同时开拓了客运、旅游等业务。为适应仓码业务不断发展的需要,招商局决定组建招商局仓码运输有限公司(以下简称"仓码公司"),以加强专业性经营管理。1981年上半年招商局选择香港坚尼地

城作为新码头、仓库的兴建地点，1983年5月动工兴建，1984年10月竣工。1984年9月，招商局在原业务部的基础上组建招商局船务企业有限公司（以下简称"船企公司"），主要经营船舶代理、货运代理、中转联运、订舱、揽货、租船、代理修船、客运旅游、船员接待及一切有关航运的业务。

在发展航运基本业务的同时，招商局也加大对航运配套业务的投入。香港海通船舶机械用品公司成立于1972年，1982年改名为香港海通有限公司（以下简称"海通公司"），为中国远洋船队、沿海船队、中国各港口提供全面商业服务。为更好地开展船舶贸易工作，招商局于1978年组建了船舶经纪部，1984年在船舶经纪部的基础上，组建了招商局国际船舶贸易有限公司（以下简称"国际船舶贸易公司"），负责买卖各类船舶及订造新船等船舶贸易业务。1978—1985年，招商局共订造新船90艘，购入二手船276艘，合计载重801万吨，为"中远"各公司、各省份水运企业以及海上石油钻探等部门提供了大量不同种类、用途的船舶，促进了中国海运事业的发展。1979年，友联机器修船厂有限公司（1984年更名友联船厂有限公司，以下简称"友联船厂"）开始扩建青衣岛新厂，到1981年底青衣岛新厂基本建成投产。此后友联船厂规模及业务量不断攀升，逐渐在香港位居第一。1980年9月，招商局正式成立招商局驳船运输有限公司，专责经营拖驳运输、交通艇服务、码头及船舶装卸、集装箱装拆及贮存等业务，短期内建成了一支居香港之冠的驳船队伍。

1982年国务院批准赤湾深水港建设计划，同年成立中国南山开发股份有限公司作为建设单位，其中招商局占股40%。赤湾港开发投资1.5亿港元，由股东集资1亿港元，向银行贷款5 000万港元。赤湾港于1982年8月15日动工，1983年6月14日举行开港仪式，1985年建成了深圳特区最大的石油专用码头。

（二）蛇口工业区的管理体制探索及开发建设

随着蛇口工业区的开发建设，其管理体制也在逐步建立和健全，并逐步摸索出一套比较符合蛇口工业区实际情况的新型管理体制。1979年4月，招商局正式成立蛇口工业区筹建指挥部，同年5月改称蛇口工业区建设指挥部，全面负责蛇口工业区基础工程建设、招聘劳动力和后勤保障等各项事宜。1981年，交通部行文批复招商局，将蛇口工业区建设指挥部更名为广东省深圳特区招商局蛇口工业区管理委员会（以下简称"蛇口工业区管理委员会"）。在"五通一平"基础工程基本完成后，蛇口工业区管理委员会进行了机构改革，下设3室（办公室、总工程师室、总会计师室）和13个专业公司，3室作为蛇口工业区党委和管委会的职能机构，属于行政编制，13个专业公司属于企业性质，实行独立核算，自计盈亏。后来，蛇口工业区管理委员会的职能机构新设了企业室、建设规划室、公用事业室，3室增至6室。

蛇口工业区是一个经济实体，而管委会却是政企合一的组织，这种管理体制无论是对企业独立自主地开展经营，还是对政府行使自身职权都颇为不利。因此，招商局开始深化蛇口工业区的管理体制改革，逐步实现政企分开。1984年，在广东省委、省人民政府和深圳市委、市人民政府的支持下，蛇口工业区抽调干部参与组建蛇口区管理局，下辖3个经济实体：招商局蛇口工业区、中国南山开发股份有限公司、蛇口渔工贸联合发展总公司。1984年9月，蛇口区管理局正式开始对外办公，标志着蛇口工业区管理体制的改革向前迈出了一大步。

蛇口工业区"五通一平"的基础工程从1979年7月开始破土动工，到1981年5月已完成了第一期基本建设任务，达到了通航、通车、通电、通水、通电讯和平整土地的基本要求，创造了当时我国基础设施建设史上最快的速度。在初期建设中，受制于传统的"大锅饭"体制，工人出工不出力，工程进展极其缓慢。招商局采取了大胆的举措：每多拉一车石料，就奖励司机4分钱。按劳分配、多劳多得，小小4分钱的奖励制度，激活了整个生产队。然而，热火朝天的局面刚打开不久，就遭遇多方质疑，随之被叫停。后经中央领导批示，对蛇口实行的奖金激励的做法予以了肯定。超产奖励的制度，让工程整整提前了一个月完工，为国家多创产值130万元。招商局根据市场化发展的切实感悟提出了"时间就是金钱，效率就是生命"口号，重塑了一代人社会发展和经济建设的市场观念。

招商局蛇口工业区"开山炮"

"时间就是金钱、效率就是生命"标语牌

招商局在创办蛇口工业区之初,就将招商引资作为重点,提出了"以发展工业为主"的指导思想与"三个为主"和"五个不引进"的方针,为蛇口工业区吸引外资奠定了一个较高的起点。"三个为主"指产业结构以工业为主、资金来源以外资为主、产品市场以外销为主;"五个不引进"指来料加工项目不引进、补偿贸易项目不引进、残旧机器设备不引进、不能处理的污染工业不引进、占用国内配额的项目不引进。蛇口工业区在兴办工业的同时,也发展了一些投资少、利润高、收效快的商业和旅游业,使蛇口更具吸引力。至1985年,一个以工业产业为主、饮食旅游服务业为辅,投资以外商为主,产品以外销为主的外向型蛇口工业区产业群已初具雏形。

二、改革开放初期招商局经营情况

(一)招商局总体经营状况

改革开放后,招商局香港与内地两地业务蓬勃发展,资产规模由1978年的1.86亿港元增至1985年的47.00亿港元,增长25倍。同时招商局的营业收入与净利润也大幅增长,1978年营业收入为0.59亿港元,至1985年达到19.79亿港元,增长34倍;1978年净利润为0.22亿港元,至1985年达到2.02亿港元,增长了9倍。1978—1985年招商局总资产、营业收入和净利润情况如表1-1所示。

表1-1　　　　　1978—1985年招商局资产与经营情况　　　　　单位:万港元

年份	总资产	营业收入	净利润
1978	18 576.76	5 918.19	2 207.74
1979	17 573.89	10 865.59	4 200.70
1980	91 927.11	15 835.63	3 859.76
1981	108 382.96	20 251.51	4 467.63
1982	91 027.69	20 993.36	4 995.42
1983	174 649.44	19 890.90	4 184.05
1984	285 077.80	19 047.30	3 189.11
1985	469 985.17	197 945.90	20 193.14

注:1985年,招商局开始从事进出口贸易业务,同时根据交通部指示将海通公司、友联船厂等由代管转为直属企业。

资料来源:1978—1985年招商局财务决算报告。

截至1985年底，招商局拥有11平方千米的蛇口工业区、赤湾深水港与石油后勤服务基地、香港青衣岛修船基地和坚尼地城转运中心，为招商局的长久发展奠定了坚实基础。招商局及直属单位的固定资产账面价值约16.6亿港元，比1980年的5.6亿港元增加了两倍，加上各种投资7.2亿港元，固定资产及投资的账面价值共计23亿港元。

招商局业务收入主要包括贸易及销售、修船业务收入、船公司营运、中转、代理收入等，以1985年为例，其中最主要的收入为贸易及销售收入，占比达到60%以上，此外修船收入占比达到8.69%，船公司营运收入占比5.34%，各项业务收入及比例具体如表1-2所示。

表1-2　　　　　　　　1985年招商局收入组成情况

项目	金额（万港元）	占比（%）
贸易及销售收入	127 543.14	64.43
修船收入	17 194.18	8.69
综合业务收入	15 944.74	8.06
船公司营运收入	10 571.36	5.34
中转收入	4 860.67	2.46
代理收入	2 578.46	1.30
其他业务收入	19 253.35	9.72
收入总计	197 945.90	100.00

资料来源：1978—1985年招商局财务决算报告。

（二）蛇口工业区的发展状况

在蛇口工业区引进的项目及其协议投资总额中，工业项目及其投资额均占较大比重，并且工业项目覆盖范围广泛，工业总产值始终以较高速度稳定增长。经过6年多的开发建设，截至1985年底，蛇口工业区已引入建设了包括钢铁、铝板、造船、建材、电子、电机、化工、食品、纺织、皮革、服装、玩具等众多门类的两百多家工业企业，工业总产值已达7.6亿元，相当于1982年的47.44倍。具体情况如表1-3所示。

表1-3　　　　　1979—1985年蛇口工业区工业发展概况

年份	引进项目			项目投资			工业产值	
	总数（项）	工业项目（项）	工业所占比重（%）	总额（万港元）	工业项目（万港元）	工业所占比重（%）	总计（万元）	上升指数（以1982年为基准）
1979	2	2	100.00	2 000.00	2 000.00	100.00		
1980	10	8	80.00	33 540.00	27 200.00	81.09		
1981	12	7	58.33	10 850.00	10 000.00	92.16		
1982	15	4	26.67	11 076.60	3 400.00	30.70	1 603.00	—
1983	35	16	45.71	26 185.00	9 570.00	36.55	13 863.00	8.65
1984	74	32	43.24	79 165.00	67 981.00	85.87	54 760.00	34.16
1985	58	29	50.00	92 726.00	85 349.00	92.04	76 050.00	47.44
合计	206	98	47.57	255 542.00	205 500.00	80.42	146 276.00	—

资料来源：王大勇.招商局史：现代部分［M］.北京：人民交通出版社，1995：204.

第三节 改革开放初期招商局财务管理体系

随着经济体制改革的推进，招商局的财务管理也逐渐从计划性管理向市场化管理转变，开始了负债经营的发展，并结合自身的业务特点，在资金管理、成本费用管理等方面进行探索与创新。

一、招商局改革开放初期的财务管理体制

1979年之前，招商局直接归中远总公司管理，招商局连同香港远洋公司、益丰远洋公司、友联船厂、海通公司等远洋系统企业作为驻港航线实行财务统一管理，会计报表汇总报中远总公司。招商局新的领导班子调整以后，交通部明确，友联船厂、海通公司归招商局管理，香港远洋公司、益丰远洋公司直接归中远总公司管理，招商局作为部属企业由中远总公司代管。自此，招商局的经营自主权进一步得到扩大。

在这段时期，招商局直属公司的财务管理由招商局财务部及负责管理的业务部门共同管理。以海顺公司为例，海顺公司的资金由招商局船务

部、发展部等调拨，由财务部负责指导办理。具体来说，为加快资金周转，缩短在途资金时间，招商局发展部按照实际工作需要预付备用金，船务部按照海顺公司提供的用款计划调拨，财务部指导海顺公司办理资金入账手续以及进行相关会计核算。

二、招商局改革开放初期的利税管理

为配合国家从计划经济体制向以计划经济为主、市场调节为辅的经济体制转变，1979年5月，财政部在成都召开全国税务工作会议，研究工商税制的改革。1979年以后，我国陆续颁布实施了中外合资经营企业所得税法等一套涉外税收制度，并实行了一系列税收优惠政策。1983年起，全国试行国营企业"利改税"。1984年，工商税制全面改革，工商税划分为增值税、产品税、营业税三种税，盐税仍作为一个独立税种。1984年10月，国家全面实施国营企业第二步"利改税"，从而实现了以税收为标志的国家与企业分配关系的改变。

1978年，在交通部党组提交《关于充分利用香港招商局问题的请示》后，为支持招商局的经营与发展，党中央和国务院批示给予招商局"利润留存，五年不上缴财政"的优惠政策。1982年，国务院批准交通部呈报的建设赤湾深水港计划，并批准招商局自1984年起，再延长10年不上缴利润，用以入股中国南山开发股份有限公司，开发赤湾港。自此，招商局享有15年利润外汇留用的优惠政策。上述优惠政策有力地促进了招商局积累经济实力，快速发展壮大。

招商局作为驻港中资机构，依据《香港税务条例》就各项业务取得的所得进行利得税纳税申报及相关的涉税信息报送。招商局在内地的公司主要缴纳工商税、工商所得税、城市维护税等。

三、招商局改革开放初期的资金管理

改革开放以来，招商局围绕自主筹资、严格收支管理、强化外汇管理等方面，进行了大量的改革创新，为招商局的多元化发展，起到重要的作用。

（一）筹资管理

早期在国家的支持下，招商局利用在港优势积极筹措资金帮助发展中国远洋船队，积累了成功经验。改革开放初期国家在批准招商局的发展方针时，允许招商局自主筹措发展所需的资金，因此招商局本着自力更生的精神，不向国家要投资，冲破不敢负债经营的传统观念束缚，敢于充分利用香港银行和金融机构的资金，开拓广阔的融资渠道，采用多种筹资形式，用以扩大业务。

前已述及，改革开放初期，招商局围绕航运业，大力发展多种业务经营。该时期招商局投资主要集中在蛇口工业区开发、远洋船队建立和香港码头仓库的改建发展三个方面，这些投资都离不开资金。招商局既没有国家拨款，自身资金又不足，因此主要依靠向银行贷款来筹集资金。

招商局为了建立自己的船队，在1980年成立明华公司后就着手购建船舶。明华公司从零开始，除招商局投入少量的注册资本外，购造船舶的资金主要依靠银行贷款。1985年末，明华公司拥有固定资产3.6亿港元，银行贷款1.3亿港元。招商局在进行银行贷款时，一般是先确定实际需要，然后与银行谈判后进行贷款，期限通常为3～5年，借入的币种一般为美元。这种被动贷款的方式流程长、效率低，不利于争取最佳的贷款方案，也可能耽误最佳购买时机。在1979年后，招商局尝试了一些突破性做法，包括前置沟通与准备工作，积极与各金融机构提前沟通方案，从中比较分析，选择条件优越、办事流程简便的方案，以便有业务需求时能节约谈判时间（一般提前10天），提高工作效率。同时，根据银行提供的方案，按照"有利于我"的思路，改变过往一律"中长期贷款、借入美元"的方式，采取了"长短结合"、根据售船国别及美元、日元利率的变化借入相应币种。这些具体贷款方式的改变提高了贷款效率，节约了资金成本。为及时了解所属企业的贷款情况，招商局规定，在港所属企业利用贷款发展船队或投资其他项目，应将贷款情况按月向招商局汇报，包括金额、银行名称、利率、条件等信息。

在改革开放初期，招商局经过短短几年的发展，总资产负债率已达50%左右，负债经营开始成为招商局发展的主要特点之一。只要是能够带来更高预期的经济效益、在承受能力之内的投资，都可采用负债经营的方

式。另外，招商局根据资金市场的情况，长短期资金结合使用，力求提高资金使用效率。这一时期，招商局已向日本、美国、法国等十多家外国在香港的银行贷款，债务融资渠道日趋多元化。

在敢于借钱的同时，招商局十分珍惜自己的信誉。招商局的领导亦视负债经营为"如履薄冰"，在负债经营时兢兢业业，用好贷款并保证按期偿还。这种自主经营、自我约束、自我发展、自负盈亏的经营方式成为日后国营企业中大力号召、普遍推行的标杆做法。

（二）收支管理

招商局隶属于交通部，20世纪70年代末仍遵循计划经济体制的财务管理，其中一项重要内容便是财务收支计划。1979年，船企公司、仓码公司尚未成立，因此该部分业务收支仍包含在招商局的财务收支计划内。总收入包含中转代理业务收入、船舶业务收入、仓库业务收入、码头业务收入、营业外业务收入等，相应分项列示业务支出。财务收支计划参照上年财务收支完成情况和本年生产计划编制，在上报财务收支计划时连同管理费用开支计划和生产计划编制成三张计划表格，经招商局总经理签署后上报至上级管理机构。

招商局在资金收入与支出方面制定了详细的管理规定。以代理船舶借款、退款管理为例，招商局制定《代理船舶借款、退款管理办法》，对于借款退款流程进行规定。代理船舶的业务员根据船长电报通知，或船长、政委、管事签字的借款通知办理借款。在业务员填写临时借款单后，经部门主管审核签字并附船长电报复印件或船舶借款通知向招商局财务部借款。如船舶在港期间，临时口头提出借款，需业务员征得部门主管签字同意，并在临时借款单上注明无正式借款通知的原因，方才给予办理，但必须在三个工作日内补办借款手续。船舶借款单一式四份，在所借款数交、收清楚后，经船舶负责人（只限船长、政委、管事）签字并加盖船舶公章，第一、第二联由经办人取回，经部门主管签字后，经办人须在三个工作日内交回财务部门，而第三、第四联则交船方作为结账凭证。

（三）外汇管理

1981年1月，国务院发布《国务院关于限期调回未经批准存放在境外外汇的通知》，要求各单位限期调回未经批准在境外的外汇存款。招商局将包括运输装卸、代理、劳务、救捞、工程、产品和材料销售等的一切业务收入外汇，按规定以收抵支后及时结算调回。同时招商局及所属公司对过去存放在国外和港澳地区的外汇进行清理，将外汇调回公司所在地的中国银行分、支行，并按照《交通部留成外汇管理试行办法》规定办理外汇分成。招商局承担了督促检查交通部在港企业的外汇清理工作，并于1981年2月底前完成。此外，招商局还对内地单位在港存款进行清理，及时与存款单位联系，将各项外汇存款在规定时间之前汇回存款单位所在地中国银行。

1985年，深圳特区为了疏通外汇资金流通渠道，加速外汇资金的周转，提高外汇资金使用的经济效益，调动特区企业创汇的积极性，设立了"深圳经济特区外汇调剂中心"。招商局在与香港及世界各国的航运业务往来中收到了大量的外汇，同时蛇口工业区作为外向型工业区，出口产品也创造了大量的外汇。因此，招商局积极参与到特区的外汇调剂中，支持特区的对外开放与发展。参加调剂的外汇包括招商局自创并按照规定比例留成的外汇额度、内联企业、事业创汇按规定留在深圳经济特区使用的外汇、完成上缴外汇任务以外的现汇以及经国家外汇管理局或其分局批准允许参加调剂的其他外汇。调剂价格根据实际情况而定，招商局贸易外汇按参加交易单位的换汇成本或所在行业上一季度平均换汇成本以适当比例浮动；非贸易外汇，在银行结汇牌价和贸易外汇平均换汇成本之间浮动；"三来一补"收入的外汇按非贸易外汇交易价格办理。

四、招商局改革开放初期的成本费用管理

20世纪70年代末，在交通部的指导下，招商局全面部署了成本费用管理的各项措施。

1. 基于经济效益开展成本管理

招商局不是单纯追求成本绝对数的降低，而是实现成本的相对节约，

即依靠技术进步的内涵式成本降低。例如，各公司通过推广以燃料油代替柴油、以重油代替轻油节约外汇开支超 650 万元。多家公司积极开展技术革新、改进技术设备等工作以降低成本。各公司积极开展自修保养，改善船舶状况，大幅缩短修理期，节省大量修理费用。

2. 完善成本核算内容

对于航运企业，在以往专业单船核算和部分航次核算的基础上，通过设计统计卡片全面进行航次成本核算。同时针对每一条船舶制定修理费、燃料消耗和物料消耗三项标准，其中修理费根据年度批准的修理计划加上自修用料、配件等核定，燃料消耗费用根据船舶吨位核定，物料消耗费用参照上年度实际发生额进行核定。

3. 建立健全成本费用管理的基础工作

各公司建立健全原始记录制度与成本费用管理责任制度。以海顺公司的成本费用管理为例，凡是公司发生的各种开支，从原始凭证的审核到制单、设账、编制月报表，均由公司负责，原始凭证和账簿留存公司。海顺公司除原始单证报支费用外，还需要填写代付费用明细表，一式两份，写明报支的项目、人民币金额、原始凭证编号，由报销人签字确定责任。海顺公司以代付费用明细表和代付费用结算单向招商局船务部、发展部结算，冲抵预付备用金，不再附原始凭证。海顺公司每月向招商局结算一次，业务活动频繁、预付费用较大时，可以选择每半月结算一次。

4. 加强成本费用管理的规范化

（1）分类管理，如将差旅费分为国外与国内两类进行管理。（2）制定明确报销标准，对差旅费用，如食宿费、交通费、加班费等明确报销规定。（3）确定审批流程。以海通公司费用报销规定为例，公司对差旅费、午餐费、值班加班费等十余项费用分别进行了规范化和标准化管理，规范了公司内部的费用管理流程，更加高效全面地实现了费用的确认、报销等工作。

五、招商局改革开放初期的财务经济指标统计及分析

1982 年开始，招商局根据交通部及代管单位中远总公司要求，开展对本公司财务经济指标统计及分析工作。按照要求，招商局应每季度上报主

要经济效果指标完成情况表和相关经济活动分析材料。

根据规定，经济指标分别按照投资船、贷款船和汇总表三方面内容上报。其中，周转量、货物吞吐量、运量等十项指标由计划部门安排。财务部门负责上报以下八项经济指标：营运收入和增长率、实现利润和增长率、上缴利润和增长率、营运收入利税率和增长率、资金利税率和增长率、单位成本和降低率、百元收入占用定额活动资金和降低率、定额活动资金周转天数和加速率。经济活动分析制度与经济效果指标的确立，使各部门和企业把工作的重点由过去片面追求高速度、高指标，转移到重视提高经济效益的轨道上来。

1. 营运收入和增长率指标

该指标反映运输营运收入情况。营运收入按照公司利润表中的营运收入填列，增长率即同比增长率，计算公式为（报告期营运收入/去年同期营运收入 − 1）×100%。

2. 实现利润和增长率

该指标反映企业盈利情况，实现利润即利润总额，在计算时本应包括固定资金占用费与流动资金占用费两项费用，但是远洋系统企业暂未进行这两项费用的考核。利润增长率为同比增长率。

3. 上缴利润和增长率

该指标反映企业上缴利润的基本情况。上缴利润包括上缴国库利润与上缴上级利润，根据前文所述，招商局不上缴利润，未做考核。

4. 营运收入利税率和增长率

该指标反映销售收入的收益水平，即每元营运收入所获得的利税。计算公式为（实现利润＋营运税金）/营运收入，增长率也为同比增长率。

5. 资金利税率和增长率

该指标反映资金投入的收益水平，即每百元资金投入实现的利润和营运税金，增长率为同比增长率。投入资金利税率按固定资产原值和固定资产净值分别进行计算。

按固定资产原值计算：投入资金利税率＝（实现利润＋营运税金）/（报告期固定资产原值平均余额＋报告期定额流动资金平均余额）

按固定资产净值计算：投入资金利税率＝（实现利润＋营运税金）/（报

告期固定资产净值平均余额+报告期定额流动资金平均余额）

其中，报告期定额流动资金平均余额，按照远洋系统现有制度，投资船、贷款船合并一起使用和考核流动资金，而交通部要求分别反映投资船、贷款船占用流动资金情况，为此，招商局分别按两种船舶固定资产净值的比例计算占用数，计算公式如下：

投资船占用流动资金=报告期投资船舶固定资产净值平均余额/报告期投资贷款船舶固定资产净值平均余额合计数×投资、贷款船舶占用流动资金平均余额总数

贷款船占用流动资金=报告期贷款船舶固定资产净值平均余额/报告期投资、贷款船舶固定资产净值平均余额合计×投资、贷款船占用流动资金平均余额总数

6. 单位成本和降低率

该指标反映单位运输营运成本。计算公式为运输总成本/换算周转量，单位为元/千换算吨海里，降低率为同比降低率。

7. 每百元收入占用定额流动资金和降低率

该指标反映流动资金利用率。计算公式为报告期定额流动资金平均余额/（自年初累计收入/月份数×12）。

8. 定额流动资金周转天数和加速率

该指标反映定额流动资金的营运效率。按照月度和年度分别计算。

报告月定额流动资金周转天数=报告月定额流动资金平均余额/报告月运输收入×30，单位为天；

本月止定额流动资金周转天数=本月止累计定额流动资金平均余额/本月止运输收入×累计月数×30，单位为天；

全年定额流动资金周转天数=定额流动资金全年平均余额/全年运输收入×360，单位为天；

本月止累计定额流动资金平均余额=本月止累计各月平均余额之和/累计月数，单位为元；

定额流动资金全年平均余额=全年各月平均余额之和/12，单位为元；

定额流动资金周转天数加速率=（1−报告期周转天数/去年同期周转

天数）×100%，计算结果若为正数，表示资金周转加快，若为负数，则表示资金周转延缓。

需要说明的是，根据交通部的要求，第 7 和第 8 两项指标都需要按照投资船、贷款船占用流动资金情况分别计算考核。

六、招商局改革开放初期全面财务检查

1982 年，在《国务院关于开展企业财务大检查的初步设想》的指导下，由交通部统一领导，招商局组织香港远洋公司、益丰远洋公司、明华公司、友联船厂、海通公司、招商驳运，一共七家单位进行自查与互查工作，七家单位的财会负责人共同进行自查与互查工作，在听取每一家公司各自的财务介绍后，选取各公司的财务检查要点，开展互查工作，在"财务计划、资金使用、财产管理、贪污腐败"四个方面进行了集中的自查与互查，公司之间"开展讨论、取长补短、发扬长处、克服缺失"。

本次财务大检查重点检查企业各项开支是否符合规定，各项收入是否纳入财务部门统一核算，是否存在设置"小金库"与错收漏收的情况，利润是否按照上级管理的规定分配，是否有不合理的运营情况，是否有铺张浪费与挥霍国家资产的情况，是否有动用公款公物进行不正当的活动，财产管理制度是否健全、账卡物是否相符、有无负责人缺失情况，财会制度是否健全与财会人员履职情况，企业领导对于财会工作是否重视、是否经常对财会工作进行督促检查等内容。

本次财务大检查发现各公司存在诸多的问题与不足，包括新财务会计制度不完善、整体资金运转效率不高、未严格执行财产管理制度，还有部分公司存在违反财经纪律、铺张浪费的问题。财务检查大大提升了包括招商局在内的交通部在港企业的财会管理意识，为上级主管部门提供了很多关于财会工作制度化、规范化、市场化的建议，为后续的企业财会工作改革打下了坚实的基础。

七、招商局资产计划管理

招商局按照交通部部属企业和在港企业管理的要求，制定了一系列资

产管理制度，重点是深化和完善资产管理中的计划管理。在资产计划管理中，计划内购建固定资产可按照批准的计划执行；计划外购建固定资产需要集团统一解决资金的，必须报经批准，用企业留存利润来解决的必须报备。关于固定资产报废，招商局所属各单位在一个年度内超过10万元以上的要经招商局批准，10万元以下的由各单位总经理办公会核批。

第四节 蛇口工业区的财务管理体系

招商局在成立集团之前，许多业务的经营运作都处于初级阶段，进行系统管理的条件还不够成熟，具体的、专业性的财务管理主要由各公司根据自身情况进行必要管理。蛇口工业区根据自身经营方式和管理制度，在财务机构、财务计划、投资与资金管理等方面积极地进行了市场化探索，取得了宝贵的经验。

一、蛇口工业区的财务管理体制

（一）蛇口工业区的财务组织体系

随着开发建设的需要及其管理体制的转变，蛇口工业区逐步建立和健全了一套比较符合自身实际情况的财务管理机制，设立总会计师室作为蛇口工业区的财务主管机关。蛇口工业区在全资直属企业设立财务部，对其实行双重领导，即财务部行政上受该单位领导，业务上受蛇口工业区总会计师室的领导。各单位的财务经理或财务主管，由总会计师室直接考核后报经蛇口工业区总会计师和总经理批准任命，财务人员调入蛇口工业区均需要统一经总会计师室考核合格后方能录用。

蛇口工业区在总会计师室内设有财务管理、资金管理、会计管理、内部结算中心、电脑资料五个管理部门。各管理部门按照职责范围从不同方面、不同环节对蛇口工业区的财务活动进行管理。

1. 资金管理组

资金管理组的主要职责：（1）根据投资回收计划编制资金计划，统一向银行或金融机构筹借资金，统一偿还银行借款；（2）统一调度资金，协调、控制、监督资金的运用；（3）参与内部结算中心的管理，制定存贷利率，审查投资计划及贷款合同；（4）制定和完善资金管理制度，分析检查资金计划的执行情况及资金使用效益，总结资金管理经验。

2. 内部结算中心

内部结算中心的主要职责：（1）负责统一办理直属企业的结算业务，吸收企业存款；按审批权限发放固定资产、投资和流动资金贷款，并正确计算利息；（2）对资金的运用进行控制和监督，及时反馈资金信息。

3. 会计管理组

会计管理组的主要职责：（1）正确核算资金成本；（2）及时清理往来账款；（3）清算直属企业回收资金的上交款项；（4）为资金管理提供数据资料。

4. 财务管理组

财务管理组的主要职责：（1）负责编制年度投资计划，为编制资金使用计划提供依据；（2）进行日常的财务监督，定期进行财务大检查，及时发现资金使用过程中存在的问题；（3）收集汇总财务报表，为分析资金使用效益提供资料。

5. 电脑资料组

电脑资料组的主要职责：（1）利用现代化手段，搜集整理、储存与传递资金信息；（2）监控资金运行，掌握资金流向和流量，为灵活调度，优化使用资金，为企业投资及经营决策提供依据；（3）反映资金使用和管理中出现的新问题、新情况、新动态；（4）制订资金计划，为健全资金管理制度及制定资金政策提供依据。

（二）蛇口工业区的财务管理体制

蛇口工业区对直属企业实行以"统一管理，分级核算"为原则的财务管理体制。蛇口工业区通过对投资活动、资金运筹、分配原则、财务人员任免、投资计划与投资审批进行统一管理，实现财务上的统一管理；通过统一会计制度、统一记账凭证报表及其他各项会计核算管理办法，实现会计核算上的统一管理。分级核算是指蛇口工业区各直属企业都是独立注册的经济法人，实行单独核算。蛇口工业区对直属企业财务人员采取专业归口管理，各直属企业财务部负责人的任免经蛇口工业区总会计师室考核，总经理批准；在利润分配上蛇口工业区直属单位遵循统一的原则与制度，采用的是下达利润指标年度计划及实行经营目标责任制。

蛇口工业区对合营企业则实行完全独立核算的财务体制，主要通过人事参与和间接的财务管理实现其产权管理，在派遣董事和经理方面，通过资格审查、委派程序、权限、考核等方面进行管控。

1985年招商局蛇口工业区财务会计文件汇编

二、蛇口工业区的税务支持政策

蛇口工业区的建设发展得到税务政策的支持。《关于我驻香港招商局在广东宝安建立工业区的报告》提出,蛇口工业区中有关建设、生产使用物资的进口及产品出口应参照国务院有关规定免税放行。1979年招商局与广东省、深圳市签订的《关于经营蛇口工业区的内部协议》,对蛇口工业区初期土地和土地使用费及税收做出了相关规定,具体为:(1)在土地和土地使用费方面,招商局在蛇口工业区设立地产公司的土地使用费以实际使用面积计算,每年每亩向深圳市交4 000港元,从使用土地时开始缴纳使用费;基建投资全部收回后,另行商议调整;土地使用年限暂定30年;蛇口工业区建筑公路用地和公路两旁各两公尺地带,免收使用费,征地费用由深圳市负责。(2)在税收方面,凡用于蛇口工业区的机械设备、原材料进口和外销的成品、半成品出口一律免税,但均须向工业区海关办理免税手续;蛇口工业区职工生活必需品免税进口,如带出蛇口工业区则按海关有关管理办法办理;利得税从投产日起3～5年内免征,从第4或第6年起按企业利润额征收10%。

1982年,深圳市政府在研究《关于蛇口工业区税收问题报告》后,批复了以下三项财政决定:(1)蛇口工业区的税收按国家税法规定,应由深圳市税务局及其下属机构负责征收,缴交地方财政;(2)因蛇口工业区正在建设,市政建设及公共福利设施需配套,市政府同意在1980—1985年深圳市向省进行财政包干的期间,可按实际上缴税收款项的同等数,每年按月拨回给蛇口工业区作为市政建设配套使用,1985年之后另行研究确定;(3)蛇口工业区使用此项拨款所进行的市政建设项目,应报市计划委员会备案。按照市政府的决定,蛇口工业区对公用事业的医院、学校、幼儿园、市政公司、清洁队、污水处理厂、绿化组、环保站、保安部等单位进行了配套项目建设。日常经费开支及业务收入实行收支两条线的核算办法,由总会计师室按时拨款解决。另外,招商局在蛇口工业区转入经营后,所创造的税后利润全部留给蛇口工业区用于建设发展。

三、蛇口工业区投资和融资管理

蛇口工业区的建设需要大量的投资，投资管理包括蛇口工业区的直接投资与蛇口工业区直属企业的投资。针对这两种投资，蛇口工业区通过建立健全各项管理制度，保证了各项投资计划和投资审批程序的严格执行，使各项投资行为都纳入蛇口工业区的监督控制之下。与此同时，蛇口工业区充分发挥政策优势，利用银行贷款，积极引进外资，确保投资建设所需资金，促进了蛇口工业区经济建设的健康发展。

（一）投资管理

蛇口工业区投资管理的总体原则是按照基建投资的全流程进行管理。1984年8月蛇口工业区印发了《关于基建用款、结算几项规定》，从投资计划、合同签订、款项支付、竣工结算、验收等方面，对基建投资项目的全流程进行规范。蛇口工业区进一步按照投资主体将投资项目分为蛇口工业区直接投资与蛇口工业区直属公司投资，根据投资规模分别制定相应的流程，并针对每一个流程环节，以贷款、资金使用为主线，通过严格规范申请、审批的流程与权限，对整体基建投资与资金使用进行管理。

按照基建投资项目的整体流程，蛇口工业区将投资计划、合同签订、款项支付、竣工结算、验收共5个环节细化为6个方面进行投资管理。

1. 投资计划管理

一切建筑安装工程及单价在800元以上的设备投资，均要纳入年度基建投资计划，原则上无计划不得施工和购建。计划外的建筑工程和设备投资，20万元以内经蛇口工业区管委会主任或副主任审批；20万元以上的经招商局审批，批准后列入追加计划项目。总会计师室按计划向银行申请贷款，并按计划审查付款，未纳入计划的基建和设备投资，总会计师室不付款。

2. 编制投资计划

年度基建投资、跨年度项目和在建项目由规划工程室编制计划。新建项目由使用或工程受益单位提出申请，经规划工程室综合平衡后，由蛇口工业区召集有关部门共同审查核定，报招商局审批下达施行。如需追加投资，需在第二季度内提出，并由规划工程室提出追加计划，由蛇口工业区报招商局审批下达。基建投资计划由规划工程室按投建工程项目编号，总会计师室按工程项目及编号进行台账管理。

3. 基建项目审核

基建项目由使用受益单位或管理部门提出设计报告及建议要求。规划工程室进行设计委托或设计，设计方案及设计图纸须征求使用受益单位或管理部门的意见，并获同意。有争议时，由蛇口工业区管委会主管副主任审定，单项工程造价在 20 万元以上项目或重要项目的方案及建设标准，须报请蛇口工业区管委会同意。

4. 签订工程合同

规划工程室按年度基建投资计划所规定的项目，与施工单位签订工程合同，凡工程总金额在 100 万元以上的，由蛇口工业区管委会主管副主任签订。

5. 验收与付款

按合同预付和结算工程款时，付款方应列明工程编号，开具基建工程付款通知单送总会计师室。总会计师室按合同规定支付工程价款。工程竣工移交使用时，应由规划工程室、总会计师室、施工单位及使用受益单位会同验收。各方分别在工程竣工验收报告上签认后才能结清工程价款。工程竣工验收结算完毕之后由规划工程室出具工程移交书，移交书要规划工程室、总会计师室、使用接收单位签字一式三份，作为固定资产的移交凭证。

6. 固定资产入账

按照年度基建投资计划分配给使用、申购（建）和工程受益部门的已完工建筑（房屋建筑物）工程及设备，在手续齐备的情况下，被分配使用或申购受益单位不得拒绝接收，否则应承担经济责任和由退货而发生的一切损失。总会计师室对已办好竣工验收手续的在建工程及设备，应办理固定资产拨付手续，制定固定资产卡片入账。

1984 年 9 月，蛇口工业区又印发了《关于基建用款、结算几项规定的补充规定》，对基建项目纳入投资计划管理的口径和审批权限进行调整。

(1) 未纳入计划的基础工程和设备投资，在 800 元以上、5 万元以下的，须经蛇口工业区管委会批准；5 万元以上的，应报招商局批准，列入追加计划后，方能购建，否则，总会计师室不予付款。(2) 已列入计划但超支的部分亦按上述规定进行办理。(3) 利用生产发展基金或自有资金，开展基本建设和购置设备，超过 800 元以上的，亦须经蛇口工业区管委会批准。(4) 凡 800 元以上的建设工程，不论计划内或计划外，也不论资金来源，一律交规划工程室办理发包，各单位不得自行发包。(5) 房屋维修和事后装修工程，凡以外汇结算的，须报总会计师室审批后交规划工程室办理发包。

蛇口工业区直属单位自筹资金或自己贷款的单价 800 元以上、20 万元以下的基建投资项目，需经蛇口工业区管委会批准。批准后的基建管理及财务付款，由各直属单位自理。工程管理部门对土建项目只签订工程本身施工合同，属基建投资外的附属设备、低值易耗品材料等的签购及签约，应由使用或工程受益部门自理。总会计师室及各直属单位对各项基建用款、工程质量、工程进度有检查监督的权利，一般情况下直接与规划工程室领导反映，重大问题可向蛇口工业区管委会反映解决。

（二）贷款管理

蛇口工业区投入的资金，包括开发性投资和企业项目投资两大类。1979—1984 年，蛇口工业区的投资总额在 5 亿港元以上，其中开发性固定资产投资为 3.13 亿港元（见表 1-4）。这笔庞大投资，当时不可能报请国家列入计划给予拨款，而根据中共中央和国务院批准的利润留成，又只能解决一小部分，因此，大部分投资必须设法自筹。于是蛇口工业区充分运用国家授予的"港澳工委可以一次批准招商局动用当地五百万美元的权限"，向香港银行贷款，同时利用卖方信贷和流动资金加以解决。

表 1-4　　1979—1985 年蛇口工业区开发性固定资产投资　　单位：万港元

项目	1979—1980 年	1981 年	1982 年	1983 年	1984 年	1985 年	合计
投资额	774.20	3 538.60	3 967.20	6 120.00	8 415.00	8 500.00	31 315.00

注：开发性固定资产投资额不包括企业项目投资额。
资料来源：招商局会计史（下卷）[M]. 北京：人民交通出版社，1994：205.

蛇口工业区的初期开发建设投资除主要依靠招商局拨款垫款外，从1981年开始向内地银行借入人民币，解决日常人民币费用来源。随着建设工程的全面展开，需要人民币支付的工程费用、材料、设备费用日益增加，使得人民币来源日趋紧张。蛇口工业区以自身的名义向广东当地银行贷款，不需要招商局的担保。这期间人民币贷款迅速增加，从1981年的200万元左右增加到1985年末的2亿元左右。

在蛇口工业区建设阶段，基本建设、固定资产购置和项目投资所需资金除批准使用企业自有资金投资建设的项目外，由总会计师室统一筹集，通过内部结算中心用信贷的方式统一管理。

1. 基本建设贷款管控

业主申请的基本建设贷款的审批由总会计师室与建设规划室联合签发基建项目批准通知书，在该项目投建前，填写基建贷款合同一式两份，经建设规划室审查签章后报总会计师室，总会计师室平衡用款计划，经审查同意并签章后送内部结算中心。内部结算中心在合同书上编列贷款合同号，一份自留，一份给企业。业主复印两份，分送总会计师室和建设规划室。

基本建设贷款在合同签订后，业主委托地盘管理单位填写"基建工程开工审批表"（代贷款卡）一式两份，送有关部门审核会签。开工后，地盘主管工程师根据工程进度填写基建工程付款单一式五联，送施工单位、业主、建设规划室会签后，送总会计师室。总会计师室审核有关付款单据，确认记录无误签章后送内部结算中心。内部结算中心核对无误后即按通知付款，开出支票或汇票，并在贷款卡上做记录。

工程竣工验收后，由地盘主管工程师会同预算工程师审核结算后，再根据结算书填写工程竣工结算调整表（代调整贷款卡）一式两份，连同结算书送建设规划室。建设规划室审核签章，将结算书一份退施工单位，其余退地盘管理单位。施工单位收到结算书后，即将竣工结算审核表、竣工图纸及有关资料整理送蛇口工业区档案馆，取回档案馆签收表。地盘管理单位收到上列资料后，即填写工程付款通知书，连同竣工结算调整表送施工单位和业主会签。由施工单位持会签完毕的付款通知书和结算审批表以及竣工验收书到总会计师室办理结算付款手续，经审查结算资料无误，记

录签章后送内部结算中心,结算中心核准登记后即开出支票或汇票。

2. 设备购置贷款管控

设备购置由购置单位根据购置情况填写"设备购置贷款合同"和"设备订购审批表"各一式两份,经主管签字盖章后送总会计师室。总会计师室审核购置计划,核对签字后报主任签章,然后自留影印件,正本分送内部结算中心和购置单位。

设备付款时,由购置单位填写"设备购置贷款付款通知书"一式三份,签字盖章后送总会计师室。总会计师室核对签章做记录后送内部结算中心,内部结算中心审核盖章后,按金额记入该户设备购置贷款,然后开出支票,并退回通知书第一联给购置单位,第三联给总会计师室。

3. 项目投资贷款管控

项目投资资金实行计划管理,投资企业应按照蛇口工业区总体发展战略,根据现有条件和筹资能力及可行性研究,制订项目投资计划,其资金必须纳入蛇口工业区批准的年度计划内。根据不同投资主体,投资项目分为两类:一类为蛇口工业区自身项目投资,一律采取项目投资拨款方式提供资金来源,统一由总会计师室划拨资金;另一类为直属单位的项目投资,资金应首先安排使用企业的发展资金,不足时,再申请项目投资贷款。

在项目投资贷款的决策程序上,蛇口工业区进行了详细的规定。投资单位提出申请报告,并填写"项目投资贷款审批表",同时按规定提交下列文件和资料:(1)可行性研究报告、项目实施方案;(2)审批机构的批文或批准证书;(3)合营企业章程、合同、营业执照;(4)蛇口工业区与合营企业签署的总协议书;(5)合营企业其他方注资的有关的影印材料;(6)合营企业董事会纪要及其他有关资料。"项目投资贷款审批表"及上述文件和资料经企业室会同总会计师室审查签章后,呈报蛇口工业区总经理审批。审批通过后,总会计师室将"项目投资审批表"和有关资料送内部结算中心办理贷款。蛇口工业区通过上述投资计划与投资审批程序,将投资权限高度集中,有效地控制了资金的投向及投资的规模。

(三) 引进外资管理

利用银行贷款是蛇口工业区筹资发展的一个重要手段，兴办中外合资企业和联营企业则是吸引社会资金、利用外资加速发展的另一个重要举措。蛇口工业区创办之初，就将引进外资工作列入重要议事日程，在各项业务活动和外事活动中都大力宣传，广泛邀请外商来蛇口投资。招商局借鉴世界各地出口加工区的做法与经验，制定了《蛇口工业区投资指南》（以下简称《投资指南》），提供优惠条件，吸引外商来蛇口办企业。与此同时，蛇口工业区采取了许多重要措施：（1）按国际商业惯例办事，按经济规律办事，反对及力求避免行政干预；（2）在香港签约，受香港的法律保障；（3）在《投资指南》中规定利得税的税率为10%，后来国家规定的税率为15%，信守承诺，对国家规定颁布前所签订的契约一律不变，5%差额税款由招商局承担；（4）抓住有利时机，以扶植集装箱厂、华美钢厂和华益铝厂三家比较大的合资企业迅速投产为突破口，带动了其他企业发展。

蛇口工业区不仅引进了港资和侨资，还吸引了美国、日本、瑞士、英国、法国、丹麦、新加坡等国的资金。蛇口工业区从20世纪70年代末创办开始，先后创办了中宏制氧厂、中国国际海运集装箱厂、华美钢厂、华益铝厂等一批中外合资企业，利用外国和我国香港一些企业的资金和技术，发展外向型的工业企业。据统计，1979年投资项目2个，皆为合资企业。在三资企业中，外商所投入的资金占有较大比重，据1985年6月的统计分析，在蛇口工业区192项协议投资中，中外合资102项，占53%；外商独资27项，占14%；中外合作20项，占10%；内联43项，占22%。协议投资约25亿港元，其中，外资14.5亿港元，占58%。截至1985年底，蛇口工业区协议投资项目206个，其中外资企业141个，占68%；开业项目153个，其中外资企业102个，占67%。

四、蛇口工业区财务计划管理

财务计划管理是蛇口工业区财务管理的主要环节，具有非常重要的意

义。蛇口工业区通过编制、组织实施财务计划，可以协调各项经营活动，整合企业各项资源；控制投资规模；按计划调度资金，平衡现金收支；提高企业的盈利水平和增加积累；发挥财务监督控制的作用；对企业和各部门的经营效益提供考核依据。蛇口工业区主要编制以下四类财务计划。

第一类为年度投资回收计划。蛇口工业区初期处于投资建设阶段，即每年投资额大于回收额。蛇口工业区投资回收计划每年安排一次，须经蛇口工业区管委会批准，对蛇口工业区整个年度投入、产出进行总体规划和指导。年度投资回收计划涵盖全部直属经营企业和公用事业单位的投资与回收。其中，投资计划包括基本建设计划、固定资产购置计划和项目投资计划（指引进、筹办企业项目的参资合营计划），回收计划包括全部经营企业的经营收益和公用事业项目的收支结余。

第二类为筹资计划。筹资计划根据投资回收计划编制。由于蛇口工业区处于投资建设阶段，投入大于产出，资金缺口较大，财务部门必须做好计划，予以安排，以保证投资回收计划的实现。另外，由于整个区域开发建设国家没有投资，依靠企业负债进行，原有的银行负债也必须到期偿还，因此需要重新筹集资金。资金计划由蛇口工业区统一安排，总会计师室组织实施。

第三类为年度考核计划。建区初期，蛇口工业区对各直属公司实行年度利润指标计划，此后由经营目标责任制转化为全面推行剩余收益制。经营目标责任制及剩余收益制都引入了企业经营资金的占用和企业劳动力这两个企业经营的重要因素，把企业经营效益和上述两个因素结合起来，综合评价企业经营成果。公用事业单位实行收支差额预算管理，编制年度事业费用收支计划。行政管理部门编制年度变动费用计划作为考核的依据。

第四类为年度分配计划。蛇口工业区从全局出发，本着综合平衡的原则，对全资直属单位实行统一的计划考核原则，确定分配关系。

五、蛇口工业区固定资产管理

如前所述，蛇口工业区内工业企业占比较大，因此具有固定资产种类多且规模大的特点，根据国家对国营企业固定资产方面的管理要求，蛇口工业区对固定资产进行严格的管理。1984年,蛇口工业区总结了以前年度固定资产管理的工作经验,在国营企业固定资产折旧管理的规范上制定《固定资产管理办法》,作为《蛇口工业区会计制度》的配套制度之一。《固定资产管理办法》分为七部分内容,包括固定资产的确认与分类,固定资产的计划管理,固定资产的计价,固定资产折旧和固定资金占用费,固定资产的扩建、改建、出租规定,固定资产的清理工作、固定资产管理的职责与分工。这部分主要介绍固定资产的管理,关于固定资产的核算在本章第六节进行分析。

(一) 固定资产管理的基本原则

蛇口工业区对固定资产实行"统一领导、分级管理、统一核算与归口管理相结合"的原则。"统一领导"是指固定资产的计划、调拨以及改扩建等重大事项由总会计师室或招商局进行统一审批;"分级管理"是指根据固定资产类别和用途制定相应的管理职责,确定对应的管理层级和人员,"统一核算与归口管理相结合"是指固定的分类、计价、折旧等会计核算基本政策由蛇口工业区统一制定,具体的固定资产核算业务由职能部门或直属企业的财务部门负责。

(二) 固定资产的管理职责

蛇口工业区各职能部门和直属单位根据固定资产的类别、用途,规定职责并进行明确分工。使用部门根据本单位所需用的土建项目及机具设备提出购建申请,保证本单位所使用资产完好并得到合理使用。同时使用部门负责提出对所使用的固定资产增减、修理、调拨、报废、拆除和技术改造、技术革新的意见,并主持固定资产的验收、盘点、清查、拆除等工作。工程规划部门根据各直属单位提出的购建申请及蛇口工业区生产经营的实际需要,分土建工程项目和机具设备制定蛇口工业区年度基建投资计划,并按计划施工、购建、验收和交付使用。

财务部门负责七项工作,具体包括:(1)固定资产的财务管理工作,印制、分发并管理蛇口工业区及直属单位全套固定资产卡片;(2)对固定资产的增减、调拨动态和资金来源渠道及投放使用进行财务监督,并与使

用部门共同保证账、卡、物相符；(3) 根据资金储备情况，会同工程规划部审定基建投资计划，保证重点建设项目的资金供应；(4) 审查机具设备的购置申请和提供资金来源；(5) 参加已完工土建工程的验收，机具设备的点交，定期或不定期的固定资产清查盘点，并对固定资产增减调拨提出意见；(6) 计提和上缴直属单位固定资产的折旧和固定资产占用费；(7) 办理固定资产增减变动的会计转账手续和决算报表。

（三）固定资产取得的管理

固定资产的购建、调拨必须纳入统一投资计划。每年年初由建设规划室、企业室，会同总会计师室编制固定资产投资计划，经蛇口工业区批准后下达。各直属单位必须按照蛇口工业区批准的年度固定资产投资计划购建、调拨固定资产。对于计划外的购建、调拨项目，财务部门不予付款。各直属单位依据固定资产投资计划向内部结算中心申请基本建设贷款、设备购置贷款时，按照蛇口工业区规定的贷款审批程序办理。

新建、改建、扩建（包括房屋、建筑物）的固定资产，竣工后应由施工单位或规划工程室填制工程验收报告，并由规划工程室和使用单位共同办理竣工交接、签证验收后，由财务部门结算并入账。各直属单位计划购建的固定资产，因不可预见因素发生结余或不使用的情况，应按照固定资产投资计划，在蛇口工业区直属单位之间进行内部调拨调剂使用。

购置、赠送的固定资产，通过使用（接管）单位填制购建固定资产验收交接记录，并由财务部门入账。

（四）固定资产的改建、扩建与出租

改建、扩建固定资产应事先由使用部门提出计划和意见，经工程部门和财务部门共同审核。改建、扩建费用在10万元以上的，由招商局批准；改建、扩建费用在2万元以下的，除医院、学校和公用事业室所属单位外，由各直属单位在生产业务费用或生产发展基金中支付。经过招商局和蛇口工业区批准的改建、扩建工程纳入年度基建计划。经扩建、改建后增加的设备和改建工程费用，计入原固定资产总值，增加原造价，并调整固定资产卡片记录。

对外出租的固定资产，计算租费。同时，出租时应与对方签订合同或协议书，报送财务部门对租用情况进行监督并办理租费结算。

（五）固定资产的清理与报废

为保证固定资产的完整和年度会计决算的真实性，原则上每年底应由使用（保管）部门对固定资产进行全面清理，做到账卡实物相符。在清理过程中发现固定资产盘盈、盘亏，应查明原因，分清责任，并提出处理意见，按规定报批。清查中的盘盈、盘亏不得互相抵销，单项价值在1万元以上的盘盈、盘亏，应由招商局批准后才能进行转账；单项价值1万元以下的，经复查落实，并由蛇口工业区管委会领导批准后转账。

在固定资产报废方面，蛇口工业区规定必须由使用保管部门提出申请，由工程部门有关技术人员进行技术鉴定，确认符合报废条件后，填写固定资产报废单，经过有关部门鉴认，并按规定审批权限报批。固定资产报废的审批权限方面，对于400匹马力以上的拖轮、200吨以上的辅助船舶（包括供油船、供水船、货船、供应船、工作船、住宿船和各种驳船等）、50人以上交通船和单位价值在10万元以上未到使用年限而需要提前报废的固定资产，由招商局审批。除此以外由蛇口工业区管委会审批。

六、蛇口工业区资金管理

资金管理是企业经营和管理的重要内容，也是财务管理的重点和难点。蛇口工业区资金的收支管理主要遵照招商局收支管理的规定和制度，特色之处在于，蛇口工业区对内部单位资金管理实行"有偿占用"的管理方式，即蛇口工业区对各单位都核定一定的占用额度，对额度内的流动资金，内部结算中心实行优惠利率；超过额度的流动资金贷款采取议定利率。

（一）蛇口工业区的流动资金管理

1982年6月2日，蛇口工业区下发《直属公司有关流动资金开支权限的暂行规定》，明确指出，为了改善企业经营管理，合理储备商品，加速资金周转，保证企业经营所需资金，对蛇口工业区各直属公司的流动资金采

取核定定额，并以贷款方式计算利息。对定额内的流动资金按年利率4%计算，超过定额的流动资金，则按年利率7.2%计算。蛇口工业区各直属公司财务主管及财会人员应加强对流动资金的管理和考核，随时检查流动资金的使用与留存，对超定额暂不需用的流动资金，应及时送存内部结算中心，尽量减少资金积压和利息支出。流动资金贷款必须按内部结算中心规定的日期偿还，否则，从逾期之日起加罚20%的利息。流动资金贷款审批权限如下：金额在150万元、300万港元、30万美元以下的，由蛇口工业区总会计师室主任批准；超过此金额的由总会计师室转呈蛇口工业区管委会有关领导批准。

（二）蛇口工业区的外汇资金管理

在蛇口工业区的发展过程中，产品出口规模不断扩大，外汇成为蛇口工业区的重要收入，为此蛇口工业区制定了《蛇口工业区资金管理试行办法》，对外汇资金的管理进行了详细的规定。

（1）为保证外汇收支平衡，蛇口工业区内的各单位对区内独资、合资企业（包括直属单位再投资的合营企业）所提供的服务，原则上一律以外币计算；个别特殊情况确实无能力支付外币的，经蛇口工业区管委会领导批准后，暂以人民币支付，一旦困难消除，仍应以外币计算。为保证及时付款和避免利息损失，对某些经费收取应采用托收无承付或预收保证金办法，对内联企业及直属企业单位原则上按本条规定办理。

（2）严格控制外币使用，凡需用外币购进机器设备，需纳入基建投资计划，无计划总会计师室不予付款；基建所需进口材料，按总造价10%计算核付，超过不予付款；低值易耗品、办公用品及生活用品，能在内地购买的，不得从香港或国外进口；出于营运需要，而又保证能以外币收回的，由总会计师室领导审定；各直属企业必须保证外汇收支平衡并略有结余。

（3）内部结算中心的外币存款，为保证币值，避免浮动利率的影响，除需要保留一定合理周转额度外，应及时汇还招商局垫款，以减轻外币垫款利息负担。

1984年7月，蛇口工业区下发《关于直属单位外汇管理的紧急通知》，对工业区直属单位外汇的收支管理进行调整。自1984年7月1日起，凡对外 100 港元以上的开支都必须报外汇使用审查小组审批。同时，蛇口工业区各单位结存的各种外币，限在 7 月 20 日前，一律送存内部结算中心集中管理，少数需用的备用金以及总会计师室合理的外汇开支除外。每日的外汇收入超过 500 港元的限在当天 16 时前送交内部结算中心，不得超额留存。结存的美元，不准兑换为其他外币，更不能兑换为人民币；其他外币，亦不能兑换成人民币。若因需要必须兑换的，可通过内部结算中心调剂使用。同时，对于应收外汇账款，要即时进行清理，派专人催收；对香港客户的欠款，可委托发展部代收。总之，努力节约一切可以节约的外汇开支，能以人民币开支的，不用外币开支。工程合同以人民币结算为主，尽量不用外币签订合同。

蛇口工业区还在有关制度中对外汇使用做出严格规定，如需要向境外汇款，不论金额大小都必须通过内部结算中心办理，不能擅自直接从银行账户中支付；各单位因业务需要支付外汇，必须经单位主要负责人（正职）签字批准，财务主管负责审核，并向内部结算中心提供贸易（购货）合同、发票、进口批文等全套单证，所做业务必须符合本单位经营范围，付款方式和收款单位必须与合同条款相符，若不符合上述付款条件，内部结算中心有权拒付。境外企业的一切资金调动和使用，必须经两名以上指定人员联签方能办理付款。各单位一切对外结汇，必须在境内银行进行，不得在境外收汇转存或做其他用途。未经蛇口工业区批准和没有总会计师室的书面委托，任何单位不得要求招商局驻香港各单位提供外汇借款。

七、蛇口工业区费用开支管理

蛇口工业区在建设和运营过程中，以独资或合资方式成立了大量企业，为了保证所属企业持续和规范发展，制定了一系列费用管理制度和办法。费用管理成为提高蛇口工业区经济效益、避免浪费与遵守财经纪律的重要手段。

（一）费用管理制度

蛇口工业区对成本费用按照"从严掌握、统筹安排"的总体原则进行

规范与管理，认真贯彻执行国家财经政策和财经制度，严格执行财经纪律，避免铺张浪费。在实行成本费用管理过程中，蛇口工业区根据自身实际情况，制定了一系列规章制度，对费用开支范围和费用开支标准进行规范，具体包括《关于更改管理人员劳保用品的通知》《关于停止用公款购买自行车供职工使用的通知》《关于出国、赴港考察有关事宜的暂行规定》《关于进一步改进接待办法的通知》《关于派往香港及国外学习人员经费开支的规定》《关于修订司机、导游及采购人员外出执勤补助标准的通知》《关于因公出差乘坐飞机的规定》《关于直属单位经理助理以上领导干部浮动工资发放标准的批复》《关于增加防暑降温清凉饮料的通知》等。

（二）费用管理方法

蛇口工业区制定的费用管理规章制度非常全面、细致，具有很强的操作性，可以有效地规范企业费用管理，包括出国、赴港考察费用管理，接待费用管理，一般费用管理等九项制度。下面以三项费用制度举例说明。

（1）出国、赴港考察费用管理。随着蛇口工业区经济的发展，涉外活动日益增多，因公出国、赴港人员不断增加，蛇口工业区于1985年6月制定了《关于出国、赴港考察有关事宜的暂行规定》，对出国、赴港的审批办法、费用开支标准、领款报销办法等做出规定，对于差旅费、补助费、服装费、另用费等费用开支的具体标准等进行规范。

（2）接待费用管理。蛇口工业区在《关于进一步改进接待办法的通知》中对迎接和陪同客人的安排、伙食标准等问题都作了规定。接待内宾，只能在食堂就餐，不能安排在餐厅就餐；由于特殊情况需在餐厅用餐的，应分别报请蛇口工业区分管书记和主任批准，统一由办公室安排，凭办公室按费用标准签发的"接待就餐登记表"就餐，凡没有办公室签条的，财务部门不予报销。

（3）一般费用管理。蛇口工业区对于一般费用管理也进行了深入细致的规范。以《关于修订司机、导游及采购人员外出执勤补助标准的通知》为例，对于汽车司机行车补助，如果为营业性货车，按照行驶公里、行车时间、运货次数三种标准发放补助。每一种标准都有细致的数据划分。

八、蛇口工业区年度经济指标计划管理

蛇口工业区为及时把握企业运行情况，对区内的所属企业经济指标进行计划管理，通过对收入、利润等经济指标的考核，配合考核奖励等手段，提高了蛇口工业区内企业经营效率，提升了所属企业的生产积极性。

（一）年度经济指标计划管理原则

蛇口工业区在创建初期，对所属单位采取按行业编制年度经济指标计划的原则，确定不同行业各单位的各项经济指标，主要包括利润、土地收支结余、港管收支结余、劳动管理收支结余、固定资产占用费及折旧等。各项指标均以实际上报总会计师室的数额为计算依据。蛇口工业区内公用事业单位及行政管理部门另行下达费用指标和制度考核指标。

（二）年度经济指标计划管理方法

蛇口工业区根据不同企业的经营类型，制定了不同的考核办法。港务公司规定按四项经济完成情况考核计奖，包括利润、港务管理收支结余、固定资金占用费和折旧，只考核总回收额，不分项考核。汽车运输公司规定按营业收入计算报酬含量，提留的报酬中包括基本工资、岗位工资、浮动工资、加班工资及行车补贴。通信公司规定按营业收入计算奖金含量。劳动服务公司完成费用指标和制度考核指标可得基本奖，费用结余部分按规定比例归公司留用。招待所和大厦管理处规定上缴利润总额指标，完成指标得基本奖，超交部分按比率分成。地产公司方面，规定只考核收入指标，完成指标得基本奖，超额获得提成，其中25年一次交清的土地对应的收入部分（包括房屋经营部分25年的土地），每年按该土地计划总收入目标的1/25计算考核。经营服务公司规定毛利分成率留成，留成额中要包一切费用开支，包括职工的工资、奖金，一切开支要按蛇口工业区规定执行，并需报告蛇口工业区管委会有关部门核准。育才学校和培训中心（包括图书馆）规定完成净支出计划可得奖金，并随同蛇口工业区管委会各室人员奖金水平浮动。联合医院规定费用指标，完成指标得基本奖，收支结

余分成。公用事业室亦规定费用指标，完成指标计划得基本奖，并同时规定收入指标，超收入指标部分按比例分成。工会规定完成经营利润和经费结余指标得基本奖，经营部分另根据计划再行核定。蛇口工业区管委会机关各室按直属公司平均数计发奖金，并规定人均费用指标，结余或超支则按同比例增加或减少平均奖。

第五节

内部结算中心的设立与发展

蛇口工业区开发初期，从"五通一平"起步，基础设施建设和投资项目所需大量资金主要靠蛇口工业区自筹解决。如何缓解资金供求矛盾，如何实现货币资金的集中管理，如何加速资金周转、减少利息支出、提高资金使用效益，成为当时亟待解决的问题。内部结算中心正是在这样的背景下应运而生。

一、内部结算中心规划与职能

1983 年以前，蛇口工业区对所属企业资金缺乏统一管理，十几家下属公司的资金分别在不同银行开户存储，出现了许多单位有大量闲置资金，而蛇口工业区还需要通过向银行高额借贷才能进行基建投资的局面，这样既带来资金管理风险，又增加了财务费用。蛇口工业区考察在港中资企业集团以及国内外大型企业集团资金管理的做法后，于 1984 年 4 月正式成立内部结算中心。

1984 年 10 月，蛇口工业区颁布《招商局蛇口工业区内部结算中心管理办法》，对内部结算中心的性质、业务范围、结算程序、管理权限以及科目的使用等都做出明确规定。内部结算中心的性质是在总会计师室内设立的非独立核算的办事机构，其基本职能是承担直属单位的资金借贷及收付、对外经济往来的结算业务，其基本宗旨是服务与管理。蛇口工业区内部结算中心的服务对象为蛇口工业区直属单位，直属单位除蛇口工业区管委会特许在银行开户外,一律都在内部结算中心开户。内部结算中心的业务范围为统一办理直属单位内部结算业务和对银行的收付业务,但不直接办理现金收付业务,同时办理直属单位的基建贷款和流动资金贷款业务。

蛇口工业区内部结算中心具有五项管理权限与职能。

(1) 业务结算与监督。内部结算中心有权监督直属单位运行,对不正当的收付款项应及时了解并向上级反映,必要时可拒绝受理。

(2) 按批准额度支付基建贷款。基建贷款需在批准的计划项目范围内,内部结算中心根据规划工程室、总会计师室和用款单位联合签字审批的基建贷款合同执行,可在批准的贷款合同额度内给用户付款,但不得将基建贷款转入结算户作流动资金使用。如用户用流动资金垫付了基建款,可由总会计师室核准后,将相等数额的基建贷款转入结算户。

(3) 流动资金贷款。如贷款在总会计师室批准的正常贷款额度内,内部结算中心可自行办理,其中核定的透支指标不需办理贷款手续,自动在存款户中以借方反映,以借方余额持续的时间计息。经核定的贷款指标可根据实际需要办理贷款手续、确定贷款时限,贷款手续办妥后可一次转入结算户,分次使用。各直属单位超指标借用流动资金,在内部结算中心无法解决时,可经总会计师室特许向银行借款,并在银行开立临时账户,待偿还借款后撤销。

(4) 办理直属单位存款、贷款。蛇口工业区各直属单位在内部结算中心存款,按照银行有关币种存款利率计息,各项借款按银行同类币种贷款利率计算利息。

(5) 外部补充资金。内部结算中心需从外部补充资金时,由总会计师室资金组负责向外筹集。内部结算中心向银行或其他单位寻求借款,统一以总会计师室名义办理。

1985年10月,蛇口工业区在内部结算中心的基础上成立了蛇口工业区财务公司,进一步拓宽了金融业务的范围。1987年4月,招商局在蛇口工业区财务公司的基础之上成立了中国第一家由企业开办的银行——招商银行,同月蛇口工业区又重新建立了蛇口工业区内部结算中心。招商银行成立后,在同等条件下,总会计师室优先向招商银行举债。

二、内部结算中心的运行管理

内部结算中心制定了规范的运行机制，包括设定资金归集、信息反馈、资金调度的规则与程序，以保障内部结算中心的顺利运转。

蛇口工业区各直属单位资金必须不迟于成立当年9月1日全部存入内部结算中心。此后，各单位不得在银行保留账户。凡进入内部结算中心的存、垫欠缴款均按商定利率予以计息，并从8月开始按月在往来对账单中列明存、垫欠缴利息金额；对透支款项应予以方便，凡逾期不上缴利润、折旧的应自逾期日起加计利息。

内部结算中心加强资金信息反馈，灵活调度资金，对于各直属单位的基建及营运用款，优先使用内部结算中心及总会计师室存款、回收资金及往来款，不再从银行贷款，尽可能不贷、少贷、迟贷。内部结算中心与蛇口工业区直属单位建立协调机制，方便蛇口工业区直属单位的用款工作顺利进行。总会计师室指定专人负责内部结算中心工作，并配备一名资金调度员，合理调度调剂资金，及时了解有关资金信息，并反馈给蛇口工业区。

资金调度授权由总会计师室全权负责。总会计师室在不影响各单位使用的前提下，有权按情况随时调度资金集中使用，并将此作为直属单位领导任职期内考核内容之一，各直属单位主管财务的经理和主办会计对此项工作负有直接责任。

三、内部结算中心的结算管控

（一）结算程序

蛇口工业区直属单位通过银行办理的各种非现金结算，先由各单位填制内部结算凭证，交结算中心，收取结算中心加盖受理印章后的回单做账，结算中心负责代办结算手续。银行转来的各种收款凭证或付款凭证，其中的承付凭证，结算中心应在24小时以内转送有关单位，其他凭证由有关单位到结算中心收取。

直属单位要提取现金时，由各单位填制内部现金支票，到结算中心换取银行现金支票到银行提取。在交存现金时，由单位直接向银行交存，取得回单后到结算中心办理入账手续。

（二）结算方式

内部结算中心的结算方式主要有内部转账、票据结算、汇款三种。

1. 内部转账方式

这种方式适用于蛇口工业区直属单位之间款项的清算，可以在内部结算中心使用"内部转账凭证"办理。"内部转账凭证"一式三联，第一联内部结算中心留存，第二联交付款单位，第三联交收款单位。转账凭证必须严格按规定填制，内容包括日期、收付款单位名称、账号、币种符号、大小写金额及款项用途，并且在第一联上加盖付款单位在内部结算中心的预留印鉴。

2. 票据结算方式

内部结算中心收到银行支票后采用此种结算方式。蛇口工业区内单位按照规定填写一式三联的"内部结算中心进账通知书"，前往内部结算中心办理入账。内部结算中心按照银行的要求和规定，认真审查票据和进账单的各项内容，加盖受理印章后，将第一联留下，连同银行进账回单记账，第二联退收款单位。汇票必须在背后加盖收款单位预留在内部结算中心的印鉴。由银行方面转来的支票进账，原件由内部结算中心留存，将其复印件交收款单位做账。

结算的单位使用支票付款时，结算单位需要按规定填写"内部结算中心支票"，内部结算中心审核支票的各项内容，审查付款单位预留印鉴无误后方可开出银行支票，交给付款单位经办签收后前往银行办理。

结算单位使用汇票或本票方式付款时，需要首先填写一式两联的"内部结算中心汇票或本票申请书"，内容包括日期、收款单位名称、开户银行账号、币种及金额大小写、付款单位预留内部结算中心印鉴。内部结算中心审查各项内容及有关资料后，填制银行汇票或本票申请书，加盖内部结算中心预留银行的印鉴，由付款单位经办人前往银行办理。事毕后，经办人必须将银行回单送回内部结算中心，换取内部结算中心汇票或本票申

请书的回单联。

3. 汇款结算方式

直属单位使用信汇、电汇或票汇付款采用此结算方式,除按规定填写银行信汇、电汇或票汇等单据外,还要加填一式两联"内部结算中心信汇、电汇或票汇申请书",内容包括日期、收款单位名称、收款单位地址、开户银行及账号、货币种类及大小写金额,款项用途,付款单位必须填写蛇口工业区内部结算中心——××公司,付款单位开户银行和账号,及付款单位预留内部结算中心的印鉴。同时,凡由银行方面转来的信汇、电汇或票汇等收款单,付款单原件留内部结算中心,复印件交收款单位做账。

四、内部结算中心的发展成效

内部结算中心在蛇口工业区的资金管理工作中起到了重大作用,为蛇口工业区经营管理工作的顺利运行提供了有力的保障,是财务管理工作市场化的积极创新与尝试。

1. 缓解资金供需矛盾,提高资金使用效益

内部结算中心成立后下属单位的所有存、借款全部从银行转移到内部结算中心,由内部结算中心直接对银行开户;同时下属单位依然可以得到内部结算中心的存款利息,并允许企业在限额内自行透支。内部结算中心利用蛇口工业区各直属单位经营资金在使用上的时间差和空间差,将盈资单位的闲置资金调剂给缺资单位,把分散的"死钱"变成了集中使用的"活钱",缓解资金供需矛盾,保证蛇口工业区开发建设和投资经营的资金需求;同时又减少了资金占用,节省了利息支出,加速了资金周转,提高了资金使用效益。

2. 优化企业经营环境,提高经济效益

内部结算中心的存款利率比银行同期稍高,而贷款利率比银行稍低,缩小存贷差,让利于企业。企业在内部结算中心可以随存随用,借款迅速,结算快捷。企业的存贷和结算业务均由内部结算中心办理,集中化的运营减轻了基层财务人员日常事务压力,可以集中精力做好业务工作和企

3. 完善管理机制，提高国有资产管理水平

蛇口工业区通过内部结算中心，直接对下属企业实行资金管理，蛇口工业区与下属企业以资金为纽带建立起紧密的经济关系，由行政管理型向经济管理型转变，逐步形成了新型的企业管理机制，为国有资产管理提供了一个有效而便捷的模式。直属单位的所有资金往来都通过内部结算中心办理，使得蛇口工业区对下属企业的资金活动了如指掌，其管理的针对性和有效性都有所增强，改变了以往企业"不服管"、上级"管不住"的被动局面，树立管理权威。内部结算中心对下属企业实行统收统支，企业对外资金往来均通过内部结算中心。内部结算中心具有过滤器和安全阀作用，既减少了资金的不合理占用，又可以监督资金的流向，防止资金流失，确保国有资产安全。内部结算中心为企业提供了快捷主动的服务，大大缩短了企业申请贷款或办理结算的时间，为企业创造了良好的经营条件，使企业切实得到实惠。

4. 理顺银企关系，取得双赢局面

内部结算中心成立以后，除特殊情况外，下属企业不再与银行直接发生借贷关系，而通过内部结算中心为结算中介，内部结算中心比银行更了解企业情况，而且在体制关系上也起到了一种信誉担保的作用。银行对内部结算中心信任度高，贷款风险性小，可以增加授信额度。

蛇口工业区内部结算中心的建立，对提高蛇口工业区经济效益、加强蛇口工业区的统一管理起到了重要作用，保证了蛇口工业区稳步、健康地向前发展。深圳市政府及有关领导高度重视和支持蛇口工业区内部结算中心的建立和发展，指出集团公司搞内部结算中心是一个值得探索的方向，完全有可能在此基础上找到一条完善企业集团管理的新路子。

第六节 改革开放初期招商局的会计核算与报告体系

招商局市场化形成时期，我国继续健全会计制度，加强会计立法工

作，同时借鉴国际会计惯例制定了《中华人民共和国中外合资经营企业会计制度》（以下简称《合营企业会计制度》），推进我国企业会计改革。招商局这一时期的会计制度根据国营工业企业会计制度与成本管理核算进行修订与调整。蛇口工业区成立内部结算中心，建立统一的综合性会计制度——招商局蛇口工业区会计制度。

一、改革开放起步阶段我国会计制度的改革

随着我国经济体制从计划经济体制向市场经济体制转轨，我国会计工作也在逐步恢复与发展，处于会计改革的起步阶段。这一时期的会计工作继续围绕"加强会计立法，健全会计制度"的中心思想，对现有会计制度进行修正与调整。

（1）会计立法。1985年1月第六届全国人大常委会第九次会议审议并通过《中华人民共和国会计法》（以下简称《会计法》），于同年5月1日起正式实施。《会计法》的颁布，标志着中华人民共和国第一部关于会计工作基本法律性文件的诞生，在会计法律法规体系建设中起着核心作用。1984年财政部颁布《会计人员工作规则》（以下简称《工作规则》）。《工作规则》有助于加强会计基础工作，正确行使国家赋予会计人员的职权，发挥会计在经济建设中的作用。

（2）会计制度的修订。从1980年起我国着手原企业会计制度的恢复与重建。为加强成本管理、降低成本消耗、提高经济效益，1984年国务院发布了《国营企业成本管理条例》，1985年4月又发布了《国营企业国有资产折旧试行条例》。这两个条例开启了我国走向现代成本管理的改革之路。

（3）会计制度的创新。为适应新经济体制建设的要求，我国开始借鉴国际会计惯例制定新的会计制度。1985年3月4日财政部正式发布《中华人民共和国中外合资经营企业会计制度》，这一制度突破了我国多年来计划经济体制下的会计框架。为配合《合营企业会计制度》的执行，财政部于1985年4月24日发布《中外合资经营工业企业会计科目和会计报表》，详细规范了中外合资经营工业企业会计科目和会计报表的设置和使用。

二、招商局会计核算

这个时期我国的会计核算仍以分行业核算为特点，由于招商局隶属于交通部管理，因此主要执行航运业会计制度，并按此报送会计报表。同期招商局成立了若干新的下属公司，内地各下属公司根据所在行业执行行业会计制度，如招商局在内地的工业企业执行《国营工业企业会计制度》，香港的公司执行香港会计准则。

（一）招商局航运业务会计核算

该阶段招商局执行 1980 年 12 月发布的《国营交通运输企业会计制度》。为了应对日益复杂多变的经营情况，提升会计核算水平和会计管理水平，招商局逐步改进各项业务的核算办法，加强与业务部门的合作。

（1）改进应收、应付款项核算管理办法。为了加快应收、应付款项的周转速度，提升资金运用效率，招商局采取了两项措施。一是实行所有应收、应付款及时入账制度。一旦业务发生，财务部收到相关票据，立即进行账务处理，改变过去收到款项才入账的处理方法。二是主要的应收应付款由专岗专人合并管理。应收、应付款不再按照业务线管理，而是专岗统一管理，这样有利于将同一客户的应收、应付款整体处理。

（2）保持中转货二程运输业务和财务的一致性。招商局财务部和业务部紧密合作，维持中转货二程运输由招商局就地结算的办法，这种处理方法从业务实际出发，回收第一程运费，为国家节省运费外汇支出，如当时临江轮一年便节省 120 万美元外汇支出；方便运费结算，及时解决出现的问题，同时也有利于公司资金调度周转，增加利息收入。从业务角度看，公司掌握了一支驳运队伍，起到了稳定、控制驳运价格的作用。从财务角度看，公司及时清理仓库，清理长期不取货不付款客户的存货，增加仓储空间，增加租金收入；及时制单收费，防止错漏，增加了业务收入。

（3）单独核算代理业务。为了加强对代理权费的考核与管理，公司将代理业务与中转业务剥离分开，独立核算。公司进一步按照代理业务的主要项目分成船舶代理、货物代理、修船代理、运费代理、客采代理、其他

代理六类，分别进行核算考核，这样有利于公司掌握各种不同类型代理业务的经营情况。

（4）改变中转费结算方法。公司要求各装港外代与招商局直接办理中转费结算，1985年5月起因体制变更，中转结算部分一并交由船企公司来办理。船企公司着重管理应收款的收缴问题，避免应收款长期非正常拖欠。

下面以明华公司为例说明该时期招商局航运业务会计核算特点。明华公司的会计核算方法使用灵活，在计提船舶折旧时，公司规定可根据各种船舶的特点采用不同的折旧率；在船舶维修保养开支方面，不提大修理基金，而是按年终实际支出计入当年成本。在资金使用方面，公司根据资金周转需求，在保证船舶营运资金充足的条件下，充分有效地发挥资金效益，避免资金闲置，采取各种措施降低不同币种资金收支而产生的汇率风险。

明华公司在成本核算和管理方面都以船舶效益为中心，在分工上采用部门负责制。公司要求各业务部门精打细算，做好费用开支审核。在核算上主要核算船舶运输总成本、单位成本和单船成本。船舶运输总成本分固定费用、变动费用和其他费用三部分，固定费用加变动费扣除与成本无关的费用即为总成本。固定费用项目有工资及附加工资、修理、备件、物料、润滑油、保险费、折旧、企业管理费、其他九项，变动费用项目有燃油、港杂费、差旅费、货物费、其他五项。总成本除以千吨海里就是单位成本。除核算船舶运输总成本外，公司还按船舶类型（分为杂货船、散货船、集装箱船）分别核算总成本、每千吨收入和盈亏，为分析各类型船舶的成本和经济效益提供会计信息。此外，明华公司还按单船核算收支盈亏、还款能力和资金回收率，反映单船的营运收支和经济效益情况，为提高单船经济效益和购置新船、处理旧船提供财务依据。

明华公司还以船舶注册单船公司，此时会计核算和财务管理都以单船进行。财务人员在会计核算工作上的分工不按收入、成本、结算等会计核算业务内容划分，而是根据船只划分，即每个财务人员分管负责具体船只的收入、成本、费用的完整会计核算流程。

(二) 招商局工业企业会计核算

我国执行分行业的会计制度，因此招商局在内地的工业企业按照《国营工业企业会计制度》进行核算和报告。在会计核算体制上，招商局一直执行"收支两条线"的内部核算体制，收入按实际上缴，支出按预算拨款，增添固定资产或进行技术改造，通过基本建设计划予以解决。招商局对于各种财务收支可独立进行核算，并独立编制资产负债表上报国内主管部门。

下面以海通公司为例说明招商局工业企业会计核算的特点。1972年海通公司由交通部于香港成立，是一家生产、销售融为一体的工贸企业，其主营业务是供应机械、配件等船用物资，公司同时在蛇口设立海虹油漆厂，用于生产各种船用油漆。公司本部和海虹油漆厂各自独立核算，本部执行香港会计准则，海虹油漆厂则执行工业企业会计核算制度。

海通公司以日历年度为会计年度，以港币为记账本位币。收入和费用以权责发生制为核算基础。海通公司从1982年开始使用的会计科目既满足内地制度的基本要求，又符合香港企业的惯例。公司会计科目分为资产、负债、资本、收入、成本费用五大类。在资产科目中除通常使用的固定资产、现金、存款外，还增设投资科目反映日益增多的对外投资活动。在结算性科目中增设待结账款、暂记款等香港会计准则下的会计科目，用于反映应收货款、暂收款等内容。另外通过设立资本、公积金科目，用于反映上级投资和留存利润情况。在收入和成本科目中，根据实际业务的分类设立会计科目的明细科目，便于细化经营成果的分析统计。

三、招商局会计报告

会计报表是反映企业经营成果和财务状况的综合性资料，会计报表的内容和项目设置要同企业经营范围、管理体制相匹配。因此，从会计报表格式、内容的变化中可以看出不同时期企业经营业务的发展与管理要求的演变。改革开放初期招商局会计报告经历了三次比较大的变化。1985年招商局拟定了统一的会计报表，从而使整个招商局在大的会计核算项目上能够一致起来，这样不仅有利于汇总，更有利于分析比较，并且可以统一财务决算报表。

1981年之前招商局使用传统的航运企业会计内容为主导的会计报表，通过资金综合平衡表反映报告期末企业的财务状况。资金综合平衡表（见附表1-1）分为资金占用和资金来源两大类，其中，资金占用包括固定资产、库存现金、银行存款、备用金、存出保证金、预付款、职工往来、应收款、内部业务往来、中转业务结算、代理业务结算、基建往来、暂记款等，资金来源包括国家基金、固定资产折旧、折旧基金、预收款、应付款、存入保证金、暂记款、客户备用金、总公司往来、损益等。这种编排基本上是结算损益后的科目余额汇总表，按借贷方分列，不利于分辨资产、负债和权益的关系。

1981年，招商局根据修订后的《国营工业企业会计制度》调整资金平衡表的格式，调整后的资金平衡表（见附表1-2）按照内地国营企业资金平衡表的特点，采用三段式反映资金占用和资金来源情况。资金占用分为固定资产、流动资产和专项资产，其中，固定资产包括固定资产原值、资产折旧、固定资产净值、待核销基建支出、待处理财产损失、投资及合营投资；流动资产包括原材料、库存产品、在途商品、待摊费用、银行存款、现金、备用金、其他应收款、结算费用；专项资产包括专项存款、专项物资、专项工程支出、专项应收款。资金来源分为固定基金、流动基金和专用基金，其中，固定基金包括国家固定基金、企业固定基金、预算外拨入、基建借款；流动基金包括国家流动基金、银行存款、未缴折旧基金、未缴利润、其他应付款；专项基金包括更新基金、经理基金、利润留成、特别留成、奖励基金等。

1980年，招商局及其下属公司对决算做了调整，增设企业固定基金科目，将原有的国家基金改为国家固定基金，并且从1981年起增加的固定资产不再列入国家固定基金项目，改列企业固定基金项目，同时提取的固定资产折旧冲减企业固定基金而不再冲减国家固定基金。

该时期招商局还编制了利润计算表（见附表1-3），利润等于总收入减去总支出，其结构为一步式。总收入包括代理收入、中转收入、仓库收入、船舶买卖收入和营业外收入，总支出包括中转支出、仓库支出、船舶买卖支出、营业外支出、仓库管理费等。年度决算通过利润汇总计算表

（见附表 1-4）汇总招商外部、招商内部、驳船外部、驳船内部和工业区的总收入和总支出，加上合营利润得到总利润。

1985 年财政部决定建立我国在外国和港澳地区所办独资、合资、合作企业的财务报表报告制度。凡我国各地区、各部门设在外国和港澳地区的企业，不论是预算内还是预算外，本着"谁投资、谁填报，谁主管、谁汇总"的原则，均由各投资单位如实填报，并按财务隶属关系定期报送给主管部门。交通部要求，招商局除须按要求和报表格式填报"在外国和港澳地区独资、合资、合作企业财务汇总年报"外，还应报送年度决算汇总报表。

1985 年，招商局的财务工作由中远总公司代管改为由交通部财务局直接管理。该时期招商局编制的主要报表有资金平衡表、损益表、流动资金增减表、固定资产增减表、固定资产折旧明细表、营业外收支明细表、管理费用明细表、合管投资项目及效益明细表、项目投资及在建工程明细表等。招商局根据修订后的《国营工业企业会计制度》和《合营企业会计制度》，对资金平衡表、损益表进行再次修改。

资金平衡表（见附表 1-5）仍分为资金占用和资金来源两大类，但是在具体项目设置上参考了《合营企业会计制度》中资产负债表的一些特点。具体调整包括：（1）在资金占用中把投资单独列示，反映合营公司、项目投资、在建工程、其他等内容，取消了专项资产类项目；（2）资金来源分为拨入资金、自有资金、借入资金和专项基金四类。拨入资金反映固定资金和流动资金来源项目，自有资金反映利润、折旧、其他等内部资金来源，借入资金反映银行贷款、其他借款、应付预收账款、存入备用金等外部资金来源项目，专项基金反映原有各项基金结余。

损益表（见附表 1-6）由利润计算表变化而来，报表结构和项目构成都有所调整。在结构上从原来一列总收入、总支出和利润三大类，变为总支出和总收入相互对应的两列。在具体项目上，支出一列包括营业（营运）成本及支出、毛利、营业外支出、管理费用、其他支出、税金、支出合计和纯利，收入列包括营业（营运）收入、毛损、营业外收入、投资收入、其他收入、收入合计和纯损。这种编排能够更好地反映招商局的收入、成本与利润情况。

四、蛇口工业区的会计核算与会计报告

蛇口工业区的投资分布在港口、商业、运输、旅游、工业制造等多个领域，单一行业的会计制度难以满足蛇口工业区对内管理、对外报告的需要。因此，蛇口工业区在建立健全会计制度中不断进行改革尝试。蛇口工业区根据《国营工业企业会计制度》《合营企业会计制度》《外贸企业基本业务统一会计制度》等会计制度，结合自身实际情况与经营特点，制定了一个适合多行业、多币种、兼容企事业单位的综合性会计制度。蛇口工业区直属企业会计核算采用统一的综合性会计制度。蛇口工业区根据我国《国营企业成本管理条例》，结合自身固定资产管理的工作经验建立《固定资产管理办法》，筹备成立蛇口工业区内部结算中心，并形成与之相匹配的内部结算中心核算体系。

（一）建立蛇口工业区统一会计制度

1982 年蛇口工业区着手制定独立的会计核算制度，1983 年蛇口工业区总会计师室下发执行《招商局蛇口工业区会计制度（试行本）》。1985 年在试行本基础上修改完善，形成《招商局蛇口工业区会计制度》修订本（以下简称《蛇口工业区会计制度》）。该会计制度采用合理、适用的会计核算形式，科学组织会计核算工作，极大提高了会计核算工作质量，充分发挥了会计重要作用。

《蛇口工业区会计制度》分为四部分：一是总则，包括会计制度的适用范围、会计年度、记账方法、记账规则、会计机构和人员职责、会计档案等内容；二是会计科目，包括总说明、会计科目表、会计科目使用说明；三是会计凭证和账簿，包括会计凭证、账簿、会计程序；四是会计报表格式，包括会计报表格式、会计报表编制说明。

在会计科目设置部分，《蛇口工业区会计制度》比《国营工业企业会计制度》增设了土地使用投资、商品房屋和货币兑换三个一级会计科目，其中，土地使用投资用于核算土地开发的投资及投入使用后的摊销，商品房屋用于核算待销房屋及附属建筑物的建造成本，货币兑换用于外币与人民币兑换及各种外币互相兑换的差额。

蛇口工业区采用科目汇总表核算形式，账务处理程序为：根据原始凭证填制记账凭证；根据收款凭证、付款凭证登记现金、银行存款日记账；根据原始凭证、记账凭证，登记明细账分类账；根据记账凭证，定期编制记账凭证汇总表；根据记账凭证汇总表登记总分类账；月终，现金、银行存款日记账，明细分类账与总账有关账户核对后，再根据总分类账和明细分类账编制会计报表。

《蛇口工业区会计制度》作为应用于多行业、兼容企事业单位的综合性会计制度，按照业务类型可分为海港业务核算、汽车运输业务核算、供电供水业务核算、通信业务核算、旅游业务核算、房地产核算、商业核算、供销业核算、其他业务核算、辅助生产核算、劳动服务核算、生活服务核算十二类业务核算。上述业务核算方法对不同行业的营业收入、营业成本及经营过程核算的科目设置和核算内容，成本计算对象、成本项目、成本开支范围、成本核算方法等内容都做了统一的规定。

（二）制定配套的固定资产核算办法

为配合会计制度的实施，蛇口工业区还统一制定配套管理办法，包括《固定资产管理办法》《流动资金管理办法》《外汇资金管理办法》《基本建设投资管理办法》以及各项费用开支标准，对固定资产管理、流动资金管理、外汇资金管理、基本建设投资管理等进行规范。下面以《固定资产管理办法》为例加以说明。

《固定资产管理办法》为蛇口工业区的固定资产核算与管理建立了统一的标准，固定资产的管理在第四节中已经介绍，在此分析固定资产的核算办法。具体包括固定资产的确认和分类、固定资产的计价、固定资产折旧和固定资金占用费。

1. 固定资产的确认和分类

一项资产被确认为固定资产，应同时具备两个条件：一是使用年限在一年以上；二是单位价值在 800 元以上（医院、学校、幼儿园的单位价值为 200 元以上）。不同时具备以上两个条件的应作为低值易耗品。固定资产按照其用途和结构进行统一分类，具体按固定资产分类目录执行。

2. 固定资产的计价

根据固定资产取得方式和类型，采用不同的计价原则。

（1）房屋、建筑物建造完成并经验收正式交付使用的，按照工程部门竣工决算所确定的造价计算原值。如果交付使用时价值尚未确定，可先暂估入账，待价值确定后再作调整。前项原值包括房屋、建筑物内附属设备的一次性投资。如果上述设备内某些项目已构成固定资产，应当单独计价并设置固定资产卡片。

（2）机具设备按买价加运杂费和建筑安装工程价款计算原值。

（3）无偿调入的固定资产，按调出单位原价（扣除安装费）加本单位安装费用计算原值。调出单位累计折旧已超过原价或净值与现状相差过于悬殊的，调入单位可调整累计折旧金额。

（4）购入（包括有偿调入）非全新的固定资产以及资产清查中发现的账外资产，应按重置完全价值（即重新购进全新资产所需的全部支出）计算原值，其买价与重置完全价值的差额作折旧处理。

（5）改建、扩建的固定资产，其增加的改建扩建费用，应计入固定资产原值。

（6）盘盈、接受赠送或自制的固定资产，按重置完全价值计算原价，如果是非全新资产，应按现状估计已损耗程度作折旧处理。从国外运进已使用过的固定资产，应当提供该项资产的原价和以供确定年数的证明，以及有关的市场价格资料，重新按质估价；不能提供确实证明的，由总会计师室会同工程部门专业技术人员核定其价格。前项重置完全价值，应该由财务部门和工程部门会商确定。

对已列账的固定资产价值，除按蛇口工业区会计制度规定外，未经过蛇口工业区批准，各单位不得自行变动。

3. 固定资产折旧和固定资金占用费

所有企业采用直线法对固定资产按月计提折旧。《蛇口工业区会计制度》根据固定资产类别和项目分别规定使用年限和折旧率，制定了固定资产分类目录、使用年限、折旧率一览表。蛇口工业区各直属单位统一按分类目录规定计提折旧。对于行驶记录健全的汽车和船舶，可以按行驶里程计提折旧。已经提足折旧但仍继续使用的固定资产，不再计提折旧；经批准提前报废的固定资产，需要补提折旧；报废、盘亏、调出的固定资产，折旧应计算至当月为止。

固定资金占用费方面，各直属单位按固定资金科目余额交纳4%固定资金占用费，作为蛇口工业区建设投资利息的补偿。固定资产资金占用费连同固定资产折旧按季度上缴蛇口工业区。

（三）制定内部结算中心的核算体系

蛇口工业区内部结算中心的建立对提高蛇口工业区经济效益、加强蛇口工业区直属企业资金的统一管理起到了重要作用，保证了蛇口工业区稳步、健康地向前发展。内部结算中心的核算体系对会计科目的使用、信息报告等方面做出规范。

1. 会计科目的使用

结算中心设置十个会计科目，包括银行存款、银行外汇存款、流动资金贷款、基本建设贷款、区内往来、其他往来、货币兑换、业务收入、业务支出和管理费科目。

银行存款科目和银行外汇存款科目反映结算中心在银行的存款余额，借方反映存款的增加，贷方反映存款的减少，同时设置分币种的银行日记账，每日根据银行对账单核对余额。流动资金贷款科目和基本建设贷款科目反映直属单位在结算中心的贷款情况，贷款办妥后，实际支用贷款或转存时借记本科目，归还贷款时贷记本科目，借方反映贷款的实际余额。区内往来科目反映各直属单位在结算中心的存款情况，其他往来科目反映非直属单位在结算中心的存款情况，两个科目都按单位分币种登记账户，贷方反映存款增加，借方反映存款减少，贷方余额为存款，借方余额为透支。

货币兑换科目核算人民币与外币或外币与外币之间兑换发生的差价，贷方余额反映货币兑换收益，借方余额反映货币兑换亏损。业务收入科目和业务支出科目反映贷款利息收入和存款利息支出以及支付给银行的手续费等，利息收支同时在区内往来和其他往来科目反映。管理费科目只反映结算中心经办结算、贷款业务发生的特殊费用，职工工资及日常办公费归入总会计师室编制，在总务科支付。

结算中心是非独立核算单位,各科目余额按月报总会计师室合并编制报表,其中,货币兑换、业务收入、业务支出、管理费等科目余额要按季转给总会计师室,季末无余额。

2. 信息报告

结算中心每周末编制资金情况表,反映银行存款、各项贷款和各往来科目的总账余额,资金组连同总会计师室的银行存款、上级往来、对外负债等情况合并编制资金情况表。结算中心次月五日前,应编制各科目余额表和各存贷款户余额明细表报总会计师室,以便掌握各单位资金情况和汇总编制会计报表。

(四)设计统一会计报表

蛇口工业区初期统一使用的会计报表由国营企业会计报表设计而来。会计报表分为投资回收情况、会计报表、会计报表报送三部分。其中,会计报表部分共有13张表,分别是资金平衡表、利润表、海港装卸成本计算表、业务成本计算表、管理费用明细表、商业管理费及商品流通费明细表、海港港务管理收支表、建筑安装工程支持明细表、银行借款明细表、专用基金表、公共事业收支表、外币收支明细表和投资明细表。

资金平衡表的设计以三段平衡为基本结构,但对资金占用按形态和资金来源、按性质的划分都做了改动,将三段平衡改为总额平衡。报表项目也有所调整,在收支及结余类科目中增设一级科目。收入类下增设港务管理收入、土地使用收入、公用事业收入、业务收入、销售收入、服务收入和其他业务收入;支出类下增设港务管理支出、土地使用支出、公用事业支出、业务支出、销售成本、服务支出和其他业务支出;结余类下设港务管理收支结余、土地使用收支结余、公用事业收支结余和社会劳动保险结余。以上科目的设置是根据蛇口工业区不同行业的业务特点和经营性质来进行分类核算的,分别核算收入、成本和费用,分别计算盈亏,采用一套报表综合反映蛇口工业区原直属单位的经营过程和财务成果。1985年修订本在1984年试用本基础上做出修改完善,主要对资金平衡表的结构做了修订。编制定期报表时,根据报表种类和要求填列。

招商局两地发展与市场化会计体制的探索（1978—1985年） | 第一章

附表 1-1   **1979年资金综合平衡表**

企业名称   单位：港元   1979年 月 日

资金占用	年初数	年末数	资金来源	年初数	年末数
固定资产			国家基金		
库存现金			固定资产折旧		
银行存款			折旧基金		
备用金			预收款		
存出保证金			应付款		
预付款			存入保证金		
职工往来			暂记款		
应收款			客户备用金		
内部业务往来			总公司往来		
中转业务结算			损益		
代理业务结算					
基建往来					
暂记款					
合计			合计		

总经理：   财务部主管：   制表：

附表 1-2   **1981年资金平衡表（综合）**

企业名称   单位：港元   1981年月 日

资金占用	年初数	年末数	资金来源	年初数	年末数
一、固定资产			一、固定基金		
1. 固定资产原值			1. 国家固定基金		
减：资产折旧			2. 企业固定基金		
2. 固定资产净值			3. 预算外拨入		
3. 待核销基建支出			4. 基建借款		
4. 待处理财产损失					
5. 投资及合营投资					
合计			合计		
二、流动资产			二、流动基金		
1. 原材料			1. 国家流动基金		
2. 库存商品			2. 银行存款		

续表

资金占用	年初数	年末数	资金来源	年初数	年末数
3. 在途商品			3. 未缴折旧基金		
4. 待摊费用			4. 未缴利润		
5. 银行存款			5. 其他应付款		
6. 现金					
7. 备用金					
8. 其他应收款					
9. 结算费用					
合计			合计		
三、专项资产			三、专用基金		
1. 专项存款			1. 更新基金		
2. 专项物资			2. 经理基金		
3. 专项工程支出			3. 利润留成		
4. 专项应收款			4. 特别留成		
			5. 奖励基金		
			6. 职工福利基金		
			7. 职工劳动保险基金		
			8. 医药卫生补助金		
			9. 其他		
			预算外拨入		
合计			合计		
总　　计			总　　计		

单位主管：　　　　　　　　　财务部主管：　　　　　　　　制表：

附表 1-3　　　　　　　1981 年利润计算表

企业名称　　　　　　　　单位：港元　　　　　　　1981 年　月　日

项目	计划数	实际数	完成计划%	备注
一、总收入				
1. 代理收入				
2. 中转收入				
3. 仓库收入				
4. 船舶买卖收入				
5. 营业外收入				
二、总支出				
1. 中转支出				

续表

项目	计划数	实际数	完成计划%	备注
2. 仓库支出				
3. 船舶买卖支出				
4. 营业外支出				
5. 仓库管理费				
三、利　润				

总经理：　　　　　　　　　财务部主管：　　　　　　　　制表：

附表1-4　　**轮船招商局有限公司利润汇总计算表（综合）**

企业名称　　　　　　　　　单位：港元　　　　　　　　　1981年　月　日

项目	年计划	年实绩	完成%	说明
一、总收入				
1. 招商外部				
2. 招商内部				
3. 驳船外部				
4. 驳船内部				
5. 工业区				
二、总支出				
1. 招商外部				
2. 招商内部				
3. 驳船外部				
4. 驳船内部				
5. 工业区				
三、总利润				
1. 招商外部				
2. 招商内部				
3. 驳船外部				
4. 驳船内部				
5. 工业区				
四、合营利润				
五、总利润				

单位主管：　　　　　　　　财务部主管：　　　　　　　　制表：

附表 1–5　　　　　　　　1985 年资金平衡表

企业名称　　　　　　　　1985 年　月　日　　　　　　　　　　　　单位：港元

资金占用			资金来源		
项目	年初数	年末数	项目	年初数	年末数
一、固定资产			一、拨入资金		
1. 固定资产原值			1. 固定基金		
减：折旧			2. 流动资金		
2. 固定资产净值			小　　计		
3. 土地使用投资			二、自有资金		
4. 固定资产损失			1. 利润		
			其中：本年度		
小　　计			2. 折旧		
			其中：本年度		
二、流动资产			3. 其他		
1. 库存现金			其中：本年度		
2. 银行存款					
3. 库存商品及原材料			小　　计		
4. 在途商品及在制品			三、借入资金		
5. 船存燃料			1. 银行贷款		
6. 低值易耗品			其中：人民币部分		
7. 待摊费用			2. 其他借款		
8. 预付备用金及存出保证金			3. 集团借款		
9. 应收、预付款			4. 应付、预收账款		
其中：集团内往来			其中：集团内往来		
10. 其他应收款			5. 其他应付、暂收款		
小　　计			6. 运费备用金		
三、投资			7. 存入备用金		
1. 合营公司					
2. 项目投资			小　　计		
3. 在建工程					
4. 其他			四、专项基金		
小　　计					
合　　计			合　　计		

总经理：　　　　　　　　　财务经理：　　　　　　　　　制表：

招商局两地发展与市场化会计体制的探索（1978—1985 年） | 第一章

附表 1-6　　　　　　　　　1985 年损益表
企业名称　　　　　　　　　1985 年　月　日　　　　　　　　　金额单位：港元

项目	金额	项目	金额
一、营业（营运）成本及支出		一、营业（营运）收入	
1. 船公司营运费用		1. 船公司营运收入	
其中：固定费用		其中：货柜收入	
变动费用		租船收入	
折　旧			
2. 中转支出		2. 中转收入	
3. 代理支出		3. 代理收入	
其中：货柜代理支出		其中：货柜代理收入	
4. 贸易及生产成本支出		4. 贸易及销售收入	
5. 印刷支出		5. 印刷收入	
6. 招待所支出		6. 招待所收入	
7. 其他业务支出		7. 其他业务收入	
8. 综合业务支出		8. 综合业务收入	
小　　计		小　　计	
二、毛　利		二、毛　损	
三、营业外支出		三、营业外收入	
四、管理费用		四、投资收入	
五、其他支出		五、其他收入	
六、税　金			
支出合计		收入合计	
纯利		纯损	

总经理：　　　　　　　财务经理：　　　　　　　复核：　　　　　　　制表：

第二章

招商局集团架构设立与集团化会计体制的建设
（1986—1991年）

20世纪80年代中期到90年代初，我国明确了社会主义初级阶段基本路线的核心内容，即通过不断深化改革以促进市场经济的发展。1984年中英签署联合声明后，香港与内地之间的联系愈发紧密，经济、贸易、航运之间的往来更加频繁，给招商局拓展业务带来了新的历史机遇。

1985年，交通部作出一系列重大决策，积极支持招商局组建集团架构、拓展业务，交通部党组对招商局的工作方针、管理体制和干部调整等问题做出了批示，明确了招商局"围绕航运，增强实力，扩大阵地，形成体系；发展多种经营；办好蛇口工业区；充分发挥航运支柱和内外交流的窗口作用"的方针。

1985年11月，经党中央和国务院批准，招商局集团有限公司（以下简称"招商局集团"或"集团"）及其董事会获正式批准成立。1986年10月，集团获中华人民共和国工商行政管理局核准登记。招商局集团开始以集团化的方式进行经营管理，进一步加强了对集团所属企业的统一领导和宏观管理，进入快速发展和向国际化发展的历史新阶段。随着国家逐步扩大对外开放，蛇口工业区面临的竞争愈发严峻，招商局集团提出蛇口工业区整体转型的方针，并及时实施新的发展战略，让蛇口工业区得到更高层招商局集团架构设立后，对直属企业的财务管理逐步采取统一原则和分级管理相结合的方式，加强集团的决策和管理职能。招商局集团从集团化的视角建立统一的经济效益考核体系，进行统一的资金筹集和管理，提高集团整体的资金利用率，降低资金使用成本。蛇口工业区进行一系列管理制度的创新探索，推行目标管理责任制与剩余收益制，形成了合理高效的经营机制，对蛇口工业区和集团的发展发挥了积极作用。这一时期招商局集团仍未制定统一的会计制度，继续沿用传统的以行业为特色的会计制度。1988年集团编制了《招商局集团会计报表编制说明》，对会计报告的编制和格式等方面做出具体规定。蛇口工业区逐步形成独具特色的会计核算体系，创立双轨记账制核算办法，在会计报告上也进行重大改革，并开展审计工作，财务工作质量显著提高。

第一节 改革开放深化与招商局集团化发展战略

招商局经过多年发展，多元化业务体系逐步发展壮大，具备组建集团的基本条件。以香港回归为契机，1985年招商局集团正式组建成立，随着改革开放和国有企业改革的持续深化，在集团化的架构下，作为交通部直属企业与驻港代表机构的招商局集团开始了自主经营与多元化发展。

一、内地深化改革与市场经济的深入发展

1984年12月，中英两国正式签订《中华人民共和国政府和大不列颠及北爱尔兰联合王国政府关于香港问题的联合声明》（以下简称《中英联合声明》），此后香港与内地的经济联系日益紧密，两地间贸易额占香港对外贸易总额的1/4，内地成为香港最大的贸易方。改革开放以来，经济特区和沿海开放城市发展迅速，对外贸易逐年递增，珠江三角洲的"三来一补"（来料加工、来件装配、来样加工和补偿贸易）企业如雨后春笋般破

土而出，内地与香港互惠互利的经济伙伴关系愈发密切。香港经济呈现出稳定繁荣的局面。

1987年党的十三大提出了"一个中心、两个基本点"，作为社会主义初级阶段基本路线的核心内容，一个中心是指以经济建设为中心，两个基本点是指坚持四项基本原则、坚持改革开放。这一时期国家不断深化国营企业改革、完善承包经营责任制，赋予国营企业更大的经营管理自主权；对企业进行股份制改革，股份制企业开始登上中国经济社会发展的大舞台，成为国营企业主要的体制模式。

二、招商局集团架构设立与自主经营发展

（一）"47字方针"与招商局集团架构设立

1985年5月，交通部决定成立招商局集团，并对招商局集团的工作方针、管理体制和干部调整等作出了批示，明确提出了"围绕航运，增强实力，扩大阵地，形成体系；发展多种经营；办好蛇口工业区；充分发挥航运支柱和内外交流的窗口作用"的方针，即"47字方针"。同年11月，国务院正式批复交通部《关于香港招商局集团董事会调整的请示》，批准成立招商局集团有限公司及其董事会，并提出"将招商局的骨干企业及二百家全资附属企业、合资联营企业组织起来，成立招商局集团"。招商局集团与下属公司的关系大体可分为三类：一是直属企业，即招商局轮船股份有限公司（以下简称"招商局轮船"）、蛇口工业区、友联船厂、海通公司、明华公司、船企公司、招商局集团发展有限公司（以下简称"发展公司"）、仓码公司、招商工程有限公司（以下简称"招商工程"）、招商局（北京）企业有限公司（以下简称"招商京企"）和海顺公司；二是代管企业，即远东船舶检验社有限公司（以下简称"远东船舶检验社"）、华德海洋工程有限公司（以下简称"华德海洋工程公司"）、振华工程有限公司（以下简称"振华工程公司"）等；三是上述企业的子公司及其附属公司与合营企业。集团架构的设立及董事会的组建，在招商局集团发展历史上具有里程碑意义。招商局集团开始以更加自主的方式开展经营，进行多元化的业务发展。

自 1985 年国务院批准成立集团至 1987 年 8 月，招商局集团陆续完成了在交通部、国家经委、国家工商行政管理局、香港特区政府注册总署的相关手续，成为一个具有法人资格、独立核算、自主经营的经济实体，也是交通部派驻香港、统管部属在港企业和对外交往的代表机构。招商局集团实行董事会领导下的总经理责任制，改变了过去由中远总公司代管的模式。

（二）招商局集团的自主经营发展

自集团化架构设立以来，招商局集团逐步建立起自主经营、自负盈亏的现代企业经营体制，在产权关系、生产经营与管理机制方面进行了现代化、市场化的探索与创新。招商局集团的自主经营发展具有以下特征。

1. 集团经济性质为以全民所有制为主体、多种成分并存

招商局集团及其下属的二级全资直属公司和三级、四级全资附属公司是国家计划（预算）内或计划（预算）外投资的国有企业，与内地国有企业合资经营的企业，也属于全民所有制性质的国有企业。招商局集团与港商和外商合资经营的企业属于公私合营性质的中外合资企业，引进外资在蛇口工业区独资经营的企业则属于私营性质的外商独资企业。另外，在蛇口工业区内，还有集体经济、私营经济和个体经济。

2. 集团经营活动均按市场经济规律办事，以市场调节为主

招商局集团及其下属的部分二级全资直属公司和三级、四级全资附属公司设在香港或国外，故其经营活动不受国家计划调节，而由国际市场调节，按市场经济规律办事，按照供求规律、价值法则开展经营。蛇口工业区是一个外向型的经济特区，集团设于蛇口工业区和内地的二级全资直属公司及三级、四级全资附属公司，其经济性质虽属社会主义的全民所有制，但因属国家计划（预算）外投资，又属外向型企业，其经营活动不受国家计划所调节，也要按市场经济规律办事，以市场调节为主。

3. 集团发展以航运为中心的多元化业务

招商局集团以航运为中心，发展多种经营，逐步实现多元化发展。招商局集团一方面扩大航运阵地，不断完善航运体系；另一方面逐步拓展工业、商贸、金融、保险、旅游、酒店、工程、房地产等各项业务。招商局集团在发展多元化业务的同时，还面向海外，大力开拓国际市场，向跨国化进军。

4. 集团采取经济手段扩大横向联合及内外结合

招商局集团下属的船企公司、招商局货柜航运有限公司（以下简称"货柜公司"）、友联船厂、海通公司和国际船舶贸易公司等企业，在为中国远洋运输系统直接服务的过程中，通过内外结合和扩大横向联合，不断改进服务，逐步发展壮大。改革开放后，蛇口工业区成为集团进行内外、横向联合的最佳结合点。招商局集团在内地兴办合资企业，也是这种横向联合的进一步延伸和发展。

第二节 招商局集团架构设立初期发展状况

一、招商局集团经营情况

招商局集团自设立集团化架构以来，在业务经营上实现了多元化的发展，资产、收入与利润大幅增长，招商局集团的整体规模与企业实力再上了一个新台阶。

（一）招商局集团多元化业务发展

招商局集团通过独资或合资开设公司以及收购兼并，向多个业务领域进行投资，实现多元化发展。不仅传统航运业务日益成熟完善，在商贸、金融保险、旅游酒店、工程房地产等领域也取得了突破性发展。

在航运业务方面，明华公司的各项业务稳健发展，抓住世界航运市场复苏的有利时机，加快发展船队，船队的载重吨位从1986年的18.7万载重吨迅速增加到1990年的240万载重吨，而且船队的结构有了很大的改善，向船龄新、性能好、大型化方面迈出了一大步。同时，明华公司还参与了香港机场免税店的经营。为进一步发展集装箱运输业务，提高运输质量，提升竞争能力，1987年，招商局集团把船企公司货箱部和明华公司货箱部合并，组建货柜公司。后经集团与中远总公司商定，货柜公司由招商局集团与中远总公司合营，双方共同打造一支专业的货柜运输队伍。

招商局集团架构设立与集团化会计体制的建设（1986—1991年） 第二章

在港口、仓储、修船业务方面，1986年，招商局集团收购青衣岛的欧亚船厂企业有限公司（以下简称"欧亚船厂"），并将其改建为货运码头。1988年，仓码公司在香港兴建了一座16层的现代化货仓。蛇口港在20世纪80年代末相继移山填海兴建了三个突堤码头，使万吨级深水泊位增加到5个，同时开始兴建集装箱码头。赤湾港发展成为集深水码头、石油基地、仓储加工、保税业务于一体的现代化多功能海港。1988年，友联船厂购进一座坞修能力达15万吨级的浮船坞，成为香港修船实力最强的企业。

在金融保险业务方面，1986年，招商局集团收购友联银行61.6%的股份，成为友联银行的控股公司。1987年，在交通部的支持下，招商局集团在蛇口工业区财务公司的基础上创设招商银行，这是中国第一家由企业创办的自主经营、独立核算、自负盈亏的银行，为中国的金融体制改革创造了一个试验场。1988年，招商局集团下属蛇口工业区社会保险公司与中国工商银行深圳信托投资公司合资成立了蛇口平安保险公司，该公司成为中国第一家由企业参与创办的商业保险机构。另外，招商局集团还在英国收购两家保险公司，自此集团在保险业方面建立了两块阵地。

1987年招商银行开业

1988年4月1日，招商局发起并创办新中国第一家股份制商业保险机构——平安保险公司

1988年平安保险开业

在商业贸易方面，海通公司进一步拓展贸易市场，发展公司和国际招商局贸易投资有限公司（以下简称"国际贸易公司"）积极尝试开拓大宗贸易，在钢材、化肥、水泥、夹板等原材料进出口贸易中崭露头角。

在旅游酒店方面，招商局集团通过成立旅游公司、兴建和参股酒店，实现旅游酒店业务的发展。1986年12月招商局集团成立中国招商国际旅游总公司（以下简称"招旅总公司"），作为集团直属公司，随后在广州、上海、海南等地相继成立分支机构。经过几年的发展，招商局集团的旅游业规模和经济效益水平迈入了国内旅游业的先进行列。招商局集团于1978年在香港独资兴建了华商酒店，发展公司参资的蛇口南海酒店成为深圳市的第一家五星级酒店。

在房地产业务方面，招商局集团通过成立招商工程，实现了集团工程及房地产业务的发展。蛇口工业区的开发涉足了大量房地产业务，集团在香港兴建酒店、仓库、办公楼宇、码头等工程也促进了集团房地产业务的发展。1988年，招商工程与中国公路桥梁工程公司合资成立路桥（香港）有限公司，进一步增强了集团房地产业务的实力。

招商局集团架构设立与集团化会计体制的建设（1986—1991年） 第二章

招商局集团在业务多元化发展的基础上，逐步开始跨国经营活动，向国际化发展方向迈进。20世纪80年代末期，招商局集团在海外通过独资或合资方式开设公司和收购公司，开立办事处及分支机构达30家，分布在美国、日本、澳大利亚，以及西欧和东南亚等地，业务范围涉及航运、贸易、保险、房地产等行业。

（二）招商局集团经营状况

招商局集团架构成立后，总资产由1986年的52.86亿港元增长至1991年的120.34亿港元，增长2倍多；集团营业收入由1986年的20.01亿港元增长至1991年的61.32亿港元，是原来的3倍多；净利润由1986年的1.85亿港元增长至1991年的3.74亿港元，增长约2倍。1986—1991年招商局集团总资产、营业收入和净利润情况如表2-1所示。

表2-1　　　　1986—1991年招商局集团资产与经营情况　　　　单位：万港元

年份	总资产	营业收入	净利润
1986	528 637.21	200 081.78	18 513.27
1987	757 404.38	283 916.11	32 363.22
1988	1 547 034.76	423 986.76	47 727.00
1989	1 189 620.89	502 901.52	53 274.67
1990	1 561 532.08	608 745.63	54 921.88
1991	1 203 363.00	613 180.80	37 378.70

资料来源：1986—1991年招商局集团财务决算报告。

二、集团化的管理体系

自1986年起，招商局集团着手建立集团化经营管理体系，重塑组织架构。在管理上，总部授予下属企业经营自主权，实行分级管理和宏观控制，同时强化效益理念、实行经济责任制，并且初步探索以计算机为主要工具的信息化管理手段，加强全面管理。

（一）集团化的组织结构

招商局集团董事会，设董事若干人，董事长1人，由交通部部长兼任，副董事长2人，一人由交通部副部长兼任，另一人为常务副董事长，常驻香港，主持董事会日常工作。董事任期3年，可连选连任。集团实行董事会领导下的总经理负责制，设总经理1人，副总经理3～5人，由董事会提名，报交通部正式任命。同时，招商局集团按照精简高效的原则设置若干职能部门，在成立初期包括行政部、人事部、财务部、企业部、研究部、电脑部、总务部，后续对职能部室进行调整，增设旅游部、运输部。

截至1988年底，招商局集团全资直属、代管、合资、合作和联营等各级公司约350家，集团及直属企业组织机构如图2-1所示。

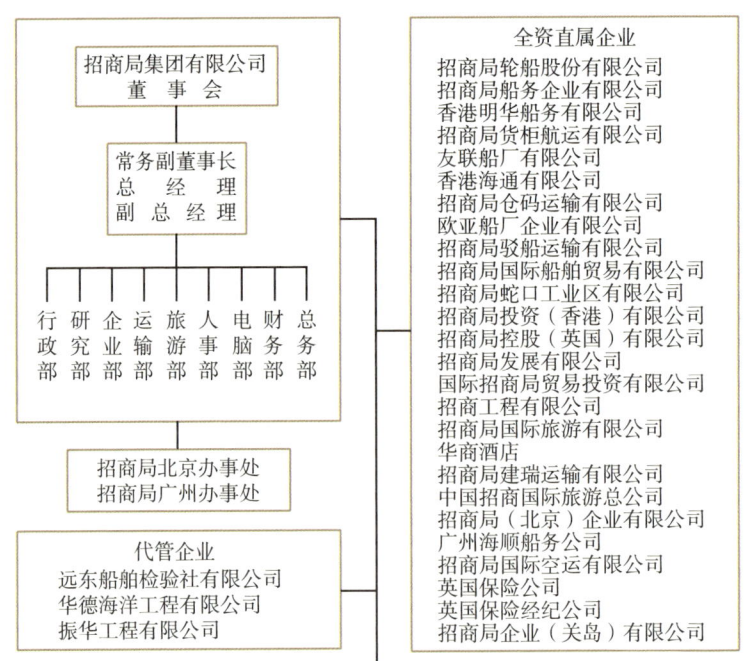

图2-1 招商局集团组织架构（1988年）

（二）宏观控制与分级管理相结合的管理模式

集团对下属企业实行宏观控制和分级管理相结合的管理模式。宏观控制模式适用于全资附属公司，由集团直接领导进行宏观控制，集团只确定其业务发展方针，审批大、中型投资项目，按规定的经济指标定期考核，以及派驻部门经理级以上的管理人员，企业对日常生产经营活动拥有充分的经营自主权、财权及人事权。分级管理模式适用于二级公司投资的合资企业，根据"谁投资、谁管理"的原则实行分级管理，一般由二级公司直接领导，集团控股或参股的合资企业实行参与管理、加强监督的管理原则，同样实行董事会领导下的总经理负责制，招商局集团按股权比例派员出任企业董事，通过这些董事参与管理。

招商局集团通过上述方式，实现了对直属公司的集团化垂直领导，对合资公司有效地参与管理和监督。实行这种领导、管理体制，既有利于集团对下属公司进行宏观管理和统一协调，又能保证下属公司享有相当充分的经营自主权，集团与下属企业保持着既紧密又宽松的联系，从而使整个集团能够正常运作，使集团及下属企业始终充满生机与活力。

为了保证集团各方面工作的正常运作，招商局集团在1986—1988年制定和颁行了一系列管理条例、规定、办法近50项，其中包括《企业管理条例》《企业考核办法》《集团内部财务管理若干规定》等，实现了企业管理的制度化和规范化。随着各项管理制度日臻完善，集团办事均有章可循、有法可依，集团亦严格要求下属企业和员工有章必循、有法必依，从制度上保证了集团及下属企业的规范化统一管理。

第三节　集团化统一管控的财务管理体系

集团化架构设立后，招商局集团向多元化、国际化发展，与内地经济、香港社会、国际市场的关系较之前更为广泛。招商局集团以此为契机，建立集团化的财务管理体制，对集团业务实施统一的财务管理。

一、招商局集团财务管理体制

（一）招商局集团的财务管理职能调整

随着招商局集团管理体系的转变，财务管理范围较之前有所扩大。对于直属单位的财务管理范围包括招商局集团总部、蛇口工业区、友联船厂、海通公司、明华公司、仓码公司、发展公司、国际船舶贸易公司、船企公司、招商工程等，对于代管单位的财务管理范围包括华德海洋工程公司、远东船舶检验社振华工程部，并对财务管理的内容与做法也进行了相应调整。

（1）财务计划。直属单位和代管单位每年年底以前向集团报送下一年度的财务计划，内容包括生产经营部分、基建及投资部分（无论用什么资金进行投资或者建设）。直属单位的计划由集团汇总上报，代管单位的计划，由集团阅存备查。代管单位的财务计划，如交通部主管部门有修正更改，代管单位也需要抄告招商局集团财务部。

（2）会计报表。为了使集团领导能够了解、掌握整个集团的财务情况和动向，以便更有效地指导工作，直属单位、代管单位都需向集团报送会计报表。考虑到香港报送报表的时效性与效率，允许香港公司免报会计月报，每个季度结束后20天内向集团报送会计报表季报，年度结束后40天内向集团报送会计年报。

（3）会计年报的审批。根据交通部核定的会计年报，批复各直属公司的会计年报。代管单位的年报由交通部有关直属主管部门审批，但审批意见需抄送集团财务部。

（4）集团财务部向各直属单位了解财务管理情况，宣传好的经验，提出应该注意的事项及改进建议，以供领导工作参考。

1988年，招商局集团财务部增设财务部驻蛇口代表组，其主要工作是加强对蛇口工业区合营企业财务情况的管理，以及作为股东代表，对合营企业进行内部审计。1991年，财务部增设审计组，负责在集团范围内开展审计工作。1991年招商局集团财务部组织架构如图2-2所示。

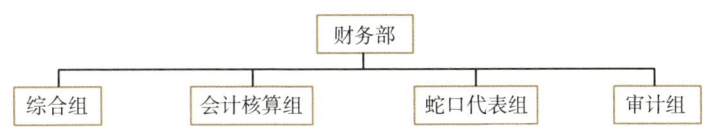

图 2-2　1991 年招商局集团财务部组织架构

（二）招商局集团的财务管理原则

招商局集团实行统一原则与分级管理相结合的财务管理原则。招商局集团遵循了统一建设规章制度的原则，即制定统一的财务管理制度，下属企业统一执行。这个时期集团先后制定了《招商局集团内部财务管理若干规定草案》《资金统一调度的具体办法》《关于采购商品、洽谈业务的有关规定》《招商局集团直属企业经济效益考核办法》《招商局集团直属企业利润上交办法》《招商局集团企业基金使用管理暂行办法》《招商局集团会计报表编制说明》等制度。

招商局集团实行的分级管理是指集团直接领导和管理直属企业、集团直接参股合营企业；二级公司负责管理其自身投资的直属企业和合营企业。招商局集团化架构设立后，其规模日益壮大，下属公司的层次逐渐增加，采用分级管理的方式，可以高效地实现对各层次企业的管理与控制。

二、集团化统一资金管理

随着各直属企业的投资活动日益增多，相应的银行贷款规模也越来越大，由于各直属企业的资金余缺情况各有不同，使用资金的时间也参差不齐，因此招商局集团开始了集中统一的资金管理，以充分发挥集团化企业的规模优势，提高资金的使用效率。

（一）资金集中管理

1986 年，招商局集团制定了《资金统一调度的具体办法》，建立了集团化资金管理机制。集团可以集中下属企业的闲置资金，用于集团或其他直属企业的经营发展，从而减少对银行的借款，达到降低资金成本的

目的。

集团根据各直属企业资金日常周转情况，分别核定在港各企业银行存款的额度，超过额度的资金要存入集团账户，以便统一调度。具体规定如下：友联船厂及海通公司各800万港元存款额度，明华公司、仓码公司、船企公司、发展公司、国际船舶贸易公司、招商工程各200万港元存款额度，华德海洋工程公司、振华工程公司、远东船舶检验社各100万港元存款额度。为了消除企业把存款放在集团的种种顾虑，集团采用了"三不"政策：一是不改变企业的存款所有权；二是对企业存入集团的资金，根据企业通知的期限，按银行相应的存款利率计息，不影响企业的利益；三是根据企业需要，不耽误企业随时使用。

1991年，招商局集团为了进一步加强资金管理，下发了《关于更好地贯彻集团的资金管理办法的通知》，以适当提高企业在集团的存款利率，降低企业向集团借款的利率，进一步调动企业参与集团集中管理资金的积极性。

招商局集团对于日常发生的资金运用、款项支付，一直采取双签的办法，即必须通过备有印鉴的两个人签字，才可对外付款。1991年，招商局集团又进一步把任意两人签字修改为划分A、B、C三组签字：A组为集团正、副董事长，正副总经理；B组为集团财务部总经理；C组为财务部副总经理及有关业务主任。100万美元以上金额必须由A组人员签字有效，其他小额付款则必须由不同组别的两人签字有效。这些措施进一步加强了对大额资金的管理，有效保障了资金安全。在日常付款中，招商局集团要求所属企业对付款的签字手续和批准权限作出规定，加强资金使用的内部控制。此外，招商局集团对一些风险较大的资金活动，如外汇买卖、对外担保、代开信用证、黄金股票买卖等也作出必要的规定，使企业的资金使用行为有所约束控制，从而降低资金运用的风险。

招商局集团给直属企业的投资基本按注册资本拨款，投资不分固定资金或流动资金，留在企业的利润也不分专项用途，这样企业可以较为灵活地支配自有资金，更能适应生产经营的实际需要。招商局集团在资金运行管理方面既给企业充分的自主权，又进行了必要的监督控制，避免出现大的风险。通过资金统一调度办法，招商局集团可以对企业资金的流动情况进行监督。

为实现资金的统一管理,蛇口工业区在资金与外汇资金管理方面对各直属企业进行了规定。一是蛇口工业区各直属单位不得以任何形式贷出资金,不得自行委托银行放款,也不得自行向外拆借资金。二是充分发挥内部结算中心的资金融通、调度、管理作用,无银行贷款的直属单位,资金必须全额存入结算中心。三是严格资金回收工作,各单位应及时足额上缴利润、应缴基金,上年度的应缴数必须在次年三月底缴纳完毕,否则按短期贷款加倍计算利息。当年应缴利润,仍实行70%的预缴制度。超过拨入的注册资金,以当年形成的公积金退回总会计师室。四是加快资金的回笼,做好应收账款催收工作,及时清理债权债务,指定专人负责催收,防止坏账的发生。

(二)融资集中管理

招商局集团资金筹集采取银行贷款和股权融资两种方式。

银行贷款采用"大集中、小分散"原则。"大集中"是指重大的贷款,包括大额贷款、期限较长的贷款、组织银团贷款等均由集团出面进行谈判,谈判成功后由需要贷款的下属企业签约。集团拥有更好的信誉与地位,集团出面向银行贷款具有争取优惠条件的优势,并且由掌握金融信息的专职人员同各银行沟通联络,有利于在具体谈判过程中为招商局集团争取最大利益。同时,集团在财务部内专门设立资金组,负责同银行接洽、谈判贷款事宜。"大集中"原则下最重要的工作便是银团贷款,主要为中长期大额资金贷款或重大投资项目专项贷款。例如,1988 年集团组织了一次 5 年期 1 亿美元的银团贷款;1991 年为明华公司购买 7 条船,组织了 1.5 亿美元的银团贷款;1992 年为收购香港现代货柜公司 15% 的股权,组织了 13.5 亿港元的银团贷款。专项贷款一般要用贷款项目的资产作抵押,如明华公司买船贷款要用船舶产权作抵押,收购现代货柜公司贷款则用收购的股权作抵押。集团向银行贷款,银行一般给予伦敦同业拆息或香港同业拆息加若干百分点的利率。在利率较低、资金市场供应充足时,可以只加 1/8 厘。"小分散"是指日常经营周转性贷款或少量投资贷款,可以由下属企业直接向银行申请。在日常银行贷款上,各银行根据集团实际资金

情况给予贷款额度，在集团整体额度限额内可随时贷款，不需要担保和抵押。银行根据金融市场情况，每年度对贷款额度作适当调整。下属企业在贷款方式、利率等问题上同集团沟通信息。在集团资金允许的情况下，直属企业也可以从集团借款。

在20世纪80年代末，招商局集团开始探索股权融资的方式来筹集资金，将全资附属企业改造为股份公司或上市公司筹集资金。这种方式利用社会资金扩大企业规模，有利于招商局集团及下属企业的发展，并通过股权多元化加强企业的经营管理能力。1988年，经中国人民银行批准，招商局集团将全资拥有的招商银行改组为股份制银行，吸收中远总公司、广州海运局等六家新股东后，招商银行的注册资本从1亿元增加到4亿元。招商局集团所属企业有步骤地实行股份化改造和上市，使招商局集团的发展和资金筹集更加市场化。

（三）蛇口工业区的担保管理

根据《关于深圳特区会计制度改革财务问题的若干规定》，蛇口工业区推行企业贷款担保制度，由蛇口工业区为企业提供担保。蛇口工业区的贷款担保制度是指向银行或金融机构作出承诺，当债务人未按合同规定日期偿还债务时，由担保人履行偿付义务，担保内容包括借款担保、融资租赁担保、开出进口信用证额度的担保、其他担保等。

蛇口工业区提供担保的对象包括全资直属企业、参资企业及其他有特殊情况的企业，并根据担保的实际风险收取担保费。同时，蛇口工业区为了保持各直属企业的信誉，实行信用担保贷款的方式，凡借入资金，除合理使用外，均要求按期归还，以提高企业的风险管理水平。

蛇口工业区总会计师室负责担保的审查、报批、管理和登记，如遇特殊情况需要蛇口工业区提供担保，需报蛇口工业区总经理批准。对蛇口工业区参资企业提供担保时，担保人以其所占股份的比例承担担保责任。若对参资企业提供全额担保时，必须由参资企业董事会作出决议，并出具委托书，其他股东提供反担保书，必要时应出具风险抵押。担保时，参资企业的资产负债率应不高于75%。蛇口工业区的担保规模应控制在风险承受能力之内，并需对被担保对象的资金和财务状况进行有效监控。担保总额不超过总资产的25%。担保项下债务到期或履行完毕，以及出现其他终止担保合同情况时，被担保企业应及时将有关资料交总会计师室办理延期或核销手续。

办理担保的程序分为以下三步：第一步是申请担保企业提出申请，并向总会计师室提供担保申请报告、贷款证、企业工商营业执照与财务报告等一系列资料；第二步是总会计师室认真审查企业提供的上列资料，对担保项目的可行性、经营合同的可靠性、企业资信及资产负债情况等进行详细的调查分析，然后提出审查意见；第三步是填报"担保审批表"，按审批权限报批。

按照申请担保的企业性质，蛇口工业区的担保额度及审批权限具体分为以下三类：一是对于境内直属企业，担保金额在人民币1 000万元以下或等值外汇，由总会计师室主任审定；二是对于境内直属企业，担保金额在人民币1 000万元以上或等值外汇，由总会计师室审查后报总会计师审定；三是对于境外全资企业及参资企业不论担保金额大小，一律由总会计师室审查后报总会计师审定。所有经审定后的担保，均由蛇口工业区总经理批准。

蛇口工业区作为担保人为企业提供贷款担保，与债权人、债务人、反担保人订立书面合同，明确各方面的权利与义务，包括担保人有权对债务人的资金和财产状况进行监督；担保人提供担保后，债权人与债务人如需修改所担保合同，必须取得担保人的同意，否则，担保人将不负担任何经济责任；担保人提供担保后，在其担保的合同有效期内，一旦债务人没有按照合同履行义务，担保人有责任履行义务，但有权向债务人进行追偿，除追偿贷款本息、逾期利息及费用外，还应按代还金额5%收取补偿金，并有权采取一切合法手段扣收反担保人的银行存款、证券、股权，甚至拍卖其财产，直至清偿全部债款为止；担保人提供担保后，在担保合同有效期内，如债权人未按合同履行义务，则担保人义务自动解除，而且有权要求债权人赔偿相应损失；担保人有权要求债务人落实反担保措施或提供相应的抵押物。

（四）蛇口工业区的外汇资金管控

蛇口工业区各直属企业在发展外向型经济过程中，对外贸易业务产生

了规模巨大的外汇资金，为此蛇口工业区根据深圳市政府关于外汇资金管理方面的要求，对于各直属企业的外汇资金进行了统一的管理。

（1）蛇口工业区各直属单位必须按国家外汇管理的有关规定管好用好外汇。外汇余缺需要调剂的单位，必须通过正常渠道到外汇调剂中心办理相关手续。对外汇调剂确实存在困难的单位，蛇口工业区在严格控制的前提下给予适当弥补，以保证外汇收支平衡和支持重点建设项目的用汇。

（2）严把涉外资金审核关。蛇口工业区对涉外资金实行分级把关制，涉外贸易需动用100万美元以上时，不论资金来源如何，都先报企业室审核后，呈请蛇口工业区总经理批准。50万至100万美元的涉外资金，由企业室会同总会计师室审核批准。企业接触新客户而涉外资金达到10万美元及以上时，必须报企业室会同总会计师室审核批准。

（3）严把涉外资金汇出关。蛇口工业区多年来坚持：凡涉及10万美元以上的境外付款活动，一律由总会计师审核，由结算中心汇出；所有企业未经批准不得在银行开设外汇账户，境外开户要严加监管，非经蛇口工业区总经理批准，直属企业不得在境外开设账户；各单位需要外汇付款时，企业主要领导批准签字后，还须企业财务主管审查付款方式与合同要求的一致性，否则财务人员有权拒绝支付。

（4）各直属企业对外一切结汇必须在国内银行进行，不得在境外收汇转存或者用于其他坐支；企业没有获得蛇口工业区总经理批准，没有总会计师室的书面委托，不得要求招商局集团驻港各单位提供外汇存款和转存业务；企业不能在境外进行外汇调剂业务。

（5）出差港澳及出国考察，其差旅费用统一由蛇口工业区总会计师室报销，执行统一的标准。

三、集团统一经济效益考核体系

招商局集团下属公司众多，集团成立后仅全资直属企业就有明华公司、友联船厂、海通公司等23家企业，招商局集团通过对直属企业经济效益考核与企业利润分配的统一规定，实现了对于直属企业在财务管理方面上的集中管控。

（一）企业经济效益的考核

1986年起，招商局集团对二级直属企业进行年终考核，从利润指标与辅助指标两个方面，逐项对直属公司的年终指标进行评分。一方面是利润指标评分，占70%，考核的主要指标是全年实现利润，考核方式是本企业的纵向比较，即将本年实现利润同上一年的利润基数进行比较。根据考核办法，在利润增长的情况下，用核定的基准比率乘以本年利润额提取企业基金，充分鼓励企业多创利润、多提取企业基金。另一方面是辅助指标打分，占30%，包括资金利润率、工资利润率、企业管理、业务开拓、有无失误等五项指标。以两方面的总分数作为百分比对企业基金提取率进行调整。

企业经济效益考核办法历经数次修订，在辅助指标中加大资金利润率的权重，目的在于考核效益水平高低的同时也要考虑投入产出效率。招商局集团通过经济效益考核激发各企业开拓业务的积极性，加强企业经营管理者的盈利观念，形成资金有偿占用和有效运用的意识。在港各直属单位自实行上缴利润包干的管理方式后，生产经营与管理的积极性得到了提高，企业的经济效益、留存利润也逐渐增长，扩大再生产及发展业务的资金逐步充裕，职工福利也有较大改善。

（二）企业利润分配的管理

1986年5月，招商局集团制定了《企业管理条例》对直属企业的经济效益情况做出评价、考核，明确规定对集团在港直属企业实行以上缴利润包干为主的管理方式。单位的利润包干指标，先由各单位根据历年实绩并考虑发展因素酌情提出，送集团财务部审核后报集团领导核定。核定后的利润包干指标两年不变，第三年酌情调整，企业经济效益与企业利益、员工利益挂钩。各单位完成利润包干任务后的超额利润一般归单位留存，主要用于扩大再生产，一部分用于改善生产设备、进行智力投资以及投资开发新企业，一部分留作企业福利基金与职工奖金。

1987—1989年，招商局集团根据直属企业经营情况确定相应的利润分配方式。对部分利润比较稳定的企业根据实现利润的具体情况确定利润上

缴定额，一经确定，三年不变。

1990年开始，招商局集团制定实施《招商局集团直属企业利润上缴办法》，确定企业利润上缴的统一原则，既能合理体现企业占用国家资金所应承担的义务，又能为日益增多的投资支出和费用支出提供比较稳定的资金来源。根据规定，直属企业按自有资金的一定比例计算确定企业利润上缴额，1990年上缴比例以低于银行贷款利率的5%为基准，自有资金的范围包括国拨资金、集团拨款以及各项收益、利润年末结余额。

招商局集团利润分配的管控方式，一方面，在一定程度上体现了公平负担和有偿占用资金的义务，形式上接近按股本进行派息的办法；另一方面，为了鼓励和支持一些新办企业的发展，集团也准予一些企业一定时期内免缴利润。

四、集团统一投资管控与资产管理

随着招商局集团投资规模与固定资产规模的迅速增加，对于固定资产的管理与投资的管控成为集团稳定经营、快速发展的保证，是集团财务管理的工作重点。

（一）固定资产管理

作为以航运为主体的企业，招商局集团固定资产主要包括船舶、仓库、码头和码头装卸设备、修船设备及运输车辆等。非航运产业大部分是投资、贸易及其他第三产业类企业，固定资产主要是办公设备和房产物业；直属的工业企业较少，因此工业制造设备的规模与数量也较少。招商局集团处于香港市场化环境中，在固定资产购置和处理方面，集团给予下属企业较大的自主权。对一般固定资产购置主要由各直属企业自行决定，减少了不必要的层次报批手续，提高了企业的应变能力。企业对固定资产的购置与处理除了考虑生产经营的实际需要外，还要考虑固定资产市场价格涨落情况。例如，明华公司采取买卖结合的灵活措施发展自己的船队，在航运行业不景气时及时卖掉一部分船只渡过难关，在航运市场回升、船价较低时，抓住时机增购船只。

(二）投资决策管控

招商局集团坚持对项目投资进行可行性研究，包括合营企业投资、收购等。参与投资的主要程序：在对投资项目进行初步洽谈和调查后，由招商局集团相关单位编制可行性研究报告，在项目可行性研究成熟以后，提交总经理办公会议研究审定，集团规定投资额在 300 万港元以上的项目要报集团审批，300 万港元以下的项目由各企业按各自投资决策程序办理。集团审批重大投资项目并未减少直属企业的自主权，而是起到控制投资方向、减少投资的盲目性，并对投资项目有关的各方面关系起到必要的协调作用。

以蛇口工业区管理下属公司投资为例，蛇口工业区实施了严密的投资决策管控政策，每年根据资金规模对生产性投资进行控制，在增大扩充型投资的同时保持适当的重置型投资。扩充型投资包括两部分：一部分是与现有产品和市场有关的投资，如增加产量或扩大销售渠道所做的投资；另一部分是与新产品和新市场有关的投资，如为生产新产品和开辟新市场所作的投资。重置型投资也包括两部分：一部分是与维持企业现有经营有关的投资，如更换已报废或已损坏的生产设备的投资；另一部分是与降低成本有关的投资，如用高效率的新设备更换可用但已陈旧的生产设备所作的投资。蛇口工业区的生产性投资决策由企业提出若干可供选择的投资方案，上报蛇口工业区企业管理室，由企业管理室牵头，组成专家小组，利用科学合理的投资决策方法从中选择行动方案，提交给蛇口工业区领导作为决策的依据，从而确保投资达到预期收益。

五、合营企业的财务管理

招商局集团对合营企业实行"统一原则、分级管理"的财务管理体制，在集团统一领导和规划下，由各公司对合营企业进行分级管理。合营企业一般实行董事会领导下的总经理负责制，具有以下特点：

（1）在资金筹集方面，中外合营企业的主要资金来源包括合营各方按比例的投资，投入的资金不分固定资金和流动资金，既可用于购买固定资

产，也可购买流动资产，另外还包括向银行贷款得到的资金，以及通过集资发行债券和股票筹集的资金；

（2）在资金运用方面，合营企业有较大的灵活性和独立性，各种资金可以统一使用，不提折旧，不形成折旧基金，不需要进行专户储存；

（3）在外汇资金管理方面，合营企业要求做到收支平衡，按国家要求使用外汇资金；

（4）在利润分配方面，按规定缴纳所得税后的利润，由董事会决定分配方案，提取职工奖励福利基金、储备基金和企业发展基金，并按合营各方投资比例进行分配。

蛇口工业区内的合营企业数量众多，蛇口合营企业的财务管理在招商局集团合营企业管理中占有十分重要的地位，其特点主要体现在计划管理、资金管理和外汇资金管理三个方面。在计划管理方面，蛇口合营企业主要抓收入和盈利管理。一部分合营企业实行股东单方承包或总经理承包，承包指标主要是利润，因此做好利润计划和预测利润完成情况是财务管理的主要内容。在资金管理方面，最主要的工作是保证资金供应，促进合营企业的生产发展。资金的来源渠道除应收货款外，就是银行贷款，因此合营企业除及时催收应收货款和其他应收款外，日常的工作是联系银行贷款。为了有效控制资金，合营企业一般由总经理或控股股东代表签发支票。在外汇管理方面，合营企业最主要的工作便是抓外汇收入，扩大对外销售，增加外汇资金。另外，调剂外汇、平衡外汇资金也是合营企业的另一项重要财务管理任务。

六、蛇口工业区的税收政策

蛇口工业区设深圳市税务局蛇口分局，蛇口管辖区内的工厂企业按国家税法依法纳税。1985年以前，在蛇口工业区内所收税款由市财政局全部拨回给蛇口区，作为市政建设之用，此项规定基本执行到1990年底。从1991年起，蛇口工业区内的市政设施、园林绿化维护、学校、医院、文化和体育设施管理等费用，由市财政一年拨款1 000万元给蛇口工业区包干使用。为了鼓励蛇口工业区发展生产，增加税收，以蛇口工业区1990年税收入库额为基数,超收部分 1991—1993 年每年年终由市财政按 10% 奖励给蛇口工业区。招商局集团对于蛇口工业区历年所形成的税后利润,一律留给蛇口工业区,用于滚动发展。

第四节
蛇口工业区目标管理责任制与剩余收益制改革

随着产权关系明晰和以契约为保证的多种形式的经济责任制的推行,市场观念和竞争意识越来越多地体现到企业的管理中。蛇口工业区在该阶段开始推行目标管理责任制,并随后在部分直属企业中试行剩余收益制和股份制。在取得良好效果的前提下,蛇口工业区在直属企业中推广剩余收益制,并逐步形成以经济效益为核心的自我发展和自我约束机制。

一、蛇口工业区目标管理责任制实施

1986 年,蛇口工业区颁发试行一系列新的管理制度和办法,如《基建贷款新办法》《直属单位三项基金使用管理办法》《工业区内部审计试行办法》《经理离任审计办法》《经理基金试行办法》等,加强了各直属企业的管理,为普遍推行目标管理责任制做好必要准备。

1987 年 5 月,招商局蛇口工业区有限公司成立,公司董事会 6 月 1 日通过了《总经理工作条例》,其中明确规定:"总经理任期内,实行目标责任制。总经理应当根据国家对外开放政策的要求和市场需要,结合企业实际,按照本公司的长远发展规划提出任期责任目标,经董事会批准后组织实施。任期责任目标的实施,是对总经理考核、监督和决定可否续聘的主要依据之一。"蛇口工业区着手组织力量,研究、制订、推行旨在增强企业活力的"目标经营责任制"方案,以便形成一个结构合理、运转灵活、富有活力、集权分权适度的经营机制。

蛇口工业区在直属企业(单位)的各个层次中都推行目标管理责任制,其做法是引入资金收益率、人均收益率两个指标,用于衡量企业员工

的工作效率。实行目标管理责任制，有利于解决蛇口工业区与直属企业在权、责、利上的配置问题和收益的合理分配问题；将资金收益率、人均收益率引入企业的内部管理，为企业之间横向比较提供了尺度，以便于形成人才市场，充分挖掘经营者及职工个人的潜能，消除管理上的随意性，从而为蛇口工业区经济的进一步发展提供强大的原动力。可见，推行目标管理责任制是企业经营和人事制度上的一场新的革命，也是经济体制改革和政治体制改革的一个结合点。

蛇口工业区普遍推行目标管理责任制后，直属企业在1988年第一季度的资金收益率和人均收益率分别比上年同期增长34.8%和50.6%。

二、蛇口工业区剩余收益制改革

1988年初，蛇口工业区为了进一步强化目标管理责任制，以明确产权关系、优化资源配置、调整产业结构、实现企业内涵式发展为目标，开始在直属公司中选点试行剩余收益制，将企业的所有权和经营权分离，建立企业的自我激励、自我约束的机制，以求进一步提高企业的经营管理水平。

（一）剩余收益制的内容

剩余收益制是蛇口工业区对下属企业实行计划、调控、考核与分配的新方法。所谓剩余收益，就是在总收益（即税后净利）中扣除了向母公司上缴利润及本公司劳动分红（职工奖金和福利基金）之后的剩余利润。作为一种考核企业经济效益的管理制度，剩余收益制的核心在于效益标准的制定是以同行业的横向比较为基础的。而经营者及劳动者的收入和奖励是以企业发展的纵向比较为基础的，强调投入与产出、效益与占用的比例是相对的。这一管理方式比一般的承包责任制更为科学。

效益横比是以同行业的平均资金利润率为标准，根据企业的具体情况，确定投资回报率，称为"资金基准收益率"，且该资金基准收益率需高于银行利率。企业按照这个基准率从利润中向母公司上缴一定的收益，称为"基准收益"。所以，当资金基准率一定时，占用资金越多，必须上缴的基准收益也越多，这就有效地抑制了资金的过度占用。但如果企业经营者能够不断创新、开发新产品，提高劳动生产率，降低产品成本，那么，企业就可以在不增加资金投入的前提下增加产出、提高利润。这种超额利润，也是"剩余收益"，其中一部分可作为经营者的风险补偿。如果经营者在创新活动中追加资金并取得更佳的经济效益，追加资金所带来的利润大于上缴的"基准收益"，这部分超额利润也是剩余收益。

收入纵比是职工的劳动分红总额以上年的实发额为基数，以利润增长率为标准，随着利润增长而增长。劳动者的个人收入同企业的剩余收益直接挂钩，公私利益一致，促使劳动者自觉地减少浪费、提高效率，力争利润增长。又由于经营者的风险补偿是以剩余收益的增长为标准的，故有内在的激励机制促使经营者改进管理，努力创新，尽力提高整体经济效益，追求较大的剩余收益。

（二）剩余收益制的实施过程

剩余收益制的革新之处在于改变了承包制中以利润额为基准的考核方法，纠正了企业在承包制中为了追求利润额，不顾资金的机会成本而大量投入资金的做法。实行剩余收益制，以"资金基准收益率"约束资金的使用，规定资金使用的回报，并为经营者提高企业的经济效益提供了激励机制。

蛇口工业区于1988年8月颁发《直属公司剩余收益制章程》，并在认真测算的基础上，选择供电公司、船务公司两家直属公司试行。两家公司注重加强管理和挖掘内部潜力，在促进企业自我约束、控制投资方面取得显著成效，走上了内涵式发展道路。1988年1—10月，供电公司供电1.44亿度，在售价降低13.6%的情况下，纯收益比上年同期增加90.99%；船务公司则完成税后利润243万元，为上年同期的341倍。两家公司的实际收益率也分别超出核定基准收益率的25%和18%，分别达到45.2%和41.51%，比上年同期分别增加了9.56%和9.54%。

蛇口工业区还在部分企业中试行职工个人参股，生活服务公司从1986年9月起试行股份制，职工参股率98.8%，股份金额11.34万元，占公司资产总额的4.62%，至第二年这一比例增长为8.6%。实行股份制，公司利益与职工利益直接挂钩，加强了职工同企业的联系，调动了职工参与企

业管理的积极性。生活服务公司董事会中有3名由职工股东代表选举产生的董事，股东代表大会还拥有对公司领导的弹劾权，从而加强了对公司经理与有关业务人员的监督，形成了企业的自我约束机制，使经济效益得到较大提高。1987年生活服务公司营业额达6 500万元，利润240万元，均较上年有较大幅度增长。

蛇口工业区普遍推行目标管理责任制，重点试行剩余收益制与股份制，对人力、财力、物力资源进行合理利用，强化了企业自我发展与自我约束机制，实现了投入与产出的良性循环，更好地提高了管理水平和蛇口工业区整体经济效益。目标管理责任制、剩余收益制与股份制在不同程度上对蛇口工业区的发展起到积极的推动作用。

三、蛇口工业区剩余收益制的推广

蛇口工业区于1991年正式推广运用剩余收益制进行管理工作。在剩余收益制试行过程中，蛇口工业区研究室负责提出剩余收益制完善办法，解决技术上和操作上的疑难问题，建立各剩余收益制试行单位的电脑数据库及配套计算程序，并负责对基层企业财会人员进行有关剩余收益制的培训。

剩余收益制的推广遵循以下原则：

（1）效益横比，确保蛇口工业区基准回收。根据企业资金与劳动密集程度确定各企业的基准收益，基准收益是企业最基本的上交任务总核。

（2）从实际收益减基本收益后的余额（即剩余收益）中按固定比率提取劳动分红、企业发展基金及超额上交收益。劳动分红的实际发生数还须考虑各项计划完成情况的综合评分。

（3）扩大考核范围，实行归口管理。对企业进行全面的计划管理，考核范围扩大到对工作量（营业收入）管理费用、资金周转率、经营管理、服务质量、行业要求、外汇交拨、上交任务等各个方面。考核办法采用单项计分、汇总加权，各有关专业管理对口部门协同考核。

（4）增强风险的承受力。为避免总经理任期内年际间劳动分红以丰补歉，避免个人收入增长过快，避免企业间苦乐不均或出现平均主义，在充分考虑计划年度内不可预见的情况后,特设置综合折扣调节奖金水平。

(5) 提高福利基金比重,适当降低奖金水平。

第五节 招商局集团化的会计核算与会计报告

招商局集团化时期,我国会计制度依然以企业所有权性质和行业特征为标准逐步完善,没有重大变革。招商局集团下属不同行业和不同所有制企业尚未建立统一的集团会计制度,一方面,集团公司根据下属各行业特点和需求制定了相应的行业会计制度;另一方面,蛇口工业区的合营企业执行财政部发布的《中外合资经营企业会计制度》。为了客观、全面反映集团财务状况,招商局集团对主要会计政策和合并报表编制做出明确规定。为了配合集团并购发展的需要,招商局集团及其下属公司自1987年起根据自身实际情况,聘请会计师发表核数报告。

一、我国企业会计制度的完善

为适应经济体制改革和企业管理方式变革,我国对成本核算与企业会计制度进行不断规范与调整。为了客观、全面反映企业经营状况,财政部于1989年对《国营工业企业会计制度》进行又一次修订,内容涉及会计科目、部分会计处理方法和会计报表三个部分。

一是会计科目的变化,会计科目总数由1985年的60个增加到67个。二是部分会计处理方法的修正,如"固定资产"科目下设"融资租入固定资产"明细科目以准确与简化核算。三是会计报表的调整,与1985年报表相比,此次修订在报表的种类和报表的项目排列两方面做了调整。会计报表中增设了"固定资产和流动资金增减表",取消了"应交调节税及企业留利计算表",同时根据企业资金来源日益多元化的特点,资金平衡表项目排列改变了过去"三段式"的排列顺序,修订后的资金平衡表,不再是三段平衡,而是总额平衡。

二、招商局集团会计核算与会计报告

招商局集团的直属企业分布在不同的地区和国家，涉及行业繁多，这为集团制定统一的会计制度带来了困难。如前所述，鉴于外部会计制度环境和公司自身特点，集团制定了一系列行业会计制度和合营会计制度，分别适用于不同行业的直属企业和蛇口工业区。

（一）招商局集团会计核算基础

招商局集团作为交通部的直属企业，所实行的会计制度仍带有较多国营企业传统会计制度的色彩。该时期招商局集团虽然未制定统一的会计制度，但是在主要会计政策和会计报表方面已作出明确和统一规定。

1. 会计政策

（1）会计报表的合并范围。招商局集团合并会计报表的范围只包括100%的全资附属企业。按照香港和一般国际会计准则的要求，对于长期股权投资在50%以上的企业，集团应将其合并到报表中；占股份20%~50%的合营企业应反映为合营企业，占股份20%以下的合营企业应反映为其他投资项目。由于招商局集团的会计报表汇总时间要求比较紧迫，合营企业的会计报表编制工作进度尚不能够密切配合，因此暂时不能把50%以上控股合营企业汇入综合报表，而只反映投资成本或经过调整后的账面投资价值。

（2）合营企业损益的核算方法。招商局集团不分合营企业类型，统一按照"成本法"，将实际收到的红利作为投资收益；经过资本重组或清算后，以原有投资的减少作为投资损失。当合营企业将部分税后利润转增资本时，集团公司确认投资收益，同时增加长期投资账面价值。

（3）外汇折算办法。招商局集团综合会计报表以港币为记账本位币。人民币折合港币的方法有两种：一是"双轨制"，报表也以"双轨制"为基础，对人民币部分按照规定的汇率换算成港元；二是在以人民币为本位货币的情况下，报告的期末数字都是按规定汇率折合港币。由于上述汇率折算方法本身不发生汇率损益，因此，报告期间采取的汇率差额也包括在下一个报告期间的期末数字之内。但是集团投资等内部需要抵销的数字，应该根据汇率产生的差额，分别反映到现有的品种中。规定的汇率由集团按照银行标价确定后，通知企业执行。

（4）固定资产折旧计提方法。集团均采用直线折旧法，但对不同国家和地区的企业，其固定资产的折旧年限没有统一的规定。企业可以参照当地法规、同行业的折旧水平以及集团总部固定资产折旧年限加以确定。

2. 会计科目

由于集团尚未制定统一的会计制度，因此招商局集团总部及其下属企业分别按照《国营工业企业会计制度》以及行业会计制度的要求设置会计科目。会计科目的差异主要体现在收入和费用项目方面。招商局集团总部原有的一些主要经营业务已发展成独立的直属公司，总部只有一些写字楼、招待所等，由物业直接经营管理，因此集团公司的收入和费用除了集团管理费外主要是物业招待所等部门经营管理的收支。

集团直属企业一般是根据自身的业务特点和需要设置相应的会计科目。例如，航运企业会设立货物代理收支、船舶代理收支、运费收支、码头装卸收支、仓库收支等航运业务收支类科目，酒店企业会设立客房收支、餐饮收支，房地产业则会有商品房屋销售收支和工程收支科目等会计科目。

对于收入和费用以外的其他科目，招商局集团考虑自身业务的特殊性，兼顾投资多元化和跨地区的特点，制定了集团公司会计科目。

在资本类科目方面，由于招商局集团隶属交通运输部，所有制上是国营企业，因此仍然保留有国家固定基金、国家流动资金科目，反映企业早期自有资金中来自国家投资的部分。对于直属企业，在资本中设立"集团拨款"科目反映集团对直属企业的投资。通过"储备金""累积损益""损益""资产估值储备""其他收益""企业基金"会计科目反映净利润和净利润分配后的资本转化，此外也反映损益以外的一些收益准备。

在集团的内部往来和投资科目方面，由于集团编制合并会计报表的需要，必须把集团内部的往来和内部的相互投资单独反映出来，如往来方面有"附属公司往来""集团内往来""集团内存款""集团内借款"等，投资方面有"附属公司投资""集团内投资"等。最后是通用性科目和专用性科目相结合方面。对于一般资产和负债类科目，各行业企业之间是可以

通用的，如流动资产中的"现金""银行存款""应收账款""应收票据""存货"等科目，流动负债中的"银行短期借款""应付票据"等科目。招商局集团有限公司会计科目如附表 2－1 所示。

3. 账簿组织

招商局集团所属企业的账簿组织体系，按传统习惯分为总账和明细账。基本的会计程序仍然是根据原始凭证编制记账凭证，根据记账凭证登记明细账，每月根据记账凭证汇总表登记总账，总账和明细账余额核对相符后，分别填列会计报表。明细账多数都采用活页式，每一类科目或关系密切的科目组成一本账簿。有些业务量较少的公司也有多类科目合并在一本账簿的情况。也有少数企业不设总账，直接根据明细账，并用表结方式编制会计报表。20 世纪 80 年代末 90 年代初，随着电脑在会计领域中的推广应用，集团所属企业一半以上已使用电脑记账。传统的手工计算核对工作已由电脑代替，会计账簿完全由电脑根据明细账科目发生额顺序打印，装订成册即作为账簿，会计报表也通过电脑进行编制。

4. 核算体制

从会计报表汇总的角度看，整个招商局集团的核算体制可以分为四级。第一级是集团的综合会计报表，其中包括集团总部的核算和下属二级公司的报表汇总。第二级是集团直属二级公司的核算，在港企业包括明华公司、海通公司、船企公司、仓码公司、欧亚船厂、友联船厂、发展公司、国际贸易公司、华商酒店等，国内企业包括蛇口工业区、招商京企、招旅总公司、海顺公司等，此外还有我国香港和英国的招商保险公司。第三级核算是集团直属二级企业的附属公司，如蛇口工业区下属的工业区房地产公司、商贸公司、供水、供电公司等，招旅总公司下属的各地招旅公司等。第四级核算则是某些三级公司附属的独立核算单位，这类公司作为四级公司，形成第四级核算。

（二）招商局集团行业会计制度

招商局集团成立后，多元化业务迅猛发展，在集团未形成统一的企业会计制度的情况下，各行业子公司按照各自业务特点和财务管理工作需求制定了相关的财务制度。

第二章 招商局集团架构设立与集团化会计体制的建设（1986—1991年）

1. 航运企业会计

招商局集团成立后，航运业仍然是集团的主业。随着航运业务规模和实力的壮大，相应的航运企业的财务会计工作也在不断发展。

以仓码公司的会计核算工作为例，1986年6月，仓码公司编制了《招商局仓码运输有限公司财务会计工作规程》（以下简称《仓码公司会计规程》），经公司总经理批准，在全公司范围内试行，并由招商局集团财务部在各个航运子公司推广。《仓码公司会计规程》包括总则、会计科目、会计凭证、会计账簿及报表、会计工作处理程序等五章，比较完整地规范了会计核算过程中各个环节的具体方法、要求，为提高会计信息质量起到重要作用。总则中首先明确了一个企业集团内部上下级规章制度的关系，要求凡是集团统一规定的按照集团规定执行。总则明确了会计年度采用年历制，记账方法采用借贷记账法，以港元为记账本位币，以中文为凭证、账簿、报表使用的基本文字等基本要求。

根据仓码公司的业务特点，《仓码公司会计规程》将会计科目分为资产、负债和损益三类，共计38个一级科目，仓码公司的会计科目如附表2-2所示。《仓码公司会计规程》对各个会计科目的使用作了说明。固定资产包括船舶、房屋及建筑物、装卸机械、机器设备、车辆、办公用具、通信设备、冷气设备及其他。投资科目包括投入合营企业以及房地产等方面的资金。企业固定基金科目按照这一时期国营企业惯例，企业购建固定资产完成后借记固定资产，贷记企业固定基金。本金科目类似于"股本"或"实收资本"，是用来核算集团总部对子公司投入的实缴资本，即子公司实收资本。企业基金科目是核算公司按规定比例提取的职工医药卫生福利基金及经理基金，招商局集团在实行直属企业经济效益考核后，从利润中提取的企业基金也在这一科目中核算。仓码公司在反映公司业务收支时，在会计科目中也作了适当划分，分为运输业务收入、坚城作业区收入、欧亚作业区收入、装卸业务收入、其他业务收入，并相对应有各种业务支出。在实际使用时又增加了仓库收入等科目。

在会计凭证这一章中，《仓码公司会计规程》对原始凭证和记账凭证的具体分类和处理做出说明和规定，不仅对原始凭证做出一般性规定，还对一些特殊的情况规定了处理方法。例如，一张原始单证涉及内部几个单位时，可由经办人员根据这一原始单证自制分割单，经经理或主任签署后，分割单可以作为原始凭证，同时分割单上应注明原单证号。再如，有些费用，如香港当地的士费、轮渡费、误餐费、加班费和某些佣金服务费等，历来不提供单证，对于这些费用，可由经办人员自行填制单证，经本部门经理核签后始能作为原始凭证向财务部门报销。《仓码公司会计规程》把记账凭证划分为收入凭证（用红色印制）、支出凭证（用绿色印制）、转账凭证（用白色印制）和汇总记账凭证四种，并对记账凭证填写、使用、保管规则作了详细规定。

《仓码公司会计规程》在会计账簿及报表一章中明确规定，根据生产业务需要，设置日记账、总分类账和明细分类账以及有关辅助账户。同时，还说明了各种账簿的使用要求、内容及相互关系。在会计报表方面规定了月报、季报、年报所应编制的各种表格。

《仓码公司会计规程》在会计工作处理程序一章中，对制单工作、审核工作、出纳工作、记账工作、编制报表工作提出了具体要求，既反映了会计工作的处理程序，也明确了会计工作各个岗位的职责。制单工作中，要求严格审核原始单据，正确编制会计记账凭证，完善核签手续等。审核工作要求有关主管主任严格审核原始凭证和记账凭证的真实、准确性，审核签署后才能交付出纳办理收付或交有关记账人员记账。出纳工作要求注重核对凭证各项数字和签字，正确签发支票、收付现金，及时核对现金、存款余额。记账工作要求及时准确记账并掌握正确改错方法。编制报表工作则要求报表要在清理结算有关账户、核对总账与明细账相符无误时才能编制。

《仓码公司会计规程》既反映了本公司业务工作的需要和香港会计工作的特点，也满足了国营企业会计工作的传统要求。规范的会计核算工作是提供准确会计信息进行财务分析、决策的基础。仓码公司在试行《仓码公司会计规程》后，逐渐形成比较稳定的会计核算体系，会计核算的质量显著提高，会计信息更加详尽，为集团公司对下属企业进行经济效益比较分析提供了依据。

航运企业中除了像仓码公司按业务类别核算之外，也有公司按单船进行核算。单船核算方式在专业船公司普遍存在，如明华公司从降低风险和税务考虑，大中型船舶采取单船注册公司的方式，因此从法律角度也需要进行单船核算。单船核算主要应分清直接费用和间接费用，核算以直接费用为主，包括船舶费用、营运费用、折旧和贷款利息，其中船舶费用包括船员工资、奖金、伙食、船舶保险、检修、备件、物料、差旅费、邮电费、医疗费等，如果是租用船舶还要有租金。营运费用包括燃油、港口费、代理费、速遣费、招待费等。间接费用主要是公司管理费用分摊。明华公司在单船核算的基础上编制《各轮同期效益分析表》和《各轮每日效益分析表》，定期掌握、分析各船舶营运收支和盈亏情况。

2. 贸易投资企业会计

贸易投资企业所涉及的投资业务是以投资兴办实业为主，多数采取成立合营公司的形式。按照国家有关法规，招商局集团所属在港注册成立的公司到内地投资是作为外资，所参资的企业可以作为中外合资企业，享受三资企业有关优惠政策。招商局集团的贸易投资企业，本身没有技术、物资和土地、厂房的资源优势，投资主要是以现金投入，但会受到汇率问题影响。招商局集团主要有两家贸易投资企业，一家是发展公司，其投资以蛇口为基地，招商局早期在蛇口参资的一些合资企业，都转给发展公司管理；另一家是国际贸易公司，其投资则侧重在内地和海外发展。这两家公司的贸易业务主要是围绕化肥、钢材、水泥、夹板等原材料进行大宗进出口贸易。贸易投资企业经营业务同航运企业有较大的区别，因此也需要针对贸易投资企业特点制定相应的财务会计制度。

下面以国际贸易公司为例说明贸易投资企业会计制度。国际贸易公司成立后，相继制定了本公司的《会计制度》《财务管理制度》《国内办事处或分公司财务管理制度》《各项费用的报销规定》。

在《会计制度》中，企业把收入划分为营业收入和投资收入两类，其中营业收入反映公司在经营及贸易上的各种收入，投资收入核算公司从参股公司分得的红利等收入。《会计制度》规定记账本位币为港币，发生其他币种的经济业务时，除按原币记账外，还应折成港币记账。折算所用的汇率视科目的类别而定，对于损益类科目，按当天的汇率（即当天的银行买入价）折算，其他科目按固定汇率折算。由于折算汇率不同而导致的差额，用汇率差来轧平。固定汇率于每年年终结算时调整一次，调整后的汇率，

作为下一年度的固定汇率。固定汇率调整后，对各外币账户的本位币余额也相应调整，调整后的余额与原账面余额之差，作为汇率差计入本年度账。

针对贸易业务收付结算的特点，《财务管理制度》在现金及银行存款管理制度、付款审批办法、货款结算、信用证开证及收证、合同管理、借款及有关费用报销等方面作了比较详细的规定。根据香港地区银行付款的特点，公司规定了支票双签制度，较大金额的付款要有公司副总经理以上人员联签；贸易上的付款（包括通过信用证的付款），金额在5万港元以下，由部门经理签字付款，超过5万港元者，除部门经理签字外，还需要主管总经理审批；超过50万港元，需送总经理审核加签；付给贸易介绍人的介绍费或佣金等，一定要由总经理审批，并附上财务上必需的单证，财务才给予付款；在货款结算方面，公司强调尽量采用保护公司方权益的预收货款，收取即期信用证等方式结算。对于贸易活动中比较频繁发生的交际应酬费用，直属企业均建立了一定内部控制制度，如规定一定的宴请标准和公司各级人员的审批权限等。

3. 旅游企业会计

1986年财政部、国家旅游局颁布了第一个国营旅游企业会计制度，适用于旅行社、饭店、旅游车船公司和旅游商店，并于1990年对这一制度作了修改。

1990年4月，招商旅游工作会议在北京召开，会议上集团正式把各内地招旅交由招旅总公司直接管理，形成人、财、经营上的紧密型旅游集团，并讨论通过了《中国招旅总公司关于财务工作的暂行规定》和《中国招旅总公司关于统计报表工作的若干规定》这两个基础性文件。1991年3月，招商旅游工作会议进一步理顺了招旅内部财务体制，把香港招旅和蛇口招旅财务关系纳入总公司管理范围，并通过了总公司起草的两个重要文件：《招商旅游公司系统往来结算细则》和《招商旅游公司系统审计工作试行条例》。

上述四个文件对旅游企业会计核算和财务管理工作进行了初步规范。旅游企业会计具有四个最主要的特点：一是往来结算的核算量相当大，极易出错；二是外汇业务多；三是与旅游计价密切相关；四是设置了特定核算的项目，如"超时补贴基金""旅游宣传费""营业收入浮额"等。

招商局集团架构设立与集团化会计体制的建设（1986—1991年） 第二章

1992年以前，招旅系统的企业都是招商局集团全资附属企业，其会计核算、财务管理和利润缴拨等都要遵照集团财务部的统一要求。而这些企业大都在内地，又要受当地财税部门的管辖，于是产生了两个矛盾。

（1）会计制度的差异。招商局集团会计报表遵守香港会计准则的要求，但是招商局国际旅游有限公司（以下简称"招商国旅"）在内地必须按国营企业制度设账核算。两套制度在某些方面有所不同，在某些方面存在尖锐冲突，如国营旅游企业规定资金来源分为固定资金、流动资金和专项资金，而在招商局集团对于招商国旅的投资中并没有这样划分，只是按照股本进行投资；国营旅游企业规定折旧减少固定资金、增加更新改造资金，而招商局集团规定不许减少股本、把更新改造资金还原回股本。在1992年中国会计制度改革后，国营旅游企业会计制度与招商局集团会计制度较为接近。

（2）财税外汇政策上的差异。招商局集团在港企业和蛇口工业区享有15年利润外汇全留的优惠政策，而集团在创办内地旅游企业时，投入的外汇资本中，超过30万元外汇券的部分都要结汇，按40%办理外汇留成。同时，由于招商国旅在各地设置了分公司开展旅游业务，各地财税部门也不承认招商国旅沿用招商局的利润全留政策，坚持要缴所得税、两金（包括折旧基金部分）。这导致企业不仅无力扩大再生产，甚至难以抵偿集团的筹资利息负担。在招商局集团和招商国旅总公司的多次努力以及交通部的支持下，财政部于1991年下发了《关于中国招商国际旅游总公司及所属公司预算和财务管理体制的通知》，同意招旅系统按实现利润75%实行税前还贷、剩余利润按35%缴所得税，从而基本上解决了偿还集团投资的问题。

4. 招商银行会计

1987年，招商局集团在蛇口工业区财务公司的基础上筹组成立招商银行，这是我国第一家由企业创办的自主经营、独立核算、自负盈亏的商业银行，注册资本1亿元，实缴资本3 000万元人民币、500万美元，招商局集团全资控股。1988年10月，经过中国人民银行总行批准，招商银行增资扩股、修改章程，资本金由成立时的1亿元增至4亿元（其中25%为外汇），股东也由招商局集团1家扩大到7家，包括招商局集团、中远总公

司、广州海运局、广东省交通厅公路管理局、山东省交通厅物资工业公司、秦皇岛港务局和南海东部石油公司，其中招商局集团占股45%，中远总公司占股25%，广州海运局占股10%，其余四家各占股5%。

招商银行成立后，逐步建立起适合自身特点的财务管理和会计日常核算工作机构。1989年招商银行总行下发《招商银行会计基本制度》（以下简称《基本制度》），共分为四章十二节四十二条，根据《中华人民共和国会计法》和中国人民银行制定的《全国银行统一会计基本制度》（试行本）制定而成。

《基本制度》第一章总则明确指出，招商银行会计工作的任务包括正确组织会计核算，加强服务与监督，加强财务管理，开展会计检查辅导与会计分析。招商银行的会计核算单位分为独立会计核算单位和附属会计核算单位两种，其中总行为独立会计核算单位，营业部、办事处、代表处原则上为附属会计核算单位，如具备一定条件也可成为独立核算单位，由总行确定。附属会计核算单位的业务活动由其管辖行采用并账或并表的方式汇总反映。另外，制度还总括规定了会计机构的设置、人员配备及管理。

会计核算一章详细规定了会计核算的基本要求、会计科目、会计凭证、账务组织及账务处理、记账规则和错账更正、利息计算、会计报表、决算等的具体细则。除了日常的会计核算内容外，《基本制度》还就银行的特殊情况作了特殊规范。

招商银行采用外汇分类账制，以人民币为记账本位币，平时按各币种原币立账，决算时除按各种分账货币分别编制决算表外，还应根据规定办法，折合人民币汇总编制决算报表。人民币以元为单位，计至分，各种外币以该货币的个位为单位，小数点以下应视其货币的辅币进位而定，一切会计凭证，均应按规定标明该货币的简写符号。

招商银行的会计科目是根据本行章程经营特点和本行外币资金活动情况、会计核算的需要，以及兼顾与人民银行的会计科目对口而设置的，各会计科目按分类编列科目代号。为了反映和控制重要单证，另设表外科目以加强管理。

招商银行的凭证格式分为基本凭证和特定凭证两种。基本凭证是根据有关业务的原始凭证及业务事实自行编制据以记账的传票，按其性质可分为下列十种：现金付出传票、现金收入传票、转账借方传票、转账贷方传票、特种转账借方传票、特种转账贷方传票、外汇买卖借方传票、外汇买卖贷方传票、表外科目付出传票、表外科目收入传票。特定凭证是根据某项业务的特殊需要而制定的专用凭证，银行用以代替传票并凭以记账。招商银行的凭证需注明户名及账号、货币名称及金额，以便更清晰地反映各种凭证记录的内容。

招商银行账务组织包括明细核算和综合核算两个系统。明细核算按账户核算，综合核算按科目核算，两者根据同一凭证分别进行，坚持总分核对数字相符，详细规定了明细核算的分户账在手工记账、微机记账两种不同情况下各应注意不同的工作重点。和其他行业不同的是，招商银行的综合核算系统由下列部分组成：首先是科目日结单，是监督明细账户发生额、轧平当日账务的主要工具；其次是总账；最后是日计表，是反映当天业务活动和轧平当天全部账务的主要工具，根据总账填记。

（三）招商局集团会计报告

招商局集团的会计报表和编制方法、报表质量都经历了一个发展过程。在集团成立初期的几年时间里，会计报表基本采用了以前招商局轮船有限公司的报表模式，报表的项目内容主要是航运企业的业务内容。损益表采用左右分别反映收支的形式。随着集团走向多元化，传统航运企业的报表已经不适用，1988 年集团对会计报表样式进行了比较系统的修改，并编制了《招商局集团会计报表编制说明》。

1. 会计报告体系及特点

1985 年招商局集团收到《交通部办公厅关于转发财政部建立〈我国在外国和港澳地区独资、合资、合作企业财务报表报告制度〉的通知》，后附"在外国和港澳地区独资、合资、合作企业财务汇总年报"格式。集团考虑上级主管交通部的要求，同时满足集团经营管理的需要，对会计报告进行修订，于 1988 年发布了《招商局集团会计报表编制说明》（以下简称《编制说明》）。

《编制说明》对资金平衡表、损益表、固定资产增减表、营业外收支明细表、管理费用明细表及专用基金明细表的编制做出详细指导，其特点有四：

第一点，报告的适应性比较广泛。会计报表一共有 10 个标识，年报要填满 10 个标识。系谱只需填写资金平衡表、损益表和管理费用明细表即可。报告统计考虑到各类行业企业均可适用，在资金平衡表中对资产、负债和股东权益类项目按照通用和常用原则选择了相关项目。损益表还按行业收支分别反映。此外，报表应当不仅用于附属企业，而且也便于母公司使用，综合使用方便相关项目的冲减。

第二点，体现集团多元化特征。损益表收入、成本、税金科目除列示总额外，还对 7 个行业分别进行列示，即港口运输、贸易、工业、酒店旅游、金融保险、房地产、其他，这样可以分别反映各种行业企业的业务收支，汇总资料便于行业分析。

第三点，明确股票和权益概念。在资金平衡表中，股票的分类显示出不同的资金来源。其中，公费固定资金和公费流动资金反映集团企业初期形成的国家基金；集团拨款反映集团对直属企业的投资控股关系；集团内筹资反映集团企业内部的相互投资情况；其他反映其他少数股东的股票。此外，企业的盈利缺口和其他收益缺口都反映为企业自身资金。

第四点，明确表与表之间的勾稽关系。会计报表是一个完整的系统，主表与附表之间存在相应的匹配关系。因此，在报告样式的设计和编制表的说明中，明确表与表之间的关系。

2. 合并报表编制

招商局集团的合并会计报告按季度、年度定期编制。其中，年度会计报表的合并编制比较全面、细致。每年为提高会计决算编制质量，集团召开专门的财务决算工作会议，召集直属企业的财务部门负责人研究讨论决算编制的有关问题，明确有关要求。为提高会计结算的准确度，集团要求直属企业加强年终财产物资的盘点和往来账核查工作，把结算建立在真实可靠的基础上。

除了做好结算的各种准备外，正确的合并报告方法步骤至关重要。

第一步，按照统一标准审核，整理合并报告，是合并会计报告的基础。报完所属企业的会计报表后，要与集团总部报表和账目的有关数量进行核对，还要检查直属企业的报表是否符合集团规定的报表编制要求、报表是否完整、数字是否准确、表与表之间的检查关系是否正确等；各部门会计报告审核无误后，方可录入总结。

第二步，建立报表整合制度。合并报告必须使用合并报告工作稿，这样才能取得合并、调整过程明确的书面记录，合并工作稿也是合并报告形成的基础。合并工作稿采用多格形式，各合并的直属单位使用一格。直属公司在排组后设置一格直属公司合计，在一格中反映集团总部报告数字，然后设置调整抵销格。最后一栏是合并报告栏，或者调整后合计栏。工作稿的行序完全按合并报告的格式按行序排列。全部合并数字等列结束后，计算直属公司总和，作为与集团总公司有关数字和内部相关数字调整冲突的基础。

第三步，在作业稿中调解冲突。资金平衡表中主要是对集团总部的直属企业投资和直属企业表的集团拨款。另外，集团内部的往来，内部存款、贷款也要对账。损益表上主要是利润分配中直属企业的"上账"数字和集团总部的"上账"数字对开。除了抵销内部事项外，其他一些项目或数字错误的调整也要在工作稿中进行。在工作稿中进行的协调冲突项目应反映号码，以明确查找每个协调冲突的数字关系。

第四步，按照调整后合计栏编制合并报告。在工作稿中进行调整，用直属企业的总和加上集团总部的数字，得出总计结果。调整后可按合计数字编制合并会计报表。

3. 会计报表格式

根据行业会计制度制定的《仓码公司会计规程》和《香港海通有限公司财务会计制度汇编》（1988年修订），企业会计报表分为月报、季报、年报。月报包括资金平衡表、损益计算表、各项费用支出明细表和各项业务收入明细表；季报所要求编报的报表种类和报送时间都和月报相同；年报包括资金平衡表、损益计算表、各项费用支出明细表、固定资产增减表、固定资产折旧明细表、国家基金增减情况表、专用基金表、各项业务收入明细表、各项目明细表、决算说明书。具体格式及编制说明、合并资金平衡表工作底稿见附表2-3至附表2-13。

（四）招商局集团核数制度

1. 香港核数制度

香港的核数制度是根据香港公司法的要求制定并施行的。香港的核数管

理制度要求，开展业务的核数公司必须是香港会计师公会根据专门人事条例的规定任命的；对于特定的公司，核数公司不得成为其雇员、合伙人或股东，不能与该公司发生任何重大业务往来或利益关系，影响核数公司的公平地位，或左右核数报告所表达的意见。按照香港会计师行为准则的要求，会计师在业务上应遵循一定的业务规范，包括规划、管理、记录、会计体系、核数证据、内部控制，同时要求会计师具有丰富的实践经验和相关业务知识水平。会计师对公司的报表进行评价，对财务报表是否"真实公允"地反映了公司的经营及财务状况、是否符合会计准则的规定发表意见。对于核数报告的资料是否与财务报告书的资料一致，会计师也要发表意见。

会计师对公司的核数结果发表的意见分为无保留意见和保留意见两种。如果会计师审核财务报表的数字后没有意见，就会向公司报告无保留意见的核数报告；反之，如果公司的财务报告不符合会计准则、公司条例或其他相关法例，或者无法确定该报告是否真实、公正地反映公司的财务状况和经营状况，会计师就会给公司出具保留意见核数报告。

2. 招商局集团核数报告

1987 年，为收购英国保险公司，同时争取在收购后保险公司继续成为伦敦保险协会的会员，招商局集团第一次进行招商局轮船股份有限公司暨控股的所属单位汇总核数报告。同期招商局集团根据香港的管理规定，需要在注册正式业务 18 个月内申请核数、申请报税。

核数报告的主体为招商局集团及其下属公司，其可以根据自身的实际情况和需要，选定固定的会计师发表核数报告。对于集团在海外的企业，虽然都要遵守所在地的财政政策，但大部分都是英联邦国家（地区），与香港法律体系基本一致，核数制度也大致相同。对于集团在内地的企业，由于数量较多、分布广，受到两种监管：一部分是非特区范围的其他地区的企业；另一部分是受内地长期计划经济体制影响的企业。根据集团合并报告的需要，蛇口工业区从 1988 年开始对财务报告进行审计，以后每年实施财务报告审计。招商局集团在汇集子公司的核数报告后，与集团签约的会计师事务所联系具体核数业务，事务所到达现场后，按规定程序了解情况，收集材料，分析研究，得出初步结论，双方交换意见，最后定稿。

核数方式方面，招商局集团拥有多家子公司、次级子公司和附属机构，因此采用两种报表审查方式：一是集团合并报告的审查；二是所属各独立核算公司财务报告的审查。两种审查方式都通过独立的注册会计师进行，以真实反映企业的会计信息。

核数报告内容方面，招商局集团层面的核数报告，向社会披露集团的规模、实力和经营状况，以及参与政府等市政或其他工程招标。承包工程等要提供必要的公平实力等资料，集团向银行等金融机构融资也必须有这方面的资料。虽说主要目的是向股东们提供可信赖的财务信息，但集团所属公司财务报告书中的核数报告被广泛用作申报税金的基础资料。根据香港税务局的要求，集团所属公司在财政年度到期日的半年之内，将财务报表和核数报告提交给香港税务局进行报税。

三、蛇口工业区会计核算与会计报告

招商局集团于1988年着手建立合营企业内审机构，集团财务部下设财务部驻蛇口代表组，负责蛇口工业区合营企业的内审问题。为适应蛇口工业区的会计核算需要，1990年蛇口工业区按国际会计惯例进行会计制度改革。经过多年发展，蛇口工业区已逐步建成独具特色的会计核算和会计报告体系。

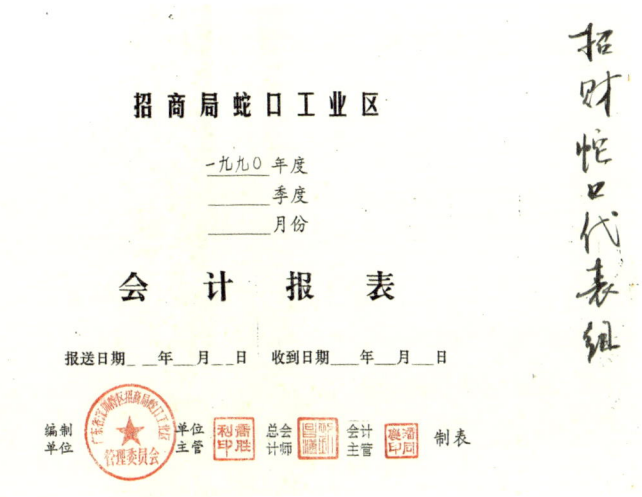

1990年招商局蛇口工业区会计报表

（一）蛇口工业区双轨记账制

蛇口工业区为了适应经济特区的发展需要及资金运动特点对会计核算的要求，蛇口工业区提出了双轨记账制核算办法。

1. 双轨记账制出台的背景

随着三资企业不断增加，外币在特区内大量流通，中央给予了多项优惠政策。例如，在价格方面，特区可以自行制定，不受计划价格的约束；外币可以在市场上流通，并可据以定价；企业在银行除可开立人民币账户外，经审查还可以开立外币账户，从而出现了多种货币结算业务和收入、成本、利润考核指标。但是，外汇市场不完善、不规范，外币与人民币的多种折算率并存，包括国家银行牌价、外汇调剂中心调剂价以及民间调剂价，并且三种价格差距较大。为了更真实地反映企业外汇资产、外汇负债和外汇收支状况，蛇口工业区总会计师室在总结特区会计的基础上，提出了双轨记账制的核算方法，从1986年开始执行。

2. 双轨记账制的内容和意义

双轨记账制核算办法是以人民币为一轨，以各种外币按港币汇率折合成港币为一轨，人民币和港币分别编制会计凭证，分别登记入账及编表，到月末汇总编制报表时，按固定汇率折合为记账本位币，编制综合的会计报表。

通过双轨记账制核算办法，蛇口工业区提高工作效率，简化核算手续，真实反映外汇资产、负债情况和企业的经济效益。所有经济业务按人民币、港币分账页核算，会计报表按"人民币""港币折人民币""合计"分列反映，能清晰地反映企业的外汇资产和外汇负债状况，准确地反映当期经营方面的外汇和人民币二者的盈亏情况。

然而"双轨制"入账的港币资产与所有者权益，受港币与人民币的汇率变动影响较大，资产与权益在会计报表中的合计数会随着港币汇率的升高与降低而出现增加或减少，与历史成本原则不一致。

3. 双轨记账制的应用

双轨记账制核算遵循一定的会计程序。第一步，将各种外币统一折算为港币。双轨制以人民币为一轨，以港币为另一轨。因此，需要将经济业务中的其他外币按一定折合率折合为港币核算。第二步，编制记账凭证和登记账簿。所有人民币经济业务，根据原始凭证编制记账凭证并据以记账；所有外币经济业务，根据原始凭证，按一定汇率折合为港币，编制记账凭证并据以记账。第三步，编制会计报表。编制月末会计报表时，以港币、人民币分类账页，按各总账账户、明细分类账户的余额和发生额分析计算填列，因而会计报表也是分港币、人民币"双轨"反映，港币栏再按一定的折合率折合成人民币与人民币栏相应项目栏之和为合计栏，即会计报表分三列反映（见表2-2）。港币与人民币的折合率一般一年固定不变，折合率的确定原则上是高于国家银行牌价，低于深圳市外汇调汇中心的调剂价（或市场调剂价）。当折合率与市场汇率出现差异时，可视为潜在利润或潜在亏损，以便经济活动分析。

表2-2　　　　　　　招商局集团会计报表三列结构

人民币	港币折人民币	合计
①	②	③=①+②

资料来源：招商局会计史（下卷）[M]. 北京：人民交通出版社，1994：762.

外币核算过程中，其他外币折合率采用一年不变的固定汇率。固定汇率的确定：一是以年末汇率作为固定汇率；二是以年末汇率为基础，取略高于年末汇率的整数为固定汇率。固定汇率可介乎于牌价与市场价之间。采用一年不变的固定汇率的办法，即记账汇率和账面汇率在一年内保持不变。所谓记账汇率是指记账当时采用的汇率。所谓账面汇率是指按已经登记入账的记账汇率所确定的汇率。由于记账汇率一年内保持不变，因此，在一年内记账汇率和账面汇率相等。

根据双轨记账制的要求，蛇口工业区对传统的会计凭证和基本账页格式进行适当调整。在会计凭证方面，收、付、转会计凭证都必须重分类为人民币和港币收、付、转会计凭证，以便对应登记人民币和港币明细账页，记账凭证以戳记标明不同币种。记账凭证金额栏反映的是人民币金额或港币金额，或其他外币按一定汇率折合为港币的金额，在涉及港币以外的外币核算时，其外币原币只在摘要栏中注明。会计凭证格式如图2-3和图2-4所示。

图 2-3 双轨记账制下的收款、付款、转账凭证

招商局蛇口工业区
付 款 凭 证

贷方科目　银行存款　美元户××银行　　1987年4月20日　　付字 1 号

摘要	贷方		入账	金额									附原始凭证 2 张
	总账科目	明细科目		千	百	十	万	千	百	十	元	角	分
购进口设备一套，50 000美元	固定资产	设备				3	9	0	0	0	0	0	0
美元折港币的记账汇率为7.8													
合 计				HB $		3	9	0	0	0	0	0	0

主管　　　出纳　　　复核　　　记账　　　制单　　　领款人

图 2-4　双轨记账制下的付款凭证实际填写示意

在基本账页方面，同样也必须按人民币和港币分类，分为人民币账页和港币账页，以便根据会计分录对应登记账户。在涉及港币以外的外币核算时，其外币原币数额在摘要中具体揭示。在双轨记账制下，总账、明细账一律采用八栏式账页格式，此种八栏式总账，分为三大部分：第一部分以港币为代表反映外币的增减变动及折汇情况，分为借、贷、余、折合人民币四栏；第二部分反映人民币的增减变动情况，分为借、贷、余三栏；第三部分反映外币与人民币的合计余额。明细分类账也采用八栏式或多栏式明细账，多栏式明细账簿本身要分清币种设置。现金日记账、银行存款日记账均按币种、开户银行分别设置。

（二）蛇口工业区统一会计制度

1985年12月，为适应蛇口工业区的会计核算需要，蛇口工业区在1984年会计制度试用本的基础上作了相应的修订，作为"招商局蛇口工业区会计制度"正式在直属企业单位施行。

蛇口工业区会计制度1985年修订本作了三处修改完善。

一是总则部分，增加在多种货币同时流通的情况下，可采用分币种核算方式或采用"双轨"核算。"双轨"核算分人民币和港币。兑换券、美元及其他外币的存款、借款、往来款项等，除应登记原币收付金额外，均

按规定汇率折合为港币和港币同轨核算。编制定期报表时，根据报表种类和要求填列，如为双轨式报表，按双轨分别填列；汇总报表，将港币按规定汇率折合人民币后加上人民币数汇总填制。

二是会计科目部分，主要增加"银行长期借款""其他长期借款""社会劳动保险收支结余""工业区管理费收入""财务公司借款""财务公司存款""产成品""在产品"等科目。

三是资金平衡表部分，对资金平衡表的结构作修订，表2-3为修订后的资金平衡表。

表2-3　　　　　　　　1985年统一会计制度下资金平衡表

一、固定资产合计	一、固定资金合计
二、非流动资产合计	二、非流动资金合计
三、流动资产合计	三、流动资金合计
四、专项资产合计	四、专项资金合计
资金占用总计	资金修订总计

1989年蛇口工业区再次对会计制度进行改革，并于1989年10月举行了"招商局蛇口工业区会计制度修订审议会"。1990年1月1日起，蛇口工业区执行的会计制度是按国际惯例做法制定的。该会计制度具有以下几个特点。

1. 在企业会计制度中首次写入和运用会计准则来约束和指导会计日常实务工作，全面采用了国际上普遍公认的会计准则

（1）历史成本。企业会计记录的计价基础是历史成本，即原始成本。（2）真实性。企业所提供的会计信息必须确实可靠，正确全面地反映企业的生产经管成果和财务状况。（3）营业收入的确认。企业确认营业收入的条件是：收到货款或取得索取货款权利的确实凭证。（4）收入和费用配比。企业的收入必须与取得该项收入所发生的有关费用配合。（5）权责发生制。企业对本期已发生的收入和费用，不论款项是否已经收付，都应作为本期的收入和费用入账。（6）一致性。企业所采用的会计处理方法，前后各期必须保持一致，不得随意改变。（7）重要性。会计核算的精确程度、财务报告的形式与内容都根据信息对决策的重要程度而定。(8) 充分反映。企业传递的会计信息和提交的会计报告，应具有重要的和足量的充分反映，包括标题以及排列、格式。(9) 借贷记账法。会计主体发生的会计事项一律采用借贷复式记账法。另外规定，企业的一切自制凭证、账簿、报表中的文字都必须用中文书写，必要时，可同时用相关的外国文字旁述。

2. 多种货币流通的核算

（1）以人民币为记账本位币；（2）采用分币种双轨核算制，即以人民币为一轨，以港币代表外汇为另一轨；（3）现金、银行存款应按币种、开户银行分别设立日记账，逐笔登记；（4）企业的会计凭证（收、付、转会计凭证）在应用于各币种时，应分别加盖代表不同币种的戳记加以区分；（5）企业的总分类账和明细账户内可采用人民币借、贷、余，港币借、贷、余和折合人民币借方余额、贷方余额八栏式账簿，多栏式明细账可适用于费用明细账，分别用币种来区别账页和账簿；（6）不同币种之间的兑换在"货币兑换"账户内核算，其差异应视其来源和去向分别在资产类、负债类和损益类账户处理；（7）会计报表应采用分币种多栏反映；（8）折合成记账本位币的汇率平时可用年度固定汇率、期末可用年末公布汇率计算。

3. 存货计价

年终存货盘存计价，采用历史成本（账面成本）与市价孰低方法进行估价，为了防止高估损失，重估范围只限于单个品种账面成本高出市价10%以上的大宗存货（占存货总值的3%~5%）。

4. 固定资产重估

在国家公告或出现以下四种情况时对固定资产进行重估，包括：企业兼并、租赁、拍卖、承包、清算、重整或股份化；物价升幅较大；外汇购进的固定资产因汇率调整，折合本位币的固定资产价值升幅较大；固定资产重估增值，应以"重估溢余"列示业主权益，不能作为当年收益。

5. 坏账准备

企业的应收、预付款等债权，其单项发生的账龄超过一年仍未收回时，应计提坏账准备，每季按经企业董事会批准的比例计提坏账准备，列

入当期营业外支出，坏账准备计提至单项债权可实现的收回额为止。

6. 资本支出和收益支出

为扩大生产经营能力而增加各种资产的支出，属于资本支出；为了取得当期收益而支付的费用，则属于收益支出。

7. 借款费用对象化

由于借入资金而发生的利息与费用，可按借款用途的对象分别在固定资产、在建工程、投资项目、企业管理费等上列账，在建工程投入使用后，利息可由生产成本费用列支。

8. 会计报表重大改革

具体内容参见"（三）蛇口工业区会计报告"部分。

（三）蛇口工业区会计报告

蛇口工业区会计制度对会计报表进行了重大改革，将两大报表增至三大报表，财务状况变动表成为与资产负债表和损益表并列必须填列的三大主表；将资金平衡表改为资产负债表；将利润表改为损益表。

1. 资产负债表

资金平衡表是计划经济的产物，强调专款专用，按固定资产、流动资产、专用资产、固定资金、专用资金排列。固定资产必须等于固定资金，流动资产必须等于流动资金，专用资产必须等于专用资金，资金之间不能融通使用。资产负债表是市场经济的产物，不强调专款专用，按流动资产、长期资产、流动负债、长期负债、资本与权益排列。资产类科目按变现速度先后排列，负债类科目按偿债快慢排列；资金之间可以融通使用，有利于国际会计信息接轨与沟通，更能发挥资金最大效率。

2. 损益表

利润表是按行业设置的，每个行业都按行业特点和内容计算利润。利润表是按收入、成本、税金、利润、营业外收支、税前利润、所得税、税后利润排列的。损益表是按收入、成本、毛利、税金、营业利润、管理费及销售费、营业外收支、税前利润、所得税、税后利润排列的，把管理费及销售费从成本中抽出来，有利于成本的考察与分析。

3. 财务状况变动表

财务状况变动表能全面揭示企业的经济管理和其他活动所引起的资金运用变化及其原因，为企业决策者控制财务支出和提高经营效果提供信息，左边按流动资金来源和运用排列，右边按流动资产各项目与流动负债各项目顺序排列，左边各项目的差额与右边项目的差额必须相等。

（四）蛇口工业区审计工作

《中华人民共和国中外合资经营企业会计制度》第六条规定，规模较大的合营企业要设置审计师，负责审查、稽核合营企业及其所属分支机构的各项财务收支、会计凭证、会计账簿、会计报表和有关资料。为了适应合营企业审计的需要，交通部于1984年在蛇口成立了中华会计师事务所。作为社会审计机构，蛇口中华会计师事务所除为蛇口工业区的合营企业服务外，还为深圳特区的广大中外合资企业服务。

蛇口工业区的合营企业基本上未成立内审机构，未设专兼职审计人员。基于这种现状，1988年4月，招商局集团在集团财务部下设驻蛇口代表组，主要负责蛇口工业区内合营企业的内审工作。这一时期集团财务部驻蛇口代表组对蛇口合营企业的管理和审计做了大量的工作，提出以调查研究和加强管理相结合、效益审计和违纪审计相结合，以效益审计和提高经济效益为主的方针，以及一年打基础、二年搞建设、三年见成效的近期目标和"一控制、二结合、三提高"的长远目标。通过加强宏观控制与调查研究和内审相结合，帮助合营企业提高财会工作水平，提高经济效益。

附表 2-1　　招商局集团有限公司会计科目表

序号	会计科目名称	序号	会计科目名称	序号	会计科目名称
1100	流动资产	2100	负债	5706	利息支出
1101	现金	2111	银行贷款	5715	电脑中心支出
1151	应收账款	2151	应付账款	5716	金融中心支出
1153	应收借款	2153	应付借款		
1155	应收买船款	2158	应付利息	5800	收入
1156	应收股票款	2163	应付借款	5001	管理费收入
1157	应收票据	2181	预收款	5802	招待所收入
1158	应收利息	2182	存入保证金	5803	大厦管理收入
1163	应收借款	2184	预提费用	5804	营业外收入
1164	应收诉讼款	2190	合营股票基金	5805	培训中心收入
1181	预付款				
1182	存出保证金	2400	资本	5806	利息收入
1183	备用金	2401	国家固定基金	5807	租金收入
		2402	企业固定基金	5814	投资收入
1500	投资	2403	企业基金	5815	电脑中心收入
1501	直属企业投资	2405	集团拨款	5816	金融中心收入
1502	股票投资	2410	储备金		
1503	合营股票投资	2420	累积损益	6000	往来结算暂借款
1504	合营投资	2450	损益	6100	往来暂记款
1530	基建往来			6101	总公司往来
		5700	支出	6102	附属公司往来
1600	固定资产	5701	公司管理费	6103	合营公司往来
1601	固定资产	5702	招待所支出	6105	办事处往来
1611	固定资产折旧	5703	大厦管理支出	6107	职工往来
		5704	营业外支出	6121	内部利息结算
		5705	培训中心支出	6150	暂记款

附表 2-2　　招商局仓码运输有限公司会计科目表

序号	会计科目名称	序号	会计科目名称
1	固定资产	20	股东往来
2	现金	21	招商往来
3	银行存款	22	其他往来
4	投资	23	银行贷款
5	存出保证金	24	集团贷款
6	备用金	25	存入保证金
7	应收款	26	固定资产折旧
8	其他应收款	27	折旧基金
9	预付款	28	企业基金
10	在建工程	29	应付款
11	管理费用	30	其他应付款
12	运输业务支出	31	预收款
13	坚城作业区支出	32	运输业务收入
14	欧亚作业区支出	33	坚城作业区收入
15	装卸业务支出	34	欧亚作业区收入
16	其他业务支出	35	装卸业务收入
17	营业外支出	36	其他业务收入
18	企业固定资金	37	营业外收入
19	本金	38	损益

附表 2-3　　　　　　　　　资金平衡表

公司：　　　　　　　　　　　年 月 日　　　　　　　　　　　单位：港元

行次	资金占用			行次	资金来源		
	项目	年初数	年末数		项目	年初数	年末数
1	一、固定资产			27	一、股本		
2	1. 固定资产原值			28	1. 国拨固定资金		
3	减：折旧			29	2. 国拨流动资金		
4	2. 固定资产净值			30	3. 集团拨款		
5	小计			31	4. 集团内集资		
6	二、流动资产			32	5. 其他		
7	1. 库存现金			33	小计		
8	2. 银行存款			34	二、自有资金		
9	3. 库存商品			35	1. 利润结余		
10	4. 库存材料、燃料			36	2. 其他收益结余		
11	5. 在途商品及在制品			37	小计		
12	6. 低值易耗品			38	三、借入资金		
13	7. 待摊费用			39	1. 银行借款		
14	8. 预付备用金及存出保证金			40	2. 其他借款		
15	9. 应收、预付款			41	3. 集团借款		
16	10. 集团内往来			42	4. 应付、预收账款		
17				43	5. 预提费用		
18	小计			44	6. 集团内往来		
19	三、投资			45			
20	1. 合营公司			46	小计		
21	2. 在建工程			47	四、专项基金		
22	3. 集团内投资			48	1. 企业基金		
23	4. 其他投资			49	2. 职工奖励福利基金		
24				50	3. 经理基金		
25	小计			51	小计		
26	合计			52	合计		

总经理：　　　　　　　　　财务主管：　　　　　　　　　制表：

附表 2-4　　　　　　　　损益表

公司：　　　　　　　　　年　月　日　　　　　　　　　单位：港元

行次	项目	本季数	本年累计	行次	项目	本季数	本年累计
1	一、营业收入			29	4. 酒店旅游毛利		
2	1. 港航运输收入			30	5. 金融保险毛利		
3	2. 贸易销售收入			31	6. 工程房地产毛利		
4	3. 工业销售收入			32	7. 其他业务毛利		
5	4. 酒店旅游收入			33	五、管理费用		
6	5. 金融保险收入			34	六、加：营业外收入		
7	6. 工程房地产收入			35	减：营业外支出		
8	7. 其他业务收入			36	七、所得税前利润		
9	二、营业成本			37	减：应缴所得税		
10	1. 港航运输成本			38	八、利润净额		
11	2. 贸易销售成本			39	九、投资利润		
12	3. 工业销售成本			40	加：1. 合营利润		
13	4. 酒店旅游成本			41	2. 股息收入		
14	5. 金融保险成本			42	减：3. 分给合营股东利润		
15	6. 工程房地产成本			43	十、利润总额		
16	7. 其他业务成本			44	十一、利润分配		
17	三、营业税金			45	1. 缴上级		
18	1. 港航运输税金			46	2. 上级弥补亏损		
19	2. 贸易销售税金			47	3. 所属上缴		
20	3. 工业销售税金			48	4. 弥补所属亏损		
21	4. 酒店旅游税金			49	5. 提取企业基金		
22	5. 金融保险税金			50	6. 提取职工奖励福利基金		
23	6. 工程房地产税金			51	十二、本年利润结余		
24	7. 其他业务税金			52	十三、加：以前年度利润结余		
25	四、营业毛利/亏损"-"			53	十四、期末利润结余		
26	1. 港航运输毛利			54			
27	2. 贸易销售毛利			55	补充资料：		
28	3. 工业销售毛利			56	历年累计实现利润		

附表 2-5　　　　　　　　　　　固定资产增减表

公司：　　　　　　　　　　　　　　年　月　日　　　　　　　　　　　　　　单位：港元

行次	项目	金额	行次	项目	金额
1	一、固定资产原值年初数		18	6. 住宅房屋	
2	二、固定资产原值本年增加数		19	7. 机械设备	
3			20	8. 仪器	
4	三、固定资产原值本年减少数		21	9. 家具	
5	1. 出售		22	10. 办公用品	
6	其中：船舶出售		23	11. 浮坞	
7	2. 报废		24	12. 其他	
8	3. 盘损		25	合计	
9	4. 向其他单位投资		26		
10	5. 其他		27	五、固定资产原值全年平均余额	
11	合计		28		
12	四、固定资产原值年末数		29	六、固定资产净值合年平均余额	
13	1. 船舶		30		
14	2. 车辆		31	七、计提折旧固定资产全年平均总值	
15	3. 仓库、码头		32		
16	4. 土地		33	八、本年计提折旧	
17	5. 厂房		34		

附表 2-6　　　　　　　　　　　固定资产折旧明细表

公司：　　　　　　　　　　　　　　年　月　日　　　　　　　　　　　　　　单位：港元

资产名称	单位	数量	原值		已提折旧数			净值		备注
			年初数	年末数	年初数	年增加数	年末数	年初数	年末数	

总经理：　　　　　　财务经理：　　　　　　复核：　　　　　　制表：

招商局集团架构设立与集团化会计体制的建设（1986—1991年）

附表 2-7　　　　　　　　　营业外收、支明细表

公司：　　　　　　　　　　　　年　月　日　　　　　　　　　　　　单位：港元

行次	项目	金额	备注
1	一、营业外收入		
2	1. 利息收入		
3	2. 汇率差价收入		
4	3. 罚款收入		
5	4. 资产盘盈、变价收入		
6	5. 其他收入		
7	小计		
8	二、营业外支出		
9	1. 利息支出		
10	2. 汇率差价损失		
11	3. 罚款支出		
12	4. 资产盘亏、报废损失		
13	5. 坏账损失		
14	6. 其他支出		
15	小计		
16			
17	三、收支相抵后收入净额		

附表 2-8　　　　　　　　　管理费用明细表

公司：　　　　　　　　　　　　年　月　日　　　　　　　　　　　　单位：港元

行次	项目	金额	备注
1	工资、伙食		
2	工资附加费		
3	津贴、加班费		
4	差旅、交通费		
5	交际费		
6	租金差饷		
7	折旧		
8	维修、保养		
9	燃料		
10	工具、材料		

续表

行次	项目	金额	备注
11	邮政、电报费		
12	水电费		
13	印刷费		
14	书报、杂志费		
15	办公用品		
16	低值易耗品		
17	退休金		
18	集团管理费		
19	培训费		
20	保险费		
21	劳动保护		
22	广告费		
23	汽车管理费		
24	利得税		
25	其他捐税		
26	律师、会计师费		
27	杂项		
	合计		

附表2-9　　　　专用基金明细表

公司：　　　　　　　　　　年　月　日　　　　　　　　单位：港元

项目	企业基金	经理基金	职工奖励基金	职工福利基金	合计	备注
一、年初数						
二、本年增加数						
其中：本年提取数						
三、本年减少数						
其中：职工奖金						
四、年末余额						

招商局集团架构设立与集团化会计体制的建设（1986—1991年） 第二章

附表 2-10　　　　　　合营投资项目效益明细表

公司：　　　　　　　　　　年　月　日　　　　　　　　　单位：万港元

合营单位（或项目）名称	合营地点	经营业务	对方合营者名称	合资（营）年限（起止时间）	注册资本			实收资本		
					总额	我方占股		总额	我方资本	
						金额	%		应付	已付

股东垫款（我方部分）	我方出资总数（股本及垫款）	效益							备注		合营条件
		盈利（亏损）			我方应占盈（亏）		我方实际收回利润		对合营公司提供担保合同金额		
		本年度	累计	已分配	本年度	累计	本年度	累计			

总经理：　　　　　　　　　财务主管：　　　　　　　　　制表：

附表 2-11　　　　　　　银行贷款及支付利息情况明细表　　　　　　　单位：港元

贷款银行	借款			本金						利息		合计
	用途	起止日期	利率	原贷金额		已还金额		尚欠余额		已支付利息累计	年末尚结欠利息数	尚欠银行本金利息合计数
				原币	折港币	原币	折港币	原币	折港币			

总经理：　　　　　　财务经理：　　　　　　复核：　　　　　　制表：

附表 2-12　　　　　　　合并资金平衡表工作底稿（1）
　　　公司　　　　　　　　　　年　月　日　　　　　　　　　　　单位：港元

行次	资金占用项目	附属公司（1）	附属公司（2）	附属公司（3）	附属公司小计	集团总部	调整	调整后合计
1	一、固定资产							
2	1. 固定资产原值							
3	减：折旧							
4	2. 固定资产净值							
5	小计							
6	二、流动资产							
7	1. 库存现金							
8	2. 银行存款							
9	3. 库存商品							
10	4. 库存材料、燃料							
11	5. 在途商品及在制品							
12	6. 低值易耗品							
13	7. 待摊费用							
14	8. 预付备用金及存出保证金							
15	9. 应收、预付款							
16	10. 集团内往来						-③-④	
17								
18	小计							
19	三、投资							
20	1. 合营公司							
21	2. 在建工程							
22	3. 集团内投资						-①-②	
23	4. 其他投资							
24								
25	小计							
26	合计							

附表 2-13　　合并资金平衡表工作底稿（2）

公司　　　　　　　　　　年　月　日　　　　　　　　　　单位：港元

行次	资金来源 项目	附属公司（1）	附属公司（2）	附属公司（3）	附属公司小计	集团总部	调整	调整后合计
27	一、股本							
28	1. 国拨固定资金							
29	2. 国拨流动资金							
30	3. 集团拨款						-①	
31	4. 集团内集资						-②	
32	5. 其他							
33	小计							
34	二、自有资金							
35	1. 利润结余							
36	2. 其他收益结余							
37	小计							
38	三、借入资金							
39	1. 银行借款							
40	2. 其他借款							
41	3. 集团借款						-③	
42	4. 应付、预收账款							
43	5. 预提费用							
44	6. 集团内往来						-④	
45								
46	小计							
47	四、专项基金							
48	1. 企业基金							
49	2. 职工奖励福利基金							
50	3. 经理基金							
51	小计							
52	合计							

第二篇 市场经济时期构建现代企业会计体系

（1992—2000年）

第三章

招商局集团快速扩张与全面构建现代化会计体系
（1992—1996年）

20世纪90年代初期，在邓小平南方谈话和党的十四大精神指引下，中国进入了社会主义改革开放和现代化建设新阶段，党的十四大明确我国经济体制改革的目标是建设社会主义市场经济体制，十四届三中全会明确实现经济体制改革目标必须坚持以公有制为主体、多种经济成分共同发展的方针，进一步转换国有企业经营机制，建立适应市场经济要求、产权清晰、权责明确、政企分开、管理科学的现代企业制度。

南方谈话后，招商局集团在深圳蛇口工业大道（现为南海大道）竖立起了"空谈误国、实干兴邦"的标语牌，推行说实话、办实事、讲实效、以业绩说话，凭实力竞争的精神。这一时期，招商局集团抓住历史机遇，采取"放水养鱼"的政策，规模迅速扩张，发展为以运输业、金融业、工业园区、工程地产业、工贸业、旅游业为主的多元化企业集团，影响力大幅提升。招商局集团一手抓经营、抓效益，一手抓科学管理，向管理要效益，在探索中建立现代企业制度，推行 ISO 9000 国际标准和质量体系认证、开展经济活动分析、健全和强化各项规章制度、深入开展发展战略研究和架构重组工作，初步建立符合现代企业发展的经营管理体系，开启了招商局集团现代化企业建设的历程。

20世纪90年代蛇口工业区提出"空谈误国、实干兴邦"的口号

招商局集团的财务管理按照"统一领导、分级管理、分级核算"的原则，初步建立了现代化的财务组织结构。招商局集团通过资金管理、预算管理、会计核算、电算化等多方面的实践，逐步建立起了符合现代大型企业集团标准的财务管理制度体系。招商局集团的融资方式也在不断创新，从单纯依靠银行贷款转变为多种金融工具融资并存，多元的市场化融资促进了招商局集团的快速扩张，招商局集团的资产规模达到了一个新的历史高度。为开拓融资渠道，招商局集团组织专门力量按照国际会计准则编制了集团1990—1993年的合并报表，为会计工作与国际接轨打下了基础。随着现代化企业制度的建设，招商局集团初步建立起现代企业会计体系，在1995年制定《招商局集团会计制度》，用以指导集团及其下属公司的会计核算与会计报告等工作，并对会计科目、核算软件与信息系统进行了统一，开启了财务信息系统的电算化转型。

第一节 社会主义市场经济体制确立与招商局集团发展战略

党的十四大以后，按照建立社会主义市场经济体制的要求，从1994年

招商局集团快速扩张与全面构建现代化会计体系（1992—1996 年） 第三章

起，国有企业改革从以往的放权让利、政策调整进入转换机制、制度创新阶段。同时，党中央和国务院大力推进财政、税收、金融、外贸、外汇、计划、投资、价格、流通、住房和社会保障等方面的体制改革。中国大地呈现出改革开放全面推进、经济建设迅猛发展的蓬勃景象。在此背景下，招商局集团实施"集团多元化、公司专业化"的经营方针，在航运、房地产、商业零售等多个领域进行了大规模的投资。

一、中国建立社会主义市场经济体制

（一）南方谈话与社会主义市场经济体制的确立

深圳自 1980 年建立经济特区以来，在全国率先进行了工资物价、国有企业、金融外汇、证券市场、土地住房等一系列的改革和探索，初步建立起市场经济体制的框架，但在改革过程中也承受着巨大的压力与考验。1992 年春，一些人对改革开放提出了姓"社"还是姓"资"的疑问。在这个关键时刻，邓小平视察南方，发表了重要谈话，即 1992 年南方谈话，由此进一步推动改革开放向纵深发展。

1992 年召开的党的十四大总结了十一届三中全会以来改革开放的实践经验，明确我国经济体制改革的目标是建设社会主义市场经济体制。1993 年 11 月召开的十四届三中全会通过《关于建立社会主义市场经济体制若干问题的决定》，要求在 20 世纪末初步建立社会主义市场经济制度，并采取了一系列重大的改革措施。1993 年，我国开始实施汇率并轨制改革；1994 年，我国实施分税制改革；1995 年，我国建立中央银行体系，并开启商业银行改革大幕。

（二）国有企业建立现代企业制度

1992 年 7 月国务院发布《全民所有制工业企业转换经营机制条例》，正式揭开了国有企业建立现代企业制度的序幕。1993 年 11 月党的十四届三中全会通过《中共中央关于建立社会主义市场经济体制若干问题的决

定》，明确建立现代企业制度是国有企业改革的方向，并指出现代企业制度的特征是"产权清晰、权责明确、政企分开、管理科学"。1993年12月，《中华人民共和国公司法》正式颁布，明确了国有企业公司制和股份制改革的法律依据，加快建立现代企业制度的步伐。

二、招商局集团规模化投资与多元化经营战略

（一）自主发展的利润留存政策

招商局集团企业部在20世纪90年代初期实施了下属公司自主发展的利润留存政策，规定各公司的利润除上交管理费外，留存在各单位以支持发展所需，各单位在没有行业界限下开展业务；同时规定一级公司可以自行决定300万港元以下的投资，300万港元以上项目报总部审批。在此政策执行期间，招商局集团的企业像雨后春笋般发展起来。1995年，招商局集团下属企业发展到近600家，总资产达300亿港元，净资产达91亿港元。

利润留存政策有两个层面的含义：一是公司有充足的自留资金，用于滚动发展和开展投资。为支持招商局集团的发展，国家给予招商局集团20年不上交利润的政策。二是招商局集团得以推行"放水养鱼"的政策，上级主管部门把权力下放给招商局集团，招商局集团再放权给具有法人资格的二级公司，以促进其发展。集团总部对下属公司采取的授权管理模式，使下属公司具有很大的投资决策权和资金自主调配权，极大地调动了下属公司干部职工的积极性，推动了各下属公司的快速发展。

（二）规模化投资与多元化经营的发展战略

招商局集团把握住了中国经济快速发展与投资迅速扩张的机遇，在经营自主权的基础上，实施规模化投资与多元化经营发展战略，投资涵盖航运、房地产、金融、工业贸易等多个领域。其中涉及的非主营产业包括房地产与工程、玻璃行业、商业零售门店、桥吊工厂、食品行业及海外食品

贸易、联通公司与海事卫星等通信领域，甚至与皮尔卡丹合资成立了童装厂、开办养鸡场等，产业规模迅速扩大。1991—1995 年的 5 年时间里，招商局集团投资总额高达 136.3 亿港元。截至 1995 年底，招商局集团及下属公司共计有 589 家，其中全资公司（含投资控股）255 家，合资公司 334 家，投资链条多达七层，形成"七世同堂"的庞大局面。

第二节 招商局集团快速扩张时期发展状况

在规模化投资和多元化经营下，招商局集团实现了业务多元化布局，资产、收入与利润快速增长。同时，招商局集团探索建立现代企业制度，构建集团化统一的组织架构，完善相关规章制度。

一、招商局集团业务发展与经营情况

（一）招商局集团的业务发展

经过多年大规模的投资和快速扩张，招商局集团发展成为包含运输业、工业园区、工程地产业、金融业、旅游业以及工贸业在内的多元化企业集团。

（1）运输业。此阶段运输业以航运业务为主，除对香港现代货箱码头公司（MTL）投资外，1995 年航运业占总资产的 33.7%，占净资产的 22.9%。

（2）工业园区。工业园区的建设与管理是招商局集团的特色业务。1992 年招商局集团和 6 家单位联合投资 5.3 亿元开发建设漳州开发区，其中招商局集团占股 50%。开发区由招商局集团下设的漳州开发区有限公司进行投资开发与运营管理。开发区建成后，截至 1996 年共引进企业 28 家，其中与招商局集团合营、联营的企业 3 家。

1992年联合开发漳州开发区签字仪式

（3）工程地产业。工程地产行业虽然起步较晚，但发展迅速，逐渐成为招商局集团的一个重要支柱产业。重要项目分布于香港、北京、广州、上海、南京、武汉、深圳、天津、西安等大城市。

（4）金融业。经过近十年的发展，招商局集团的金融产业初具规模，包括银行、保险和基金三大类金融资产。其中，招商银行、平安保险、友联银行三家公司的总资产占招商局集团金融产业的97%。招商银行经过快速发展，1995年底总资产已达到658.76亿元，招商局集团累计投入8.9亿元，占34.3%的股份，累计权益为14.1亿元；平安保险总资产1995年底达70.82亿港元，已成为中国第三大保险公司，招商局集团累计投入1.32亿港元，持股15%，累计权益为2.69亿港元。1996年友联银行总资产由13.3亿港元增加至142.9亿港元，招商局集团持有62%的股权。1993年7月招商局集团还发起成立了在香港上市的招商局中国基金，持股20.5%。

（5）旅游业以及工贸业。20世纪90年代，旅游业为招商局集团的重要产业之一，集团在酒店与旅游业务投入了较多资源，但是发展状况并不理想。招商局集团的工业既有以修船为代表的传统工业，也有以油漆化工为代表的新工业项目；此外，在贸易领域，海通公司等几家公司取得了长足的发展。

（二）招商局集团的经营情况

招商局集团资产、收入与净利润实现较快增长。资产由1992年的185.90亿港元增长至1996年的336.73亿港元，营业收入由1992年的67.77亿港元增长至1996年的84.62亿港元，净利润由1992年的5.24亿港元增长至1996年的13.00亿港元。1992—1996年招商局集团总资产、营业收入和净利润情况如表3-1所示。

表3-1　　　　1992—1996年招商局资产与经营情况　　　　单位：万港元

年份	总资产	营业收入	净利润
1992	1 859 033.50	677 671.60	52 450.50
1993	2 527 739.10	767 905.40	78 343.50
1994	2 840 272.60	765 937.40	120 197.00
1995	3 032 345.10	943 848.80	121 887.50
1996	3 367 291.40	846 184.50	129 971.40

资料来源：1992—1996年招商局集团审计报告。

二、招商局集团组织体系调整

随着业务的不断发展壮大，招商局集团的组织架构一直处于动态调整的过程中。从1992年开始，招商局集团先后成立了招商局集团金融中心、工程物业部、运输部和投资管理中心。根据现代化企业制度的总体目标，同时为了更好地配合多元化发展战略，经交通部批准，招商局集团于1995年对企业组织体系进行了一次较大的调整优化，进一步加强招商局集团总部的管理，探索建立事业部制的组织架构，同时为明晰各部门的职责权限，进一步完善部门规章制度。

招商局集团总部组织架构调整后，设立行政部、董事会办公室、人事部、财务部、研究策划部、企业管理部、海外事务部、审计（稽核）部、电脑部、投资管理中心、总务部。各职能部门共同为集团领导、决策、参

谋和集团运作提供支持与服务，并在相关职能方面协助集团总裁对事业部进行管理和为事业部提供支持与服务。集团对各行业及所属企业实行归口管理，除旅游系统实行总公司制外，由招旅总公司对各地旅游公司归口领导以及海虹实业有限公司（以下简称"海虹公司"）、蛇口工业区独立经营管理外，实行事业部制，集团设立运输事业部、工程地产事业部、金融事业部、工贸事业部。其中，运输事业部除直接管理招商局集团运输企业外，还对招商局集团一级公司所属运输企业进行行业管理；工程地产事业部负责管理总部房地产和工程业务，并对房地产实行行业管理；金融事业部负责管理直属、合营银行保险企业、上市收购的策划以及基金的管理与筹划，并负责金融保险的行业管理；工贸事业部负责管理总部投资的合营工贸企业以及海通公司、友联船厂、发展公司等工贸事宜，并对工贸业务进行行业管理。

第三节　招商局集团现代化财务管理

招商局集团通过现代化的财务组织、集团化统一的资金管理、科学的全面预算制度，建立起适合大型现代集团企业的财务管理体系。

一、现代化财务组织的构建

（一）财务组织管控

作为部属企业，招商局集团遵从交通部于1995年9月发布的《交通部企业集团财务管理试行办法》的相关规定，初步建立了现代化的财务组织结构。

1. 招商局集团对下属公司的管控

按照《交通部企业集团财务管理试行办法》规定，根据产权纽带关系和生产经营协作关系，招商局集团的成员包括招商局集团总部及其控股子公司、参股成员和协作成员。

招商局集团总部为决策中心和投资中心,根据企业集团章程,负责企业集团内部的财务管理、资金管理及规章制度的建设。

控股子公司的大部分资本为招商局集团所控制,生产经营活动受招商局集团的影响,但在法律上是独立法人,财务上实行独立核算、自负盈亏,独立编制财务报表,招商局集团对其报表进行合并。

参股成员与招商局集团虽有资金联合或持股关系,但联合程度低、未被集团绝对控制,财务上实行独立核算、自负盈亏,其财务活动既不纳入招商局集团的统一财务计划,也不纳入合并报表的范围。协作成员与集团企业仅保持一般协作关系,不存在资金联合,在生产经营业务上受招商局集团的影响,财务上按自身体制和模式进行管理。

2. 财会机构设置与财会人员任免

招商局集团和控股子公司根据财会业务需求分别设置财会机构,配备相应的财会人员,分别负责集团和控股子公司的财务管理与会计核算工作。因工作需要集团公司可对控股子公司的财会机构派驻会计人员。

招商局集团及下属公司的财会机构负责人的任免审批有明确的规定,招商局集团财会机构负责人由交通部财会司审核同意后任免,控股子公司及其成员单位的财会机构负责人,由招商局集团财会部门审核同意后任免。财务总监任免需征求上级单位财会部门的意见后按干部管理权限任免。

招商局集团下属公司根据会计业务的需要设置会计机构,或者在有关机构中设置会计人员并指定会计主管人员。不具备条件的,可以委托经批准设立的会计咨询、服务机构进行代理记账。蛇口工业区的大、中型企业、事业单位和业务主管部门可以设置总会计师,总会计师由具有会计师以上专业技术任职资格的人员担任。

招商局集团对各下属公司和控股公司的财务经理实行双重负责制的管理模式,即财务经理既对所属公司总经理负责,也对集团财务总监负责,并在业务上接受集团财务部直接领导。集团财务总监代表集团行使对整个集团的财务管理职能,并对集团总裁负责。招商局集团直属公司和控股公司财务经理的任免以及年终奖金的分配,由各公司提出后,向集团人事部

申报，经人事部同财务部共同考核后，报集团财务总监批准决定。此外，集团有权直接委派或撤换直属公司和控股公司的财务经理。

（二）财务组织架构与职责

1. 财务部职能

在1995年开展的组织结构调整中，招商局集团根据现代企业的管理要求对财务部的职能进行了调整。财务部负责以下工作：（1）招商局集团整体财务策划；（2）资金的总量配置，通过各种有效途径筹集资金，扩大资金来源；（3）合理调整和运用全集团资金，降低资金成本，提高资本效益，参与资产管理和经营，确保资产保值增值；（4）统筹全集团的管理会计工作，包括对招商局集团各行业和直属企业营运成本的核算和财务指标的考核；（5）制定有关财务和会计的规章制度，并监督实施与执行。

1996年，招商局集团再次对财务部的定位和职能进行了调整，指出集团财务部是集团的财务会计管理部门，主管集团的整体财务策划及资金总量配置，以及财务、会计工作管理，负责筹资、融资及资金管理，集团财务预、决算方案的编制等工作，并参与集团经营战略的策划。财务部具体职责如下：（1）集团各项财务会计管理制度的拟定并监督实施；（2）集团整体财务策略及资金总量配置；（3）集团年度财务计划和预决算方案的编制；（4）对各事业部及行业总公司财务运作的管理与监控；（5）集团生产、经营成本管理；（6）集团融资、筹资管理；（7）集团资金的使用管理及资金风险防范；（8）集团总资产管理及运作监控；（9）集团纳税事务；（10）集团各类财务报表的设计、颁行及集团合并财务报表的编制；（11）集团财会数据、财务信息的统计及财会资料、案卷管理；（12）集团财务专用印章的保管与使用；（13）集团总部机关日常财务收支事务；（14）参与集团发展战略、经营方针、总体资源配置的策划；（15）参与集团资产经营活动的策划及有关事务的处理；（16）参与集团总体年度计划的编制；（17）参与各事业部、行业总公司行业发展规划、年度计划的评审；（18）参与集团重大投资项目报告的评审；（19）集团领导交办的其他事项。

2. 财务经理报告责任

1996年9月，为更准确、及时和全面了解各公司的财务状况，根据集团董事会关于进一步加强企业财务管理工作的精神,以及集团财务工作会议关于财务人员管理体制改革的决议,招商局集团制定了各直属公司和控股公司财务经理向集团财务总监定期汇报财务状况的制度,即《招商局集团财务经理定期汇报制度(暂行)》(以下简称《汇报制度》)。

根据《汇报制度》,招商局集团各直属公司和控股公司的财务经理必须按月向集团财务总监汇报财务状况。各公司财务经理于每月终了后5日内必须先提交书面汇报资料,然后向集团财务总监当面汇报,境内公司当面汇报原则上可以按季进行。

财务经理提交的书面汇报必须如实地反映所在公司的财务经营状况和存在的问题,具体应包括以下三方面的内容:(1)公司整体财务状况和经营成果,包括公司的资产、负债和净资产的变化,当期利润完成情况和当年累计利润计划指标的完成情况,合营企业的效益状况等。(2)公司财务管理工作的完成情况,包括管理费用是否超过核定的控制标准,财务费用和其他费用控制情况;公司资金的使用情况,是否有违反集团规定的拆借行为;应收账款的增减变动、催收情况和存在的坏账情况;固定资产、在建工程的增减变动和处理情况,其他可能对企业的财务状况产生重大影响的经营活动。(3)公司的投资与担保,包括对外投资的状况、是否有新增的计划内和计划外的投资、公司的对外担保情况。

财务经理对集团财务总监的当面汇报由集团财务部记录并整理形成汇报纪要。纪要上报集团总裁,抄送有关事业部,作为今后对财务经理进行考核的重要依据之一。财务经理的当面汇报必须如实、完整,如有隐瞒或歪曲事实、弄虚作假,会被追究责任并予以惩罚。

二、现代化财务管理体系的建设

(一)国际财务公司设立

随着招商局集团各项改革工作的展开,集团对财务管理工作提出了新的要求。从宏观角度看,需在集团范围内对资金进行统一的监控和调度,增强各公司节约使用资金的意识;从微观角度看,需将集团与各直属公司

之间的资金融通活动强化为商业借贷行为,以便应对日益庞大的贷款规模以及督促集团内企业及时还贷。

基于上述情况,为实现资金的统一管理,最大限度地发挥整个集团的资金使用效益,并且把握资金流向,及时反馈集团的资金运作状况,为管理决策层提供及时可靠的信息,招商局集团于1996年注册成立招商局国际财务有限公司(以下简称"国际财务公司")。国际财务公司是集团的一级公司,与其他公司或事业部之间有着明确的商业关系。这样的安排有利于理顺国际财务公司与其他公司的借贷关系,加强对借款计划的审批,完善集团对资金运作的控制。

国际财务公司成立后,招商局集团直属公司不得向境外金融机构融资,直属公司之间也不得进行资金拆借,如为业务所需,需要报集团财务部批准,并交国际财务公司备案。直属公司对合营公司的贷款、股东垫款等进行规范,相关项目事前需要报集团财务部批准,并只能按股权比例由各股东共同贷款。为了确保国际财务公司的专属地位,保证资金的统一集中管理,避免造成管理失控,各直属公司不允许再成立财务公司,在这之前直属公司成立的财务公司由集团财务部监管。

实践证明,国际财务公司的成立有效降低了资金的使用成本,提高资金使用效率,减少外部有息负债规模,同时在一定程度上加强集团对投资项目的有效控制,能够及时掌握资金运行的第一手资料并反馈有效信息,从而降低企业的经营风险。

(二)集中统一的资金管理

随着集团投资规模的扩大与业务的快速发展,原有的资金管理办法不再适用。1996年集团董事会提出"统筹规划资金的使用,提高资金使用效率"的要求,为此招商局集团制定了《招商局集团资金管理办法》,主要对存款、贷款的管理进行了详细规定。

1. 存款管理

为保证发挥资金整体优势、统一调度资金,集团根据各直属公司的具体情况核定一个存款额度,各公司的存款一旦超过此额度,必须将超过部分存于集团指定的银行账户。集团规定各直属公司原则上只可在中国银行香港分行及友联银行开设银行账户。另外，集团在万国宝银行开设了一个美元活期储蓄户，方便集团内资金的转拨，直属公司如有大量美元结算，也可在万国宝银行开设一个美元户，如有人民币结算业务的公司可在招商银行开设一个人民币账户。对于另外开设的账户，下属公司必须要报备集团财务部。在设立统一账户之前，下属公司自有的银行账户必须全部注销。

为便于集团及时了解各公司资金情况、有计划地安排资金的使用，直属公司必须在每天上午十时之前将前一天的库存现金及银行存款余额报送国际财务公司，并于当天下午五时之前将次日的资金使用计划报送国际财务公司。各公司在国际财务公司的存款利息以稍高于银行存款利率为原则。具体利率如表3-2所示。

表3-2　　　　1996年招商局集团内部存款利率计算表

存款期限	小额存款（50万港元以下）	大额存款（50万港元以上）
一周以内	参照中行当日的存款利率	参照中行当日的存款利率
一周以上一个月以下	银行同业拆借利率+1/16	银行同业拆借利率+1/8
一个月以上	银行同业拆借利率+3/16	银行同业拆借利率+1/4

资料来源：《招商局集团资金管理办法》。

2. 贷款管理

1992—1994年，集团贷款的管理主要由集团财务部负责。为了加强集团内部的信贷管理，集团财务部对各直属公司的贷款实行分类管理，即将内部贷款划分为原有贷款和临时性周转贷款两类。

对于原有贷款，严格控制额度，不再扩大，财务部与各直属公司协商制订分期还款计划，使各直属公司在不需集团贷款和担保的情况下逐步做到自我滚动、自我发展。对于临时性周转贷款，实行定额管理办法。各直属公司的临时性周转贷款最高累积贷款额度为500万美元，每笔贷款期限最长为3个月，到期必须归还，如有特殊原因，一次延期，须由集团财务部总经理批准。超过500万美元的累积贷款额度及超过半年的临时性贷款则须由集团主管财务的副总经理批准。

对于临时性周转贷款，各直属公司财务部必须掌握本公司的付款情况，制订出付款计划，并于每月12日之前将公司当月及今后两个月的用款计划汇总于现金流量表中上报集团财务部。凡申请集团贷款额度内的资金，需事先通知集团财务部资金组，以便资金组有足够的时间调度资金及与银行洽商贷款。各直属公司财务部对贷款进行监督，发现违反相关政策的情况，及时向上级领导和集团财务部汇报。

1996年国际财务公司成立之后，由国际财务公司统一负责集团对外贷款。各公司向国际财务公司提出借款需求，按照用途分为流动资金借款和投资性借款，为便于国际财务公司做好资金安排，无论何种借款，各公司都必须填写"借款申请书"。如为流动资金借款，借款公司必须于用款一周前将"流动资金借款申请书"交给国际财务公司；如为投资性借款，借款公司则于首次提款的一个月前交"投资项目借款申请书"。流动资金贷款以3个月为一个计息期，贷款期限原则上不超过6个月。利率的计算方法如表3-3所示。

表3-3　　1996年招商局集团内部流动资金贷款利率计算表

贷款期	1~3个月	4~6个月	7~9个月	10个月至1年
少于3个月	HIBOR/LIBOR+0.75%	—	—	—
少于6个月	HIBOR/LIBOR+0.75%	HIBOR/LIBOR+0.875%	—	—
少于9个月	HIBOR/LIBOR+0.75%	HIBOR/LIBOR+0.875%	HIBOR/LIBOR+1%	—
少于1年	HIBOR/LIBOR+0.75%	HIBOR/LIBOR+0.875%	HIBOR/LIBOR+1%	HIBOR/LIBOR+1.125%

注：HIBOR为香港银行同业拆借率，以贷款当日的银行同业拆借率为准；LIBOR为伦敦同业拆借率，以贷款前一日的银行同业拆借率为准，如为人民币贷款，利率另定。

资料来源：《招商局集团资金管理办法》。

为了更好地把控所属公司的投资情况，申请投资性贷款的项目必须是经集团审批流程批准后的项目。国际财务公司与其他直属公司之间是明确的商业借贷关系，借贷双方必须签订借款协议，具体借款期限与借款利率如表3-4所示。借款协议的授权签字人必须为公司副总经理级以上的人员。为使集团各事业部了解其所属子公司投资借款的情况并承担督促及时还款的责任，借款协议签订前必须由各借款公司所属事业部总经理就借款项目签署"知情信"。投资性贷款的计息期为1个、2个、3个月或6个月，各借款公司可以根据需要自行选择计息期，但一经选定，必须及时结付利息，不得将利息计入本金。

表 3-4　　1996 年招商局集团内部投资性贷款利息计算表

借款期限	借款利率
1 年以下（包括 1 年）	银行同业拆借利率 + 1.125%
1 至 2 年（包括 2 年）	银行同业拆借利率 + 1.25%
2 至 3 年（包括 3 年）	银行同业拆借利率 + 1.4%
3 至 4 年（包括 4 年）	银行同业拆借利率 + 1.5%
4 至 5 年（包括 5 年）	银行同业拆借利率 + 1.6%

资料来源：《招商局集团资金管理办法》。

（三）直属企业利润管理

1. 在港直属企业利润管理

为使集团日益增多的投资支出及费用支出有比较稳定的资金来源，合理体现企业占用国家资金所应承担的义务，集团于 1990 年首次制定了《招商局集团直属企业利润上交办法》，该办法只适用于在港直属企业，规定直属企业根据各自占用的资金，按照 5% 的利率计算确定企业向集团上交的利润额。1990 年末的利润上交指标按照前一年年末企业自有资金占用额乘以 5% 计算（自有资金占用额包含国家拨入资金、集团拨入资金以及各项收益利润年末结余），在这之后的每年利润上交逐年递增 10%。新成立的直属企业当年不上交利润，从第二年开始上交；另外每年上交的管理费可抵扣上交利润指标。

1993 年，招商局集团在总结以往年度考核的基础上制定了《招商局集团直属企业经济效益考核及利润上交办法（试行）》。与 1990 年版相比，此办法将利润上交与经济效益考核挂钩，相当于在利润上交之前增加了一道保险栓，确保利润上交的客观合理性。按照规定，各企业根据年度利润指标预计情况，在考核年度终了 10 天后，填表自评并及时向集团申报，集团在收到各企业申报后 10 天内进行初步核定并下达执行决定。

关于印发《招商局集团直属企业经济
效益考核及利润上交办法(试行)》的通知

在港各直属公司：

现将《招商局集团直属企业经济效益考核办法及利润上交办法(试行)》印发给你们，请遵照执行。

附件：1、《招商局集团直属企业经济效益考核办法及利润上交办法(试行)》；
2、各公司考核指标基数及利润上交比例；
3、各公司年终奖金提取申请表。

抄送：财务部、人事部、企业部、运输部

1993年《招商局集团直属企业经济效益考核及利润上交办法（试行）》

  集团的人事部和财务部是各项经济指标考核的执行部门，考核指标包括"全年实现利润"和"经营管理"两项，每年考核一次，集团根据各单位近三年的实际情况，采用加权平均等办法，核定各企业应实现的利润基数指标。全年实现利润包括本企业完成的利润、全资附属企业的盈亏及合营单位分得的利润等。

  经营管理从以下两方面进行评定：一是安全生产和服务质量。航运企业以年度内是否发生恶性和重大事故为主要考核指标；其他类的企业，以是否树立客户至上的经营思想，保证服务质量，有无客户投诉作为主要考核指标。二是业务管理。以业务的开拓、经营决策有无重大失误、经理班子是否团结协作、对集团布置的各项任务是否完成、对各项上交款项及规章制度是否严格遵守等作为主要考核内容。上述两个方面满分为100分，各占50分；每个方面分优、良、一般、差四个等级，每个等级得分分别为40分、35分、30分和20分。例如，航运企业如在考核年度内发生恶性生产事故，则得分为20分。

考核指标的完成好坏直接与企业的职工奖金挂钩。对利润指标的考核不仅要确认当年的年终奖金，还要用于确认利润上交的具体金额。具体计算方法如下：

每年上交利润 =（股本 + 以前累计利润结余）× 核定上交的百分比

另外，各直属公司还要以当年实现利润1%上交集团，作为集团总经理基金，用于发放集团各部门及各公司总经理的奖金和对集团做出特殊贡献的员工奖励。

2. 全集团直属企业统一利润管理

随着内地新成立的企业增多，企业层级逐渐复杂，原来的在港直属企业的利润管理办法已经无法适用。为了充分明确集团对所有直属公司投资应享有的权利，以及体现各公司占用集团资金应承担的义务，促进各公司进一步提高经济效益，招商局集团于1996年制定了《招商局集团直属公司利润上交办法》。集团对各公司实行利润分成、确保基数、超额奖励的利润上交办法。各公司具体的利润分成比例和上交基数由集团财务部与各公司、各事业部讨论并经集团董事会通过后，由集团统一下达执行。

根据规定，各公司原则上按当年完成税后利润的50%~60%作为利润分成比例上交给集团；资产较大、利润又较小的公司，除按规定的利润分成比例上交利润外，还需按其他形式上交，以确保利润上交的基数；未完成利润计划的或出现亏损的公司也必须以其他形式保证上交基数的完成，具体上交形式由集团财务部与各公司商讨决定。

各公司的利润每半年上交一次，上半年度必须在当年7月15日前上交，上交数不得低于集团下达的全年基数的50%，完成利润指标的按利润分成比例上交，未完成利润指标的，按全年上交基数的50%上交；年度终

了后 20 日内按全年利润完成情况缴清全年应上交利润。各公司必须在规定的期限内将上交利润汇入集团指定账户，不得拖欠。各公司上交上半年度利润时可以先以预付款名义入账。待年度终了后，再根据财务决算报表清缴全年利润，同时转入利润分配或其他有关科目。

为了提高下属企业对该办法的重视程度，集团采取了与考核挂钩的方式进行激励，办法规定各公司是否按时、足额将利润上交是集团对各公司考核的一个重要方面，超额完成上交指标的将予以奖励，奖励按集团人事部制定的有关奖励考核办法执行。

（四）核数与内部审计

1. 提升核数报告质量

为逐步提高核数报告的质量，保证集团综合报表及核数报告真实、客观、及时，1993 年招商局集团财务部成立了全集团的核数网络，建立核数队伍，并制定《招商局集团核数人员工作条例》（以下简称《工作条例》）。这一举措有利于集团内部互相交流，促进集团核数工作顺利、高效进行。

为使集团核数报告及综合财务报表符合国际会计准则，招商局集团分两个阶段，逐步扩大各直属单位报送核数报告及有关资料的范围。第一阶段是 1993 年度，持股 50% 以上企业报送核数报告；第二阶段是 1994 年度及以后，持股 20% 及以上企业报送核数报告。如控股比例相同，或遇有特殊情况则由集团指定报送企业。内地各直属单位需以综合报表形式报送，其他单位除另有规定外，一律以单一公司的形式报送。《工作条例》附核数网络直属单位名称及成员名单，包括招商局集团财务部、蛇口工业区、国际贸易公司/招商发展、明华公司、船企公司、仓码公司（包括欧亚）、友联船厂、海通公司、华商酒店、招商国旅、国际船舶贸易公司、货柜公司、招商工程、招旅总公司、招商京企、海顺公司、梅花村酒店。

《工作条例》规定核数人员应向集团财务部提供下列有关资料：（1）根据本公司会计账册，自行编制应交予会计师的会计报表（包括资产负债表、损益表）副本，报表格式需按《集团会计制度》的规定执行；（2）会计师核数报告与本公司自行编制交予会计师的报表中下列项目差异的调节表，包括本年盈/亏数、累计盈/亏数和资产净值；（3）需作详细解释或列出清单的项目，包括核数报告内的保留意见、主要会计政策的改变、上年度调整的原因、长期应收贷款、无形资产、或有负债、资本承诺、结算日后事件的原因、其他重要事项；（4）交予税局的报税表及附件（只限该单位及控股50%以上之企业）。

为了使核数工作更加科学、高效，招商局集团特规定各直属单位报送核数报告的最后期限（包括其附属及合营公司）：招商国旅、国际船舶贸易公司、招商工程、货柜公司、海顺公司、梅花村酒店、欧亚船厂、国际贸易公司、招商京企的最后期限为5月31日；船企公司、仓码公司、发展公司、明华公司、友联船厂、海通公司、华商酒店、蛇口工业区、招旅总公司的最后期限为6月30日。各单位为确保核数工作能按时完成，于每年3月15日前准备所有有关资料交会计师事务所审核，核数报告在上述最后期限前半个月报送集团。

通过全集团的核数网络，集团先后多次派人员到各企业解决核数中出现的问题，提前完成按国际会计准则编制的集团合并会计报表，及时向当地政府及公众机构提供了财务信息，也为集团进一步向国际接轨创造了条件。

2. 加强内审

在此阶段，为加强集团的内审工作，招商局集团制定了《"九五"招商局集团内部审计工作发展规划》，起草了《招商局集团内部审计工作规定》和《招商局集团内部稽核工作规定》。鉴于对外投资审计工作时间长、规模大，集团对所有全资合营企业进行清理，包括招商局集团投资的和各级子公司投资的企业。通过审计，集团获得更为准确全面的数据资料，明确企业数量，并按照投资额、累计收益等基本数据对企业进行分类。上述工作表明，招商局集团的内部审计（稽核）体系正在逐步形成。在此基础上，招商局集团按照平均年收益率和回报率两指标，对所投资企业的经营情况进行了较为完整系统的分析。同时，招商局集团加强对全集团范围内公司的清查登记，对于公司结构层次、集团及直属公司投资额及分布情况、经营状况进行全面分析，编制出《招商局集团公司统计图表》，财务部对集团及直属公司的投资、垫款、借款及担保情况进行统计分析，测算出亏损额，根据有关会计准则提取坏账准备。

审计部门在审计内容上关注企业当前情况,紧密地结合现实状况,与利润管理、经营管理相结合,改变以往只对过去经济活动进行分析的做法。

(五)对外担保管理

招商局集团在发展过程中,发生大量对外担保。对外担保是企业一项长期的或有负债,带来潜在的财务风险。为了支持集团经营发展,管控财务风险,进行规范管理,1996年招商局集团制定了《招商局集团对外担保管理办法》(以下简称《对外担保管理办法》)。

《对外担保管理办法》适用于集团向全资直属公司提供的、集团内部全资直属公司之间互相提供的、集团全资直属公司对外提供的股东垫款担保、借款担保、融资租赁担保、补偿贸易下的履约担保、工程承包活动中的债务履行担保及其他需提供的担保。《对外担保管理办法》对于担保主体和被担保主体有明确的条件规定,必须同时满足担保条件,方可进行担保。为规避风险,招商局集团不允许全资直属公司为集团外的公司提供担保,也不允许全资直属公司代集团外公司开具信用证。只有上报集团财务部和法律顾问室之后,经过层层审批,才有可能对外提供担保。任何情形下,集团及其全资直属公司不得为合资企业中其他投资方投入的注册资本担保;集团各全资直属公司不得为外商担保;集团全资直属公司的下属公司也不准对外担保。

招商局集团直属公司每一项需由集团提供的担保,经与债权人达成初步协议条款后,应将相关文件上报集团财务部及法律顾问室审批,集团财务部及法律顾问室在收到担保申请表及其他有关报批材料后,依据信贷风险、担保人的资金状况、担保项目是否符合国家产业政策及现行法律法规规定等情况进行密核,准予提供担保的,根据申请人的书面请求,报请集团总经理批准后提供担保。集团对下属公司的每一笔担保,无论金额大小,均须经过上述审批程序。集团对外担保的期限原则上不得超过一年。

为保证还本付息的资金来源,完整履行担保合同项下的代位清偿义务,各企业拟提供担保的总额原则上不得超过担保企业净资产的40%。对于外汇、利率等风险,一级公司要自行承担,同时制定完整的风险管理方案,报备招商局集团财务部进行监督管理。

三、统一预算管理的探索

自 1994 年以来，招商局集团先后发布《年度预算收支的有关规定》及《招商局集团资金预算管理条例（施行）》，开始进行集团统一实行预算管理的探索。招商局集团的预算管理主要包括预算组织、预算实施监督、预算考核等方面。

(94) 招财字第 146 號

關於印發"年度預算收支的
有關規定 (試行稿)"的通知

各直屬公司：

現將"關於實行年度預算收支的有關規定 (試行稿)"
印發給你們，請遵照執行。

附件：關於實行年度預算收支的有關規定 (試行稿)

一九九四年五月二十四日

抄送：集團各部、各辦事處

1994 年《关于印发"年度预算收支的有关规定（试行稿）"的通知》

（一）预算体系构建

全面预算管理是指企业为了实现战略规划和经营目标，采用预算方法对预算期内所有经营活动、投资活动和财务活动进行统筹安排，并以预算为标准，对预算执行过程和结果进行控制、核算、分析、考评、奖惩等一系列管理活动的过程。

早在20世纪90年代，招商局集团就已经有了企业资金预算意识，并于1994年制定了《资金预算管理条例》。该条例旨在及时了解掌握整个集团的资金状况，有计划地调节集团内资金的流通，发挥各公司资金的整体效益，加强集团和在港直属公司各类资金的管理。同年，为了预测企业的盈利趋势和获利能力的状况，加强集团对各公司的管理和控制，保障集团经营活动的顺利进行，招商局集团首次下发关于预算管理的制度——《年度预算收支的有关规定》（以下简称《规定》）。

《规定》指出，集团财务部是集团资金、预算管理的职能部门，负责集团融资及调节内部资金的流通，各级公司财务部设专职人员负责预算的编制、调整和控制。在港直属企业需按期向集团财务部资金组提供统计、会计报表及资金信息，其中包括每日以邮件或传真报送前一天的库存现金及银行存款表、每日告知存款或贷款的金额、每月定期编制"现金流量表""投资项目预算支出""投资项目预算收入表"，以及每半年度报送贷款明细表和担保信用证额度明细情况。

从1995年开始，招商局集团预算分为集团和直属公司两个层面，其中，集团预算包括集团本部各部门预算、各办事处预算及各直属公司预算；各直属公司预算包括本公司各部门预算、各下属全资公司预算及各办事处预算。预算报告共包括十张预算报表，分别是资产负债预算表、损益及利润分配预算表、现金流量预算表、对外投资预算表、固定资产购置计划表、银行借款预算表、管理费用预算表、财务费用预算表、投资项目收入预算表以及营业外收支预算表。各预算表的具体格式见附表3-1至附表3-11。各预算表由各公司领导牵头，由财务部和业务部等有关部门共同编制，每项预算表都要有一定的依据并写出详细的编制计划。

(二) 预算流程管理

预算管理流程包括预算的编制、预算的执行与控制和预算的监督检查三个主要环节。

集团预算编制采用自上而下的方式，首先，集团向各部门、办事处以及直属公司下达预算期内的预算目标或预算草案；其次，下级部门或单位考虑所在地区政策、公司策略、经济环境等各项因素，各级财务部门在各级领导的配合下将预算目标或预算草案进行分解、落实，并将预算草案修改、完善后，由财务部汇总，上报给上一级财务部；最后，集团财务部经过综合平衡、审核后，确定最终预算方案，报集团领导批准。各直属公司对所属全资公司、部门及各办事处的预算进行审批。收入和支出作为财务数据，实际上是经营、投资业务数据汇总计算的结果，因此预算编制离不开经营预算、投资预算的数据支持。各公司需要根据各自生产经营的特点，先编制一系列生产经营计划或预算以及投资预算，主要包括：销售量与生产量计划、产成品成本与销售成本计划、原材料采购与存货预算、投资收支预算、现金流量计划等。

各级预算单位财务部门按批准的预算方案执行，在预算执行期间，财务部门对预算执行情况定期进行审核，如果实际收支数与预算数发生重大差异，须编制调整方案，汇报调整原因，报上级审查、批准。各级预算单位每年至少三次（半年、三季度、全年）检查预算执行情况，并向上级汇报。年度财务决算表编制后，各公司将当年实际执行情况与预算比较，详细分析预算执行情况。为了对下属预算单位更好地进行控制，保证预算的有效性，上级单位不定时地对下级单位的预算执行情况进行检查和监督。

(三) 财务收支预算报表的编制

最初的《规定》旨在预测规划企业一年内的经营成果，由收入预算和支出预算两部分组成。收入项目包括营业收入、投资收入、股息收入、营业外收入及利息收入；支出项目包括营业成本、营业税金、管理费用、投资支出及亏损、营业外支出、利息支出、应交所（利）得税、应付合营利润、少数股东权益。从1995年开始，直属公司需要编制并上报集团财务部更详细的财务预算（见附表3-1至附表3-11）。

以招商国旅总公司年度财务预算报告为例。根据1996年度会计决算报告和对1997年市场、经营管理、投资等方面的预测分析，招商国旅总公司于1996年底编制了1997年度财务预算报告，预算编制范围包括总公司、北京招旅、西安招旅、兰州招旅、成都招旅、广州招旅、蛇口招旅、北京空运、上海空运、华鹏大厦、华宇大厦11家公司。财务预算报告包括资产负债预算表、损益及利润分配预算表、管理费用预算表、固定资产购置及大修理预算表、对外投资预算表，并分别对每张表做出预算编制说明，解释重点科目的编制依据以及出现异常变动的原因。

四、积极开展税务管理

新税制改革是新中国成立以来规模最大、范围最广泛、内容最深刻的一次税制改革。1993年准备、1994年全面推进的税制和分税制改革作为这一轮改革的启动部分，奠定了符合市场经济基本要求的财政制度框架，对其后中国财税改革和国家治理体系的发展完善都产生了深远的影响。招商局集团组织学习新税制改革，并遵守各地税务政策缴纳税费。企业集团的母公司、控股子公司及内部其他成员单位的经营业务收入按规定就地缴纳税费。

第四节

招商局集团融资方式创新

这个时期，招商局集团迅速扩张，多元化产业投资进一步加大，对资金的需求更为迫切。集团的资金来源除本身利润积累外，主要依靠贷款，因此开始探索融资方式创新，借助市场化的融资方式为企业提供更多获取资金的机会，如上市、发行债券等方式。

一、海虹公司上市融资

1992 年，海虹公司作为第一家中资背景在港企业在香港联合交易所上市，创下三个纪录：一是开中资企业在香港上市的先河；二是获 374 倍超额认购，为香港股市建立一百多年来之最；三是首日升幅超过 200%，也创下香港股市历史最高纪录。

招商局集团首次在香港上市，必须选择一家经营情况好且有潜质的企业，在综合考虑之后选定了海虹公司。海虹公司是一家生产船用油漆的企业，其专利技术从丹麦老人牌油漆公司购得，生产受其监管，产品质量有保证。海虹公司有稳定的客户基础，如中远总公司修造船舶所用油漆都产自海虹公司。此外，海虹公司的经营效益良好，财务制度规范。

海虹公司的成功上市为集团今后上市积累了经验，为筹集资金开辟了一条新路径，同时也扩大了招商局集团的影响。上市公司是公众公司，经营管理、财务状况高度透明，受到香港联交所、投资人和社会舆论的监督，对海虹公司提升经营管理起到很大的促进和推动作用。

二、招商局中国基金筹集上市

1992 年海虹公司上市后，恰逢邓小平南方谈话，香港市场上掀起了一股中国股市热。不少中资机构纷纷在香港上市，形成了一批红筹股、中国概念股等投资概念。还有一些中资公司成立中国基金。当时，中国银行成立了一家中国基金，邀请招商局集团参与。此时集团财力有限，但考虑到与中国银行之间的良好关系，最终投资 500 万美元成为大股东之一，并获得了中银中国基金的董事会席位。

在此形势下，招商局集团也开始着手募集基金并计划上市。1993 年 7 月 22 日，招商局中国基金正式挂牌。挂牌后，香港证券商反映积极，增加了集团筹集资金的信心。然而紧接而来的人民币大幅贬值，使基金筹措工作陷入困境。此后集团向欧洲市场寻求突破口，最终说服瑞士信贷银行投资 1 000 万美元。至此，招商局中国基金筹集 1 亿美元的工作基本完成，其中核心股东认购5 500万美元,其余4 500万美元则配售给香港和国际投资者。

为了加强基金的管理工作,招商局集团成立了招商局中国基金董事会,董事会下设投资管理委员会,负责审批单个投资超过500万美元的项目。另外成立了招商局中国基金管理公司,公司董事会由招商局集团和第一东方投资集团派代表组成。招商局中国基金管理公司成立了投资委员会,投资委员会的委员由持股5%以上的核心股东代表出任,负责审批500万美元以下的项目。招商局中国基金管理公司的经理负责具体工作,经理班子负责公司的管理及投资项目的接谈及初步审定,每周定期举行工作会议研究投资项目,项目确定后报董事会和投资委员会批准。

基金的投资活动均严格按照香港联交所的有关规定和基金持股书的承诺进行,投资范围为工业制造业、金融及其他服务业,具体包括收费公路、港口、电力等以及在香港上市的红筹股、H股和内地市场的B股。虽然联交所对基金有诸多限制,但招商局集团的基金表现良好,受到了股东和外界的好评。

三、发行武士债券

1992年开始,明华公司在日本建造超级油轮和散装船。由于当时日元贷款利息低,只有2厘,美元贷款利息为7厘,造船的总贷款为846.5亿日元,日元对美元比价为122~124日元兑1美元,约折合6.9亿美元,如用日元年利息为2%,1年利息约1 330万美元;用美元贷款利息为年息7%,年付利息就要4 830万美元,利息支出相差较大,因而集团采用了日元贷款,以减少利息支出。

但是日元贷款存在一定风险,如果日元贬值,公司可以少付利息,比起美元,船价尚可相对便宜;若日元升值,不仅船价相对升高,还因为运费结算使用美元,将美元换成日元还本付息,美元支出肯定上升,会对公司财务状况造成压力。招商局集团在选择日元贷款后,日元汇率直线上升,贷款时1美元可以兑换122日元,后涨到1美元兑换80~85日元。这给明华公司造成了很大的压力。而且当时集团的短期贷款还款压力很大,尽管集团努力把短期贷款转变为长期贷款，但是到1994年短期贷款仍占70%左右。

招商局集团偶然获悉，可以通过在日本发行债券解决上述问题，经综合考虑后集团认为该方案可行。但是集团面临两个问题：一是财务制度和财务报表没有与国际接轨；二是需要日本有权威的评级公司为集团进行信用评级，只有达到一定的信用等级，才有可能发行日元债券。集团总部及在香港的所属公司财务报表的编制制度已基本与国际接轨，但内地公司，包括蛇口工业区在内，执行国内会计制度，因此要解决与国际接轨问题，首先要解决内地企业会计制度与国际接轨问题。为此，集团财务部组织力量，仅用半年时间，就解决了会计制度接轨问题。在此基础上，招商局集团聘请日本的评级公司格付研究所株式会社为公司评级。格付研究所株式会社接到邀请书后，派人对招商局集团和所属的主要公司开展调查。最后评级公司对招商局集团信用等级评为A+，能得到这一评级，在20世纪90年代中期的香港中资机构中颇为罕见。评级顺利通过，为招商局集团日元债券的发行铺平了道路。

招商局集团即将发行日元债券的消息一公布，日本各大证券商反应热烈并纷纷表达参与意愿。1995年8月招商局集团与各大券商终于谈判成功，分两次发行300亿日元的武士债券。第一次由大和证券、长银证券、日兴证券、野村证券、山一证券组团发行100亿日元，期限7年（1995—2002年），利率3.4%；第二次由大和证券、长银证券、日兴证券，野村证券、山一证券、劝角证券、新日本证券组团发行，总额200亿日元，期限5年（1995—2000年），利率为2.9%。

发债当时，日元对美元的汇率是1美元换88日元，300亿日元折合约3.4亿美元；到2000年，日元贬值，1美元换120～130日元，如果按1美元兑125日元计算，只需2.4亿美元即可还清本金，集团为此节省了近1亿美元。

这是招商局集团第一次在国外发行债券，也是中国企业第一次在日本发行债券。此次武士债券的成功发行，在日本和中国香港引起了很大反响。招商局集团的对外信誉大为提高，成功打入国际资本市场，为集团筹集发展所需资金以及改变债务结构创造了条件。此后，招商局集团在1996

年第四季度又成功地发行了 300 亿日元的日本武士债券。

第五节 基于市场化会计准则的会计核算与会计报告

20世纪90年代，我国会计工作进一步改革，逐步建立起适合社会主义市场经济体制的企业会计制度体系。招商局集团重视会计制度建设，积极学习新企业会计体系，结合自身实际情况编写了《招商局集团会计制度》，对集团的会计核算与会计报告等方面进行规范。

一、我国现代企业会计体系的初步建立

在大力发展社会主义市场经济的进程中，我国资本市场开始起步，随着上海证券交易所和深圳证券交易所的创立，资本市场的众多参与者开始重视和使用会计信息。为此，我国进行了大规模的会计制度改革，奠定了会计信息向市场化需求方向发展的基础，初步建立起与社会主义市场经济体制相适应的现代企业会计体系，由会计法、企业会计准则、企业财务通则与行业会计制度组成。

1993年12月29日，第八届全国人大常委会第五次会议通过了《关于修改〈中华人民共和国会计法〉的决定》，此次修订对于规范和加强会计工作，保障会计人员依法行使职权，充分发挥会计工作在维护社会主义市场经济秩序、加强经济管理、提高经济效益中的作用，有着重大意义。

1992年11月财政部颁布的《企业会计准则》（以下简称《准则》）标志着行业会计核算与所有制企业会计核算的统一，对会计六大要素如资产、负债、所有者权益、收入、费用和利润的定义、分类、确认和核算做出解释与说明。财政部1992年11月30日颁布了《企业财务通则》（以下简称《通则》）规范我国境内不同所有制企业的财务行为。《通则》体现了国有资本所有权与企业经营权分离：国家对国有企业的资金投入为实收资本；国有企业作为独立于中央政府的经济实体，必须向政府支付企业所

得税，所得税也不再被认为是政府的投资回报。财政部自1992年以《通则》和《准则》两则为基础，陆续颁布了工业企业、运输（交通）企业等共13个行业的企业会计制度和企业财务制度，规范和加强股份制试点企业以外的各行业内资企业的会计核算工作。

为配合我国股份制改造，财政部在1992年发布了《股份制试点企业会计制度》以加强股份制企业的会计工作，维护投资者和债权人的合法权益。《股份制试点企业会计制度》借鉴国际惯例，打破了不同行业和所有制企业的界限，但与国际会计准则在坏账提取准备、折旧、期末存货计价、长期投资期末计价和外币交易方面仍存在较大差别。

二、招商局集团会计核算

随着我国企业会计准则体系的建立，招商局集团坚持以制度建设为工作重点，做好新旧制度的衔接工作，成立了新会计制度编写小组，并于1995年完成《招商局集团会计制度》，用以指导集团及其下属公司的会计核算与会计报告等工作。

（一）招商局集团会计制度

招商局集团十分重视制度建设工作，该时期集团会计制度建设取得了很大进展。为使集团的会计工作规范化、科学化，充分发挥集团财务部在会计工作中的指导作用，招商局集团加强会计基础建设，制定一系列规章制度，如《关于招商局集团有限公司办事处、代表组、计算机中心会计制度及核算办法（试行稿）的通知》《关于招商局集团一级会计科目及编码规定的通知》、建立快报制度等。1993年招商局集团为加强集团对财产的管理，方便集团财务结算和财务管理工作，先后下发《招商局集团一级会计科目及编码一览表》《人民币借款及报销办法》等文件，并要求集团各成员单位及境外企业、机构将年度财务报告及各种会计凭证、账簿和资料等建立档案并妥善保管。1994年集团财务部完成了招商局集团财务部规章制度汇编。

1993年7月1日起我国实行新的会计制度。招商局集团财务部派人参

加交通部举办的新会计制度培训班,又先后在广州和蛇口举办两期财务经理培训班,组织各下属公司财务经理学习新的会计制度、领会新会计制度的精神并做好新旧制度的衔接工作。培训结束后,集团成立新会计制度编写小组,着力部署招商局集团新会计制度,为实行新旧制度的衔接做足准备。

1995年,招商局集团修订和完善集团财务会计制度,分别对资产、资金、对外赊销和担保、财产购置及损失处理权限等制定成文。

(二) 招商局集团会计基础

该时期招商局集团执行香港会计准则,按照香港会计准则及香港公司条例的规定编制财务报表,以港元为记账本位币,集团内的公司分别采用人民币、港元、美元及其他子公司所在地币种作为记账本位币,但编报会计报表按外币会计报表折算方法折算为港元会计报表。招商局集团的记账基础是权责发生制,以历史成本为计价原则。

三、财务信息系统的电算化转型

1993年6月25日,根据招商局集团财务部起草并抄送电脑部的报告文件《关于建立集团财务系统电脑网络》,电脑部召开了财务课题组会议,与财务部商讨有关事宜,并开始了一系列工作。

(一) 会计科目的信息化统一

招商局集团持续更新和规范会计科目名称、使用范围及代码,1988年1月,财务部和电脑部共同整理并公布了《财务会计科目代码》。1992年12月财务部参照当时国家和交通部的会计科目定义和编码,并结合集团的实际需求制定、公布了《关于招商局集团一级会计科目及编码规定的通知》。财政部于1993年1月15日又公布了《运输(交通)企业会计制度》,要求"所有交通运输企业于今年七月一日起执行",由于该制度的一级科目和集团1992年12月公布的一级科目有所不同,集团财务部于1993年底重新制定并公布招商局集团会计科目名称、使用范围及一级科目代码表。

(二) 软件与信息系统的统一

1993年下半年，电脑部以财务部的管理系统作为软件开发与改造的试点，根据财务部提出的数据集成与汇总的功能需求，以及具体的业务处理和数据保密的要求，在征求集团有关直属公司意见的基础上，制定总部及各直属公司财务软件改造与设计的总体方案和数据通信方案，并和财务部共同制订开发计划，组织各单位实施和测试验收，截至1993年底集团下属一级公司的电脑和集团总部的电脑基本全部联网，给财务数据集成和汇总提供了有利条件。

(三) 财务信息系统的正式开发

一直以来，集团信息化发展由总部集中管理，大部分软件由总部开发，主要电脑由总部投资，用行政方法来推动，这一方法起到了集中管理的作用，但是不适用于长期发展。1994年3月31日集团总经理办公会决议，集团决定成立招商局电脑系统有限公司（以下简称"电脑公司"）。

电脑公司为集团全资直属子公司，主要从事集团内部电脑资源和技术服务，承接集团内外电脑应用和通信软件的开发、维护及电脑软、硬件和高科技产品的代理、销售、售后服务、接纳电脑系统技术咨询和培训等业务。成立电脑公司并非为了盈利，而是为了促进电脑应用上新台阶，电脑公司和使用单位间的经济合同关系对电脑软件的开发和维护提出更明确的目标、争取更高质量的效益。在新的管理体制下，电脑部可以将属于经营性的部分分出去，集中精力代表集团对电脑工作实行行政管理、宏观控制，包括制定集团的电脑工作有关方针政策、总体规划、软件及文档编制标准和规范、人员培训考核等。

为完善电脑部自身建设、支持电脑公司开展业务和履行电脑部职责，电脑部联合电脑公司共同进行《财务信息系统》的开发管理工作。在电脑公司正式成立之前，电脑部先委派人员进行调研，审核财务部提交的《关于集团财务电脑网络系统开发初步设想》和《集团财务部电脑系统用户需求报告》。

1994年,由财务部牵头,联合电脑部成立财务信息系统开发领导小组,采取电脑公司电脑人员劳务出租的形式进行组织开发。财务信息系统包括五个子系统,分别是资金运用子系统、财务核算子系统、合营项目核算子系统、财务数据分析子系统以及系统代码处理子系统。截至1994年底,开发领导小组基本完成了资金子系统的程序设计,财务核算子系统完成了70%的编程任务。截至1995年3月,完成了资金系统和财务核算系统以及合营企业报表处理系统的开发和调试,并开始运行。新的电脑系统不但能解决日常工作问题,还能为财务管理提供数据及初步分析。该系统在1995年底进行专家验收后,在全集团进行推广。

(四) 财务信息系统的推广运行

1996年度集团董事会下达了财务电脑联网的任务,即"年内要完成资金预算的跟踪与分析系统,实施香港地区所有直属公司的财务电脑联网,以达到任何时候集团都可以捕捉和汇总资金信息的目的"。

任务下达之后,下属公司纷纷行动起来,组织财务人员、电脑人员进行集团资金管理软件、财务账务软件的移植,做到了人员、任务以及处理技术的"三落实"。按照集团的联网计划,各直属公司在使用的一级科目编码、客户编码和货币编码都严格遵循集团会计制度规定的条件下,分期分批移植集团电脑财务核算软件,根据自身的业务特点,开发与所移植的财务核算软件配套的辅助系统,集团提供有关系统接口文件结构和有关文档资料。

为保障联网计划的顺利实施,集团财务部和电脑部有关人员组成了集团系统联网小组,统一负责各直属公司的软件移植及系统维护工作、软件改版开发工作,并由各公司财务人员、电脑人员做好软件移植的配合工作。软件移植及系统维护的费用由集团负责,各公司开发辅助系统的费用则由各公司自行承担。此外,集团规定各公司与集团之间的数据通信文件格式,必须符合集团颁布的《招商局财务电子数据交换格式》。由此,招商局集团建立了香港地区所有集团直属公司的资金电脑数据网络。

为了加强集团合营企业财务资料的信息管理,招商局集团对合营公司实行统一电脑网络管理。为统一管理各合营公司代码，集团财务部将合营公司代码及名称分类资料发至各公司，经过认真核对合营公司中英文简称和全称、行业和地区代码，发现同一家企业有数种名称，经调整后由原来的334家减为294家。这一重要的清理整顿基础工作为今后加强对合营公司进一步管理奠定了坚实的基础。

四、招商局集团会计报告

招商局集团会计报告编制主要根据招商局集团自身的会计制度，合并报表则根据香港会计准则进行编制。为进一步规范集团及其子公司的会计报告，招商局集团完善《（年终）会计报表》，对会计报表的编制与会计报告的格式进行指导。

招商局集团会计报告体系包括招商局集团财务报告（母公司财务报告）和合并财务报告。

企业集团报送的年度财务报告，包括资产负债表、损益表、财务状况变动表、财务情况说明书和规定的其他各项报表及附表，应于年度终了在规定的时间内连同注册会计师的查账报告一并报送。财务情况说明书，主要说明生产经营状况、利润实现和分配情况、资金周转和增减情况、财务收支情况、税金缴纳情况、各项财产物资变动等情况；对本期或者下期财务状况发生重大影响的事项；资产负债表日至报出财务报告日所发生的对企业财务状况有重大影响的事项；以及需要说明的其他事项。

按照交通部对下属企业的统一规定，招商局集团编制合并会计报表以综合反映母公司和控股子公司所形成的企业集团的经营成果、财务状况及变动情况。合并会计报表的合并范围包括母公司及其所控制的境内外所有子公司。母公司及其财务隶属关系一致的控股子公司的年度财务报告，由母公司按财务隶属关系逐级汇总报交通部，同时抄送同级财政部门。交通部对母公司上报的企业集团的财务报告进行审查，纳入部门总决算，报财政部审批。财务隶属关系暂不能一致的控股子公司，应当按照现行财务隶属关系报批。

在下属公司上报集团汇总的财务报表中，存在着诸多问题：会计报表

格式不统一，个别单位还在使用旧格式的报表；报表之间科目不符合勾稽关系，个别单位提供损益表与资产负债表科目的勾稽关系数据不符，管理费用表、财务费用、营业外收支明细表与损益表的勾稽关系数据只有当期发生数，无本年实际发生累计数；个别公司无财务分析和编报说明，无法反映公司的实际情况；个别单位的报表资料不真实，当期费用与收入不配比，利润失真；个别公司报表上报不及时，没有按集团规定的时间上报，影响了汇总工作等问题。以上问题都给汇总报表的真实性和及时性带来影响。因此，1995年招商局集团进一步完善会计报表的种类和格式，下发修订的《集团财务预算报表》和《（年终）会计报表》，以此作为今后报表管理的开端。具体合并资产负债表、合并利润表、合并现金流量表格式见附表3-12至附表3-14。

招商局集团快速扩张与全面构建现代化会计体系（1992—1996年） 第三章

附表 3－1　　　　　招商局集团 1995 年年度预算表　　　　　单位：万港元

项目	1994 年实际数	1995 年预算数
营业收入		
营业成本		
营业税金		
营业毛利		
管理费用		
销售、经营服务费用		
利息收支净额		
营业利润		
加：投资收入、股息收入		
营业外收入		
减：投资支出及亏损		
营业外支出		
税前损益总额		
应付（合并）利润		
少数股东权益		
税后损益总额		

总经理：　　　　　　　　　　财务部经理：　　　　　　　　　　制表人：

附表 3－2　　招商局集团 1996 年资产负债预算表（1995 年编制）　　单位：万港元

行次	项目	1994 年末数	1995 年末预计	1996 年末预计
		1	2	3
1	资产			
2	一、流动资产			
3	其中：货币资金			
4	应收账款			
5	二、长期对外投资			
6	其中：合营投资			
7	三、固定资产			
8	其中：固定资产原值			
9	在建工程			
10	四、其他资产			
11	资产合计			
12				

续表

行次	项目	1994 年末数 1	1995 年末预计 2	1996 年末预计 3
13	负债及所有者权益			
14	一、流动负债			
15	其中：短期银行借款			
16	集团借款			
17	应付账款			
18	二、长期负债			
19	其中：长期银行借款			
20	负债合计			
21	三、所有者权益			
22	其中：股本			
23	资本公积			
24	盈余公积			
25	未分配利润			
26	负债及所有者合计			

财务经理： 填表人：

附表 3－3　　1996 年损益及利润分配预算表（1995 年编制）　　单位：万港元

行次	项目	1994 年末数 1	1995 年计划 2	1995 年计划完成 3	1996 年计划 4
1	营业收入				
2	减：营业成本				
3	营业税金及附加				
4	营业毛利				
5	减：管理费用				
6	经营销售费用				
7	财务费用				
8	营业利润				
9	加：投资收入及盈利				
10	营业外收入				

续表

行次	项目	1994年末数	1995年计划	1995年计划完成	1996年计划
		1	2	3	4
11	减：投资支出及亏损				
12	营业外支出				
13	加：以前年度利润调整				
14	税前利润总额				
15	减：应交所（利）得税				
16	净利润				
17	加：年初未分配利润				
18	其他				
19	可分配利润				
20	减：提取盈余公积金				
21	其中：提取公益金				
22	分给合营利润				
23	交上级款				
24	年末未分配利润				
25					
26	补充资料				
27	银行（集团）借款还本付息数占当年营业收入比例%				
28	利税前净收益占利息支出倍数				
29	对外投资占净资产比%				
30	资产负债率%				

财务经理：　　　　　　　　　　　　　　　　　　　　　　　　　填表人：

附表3-4　　　1996年现金流量预算表（1995年编制）　　　　单位：万港元

行次	项目	一月	二月	三月	四月	五月	六月	七月	八月	九月	十月	十一月	十二月	合计
1	一、上期结余													
2	二、本期营业收入													
3	1. 经营业务收入													
4	2. 其他收入													

续表

行次	项目	一月	二月	三月	四月	五月	六月	七月	八月	九月	十月	十一月	十二月	合计
5	三、本期营业支出													
6	1. 经营业务支出													
7	2. 管理费支出													
8	3. 其他支出													
9	四、本期营业收支结余													
10	五、本期投资收入													
11	本期投资支出													
12	本期投资收支结余													
13	六、本期经营及投资结余													
14	七、本期银行贷款增减数													
15	1. 向银行借贷增加数													
16	2. 归还银行贷款本金数													
17	八、本期集团贷款增减数													
18	1. 向集团贷款增加数													
19	2. 归还集团贷款本金数													
20	九、本期集团存款提款数													
21	十、本期结余													
22	其中：本期集图存款数													

附表 3–5　　1996 年对外投资预算表（1995 年编制）　　单位：万港元

行次	项目	投资总额	已投金额	出资金额	
				1995 年预计	1996 年计划
		1	2	3	4
1	一、原有项目				
2					
3					
4					
5					
6					
7					
8					

招商局集团快速扩张与全面构建现代化会计体系（1992—1996年） | 第三章

续表

行次	项目	投资总额	已投金额	出资金额	
				1995年预计	1996年计划
		1	2	3	4
9					
10	小计				
11	二、1995年新增项目				
12					
13					
14					
15					
16					
17					
18					
19					
20	小计				
21	总　计				

财务经理：　　　　　　　　　　　　　　　　　　填表人：

附表 3－6　　1996年固定资产购置计划表（1995年编制）　　单位：万港元

行次	项目	1995年预计完成	1996年计划
		1	2
1	船舶		
2	车辆		
3	仓库、码头		
4	浮坞		
5	土地		
6	房屋、厂房		
7	机械设备		
8	机器		
9	家具		
10	办公用品		
11	电脑设备		
12	其他		
13			

续表

行次	项目	1995 年预计完成	1996 年计划
		1	2
14			
15			
16			
17			
18			
19			
20			
21	合　计		

财务经理：　　　　　　　　　　　　　　　　　　　　　填表人：

附表 3–7　　　　1996 年银行借款预算表（1995 年编制）
　　　　　　　　　　　（包括集团借款）　　　　　　单位：万港元

行次	币种	1994 年末数	1995 年预计借款数	1996 年计划借款数	还本付息数			
					1995 年预计		1996 年预计	
					本金	利息	本金	利息
		1		2	3		4	
1	一、银行借款							
2	港元							
3	美元							
4	人民币							
5	日元							
6	其他折港元							
7	折港元合计							
8								
9	二、集团借款							
10	港元							
11	美元							
12	人民币							
13	日元							
14	其他折港元							
15	折港元合计							
16								

招商局集团快速扩张与全面构建现代化会计体系（1992—1996年） | 第三章

续表

行次	币种	1994年末数	1995年预计借款数	1996年计划借款数	还本付息数			
					1995年预计		1996年预计	
					本金	利息	本金	利息
		1		2	3		4	
17	三、借款总计							
18	港元							
19	美元							
20	人民币							
21	日元							
22	其他折港元							
23	折港元合计							

财务经理：　　　　　　　　　　　　　　　　　填表人：

附表3-8　　1996年管理费用预算表（1995年编制）　　单位：万港元

行次	项目	1994年实际	1995年计划	1995年计划完成	1996年计划
		1	2	3	4
1	工资、伙食				
2	工资附加费				
3	津贴加班费				
4	差旅费、交通费				
5	交际费				
6	租金、差饷费				
7	折旧				
8	燃料、润料				
9	工具、材料				
10	无形资产摊销				
11	邮政电报费				
12	水电费				
13	印刷费				
14	书报杂志费				
15	办公用品				
16	低值易耗品				
17	装修费				

续表

行次	项目	1994年实际 1	1995年计划 2	1995年计划完成 3	1996年计划 4
18	集团管理费				
19	培训费				
20	保险费				
21	广告费				
22	其他捐税				
23	公积金、退休金				
24	坏账准备				
25	律师会计费				
26	杂项				
27	合　计				

财务经理：　　　　　　　　　　　　　　　　　　　　　填表人：

附表3－9　　1996年财务费用预算表（1995年编制）　　单位：万港元

行次	项目	1994年实际 1	1995年计划 2	1995年计划完成 3	1996年计划 4
1	一、利息收支净额				
2	1. 利息支出				
3	2. 利息收入				
4	二、汇兑损失				
5	1. 汇兑收益				
6	2. 汇兑损失				
7	三、金融机构手续费				
8	四、调剂外汇手续费				
9	五、其他				
10					
11					
12					
13					
14					
15					
16					
17					

续表

行次	项目	1994年实际 1	1995年计划 2	1995年计划完成 3	1996年计划 4
18					
19					
20					
21					
22	合 计				

财务经理： 填表人：

附表3–10　　1996年投资项目收入预算表（1995年编制）　　单位：万港元

行次	项目名称	1994年实际数 1	1995年预计 2	1996年预计 3	备注 4
1					
2					
3					
4					
5					
6					
7					
8					
9					
10					
11					
12					
13					
14					
15					
16					
17					
18					
19					
20					
21					
22	合 计				

填表人： 财务经理：

附表 3-11　　1996 年营业外收支预算表（1995 年编制）　　单位：万港元

行次	项目	1994 年实际	1995 年预计	1996 年计划
		1	2	4
1	一、营业外收入			
2	固定资产处理收入			
3	固定资产盘盈			
4	罚款收入			
5	其他收入			
6	营业外收入小计			
7	二、营业外支出			
8	固定资产处理支出			
9	固定资产盘亏			
10	罚款支出			
11	其他支出			
12	营业外支出小计			
13	三、营业外收支净额			

财务经理：　　　　　　　　　　　　　　　　　　　　　　　填表人：

附表 3-12　　　　　　　合并资产负债表
　　　　　　　　　　　年 12 月 31 日　　　　　　　　　单位：千港元

项目	本年年末	上年年末
固定资产		
开发中物业		
归属于银行业务的净资产		
归属于保险业务的净负债		
于联营公司的权益		
其他投资		
无形资产		
长期应收款		
流动负债净额		
资产总额减流动负债合计		
资本及储备：		
投入资本		
储备及累积盈余		
股东权益（股本＋储备）		
长期借款		
应付上级股东往来		
递延税款		
少数股东权益		
长期资本合计		

招商局集团快速扩张与全面构建现代化会计体系（1992—1996年） 第三章

附表 3–13　　　　　　　　　合并利润表
截至　　　　年 12 月 31 日　　　　　　　　　　　单位：千港元

项目	本年度	以前年度
营业收入		
营业成本		
毛利		
其他收入		
分销成本		
行政和其他运营费用		
房地产、厂房及设备的减值损失		
出售投资性房地产的收益		
船舶保险索赔的净收益		
坏账准备		
运营利润		
财务费用		
处置/部分处置子公司、联营公司或共同控制实体的净收益		
不包括在合并范围内的子公司的亏损份额		
联营公司利润份额		
应占共同控制实体的利润（亏损）		
税前利润		
应交税费		
扣除少数股东权益的净利润		
少数股东权益		
本年净利润		

附表 3–14　　　　　　　　　合并现金流量表
　　　　　　年 12 月 31 日　　　　　　　　　　　单位：千港元

项目	本年年末	上年年末
经营活动产生的净现金流入		
投资回报和金融服务		
利息收入		
利息已付		
支付给子公司少数股东的股息		

续表

项目	本年年末	上年年末
从银行业务收到的股息		
从联营公司收到的股息		
其他投资取得的股息及投资收益		
来自投资回报和金融服务的净现金流出		
税收		
已缴香港利得税		
已缴纳的海外税款		
已缴税款		
投资活动		
购置固定资产		
增加开发中的物业		
长期应收贷款的偿还/（预付款）		
收购子公司产生的现金流入净额		
处置子公司的净现金流入/（流出）		
增加投资和预付款		
获得收费公路经营权		
增加无形资产		
子公司上市后部分出售权益的收益		
配售附属公司股份的临时收据		
固定资产处置收入		
投资银行业务		
保险业务投资		
投资活动产生的净现金流出		
融资前的净现金流出		
融资		
吸收权益性融资收到的现金		
新增银行及其他贷款		
少数股东贷款和权益性投入		
来自融资的净现金流入		
现金和现金等价物的增加/（减少）		
年初的现金和现金等价物		
外汇调整的影响		
年末现金及现金等价物		

第四章

招商局集团应对亚洲金融危机与加强财务集中管控
（1997—2000年）

　　1997年下半年，东南亚国家爆发金融危机并波及整个亚洲和世界其他地区（以下简称"亚洲金融危机"），造成国际金融市场持续动荡，世界经济受到严重冲击。受此影响，我国外贸进出口总额呈下降趋势，经济建设遇到严重困难。面对这一冲击，党中央采取扩大国内需求的措施，实施积极的财政政策和稳健的货币政策，由中央财政向商业银行增发长期建设国债，增加投资，加强基础设施建设，千方百计增加出口，从多方面拉动经济增长。

　　招商局集团在经历了一段高速发展时期后，显现出投资分散、管理粗放的问题。1997年1月，集团在广东省中山市三乡镇召开了第一次工作会议（以下简称"三乡会议"）。在三乡会议上，招商局集团明确了"调整产业结构、强化管理基础、改善财务状况、抓住发展机遇、重视人才培养、提高整体素质"的整体策略，开启了全面调整。亚洲金融危机爆发后，"广信事件""粤海事件"对香港市场和在港中资企业造成了巨大影响，外资银行停止了对在港中资企业的贷款。招商局集团过去依靠"借新还旧"负债经营保持现金流的运转模式难以为继，给集团正常运营造成了冲击。因此，招商局集团采取了"稳固基础、稳健经营"的双稳方针，提出了变现减债的策略。同时，在交通部的支持下，华建交通经济开发中心

（以下简称"华建中心"）划入招商局集团，在招商局集团渡过亚洲金融危机中起到了关键的作用。

招商局集团在研判了内外部形势的基础上，统一了认识，选择了一种介乎于稳健和收缩之间的发展战略，包括：整体巩固基础，局部重点发展；严格控制投资，把紧银根；开拓融资渠道，确保资金流正常；调整债务结构和币种比例，防范汇率风险；改善管理状况，狠抓增收节支，提高经济效益；抓紧资产优化，着眼打好基础，兼顾可能条件，支持重点发展。同时，招商局集团加强财经管理，严格财经纪律，明确财务职能划分，从投资管理、现金管控、预算管理等方面开始探索并建立财务集中管控体系，为招商局集团重整与集团财务强管控体系的确立奠定了基础。这一时期，我国积极推进会计制度改革，逐步建立国内的会计准则体系。招商局集团制定《招商局集团财务会计制度》，整体形成了多种核算基础并存的局面。

第一节 亚洲金融危机与招商局集团发展战略调整

一、亚洲金融危机及其影响

（一）亚洲金融危机的爆发

1997年，东南亚国家的货币受到国际炒家的进攻，泰铢、菲律宾比索、印尼盾和马来西亚林吉特等相继由固定汇率制改为浮动汇率制，并纷纷开始贬值，东南亚金融市场遭到沉重打击，影响极其深远。中国香港也受到了国际炒家的进攻，同时俄罗斯卢布贬值，引起了美欧国家的汇市、股市的剧烈波动，亚洲金融危机波及全球。1999年7月，东南亚逐渐摆脱了亚洲金融危机的阴影，年底亚洲金融危机基本结束。

（二）亚洲金融危机对中国经济的影响

亚洲金融危机对于中国的宏观经济形势产生了巨大的影响。一方面，东南亚国家减少进口,增加出口,影响了中国商品出口竞争力,尤其是与东南亚国家相近的出口产品。同时,东南亚国家降低了对中国进口的需求。据海关统计,1998年全年我国出口仅比上年同期增长0.5%。另一方面,东南亚国家为促进本国经济的发展,出台了一系列吸引外资的政策,中国与东南亚国家为吸引外资展开激烈竞争。

二、招商局集团发展战略的调整

经过"规模化投资、多元化经营"后,招商局集团的规模迅速扩大,出现了横向盲目多元化和纵向多级法人化的情况,导致集团战线拉得过长、投资规模过大、公司层级过多、内部管理不够规范等,为招商局集团日后的流动性危机埋下伏笔。1997年,招商局集团召开了三乡会议,对企业定位、产业结构、发展规划、奋斗目标、人才发展战略等进行了明确。后续又陆续召开了人事工作会议、财务审计工作会议、企业管理工作会议和计划统计工作会议等,推进集团各方面改革。

随着亚洲金融危机的爆发,招商局集团陷入流动性危机,资金紧张问题凸显。招商局集团急需提升盈利水平,改善财务状况。集团一方面大力筹措资金,确保按期偿还到期债务;另一方面根据内外部形势的变化,对发展战略做出必要的调整。招商局集团以资产优化为基本手段,实施资产变现减债等应对流动性危机的重大举措,全面推进产业结构调整,在全集团范围内按照"集团多元化,经营专业化"的要求进行业务归并、资产重组,形成十二大产业板块,并采取财务集中、控制投资、加大融资、管控风险、压缩成本等手段进行财务管控。

第二节 招商局集团亚洲金融危机应对时期发展状况

在三乡会议之后,招商局集团积极调整组织架构,谨慎应对亚洲金融危机带来的流动性危机,同时对旗下过度多元化的产业进行整合。这一时期，招商局集团资产规模缓慢增长，直至 2000 年逐步走出危机，步入正轨。

一、招商局集团应对亚洲金融危机时期的经营管理

（一）三乡会议中的集团战略调整

1997 年 1 月，招商局集团在三乡召开了第一次工作会议，会议分析了集团所面临的形势、内外部经营环境，客观分析了自身存在的产业结构不合理、财务状况有待改善等问题，并从问题出发为集团确立了"新二十四字方针"的发展战略。

1997 年招商局集团三乡会议合影留念

1. 三乡会议的背景

自改革开放以来，招商局集团的产业结构发生了重大变化，逐步形成规模优势，为日后的发展奠定了重要的基础。因快速扩张、盲目投资发展，重投资、轻管理，以及管理机制和监督机制没有完全发挥作用等问题，交通部党组希望招商局集团能充分认清形势、统一思想，增强集团意识，形成合理的产业结构、顺畅的管理体制和高效的组织架构，围绕着一个明确的奋斗目标，发挥专业化经营的各自优势，通过整个集团的多元化发展，不断提升招商局集团的实力。在这样的背景下，招商局集团召开集

团工作会议,即三乡会议。

2. 三乡会议及"新二十四字方针"

在三乡会议中,招商局集团客观分析了存在的问题,讨论研究了下一阶段集团的发展策略、调整计划并确立了三十六字工作指导思想:调整产业结构,强化管理基础,改善财务状况,抓住机遇发展,重视人才培养,提高整体素质。对于企业发展战略,三乡会议明确对产业结构进行调整,确定核心产业,扶持培育支柱产业,使招商局集团成为聚焦主业、专业管理的现代化企业集团。三乡会议召开以后,招商局集团又先后召开人事、财务审计、企业管理三个专题会议,并于随后的5月底召开了集团的董事会会议,对以上的会议精神和任务进行总结。同时,集团在总部的机构中新设立了计划统计部,并召开了计划工作会议。计划统计部主要负责宏观计划管理、项目投资管理和统计资料收集与分析,从头建立招商局的计划统计信息系统和项目投资管理机制。

通过三乡会议和专题会议,招商局集团重新明确了企业战略定位,即"新二十四字方针":立足香港,内外辐射;多元发展,集约经营;强化管理,稳中求进。为了保证新发展方针的实现,招商局集团还提出了整体战略以及人事、财务、投资、行业发展等方面的具体对策。

(二)"双稳方针"下的企业发展

1. 强化管理,稳中求进

招商局集团一方面切实改善生产经营状况,提高盈利水平;另一方面积极采取措施,改善财务状况。与此同时,考虑到融资成本攀升、集团资金周转困难等问题,招商局集团严格控制投资规模,坚决改变单纯依赖外延规模扩张增加收益的习惯做法,暂停所有投资规模较大的长线投资项目;将重点扶持的产业作为强化管理的重点对象,加强风险管理;在加快发展速度的同时,保证其发展方向正确和实施有效监控;正确处理生产经营与资产经营之间的关系;加强清理整顿工作的力度;加强集团的战略策划和管理控制能力。招商局集团据此制定了集团七大支柱行业新的发展计划与策略。

(1)运输行业。面对国际航运市场竞争的严峻势态和自身负债率偏

高、资产结构不合理的情况，集团设法稳住船队的盈利水平，保持及适度压缩现有规模，积极调整存量资产结构，对现有业务优化重组，降低行业资产负债率。集团特别重视招商局国际有限公司（原海虹公司，于1997年更名为招商局国际有限公司，以下简称"招商局国际"）在集团中所处的特殊地位，在进行资产经营和融资的同时，充分发挥其在港口等运输领域的产业整合、行业协同、培育重点发展行业等方面的作用。

（2）工业园区。确立以蛇口工业区为重点的工业园区发展战略，抓住时机扩大创利基础，抓紧开展资产重组，并以此项收益作为近期发展的主要资金来源。加速漳州开发区建设，同时严格控制新工业园区开发，并加快开发区的投资回收。

（3）金融行业。坚持金融业作为集团重点发展的核心支柱产业地位，积极扶持，加强管理。同时理顺金融行业管理关系，完善治理机制，促使其快速、有序、健康发展。积极支持友联银行、招商银行和平安保险的发展壮大；注意控制总资产规模的扩张速度，重视提高金融企业的抗风险能力。

（4）工程地产行业。工程地产业加快投资回收，以消化不良资产为首要任务，通过存量资产的处理和在建项目的转让迅速压缩总资产规模，资产变现减债的同时，获得发展所需资金，逐步实现自我滚动发展，并视市场情况和自身实力对其总体发展规模重新进行规划。认真研究和探讨集团房地产业的优化发展方式，注重区域布局的合理性，提高行业利润率，创造资产经营的条件。

（5）工贸行业。通过组建工业总公司、北京区域公司等调整产业结构，集中资源，积蓄力量，加快产业改组和优化的进程，出售非主营核心业务，削减投资规模，减轻偿债压力，并以此项回收资金维持行业的调整和发展，同时重视提高企业的盈利能力和净资产利润率水平。

（6）旅游行业。通过深入研究旅游行业市场竞争特点，对集团内部与旅游相关的资源进行优化重组，巩固现有的旅游和机票代理业务，调整发展专业化酒店经营，抓好国内旅游和出境旅游两个市场，在国内旅游业面临向国际开放的形势下，抓住时机，发挥各方优势，继续发展集团旅游业。

（7）交通基建业。在华建中心并入招商局集团后，围绕集团的资产经营,以高速公路为核心发展交通基建业。

2. 产业收缩和资产重组

亚洲金融危机爆发后,招商局集团意识到之前分散的经营管理体系导致的一系列问题,由此开始了经营管理体系的调整。招商局集团按照"集团多元化,公司专业化"的要求进行业务归并、资产重组,调整经营组织架构,形成行业管理、专业经营的管理模式。总体思路为运用经济与行政相结合的方式完成业务归并和资产整合,形成十二大板块公司。

(1) 以专营运输,包括船队、货代、船代、仓储作业在内的运输集团,并对蛇口招港、招商国际船务、漳州港等运输业务实行行业管理和指导;

(2) 以专营工程地产,包括工程项目开发、地产代理、物业管理在内的地产集团,并对包括蛇口房地产、漳州房地产在内的地产业务实行行业管理和指导;

(3) 以专营传统工业,包括修造船、重工、建材在内的工业集团;

(4) 以通信、高科技产业开发为主营的海通高科技公司;

(5) 以包括银行、保险、基金在内的金融业务进行策划,逐步实现集中管理的金融业;

(6) 以经营交通基建为主的招商局集团旗舰、上市公司招商局国际;

(7) 以主营进出口贸易业务,对京、津、冀、鲁实行区域管理的招商北京公司;

(8) 以专营旅游业,包括酒店管理在内的招旅总公司;

(9) 以根据运输业发展规划,培育和发展运输物流业务为主,同时对江、浙、沪实行区域管理的招商上海公司;

(10) 以招商引资、后勤保障、石化、地产、高科技引进参与为主,开展经营活动,并根据集团授权对华南地区实行区域管理的蛇口工业区;

(11) 以发展对台经济为战略目标,进行土地开发、招商引资、后勤保障、港口作业为主,具有区域管理职能(当时只是管理区域内)的工业开发区——漳州开发区;

(12) 以逐步形成招商海外区域发展总部、为向东南亚拓展业务创造条件,主要任务为配合融资,管理航运,开展联合贸易和旅游的招商新加坡公司。

上述十二大板块公司分为三种类型。

第一类是区域性公司,包括北京公司、上海公司、蛇口工业区、漳州开发区和新加坡公司。这五个区域性公司具有两大职能:一是经营职能,作为一个经营实体承担完成集团下达的经营目标责任指标的经济责任;二是区域管理责任,根据集团的授权和要求对本区域内的招商局集团系统企业进行不同形式的管理。

第二类是整合行业性公司,包括运输集团、工业集团、地产集团、招旅总公司、海通公司(高科技)、金融业。这六个行业性公司具有两个职能:一是经营职能,同区域公司一样承担经济责任,开展经营活动,完成经营目标责任指标;二是行业管理职能,根据集团的授权,对本行业进行行业管理,主要是整个行业的发展规划、基本发展方针、工作原则、行业经营活动数据统计、行业内相互关系协调,参与本行业公司指导性管理等。

第三类是集团上市公司,即招商局国际。招商局国际区别于前两种公司,没有区域管理的职能,它有自己独特的管理运作模式,按照香港上市公司的"游戏规则"进行经营,按国际资本市场运作的一般规律和规则建立高素质的上市公司。招商局国际在香港或境外资本市场为集团提供资产变现机会,发挥低成本发展支柱产业和培育新兴业务作用。

调整完成后,集团的经营管理架构大体分成三层。第一层是集团总部,为最高决策管理中心,主要职责是投资决策、实施监督和战略管理;第二层是集团直属一级公司,为经营管理与利润中心,主要职责是承担集团下达的经营任务,通过管理监督所属企业的经营活动,保证利润计划的实现;第三层是二、三级公司,为业务经营与成本管理中心,是基本生产经营单位,主要是控制经营成本,完成经营任务。尽管这一调整未得以完全贯彻执行,但这是招商局集团为应对亚洲金融危机进行的有益探索,也为集团后续的管理模式积累了宝贵的经验。

二、应对亚洲金融危机时期招商局集团的经营情况

亚洲金融危机期间,招商局集团资产规模增长缓慢,1997年为439.70亿港元,到2000年为486.09亿港元。1997年营业收入为81.33亿港元,

净利润为 13.96 亿港元；到 2000 年集团营业收入为 113.44 亿港元，净利润为 11.26 亿港元。招商局集团 1997—2000 年总资产、营业收入和净利润情况如表 4-1 所示。

表 4-1　　　　　1997—2000 年招商局资产与经营情况　　　　单位：万港元

年份	总资产	营业收入	净利润
1997	4 397 030.00	813 282.10	139 619.00
1998	4 319 828.40	874 930.20	76 873.00
1999	4 596 475.70	936 938.30	73 252.30
2000	4 860 928.30	1 134 354.10	112 593.20

资料来源：1997—2000 年招商局集团审计报告。

第三节　亚洲金融危机时期招商局集团的财务管理

经过集团内部资源调配与外部资源的整合，招商局集团走出了亚洲金融危机带来的困境，同时也痛定思痛，开始进行财务集中管控的初步探索。

一、亚洲金融危机下的财务困境

随着亚洲金融危机的爆发，在境内外具有众多债务的广东国际信托投资公司破产以及粤海集团重组，导致中国主权债务的评级和国内企业的国际信誉表现都较为负面。这一阶段，中国企业在海外融资的难度加大、成本提高。招商局集团的流动性遭遇到前所未有的考验。

（一）外部经营环境不断恶化

1997 年，亚洲金融危机开始爆发并逐步影响了日本和中国香港。随后的两年中，受到亚洲金融危机的影响，招商局集团部分产业的外部营商环境不断恶化，主要体现在两个方面。

首先,融资环境紧张。这一时期外资银行对在港中资企业持观望态度,对融资非常谨慎,条件也很苛刻,资金成本高、借贷期限短、抵押率要求上升。同时,国家为保证经济安全,加强外汇及金融监管力度,对集团的经营及融资活动产生了较大的影响,招商局集团1999年的资金成本率较1998年上升了约2个百分点。

其次,经营环境低迷。集团经常性盈利能力短期内难以根本性好转。航运市场依然在低位徘徊,难以走出低谷;地产市场,特别是高档写字楼市场走势低迷,供大于求,有价无市,亏本销售的局面未见改善;作为招商局集团重要盈利支柱的金融业,1998年盈利也首次出现回落,招商银行受当时金融形势影响,1998年盈利较1997年下降约30%;作为集团新利润增长点的交通基建产业,由于国家固定担保回报政策变化及人民币收益汇出限制等因素,其对招商局集团盈利和现金流贡献也受到影响;蛇口工业区以往的领先优势、政策优势随着形势的变化正在消失,竞争趋于激烈。

(二) 内部结构性问题突出

自集团化架构成立以来,招商局集团的总资产和净资产都有了很大的增长,但存在产业结构不合理、核心主导产业优势不突出,经常性生产经营能力弱、盈利水平低、缺乏新的利润增长点,债务沉重、债务结构不合理等问题。

20世纪90年代,招商局集团的扩张速度大大加快,涉足领域极为广泛。大到上亿美元的房地产项目,小到几十万元的服装厂、玩具厂、养鸡厂。据统计,截至1998年,招商局集团对内地的合营及项目投资总额为109.33亿港元,其中实投资本约61.25亿港元,股东垫款、借款达48.08亿港元。投资的迅速扩张,造成借款的膨胀,利息不断加剧,雪球越滚越大。但由于投资领域过度分散,难以形成规模,资产难以用来有效抵押、筹集资金。同时,由于大量投资,招商局集团收益的主要来源为投资分红,但能给集团带来稳定投资分红的项目寥寥无几,绝大多数(特别是房地产项目)占用大量资金,而无回报。

招商局集团投资项目所用的资金,主要集中于集团总部的银行借款,而未实行资本金制进行项目融资,故本应由各投资项目承担的资产风险全部集中于集团，且集团实行统一融资政策，下属公司的风险也都集中于集团。亚洲金融危机以来，下属公司经常性利润收入逐年下降，招商局集团主要靠资产经营增加利润，但由于经营环境持续恶化，资产经营难以取得利润，优质资产越来越少，经常性利润不能支付利息，只有靠借钱支付利息，债务规模不断扩大，形成恶性循环。

二、集团财务管理职能的调整优化

（一）三乡会议后财务部职能调整

1997年三乡会议之后，集团总裁办公会对财务部的职能与编制进行了调整，财务部组织架构如图4-1所示。财务部设总经理1人、副总经理2人；财务管理室主任1人、副主任1人、文员3人；会计室主任1人、副主任2人、文员6人、编外人员1人。

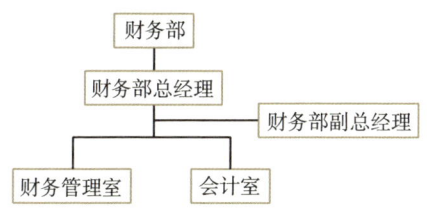

图4-1 1997年财务部组织架构

财务部的具体工作职责如下。

（1）负责集团日常财务会计工作。财务部负责集团各项财务会计管理制度的拟订及实施监督，集团整体财务策划及资金总量配置，集团生产、经营成本管理，集团资产管理及运作监控，集团纳税事务，集团财会数据、财务信息的统计及财会资料、案卷管理，各类财务报表的编制，集团总部机关日常财务收支事务。

（2）参与集团经营管理。财务部参与集团发展战略、经营方针、总体资源配置的策划，参与集团资产经营活动的策划及有关事务的处理，参与集团总体年度计划的编制，参与集团重大投资项目报告的评审，参与集团融资、筹资、资金使用管理。

(3) 参与对事业部及集团所属公司的经营管理。财务部对各事业部及行业总公司财务运作的管理及监控，集团合资企业的财务管理，参与各事业部、行业总公司行业发展规划、年度计划的评审，参与对企业经营目标的考核以及集团领导交办的其他事项。

（二）成立计划统计部

三乡会议明确招商局集团总部的功能定位为重大经营方针、原则的决策；项目投资的审批；各行业发展比例的调控，向投资决策中心的方向发展。做好计划统计工作是集团成为投资决策中心的重要基础和必要手段。为此，招商局集团于1997年成立了计划统计部，主管集团计划统计和信息管理工作。

自成立以来，计划统计部承担以下六项职能：（1）建立和管理集团的统计信息网络；（2）定期和按特定要求编制集团各类统计报告及相关分析报告；（3）根据集团产业发展政策、经营发展战略目标、集团的经济实力、外部市场因素等，组织和参与编制集团中长期规划、各类分项年度计划、汇总平衡各类分项年度计划，编制集团的年度计划、预算方案；（4）根据集团总体计划和资金盘子，审查和指导直属一级公司编制五年计划和年度计划；（5）负责计划实施的监督和计划的调整；（6）归口管理投资项目的审查等。

招商局集团确定了计划统计部的三项基本管理原则，即统计工作的基本管理原则、计划工作的基本管理原则和投资决策的基本管理原则。统计工作的基本管理原则是真实准确、全面统计、规范统一、安全保密；计划工作的基本管理原则是量力而行、综合平衡、总分结合、动态管理；投资决策的基本管理原则是权限集中、逐级负责、统筹兼顾、科学决策。同时，招商局集团印发了四个与计划统计相关的工作条例与规定，即《招商局集团统计工作条例》《招商局集团计划工作条例》《招商局集团项目投资审批管理规定》《招商局集团投资审核委员会组织工作条例》。

1999年，为提高集团总部的运营管理效率、降低管理成本，招商局集团再次进行组织架构调整，撤销计划统计部，将其计划的职能划给了财务部，统计的职能划给了企划部。

（三）亚洲金融危机应对时期财务部职能调整

经过再次组织架构调整后，财务部更名为计划财务部（以下简称"财务部"或"集团财务部"），编制共16人，领导管理国际财务公司，下设会计室与管理室，具体如图4-2所示。招商局集团的财务集中管理体系逐渐成型。

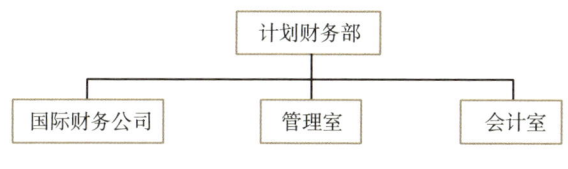

图4-2 1999年财务部组织架构

会计室主要负责集团本部和国际财务公司的会计事务、会计核算、财务报表的编制与财务分析、核数事宜、费用报销、现金收付和银行结算业务等。同时也负责集团本部、国际财务公司与银行和下属公司资金往来核算，集团本部、在港合营企业外派人员等的工资结算。

管理室主要负责财务预测、监控、协调、理财职能。具体负责集团年度预算的编制与管理，参与目标责任制考核，财务风险监控，集团综合月度、季度和年度财务报表的编制与分析，综合财务报表核数事宜，财务会计制度、政策的制定、推行和检查监督，经济活动分析，研究对集团有重要影响的财务课题，制订集团资金计划，参与集团投资项目审核和资产管理，对集团财务管理中出现的问题提出解决办法。

国际财务公司主要负责集团资金的筹措和供应。根据资金计划，选择具体筹资方式，在金融市场上筹措资金，进行资金拆借等工作。

2000年，集团财务部编制扩大为20人，设总经理1名、副总经理2名，增加了现代化的管理职能，明确集团财务部是集团制订计划财务政策、监控集团财务目标和实施集团融资计划，统筹集团财务运作和管理的职能部门。具体职责包括：（1）负责集团财务计划政策及规章制度的制定工作，负责集团财务目标的制定、实施和监督检查；（2）负责集团年度财

务预算的编制，负责集团所属一级公司年度财务预算的审核，负责集团财务会计核算工作；（3）负责集团年度融资计划的制订与实施，保证集团最优的财务/资本结构，控制集团的债务风险；负责集团资金的正常周转和最低的利息、税务支出；负责建立并维持与主要债权人、股东及银行的良好关系，确保以最低、最合理的财务费用获得集团所需的资金；（4）定期分析各项财务指标，揭示潜在的经营风险和存在的问题，提供防范措施和解决的办法供集团决策参考；（5）监督、指导集团及所属一级公司财务部门的工作，检查落实汇报制度，确保及时、准确的月度、季度、年度报告，保证集团财务体系的高效运作与安全；（6）负责监督集团所属一级公司财务部门的资金运作，确保资金的有效使用；（7）负责集团合并报表的汇总、编制报送及财务、资金和经营状况分析；（8）负责集团合并报表的对外核数及对所属一级公司核数工作的指导与管理；（9）负责监督、管理集团所属一级公司应收账款的周期控制，及时提出意见，提高集团营运资金的运作效率；（10）负责对集团主要的投资项目进行咨询和审核；（11）负责集团和国际财务公司的会计出纳工作；（12）参与集团战略规划和关键业绩指标（KPI）体系管理，参与集团及所属一级公司各业务群关键业绩指标目标的制定、实施，并负责提供及时、准确的财务数据；参与集团及所属一级公司不良资产范围、数据的确认。

三、集团应对危机的财务举措

1999年，招商局集团向交通部紧急报告，分析了集团的基本状况、资产状况、资金情况等，指出集团当时面临现金断流的问题，请求国家和交通部给予支持，提出四种解决思路与对策：一是希望给予5亿美元五年以上的长期贷款，以保证按时归还到期外国银行债务，防止集团发生财务危机，保证资金运转；二是请求国家给予外汇政策支持，允许集团在国内筹措人民币，换成外汇，汇出境外偿还到期债务；三是对招商局集团进行股份制改造，引进战略合作伙伴，可考虑出售招商局集团30%～40%股权，引进新的股东；四是请求将招商局集团与中远香港合并，运用中远香港的现金流转，缓解资金压力。向交通部的紧急报告并取得支持是招商局集团渡过金融危机的关键一环。

除了向交通部求援外，招商局集团自身采取了两大财务举措：一是内部资源调配，具体表现在内部清算、清理不良资产及变现还债、精简经营主体、财务调整等；二是外部资源整合，具体表现为华建中心的划拨及筹集资金偿还债务。

（一）内部资源调配

1998年8月，招商局集团成立了集团财金领导小组，研究、分析集团财金状况，提出、制定集团财金基本工作方针，小组成员为集团常务副董事长、总裁、财务总监、财务部总经理、计统部总经理、研究部总经理、金融事业部总经理、招商局国际总经理。

面对危机，招商局集团一方面选择了一种介乎于稳健和收缩之间的发展战略，通过适当的收缩来调整结构、化解风险；另一方面采取多种措施，努力筹措资金，调整债务结构和币种结构，确保财务安全，包括处理资产、变现还债，有效整合集团资源，盘活存量资产，确定核心产业、非核心产业、可控资产、非控制资产等。同时，招商局集团也发布了多项内部财务制度和工作指引，指导各公司做好整合、处置资产过程中的财务处理，包括《招商局集团投资项目贷款管理暂行规定》《招商局集团提取投资撇值准备的暂行规定》《集团内部资产划转财务处理指引（试行）的通知》《集团资产对外出售财务处理补充规定的通知》《关于重申集中资金严格执行资金管理制度的通知》等。

1. 处理资产

在处置资产时，招商局集团主要遵循以下原则：在集团管理层级上，精简为四级公司结构；在产业门类上，剥离和清理掉与集团经营战略无关联的产业；在企业规模上，清理小企业；在经营效果上，甩掉亏损且扭亏无望、无发展前途的企业；经营策略上特别需要的情况除外。例如，在清理上市公司深安达的过程中，将一部分资产出售变现，主要涉及船舶、土地、其他股权投资，将另一些不良资产剥离到蛇口工业区消化，1997年剥离了40%的资产后，通过"卖壳"完成了深安达的清理。招商局工业也处置了许多非主业资产，包括中宏氧气厂、华美钢厂、广东浮法玻璃厂等。

招商局集团通过资产清理获取现金，以尽快清偿债务。例如，对于需盘活的地产项目，如在香港、北京、上海等地的一些地产项目，在保本微利的原则下，为保障集团还债资金的需求尽快处置。1999年是招商局集团渡过金融危机的关键一年，集团通过出售资产变现30亿元，向中资银行贷款27亿元，上半年收入10亿元，合计67亿元，全部用来偿还银行贷款。

2. 减持还债

为缓解亚洲金融危机时期带来的债务压力，招商局集团减持友联银行股份，弥补现金流短缺，偿还债务。1998年，友联银行总资产214亿港元，净资产24亿港元，资产充足率12%，税后利润不足1亿港元，总贷款144亿港元，总存款160亿港元，两者只有16亿港元之差，一旦有客户进行10亿港元以上的大额提款，友联银行就会受到全面冲击。同时，友联银行存在问题贷款13.01亿港元，占总贷款比例的9.01%，计提坏账准备约3.0亿港元。1999年，友联银行亏损5.45亿港元。面对友联银行不佳的财务表现，招商局集团选择减持友联银行以应对危机。

1999年，招商局集团两次减持友联银行，累计减持1 596.56万股，其持有友联银行的股权由原来的超过60%减持至51.33%。2000年4月20日，工商银行宣布以每股7.52元收购招商局集团手中所有友联银行股份，招商局集团变现18.04亿港元。

（二）外部资源整合

1. 华建中心整体并入

1999年3月，在国家经济贸易委员会《关于华建交通经济开发中心划归招商局集团有限公司有关问题的函》和财政部《关于同意华建交通经济开发中心资产划归招商局集团有限公司并办理产权变更登记的批复》的基础上，交通部印发《关于华建交通经济开发中心与交通部脱钩划归招商局集团有限公司的通知》，将交通部独资国有企业华建中心整体无偿划转给招商局集团，成为招商局集团全资子公司，以充实招商局集团资产，支持招商局集团应对危机。

招商局集团应对亚洲金融危机与加强财务集中管控 （1997—2000年） | 第四章

1999年华建中心划归招商局集团交接仪式

1999年4月，交通部举行了华建中心划归招商局集团的交接仪式。华建中心成立于1993年，是唯一一家对经营性收费公路的中央投资进行集中管理的中央级国有企业。华建中心以1998年底会计报表为准所拥有的总资产66亿元，负债2.87亿元，权益63.19亿元，与招商局集团1998年财务报表合并（香港年结期为后一年的3月31日）。华建中心并入招商局集团后，成为招商局集团在境内设立的全资子公司，华建中心法人资格继续保留，企业性质不变。华建中心的顺利划入，对降低招商局集团的资产负债率发挥了重大作用，有力地改善了招商局集团的财务形象，为之后的财务评级、融资、调整债务结构创造了良好条件。

2. 拓宽融资渠道

在亚洲金融危机期间，招商局集团积极拓宽融资渠道，争取到了荷兰银行、日本银行、新加坡发展银行、中国银行、交通银行等6家中外银行组成的银团支持，获得了1.5亿美元商业票据，化解了集团偿还到期债务的财务危机。

通过采取以上措施，招商局集团经受住了金融危机的考验，但集团的

债务负担依然沉重,具体数据如表4-2所示。而且,招商局发展的深层次问题并未得到解决,长期以来形成的资产结构不合理、盈利能力弱等问题仍在困扰着招商局集团的发展,这也为后续招商局集团进行强管控等大刀阔斧的改革埋下了伏笔。

表4-2　　　　　　　　1997—2000年集团关键财务指标

年份	总资产（万港元）	总负债（万港元）	资产负债率（%）
1997	4 397 030.00	2 936 189.40	66.78
1998	4 319 828.40	2 889 629.30	66.89
1999	4 596 475.70	3 030 875.20	65.94
2000	4 860 928.30	2 878 166.20	59.21

资料来源：1997—2000年招商局集团审计报告。

四、投资决策管理

招商局集团要求投资方向和集团行业战略导向相符,对非战略性行业的投资严格控制,对战略性行业、重点培育产业追加投资,重点扶持,形成规模经营。为此招商局集团制定了投资决策的管理原则,规范投资程序,同时建立投资审核委员会,对投资活动进行严格把关。

（一）投资权限管理

投资决策的管理原则为权限集中、逐级负责、统筹兼顾、科学决策,核心是权限集中,主要体现在投资决策权限和投资策划权限两个方面。

投资决策权限方面,规定投资主体只有集团和集团直属全资公司,除了以控股为目的成立的合营公司外,一般合营公司不得再投资新项目。除集团明文授权以外,直属公司的一切投资项目都必须报集团审批。集团新投资项目,均须经集团总裁办公会审批,总裁办公会若认为有必要,还须报董事会或上一级机关审批。即使经过授权可决策项目投资的单位,也必须参照集团的有关规定,制定严格的内部审批程序,认真把关,并按规定进行超限额项目的报批和重大项目的报备。投资决策权集中在集团,是近年来投资教训的总结,也是新的投资管理原则中最关键的一条,是所有其他原则能否实现的前提。

投资策划权限方面，投资策划权统一归口到集团的职能部、事业部、行业公司、区域公司一级。投资决策中一些主要权限收归集团后，其他各层级在投资管理工作中的责任并没有减轻，而是应明确各自的责任，逐级有效地负责。如项目的前期工作、项目决策后的管理工作等，都要明确责任单位、责任人。

（二）投资程序管理

招商局集团强化投资程序管控，所有新投资项目都必须经过五道基本程序：项目申报、项目初评、项目论证、项目审核、项目审批。没有经过前一程序的，不得进入下一程序。下一程序认为上一程序工作未达到要求的，有权要求上一程序重新开展工作直至满足下一程序有开展工作的基础。为了加强项目初评、项目论证和项目审核工作，集团设立投资审核委员会。投资审核委员会由集团部分职能部门的负责人和集团内具有丰富专业经验和较高知识水平的专家组成，具有广泛性和专业性，在独立、公正的原则下开展工作，集团领导和部门都不得对其工作进行干扰和施加影响。投资审核委员会在项目初评和论证时，遵循以下原则：一是除短、平、快的项目外，原则上不开新项目；二是续建项目，除再投入一定资产即可生产或开发的项目外，其他不影响生产，只是扩大规模等的续建项目，原则上暂缓投入。

五、资金与融资管理

1997年之前集团内部资金的集中管理存在制度缺失，或执行不到位的问题，一方面资金集中在子公司，集团总部无法对子公司资金进行统一的管控和调配；另一方面集团总部无法控制子公司投资，资金管理状况不符合集团化经营的需要。同时，招商局集团的利润靠投资驱动，部分投资项目回收慢、制约现金流量，导致资金总流量不足。

（一）资金管理方式

三乡会议以后，招商局集团从以下三个方面逐步调整资金管理。

首先,充分发挥国际财务公司功能。在集团战略指导下,国际财务公司承担起集团内部"金融机构"的任务,不断开发功能,改善服务,提高效率,充分发挥资金管理、结算、调度、调剂、筹资、融资中介实体的功能。同时成为内部信贷中心、融资窗口、存款结算中心和企业的财务顾问。

其次,集团加强资金集中管理。一是从源头收紧账户管理权限。招商局集团明确要求,企业不能任意设置账户,国际财务公司严格规范管理各公司银行账户,一级公司开立账户须经集团批准,二级以下公司开立账户须经一级公司批准,并报国际财务公司备案。二是制定合理存贷款利率,提高各公司在财务公司的存款比例。招商局集团进一步强化资金的定额管理,收缩集团在港公司自留资金额度,发挥国际财务公司的蓄水池作用。集团集中管理闲置资金,并统一对下属公司发放贷款,减少存贷双高。

最后,加强还贷管理。招商局集团明确要求,下属各个企业制订还贷计划,根据借贷期限和经营情况,首先保证付息,然后逐年还本。同时,在与下属企业负责人签订的经营管理责任书中,还将还贷能力、负债率等列入考核范畴。

(二) 实施资本金制度

为加强资本金管理,保障资本金的安全与完整,提高资本金的使用效益,1998年招商局集团下发《招商局集团有限公司资本金考核(暂行)管理办法》(以下简称《资本金考核管理办法》),开始建立和完善集团的资本金制度,规定招商局集团及其所属投资公司、使用集团资本金的公司对占用的资本金负有保值增值的责任。资本金保值增值指标的完成情况将作为各公司经营目标责任制的考核指标之一,直接与企业职工增加工资和发放年终分红挂钩,各公司总经理对本企业的集团资本金保值增值承担责任。集团财务部在总体上对各公司的集团资本金保值增值状况进行检查、监督,在必要时将会同集团有关部门一起对各公司的保值增值指标考核值和保值增值实施方案的完成情况进行不定期抽样稽核审计。

《资本金考核管理办法》中的资本金是指招商局集团资本投资及资本投资形成的各项权益,包括集团及集团各级全资公司的净资产和不包括在净资产范围内的上级无息垫款。资本金具体内容包括以下五项。一是股本金，指全资公司的实际股本，合营公司实际股本中，集团及所属投资公司占股部分（下列第二、第三和第四项均指招商局集团及其所属投资公司占股比率计算部分）。二是资本公积，指集团及其所属投资公司在筹集资本金活动中，投资各方实际交付的出资额，超出其资本金的差额或股票的溢价净收入；接受捐赠的资产；资产评估确认价值或者合同、协议约定价值与原账面净值的差额；以及资本投入引起的汇率折算差额等。三是盈余公积，指集团及其所属投资公司历年按法定要求，从利润中提取并按规定使用后结余的各种公积金或专用基金。四是未分配利润，指公司历年税后利润经提取各种基金和分配后尚留于企业的未分配利润或待分配利润。五是股东无息垫款，指由集团对全资子公司及合资公司所有不计息的垫款部分。因该部分资金在集团整个资金使用中占有一定的比例，为体现谁使用谁承担风险及责任的原则，提高资金的使用效率，故《资本金考核管理办法》将其列入资本金范畴。

招商局集团资本金保值增值的考核，以考核期各公司财务报表中的所有者权益及未包括在所有者权益中的集团垫款为依据，暂不考虑货币的时间价值和物价变动因素的影响。集团资本金保值增值考核一般以会计年度作为考核期，主要考核的指标为资本金保值增值率，即：

资本金保值增值率 =（期末集团资本金÷期初集团资本金）×100%

资本金保值增值率等于100%，为集团资本金保值；大于100%，则为资本金增值。当年上交集团利润部分作为期末集团资本金加回后考核。对于亏损的企业暂时使用减少亏损额为保值增值指标。同时为了准确考核企业占用集团资本金保值增值状况，集团在考核企业资本金保值增值的同时，还将参考企业的经营效益指标，具体包括资本金收益率与总资产收益率两项指标。

资本金收益率 =（税后利润÷资本金）×100%
总资产收益率 =（税后利润÷总资产）×100%

集团直属全资公司及集团控股并管理公司的集团资本金保值增值考核指标，每年由集团核定并下发，集团直属公司对子公司的考核可参照实行，对于其他合营公司集团不下发考核指标。

集团资本金保值增值指标考核按下列程序进行。首先由考核范围内公司提出资本金保值增值申报方案和达到考核指标的具体实施方案，连同必要的说明材料，在考核年度开始之后一个月内报送集团财务部，集团财务部会同有关部门对企业提出的资本金保值增值指标申报方案进行审查汇总后，由集团核定下发各企业执行。考核年度终了，企业按照批准的保值增值指标和具体实施方案对实际执行情况和结果进行检查、总结，并编写企业总结分析报告，连同财务报告及时报送集团财务部。集团财务部对企业总结分析报告及财务报告进行审核后会同有关部门提出处理意见。

企业总结分析报告主要包括以下内容。一是考核期扣除各项客观因素后，企业集团资本金保值增值指标完成情况及因素分析。二是具体客观因素。包括在考核期内因集团对公司各种投资所增加的资本金，在考核期内因集团对公司所增加或减少的无息垫款，在考核期内各公司因资产重估所增加或减少的资本公积金，在考核期内公司按规定进行清产核资增加或减少的所有者权益，在考核期内公司因接受捐赠而增加的资本公积金，在考核期内公司因向集团分配利润而减少的所有者权益，在考核期内集团确认的其他增加或减少所有者权益情况。三是其他需要说明的情况和问题。四是进一步做好集团资本金保值增值工作的措施。五是企业集团资本金保值增值指标情况（见表4-3）。

表4-3　　　　　集团资本金保值增值考核情况　　　　　单位：千港元

项目	行次	合计	其中	
			盈利企业	亏损企业
一、考核户数	1			
二、年初集团资本金	2			
三、核定年初集团资本金	3			
四、年初核定的集团资本金保值增值额（或亏损额）	4			
五、年末集团资本金	5			
其中：1. 实收资本	6			
2. 资本公积	7			
3. 盈余公积	8			

续表

项目	行次	合计	其中	
			盈利企业	亏损企业
4. 未分配利润	9			
5. 集团拨款、垫款	10			
6. 其他	11			
六、客观因素影响本年度集团资本金增减额	12			
其中：1. 国家各种投资及政策优惠增加的集团资本金	13			
2. 资产评估、清产核资增加或减少的集团资本金	14			
3. 企业无偿划转增加或减少的集团资本公积金	15			
4. 住房周转金转入增加的集团资本公积金	16			
5. 客观因素增加或减少净利形成的集团资本金	17			
6. 其他直接增加或减少的集团资本金	18			
七、剔除客观因素后的期末集团资本金	19			
八、本年度集团资本金增减额	20			
九、本年度集团资本金保值增值率	21			
十、净利润/亏损	22			
十一、应付投资者利润	23			
其中：应交主管部门利润	24			

招商局集团实施资本金制度的主要目的是从根本上改变过去部分企业由于资本金不足导致的过度借债、抗风险能力差的弊端。[①] 同时将集团垫款也计算在内，可以引导下属公司更加注意资金的使用效率，使之更加慎重地考虑是否向集团要求更多的垫款，从而减轻集团负担。资本金制度是科学、全面、准确地衡量企业经营绩效的重要依据，对集团之后的投资与经营管理也具有指导意义。

（三）加强融资管理

1999 年，招商局集团发布《招商局集团财务管理制度改革纲要》，加强了对于筹融资工作的管理。招商局集团明确指出，金融危机应对时期的

---

① 1999 年招商局集团《关于印发〈招商局集团财务管理制度改革纲要〉的通知》。

融资管理体现为集中管控，融资、担保两项均统一由集团按规定批准处理。在债务续期方面，原债务到期需要续期时视为新融资，需要重新审批。此外，在融资时会更加注意借款的期限结构和币种结构相匹配，在期限结构方面，增加长期借款的币种，同时也避免借款期过于集中；在币种结构方面，借款币种存入量与收入来源币种相匹配，以形成自然对冲，减少汇兑风险。同时也适当增加人民币和港币借款币种，并灵活运用货币互换等工具规避汇兑风险。

招商局集团逐步改变集团原有不合理的负债模式，实行"谁用钱，谁负责"，将原来集中在集团本部的巨额负债分散到各实际用款的公司，各公司今后用款原则上自筹资金，自担风险，但借款仍须向集团报批。集团在总体上控制借贷规模，对符合发展方向的，集团在一定范围内提供担保等形式加以支持。

六、推行预算管理

三乡会议以后，招商局集团积极推行预算管理，建立起成本管理控制机制。

招商局集团要求，集团总部及各公司必须坚持任何经营活动都需要有计划及相应的财务预算，即制定目标成本。任何一项投资、任何一项活动都应在制订计划时对成本做出规定，制定明确的成本目标，并根据成本和效益的分析确定是否通过审批。计划统计部门和财务部门要密切配合审查，制定每一项计划项目时必须同步审查，制定财务预算。无预算计划、无成本目标的项目投资一律不得批准。

成本目标一旦确定，不能随意更改。逐级实行责任成本制度，使成本管理同单位利益、职工利益紧紧连在一起，切实加强成本控制和费用控制。审计部门要将成本审计列入工作范畴，加强对成本管理的监督。同时，招商局集团要求对任何一项经营活动都进行成本指标考核，及时分析成本的变化，以及是否会超出预算等，掌握成本控制的主动权，将成本目标、成本控制、成本考核、成本分析四个环节结合起来，树立成本意识，逐步形成有效的成本管理机制。

第四节

财务管控时期的会计核算与会计报告

我国陆续颁布多项具体会计准则，逐步建立起中国的会计准则体系。1997—2000 年，招商局集团按法规要求仍依据香港会计准则出具财务报告。2000 年，招商局集团根据财政部下发的相关规定，认真做好会计政策衔接工作。同时为进一步规范会计核算，集团组织编写并发布了《招商局集团财务会计制度》。

一、我国企业会计制度变化

按照我国企业会计制度改革的部署，1997—2001 年，财政部陆续颁布 16 项具体会计准则，对具备条件的企业，经审批后开始逐步施行。

（一）中国会计准则体系逐步建立

自 1992 年财政部颁布"两则""两制"以来，中国企业会计实行制度与准则并行的"双轨制"。随着中国市场经济的逐渐发展，对外开放的不断深入，企业会计需要更好地满足国际化、市场化的需要，会计体系国际趋同的特征日益显著。

1996 年 1 月，财政部发布《关于深化企业会计核算制度改革、实施会计准则的意见》（以下简称《实施意见》），正式就企业会计准则的制定和实施提出了行动设想。截至 2001 年底，中国已颁布《企业会计准则——关联方关系及其交易的披露》《企业会计准则——现金流量表》等多项具体准则，这标志着与国际惯例相适应的中国会计准则体系逐步建立。

（二）股份公司会计制度的颁布

1998 年 1 月，财政部颁布《股份有限公司会计制度》（以下简称"新股份会计制度"），是继《股份制试点企业会计制度》（以下简称"旧股份会计制度")之后又一个面向股份制企业的会计制度。自1992年旧股份会计制度实施之后，经济体制改革的不断深化和社会经济活动中出现的诸多新情况，使得旧股份会计制度逐渐不适应形势的发展。此外，1992—1998年公布的各种各样的会计制度及其补充规定，也需要集中于一个统一的会计制度中，以便证券监管部门和社会中介机构了解和掌握。财政部自1997年3月起着手对旧股份会计制度进行修改，1998年初完成修改工作并公开发布。新股份会计制度大量应用中国会计改革的新规则，并且参考了国际会计基本准则的具体内容，体现中国准则的先进性和国际化，也代表企业改革所取得的新成就。

二、招商局集团会计核算

（一）会计政策变更

1999年招商局集团采纳香港会计师公会颁布的《标准会计实务公告》中《合营企业准则》《财务报表的列报准则（修订版）》《会计政策披露准则（修订版）》《证券投资准则》等，对相关业务的会计处理做出调整。①

1. 合营企业会计核算调整

《合营企业准则》对合营公司投资采用的会计处理未发生任何重大变化，因此无须进行前期调整，只需要对报表披露有所修正。

根据《合营企业准则》，以前年度的共同控制实体作为合营公司入账，采用新准则后，共同控制实体在财务报表中单独识别。由于对共同控制实体使用的会计基础与对合营公司使用的会计基础相同，所以对本年度或以前会计年度的利润没有重大影响。但根据新准则要求，财务报表需要披露招商局集团在这些业务的相关资产、负债、收入和支出中所占的份额。

2. 证券投资会计核算调整

《证券投资准则》引入了新的证券投资分类框架，证券投资被分类为持有至到期、投资证券和其他投资。持有至到期以交易日为基础确认，并

---

① 本部分内容参考1999年香港会计准则调整内容。

以成本进行初始计量。关于后续计量，持有至到期按摊余成本减去不可收回金额的准备金。投资证券是为确定的长期战略目的而持有的证券，按成本减去任何非临时性减值损失计量。其他投资，以公允价值计量，未实现损益计入当年净损益。招商局集团经过分析认为，该新准则实施没有对财务报表造成重大影响，因此无须进行前期调整。

3. 投资性房地产会计核算调整

投资性房地产是指为投资潜力而持有的已建成房地产。除不可自由转让的投资性房地产外，投资性房地产均根据资产负债表日独立专业估值的公开市场价值计量。投资性房地产重估所产生的任何重估增加或减少，都计入投资性房地产重估储备，除非该储备的余额不足以弥补重估减少。在这种情况下，重估减少超过投资性房地产重估储备余额的部分计入损益表。倘若先前已在损益表中扣除减值，而其后出现重估增加，则该增加将按先前已扣除的减值部分计入损益表。出售投资性房地产时，归属于房地产的投资性房地产重估储备余额转入损益表。投资性房地产不计提折旧，除非相关租约的未届满年期（包括可续期）为20年或更少。不可自由转让的投资性房地产如租约未满20年，则按初始成本减累计折旧列账。

4. 远期合约会计核算调整

远期合约是在特定的未来日期以特定的汇率交换不同货币的协议。非投机性远期合约是一种被指定为对外国实体的净投资、外币资产、净货币资产或负债或确定承诺的套期有效的合约。所有其他远期合约，或超出对冲金额的部分远期合约，都是投机性的。如果远期合约是投机性的，则已实现和未实现的收益或损失计入损益表或从损益表中扣除。如果非投机性远期合约被用作对外国实体的净投资或外币资产的套期，则该合约的折价或溢价计入准备金，计入损益。

5. 租赁会计核算调整

当租赁条款实质上转移了与租赁资产所有权有关的几乎全部风险和报酬，租赁被归类为融资租赁。融资租赁持有的资产在租赁开始日按其公允价值进行资本化。出租人的相应负债（扣除利息费用）作为融资租赁义务计入资产负债表。融资成本，即总租赁承诺与所购资产公允价值之间的差额，在相关租赁期间计入当期损益，以对租赁资产的剩余余额产生固定的定期收费率。所有融资租赁以外的其他租赁分类为经营租赁，年度租金在相关租赁期内以直线法在损益表中扣除。

6. 列报格式调整

根据《财务报表的列报准则（修订版）》和《会计政策披露准则（修订版）》，招商局集团需要修改财务报表中的列报方式以及相关金额。（1）对收入和支出进行重新分类，在以前年度损益表上被单独识别为"特殊项目"的收入和费用项目重新分类为适当的收入或成本；（2）以前与本公司对企业投资一并列报的应付子公司、合营企业和共同控制实体的款项，根据产生余额的交易性质，重新分类为流动和非流动资产与负债；（3）更新对各种组成部分的描述和使用的术语。

2001年，依据财政部印发的《关于认真贯彻执行国家统一会计制度及相关规定的通知》，招商局集团对债务重组、非货币性交易，以及计提的固定资产、无形资产、在建工程、委托贷款减值准备等采用追溯调整法进行处理，并作为2000年年度资产负债表日后调整事项予以处理。

（二）会计核算基础

为了进一步加强集团财务会计制度体系的建设和规范集团的财务会计工作，招商局集团根据财政部颁发的《企业财务通则》《企业会计准则》以及香港地区适用的《香港会计准则》，借鉴其他企业的相关制度和管理模式，在集团现有制度的基础上制定了《招商局集团财务会计制度》（以下简称《2000财会制度》），于2000年1月18日在集团总裁办公会议审批通过并试行。该财会制度是在集团制度建设工作的统一部署下，针对财务管理工作中的一些重点难点，结合当前形势和自身业务特点制定的。

根据《2000财会制度》，会计核算必须在各公司所在国家和地区颁布的会计准则和集团财会制度的指导下进行，以实际发生的经济业务及证明经济业务发生的合法凭证为依据，如实反映财务状况和经营成果，做到处理及时、数字准确、项目完整、手续齐备、数据可靠。招商局集团的记账基础是权责发生制，以历史成本为计价原则。集团及在港所属公司的会计核算以港币为记账本位币，集团在内地所属公司以人民币为记账本位币，集团在其他地区所属公司以当地规定的货币为记账本位币；招商局集团以及在港地区公司遵从香港会计准则，内地公司遵从企业会计准则，其他国家和地区公司遵从当地会计准则。最终编报的会计报表按外币会计报表折算方法折算为港币会计报表，并统一依据《香港会计准则》进行合并。

三、招商局集团会计报告

招商局集团需要对外提供三种报表，分别是集团年度财务报表、集团年度合并报表以及集团年度国有资产报表。为提升财务信息披露质量，招商局集团对外部审计做出进一步规范，提出了明确的工作要求。

（一）国有资产年度报表

1998年12月2日，交通部财务司下发《关于编报1998年国有资产年度报表的通知》，要求下属相关企业根据财政部《关于下发〈1998年国有资产年度报表〉的通知》要求，结合交通部要求和企业自身情况，编制1998年国有资产年度报表。

1. 适用范围

国有资产年度报表适用于各类国家投资企业（含国有独资、控股和参股企业），各级国家行政事业单位及国有建设单位。交通部部属各单位适用于国家投资企业类、国有金融企业类、国有境外企业类、行政事业单位类和国有建设单位类报表。国有资产年度报表是国有资产基础管理工作报表，为资产管理、国有资本金保值增值考核和企业效绩评价等提供基础信息。交通部部属企事业单位基本填报单位为具有独立法人资格、独立核算并能够编制完整资产负债表的各级企业、行政事业单位。

2. 编制依据

各企事业单位按照1998年报表格式及编制说明的具体要求，在年终积极做好资产清查盘点、债权债务清理的基础上，认真执行和落实《国有资产年度统计报告制度》《国有资产年度报表数据核对有关规定》《国有资产年度报表数据汇总有关规定》等文件规定，细致做好报表填报、录入、审核、汇总及上报等各环节工作，确保数据全面、准确、及时和完整。

3. 记账币种

企业类、行政事业单位类报表以万元（人民币）为金额单位，境外企业类报表及境外行政事业单位资产总量表以千美元为金额单位；境外企业、单位报表在折成美元时，以 1998 年 12 月 31 日当地银行公布的本位币对美元折算，境外报表与境内报表合并时，以 1998 年 12 月 31 日中国人民银行公布的人民币与美元比价的中间价计算。

各企事业单位各类年报汇总报表（一式两份），年报汇总软盘（一式两份）及全部基层企业、单位数据软盘（一式一份），企业类"股份有限公司国有股权管理情况表"等按规定时间上报交通部财务司。

（二）合并会计报表

招商局集团合并财务报表根据香港公认会计准则编制。

合并范围方面，合并会计报表合并每年 12 月 31 日止公司及其所有境内外子公司的年度会计报表。如果子公司的活动与集团其他公司的活动存在很大差异，以致将该子公司纳入合并财务报表会产生误导，则在合并资产负债表中的权益按招商局集团在净资产的份额处理本年度未合并子公司，在合并损益表中的收益按招商局集团的份额计算未合并子公司收购后的业绩。不包括在合并范围内的子公司在财务报告附注中单独披露。

编制方法方面，招商局集团年内收购或出售的子公司、联营公司及同一控制下的企业合并自收购生效日期或直至出售生效日期（视情况而定）计入综合收益表。除与因上述原因被排除在合并范围之外的子公司的交易外，招商局集团内部所有重大的公司间交易和余额均在合并时相互抵销。

1998 年，招商局集团发布了《关于以"权益法"合并财务报表（试行）的通知》。根据境内及香港的会计准则规定，为掌握正确及充分的财务数据以满足集团内部管理及外部机构需求，从 1998 年 6 月（编制第二季度财务报表）开始，招商局集团各直属公司及集团控股的附属公司需试行以"权益法"合并财务报表（包括月报、快报、季报、年报、现金流量和资金月报）报送集团财务部。此外，各直属公司在 1998 年内仍需按原有规定,以"成本法"合并各类财务报表报送集团财务部。具体规定如下。

第一,招商局集团本部、各直属公司及集团控股的附属公司,需按公司所在地的会计准则规定的方法合并其所有持股 50% 以上附属公司的资产、负债及股东权益。对于集团本部、各直属公司及集团控股的附属公司持股 20%~50% 的联营公司,由于考虑到报表回收的时间问题,只需对部分公司以权益法合并,如各公司认为其属下某些联营公司的财务状况对集团有重大影响的,可向集团财务部申请不列入合并名单;除经集团财务部同意,合并名单不能更改;对于不在名单范围的联营公司及持股低于 20% 的公司仍以成本法核算。招商局集团控股的附属公司,如招商局国际、友联银行、中山会所、招商中国投资管理,于 1998 年 6 月(编制第二季度财务报表)开始,需按上述合并方法报送各种财务报表。在以"权益法"合并报表时,报表中各项附表、编表说明、分析报告必须完整编制;所有合并范围内各公司的内部交易所产生的未实现利润必须移除。招商局集团以"权益法"合并的联营公司名单如下:招商局集团本部、招商银行及蛇口集装箱码头;招商局国际及下属所有联营公司;蛇口工业区、安达;置业公司及下属所有有实体业务的联营公司;明华控股及下属拥有船队的联营公司。

第二,关于报表报送时间,在试行期内,各公司需在下列时间向集团财务部报送以"权益法"合并的各种财务报表,其中月报快报在月度终了 5 个工作日内,现金流量及资金月报在月度终了 10 天内,季报在季度终了 1 个月内,年报在每年布置决算时另行通知;直属公司以"成本法"合并的报表仍按原有规定的时间报送。在报表格式方面,招商局集团按照交通部财务司下发的《关于编报 1998 年国有资产年度报表的通知》中对 1998 年报表格式及编制说明进行国有资产年度报表的编制。

第三,集团及其下属公司应编制的财务报告,包括资产负债表(见附表 4-1)、损益表(见附表 4-2)、现金流量表(见附表 4-3)和其他附表以及财务状况说明书等。财务报告按当地的法律法规和集团的财会制度及有关规定编制,应做到内容真实、准确、完整,报表清晰、美观,报送及时。财务状况说明书,主要说明生产经营、利润实现和分配、现金流、

财务风险、各项财产物资变动等情况,对本期或者下期财务状况发生重大影响的事项,资产负债表日后至报出财务报表以前发生的对企业财务状况变动有重大影响的事项,以及需要说明的其他事项。

《2000财会制度》要求招商局集团各公司应建立健全财务报告制度,按月、按季、按年编报财务报告,并在规定时间内将财务报告上报集团财务部。

(三) 外部审计规范

为提升集团财务信息披露质量和集团审计报告质量,招商局集团在《2000财会制度》中对集团外部审计从事前、事中、事后作出规范,并对下属各公司的外部审计工作提出以下六点工作要求。

一是为提高集团财务报告的质量,发挥社会中介机构在企业财务监督中的作用,满足政府机关及金融机构的要求,各公司必须聘请当地的执业会计师,对本公司的财务报告进行年度审计,并在指定时间前,将审计报告和已审计财务报告报送上级单位及政府有关部门。

二是为保障集团利益,承办直属一级和附属一级公司审计业务的会计师事务所须由集团确定。会计师事务所确定后,双方应当签订业务约定书,具体明确各方的权利与义务。

三是各公司在对外投资时,应在有关合同章程中列明合营企业报送审计报告的时间及其他要求,如原合同章程中未列明此点的,应及时与其他股东商议修改或形成决议,以对合营企业作出明确要求。

四是各公司内部应配备专职人员或指定兼职人员负责公司的外部审计工作,公司总经理及财务经理要加强对外部审计工作的领导。在审计过程中,各公司应积极主动配合,向会计师事务所提供财务会计数据及审计工作所需要的其他相关数据。

五是在不违反当地政策法规的情况下,某些会影响投资者利益的会计信息允许有所保留,除此以外,财务会计资料应在财务报告中充分披露。

六是已审计的财务报告与年度决算报告有较大差异的,所属公司应及时向集团财务部报告,说明原因。

第四章 招商局集团应对亚洲金融危机与加强财务集中管控 （1997—2000 年）

附表 4–1　　　　　　　　合并资产负债表

××××年12月31日　　　　　　　　单位：千港元

项目	本年年末	去年年末
非流动资产		
固定资产		
开发中的房地产		
不包括在合并范围内的子公司的权益		
在联营公司的权益		
在共同控制实体中的权益		
证券投资		
公路合作经营和房地产开发项目投资		
收费公路特许经营权		
流动资产		
库存		
持有待售房地产		
贸易及其他应收款		
因合同工作应收客户款项		
贸易及其他应收		
可收回税款		
抵押银行存款		
银行结余和现金		
流动负债		
贸易及其他应付款项		
应付票据		
因合约工程应付客户款项		
应缴税款		
银行及其他借款——一年内到期		
融资租赁负债——一年内到期		
净流动负债		
总资产减去流动负债 c/f		
总资产减去流动负债 b/f		

续表

项目	本年年末	去年年末
非流动负债		
融资租赁负债——一年后到期		
可转换债券		
其他债券和应付票据		
长期借款		
应付少数股东款项		
递延税项		
资本和储备		
出资		
储备金		
少数利益		

附表4－2　　　　　　　　合并损益表

截至××××年12月31日的年度　　　　　　单位：千港元

项目	本年度	以前年度
营业收入		
营业成本		
毛利		
其他收入		
分销成本		
行政和其他运营费用		
房地产、厂房及设备的减值损失		
出售投资性房地产的收益		
船舶保险索赔的净收益		
坏账准备		
运营利润		
财务费用		
处置/部分处置子公司、联营公司或共同控制实体的净收益		
不包括在合并范围内的子公司的亏损份额		
联营公司利润份额		

续表

项目	本年度	以前年度
应占共同控制实体的利润（亏损）		
税前利润		
应交税费		
扣除少数股东权益的净利润		
少数股东权益		
本年净利润		

附表 4-3　　　　　合并现金流量表

××××年12月31日　　　　　　　　　单位：千港元

项目	本年年末	去年年末
经营活动产生的净现金流入		
投资回报和金融服务		
利息收入		
利息已付		
支付给子公司少数股东的股息		
从银行业务收到的股息		
从联营公司收到的股息		
其他投资取得的股息及投资收益		
来自投资回报和金融服务的净现金流出		
税收		
已缴香港利得税		
已缴纳的海外税款		
已缴税款		
投资活动		
购置固定资产		
增加开发中的物业		
长期应收贷款的偿还/(预付款)		
收购子公司产生的现金流入净额		
处置子公司的净现金流入/(流出)		
增加投资和预付款		

续表

项目	本年年末	去年年末
获得收费公路经营权		
增加无形资产		
子公司上市后部分出售权益的收益		
配售附属公司股份的临时收据		
固定资产处置收入		
投资银行业务		
保险业务投资		
投资活动产生的净现金流出		
融资前的净现金流出		
融资		
新银行和其他贷款的收益		
偿还银行及其他贷款		
融资租赁合同的资本要素		
股东贷款		
处置子公司部分权益产生的少数股东权益		
少数股东权益增加 在子公司的股本/出资		
来自融资的净现金流入		
现金和现金等价物的增加/（减少）		
年初的现金和现金等价物		
外汇调整的影响		
年末现金及现金等价物		

第三篇

全球化时期增强财务管控能力

（2001—2013年）

第五章

招商局集团重整
与集团财务强管控体系确立
（2001—2003年）

亚洲金融危机后，各国经济逐渐复苏。2001年中国加入世界贸易组织，极大地促进了中国与世界的贸易往来，加速了中国与国际市场的接轨，推动了中国经济的高速发展。加入世界贸易组织后，中国进行了更深层次、更宽领域的对外开放和经济体制改革，对外开放由政策性开放向制度性开放转变，标志着我国对外开放进入了一个新的阶段。中国加入世界贸易组织，促进了外国企业对中国投资和更有效的资源配置。对国内企业而言，机会与挑战并存。2003年国务院国有资产监督管理委员会（以下简称"国资委"）成立，招商局集团正式归属于国资委管理。

2001年，刚刚走出亚洲金融危机泥潭的招商局集团在福建漳州开发区召开集团年度工作会议（后来被称为"漳州会议"），确定了以调整、重组为主要内容，以强总部、强管控为目标的发展战略，开始进入重整时期，并为集团未来的发展奠定坚实基础。此外，漳州会议提出了3年规划和5年设想，确定了战略调整的总体纲要，由此开启了招商局集团的第一轮大重组。经过重整，招商局集团将交通基建、金融、房地产、物流确立为四大核心产业，逐渐建立起一套强势总部主导下的以过程管理为特征的管理体系，在资产规模增长的同时，显著提高了经营质量，为招商局集团今

后的快速发展提供了保障。

在重整过程中,招商局集团建立起了以总部控制为核心的管控结构和以财务管控为核心的管控机制,有效地解决了资产结构庞杂、资金分散、债务结构不合理和现金流入与流出失衡等问题,为集团重整提供了重要助力。与此同时,招商局集团开始了体系化的财务信息化建设,共享财务信息资源,初步实现了集团财务数据集中处理和管理效率的提升。在此基础上,招商局集团探索建立了财务模型工作机制,对相关业财数据进行分析、预测,动态监控财务状况,跟进财务管控目标落地,提供管理决策建议。2001年,我国正式施行《企业会计制度》,逐步与国际会计惯例趋同。招商局集团根据《企业会计制度》修订形成新的集团会计制度,制定了六个统一规范的会计核算标准,对会计核算信息化进行改进,以规范和统一集团会计核算。在会计报告方面,招商局集团按照香港会计准则编制会计报告,集团子公司、联营公司及合营企业分别执行适用于其注册地的会计制度或会计准则,在编制合并报表时再作出必要调整。

第一节

经济全球化与招商局集团发展战略

受亚洲金融危机的影响,招商局集团曾一度面临严重的流动性危机,集团积极采取各种措施渡过了危机,但此时依然面临着诸多问题,如战线过长、核心产业不突出、盈利能力不强、负债率高、现金流量有缺口、总部实施统一战略、配置内部资源的能力和权威不强、内部管理薄弱等,对集团的长远发展产生了不利影响。2001年,中国加入世界贸易组织,全球化趋势对企业的影响日益明显。同年,招商局集团召开了漳州会议,会议上提出了集团的发展战略及重组调整实施方案,要求用3~5年的时间通过整合和改革使集团的运营和结构层次得到根本改善。招商局集团开启了三年重整时期,实现了招商局发展史上的一次深刻改革和重大转折。

一、经济全球化及亚洲金融危机后的恢复调整

2001年,中国加入世界贸易组织,积极地投入到经济全球化的浪潮之中。为解决国有资产多头管理、实现政企分离,适应经济全球化发展的需要,国务院授权国资委代表国家履行出资人职责,加强对国有企业的管理,确保国有资产保值增值,进一步发展国有企业。

(一) 中国加入世界贸易组织

改革开放以来,中国充分发挥劳动力资源丰富和市场需求潜力巨大等优势,对内放权搞活和对外扩大开放,推动了经济快速增长。至2000年,中国GDP总量突破十万亿元人民币,达到全球第六位的历史新高,并于2001年加入世界贸易组织。中国参与全球化的程度加深,逐渐形成了"消费、投资、出口"的"三驾马车",推动中国经济社会进入高速发展阶段。

加入世界贸易组织后,中国获得了多边最惠国、发展中国家缔约方等优惠待遇,利用多边贸易体制,实现出口市场多元化,吸收更多的外国投资,加速与国际市场的接轨,为对外经济贸易发展提供良好的机遇,促进了中国改革开放与社会主义市场经济向更深层次、更宽领域发展。

(二) 亚洲金融危机后的复苏

亚洲金融危机后,全球经济开始复苏。美国保持持续的增长势头;欧洲经过数年的低迷后也恢复了增长;日本虽仍未摆脱困境,但逐步走出亚洲金融危机带来的低谷。跨国公司掀起新一轮兼并收购、信息技术带动网络经济的发展,极大地促进了全球资本的流动。亚洲地区国家对金融管理体制进行改革,加强了监管,并通过破产、重组、政府注资等方式改善金融机构的资产质量,增强其抗风险能力。这些改革和改善尽管是初步的,但对经济复苏、增强市场信心起到了积极作用。

（三）中央大型企业管理模式转变

国资委成立之前，国有资产在资产权属上归属于各政府部门，国有企业人、财、物的管理权分割在各职能部门，导致政企不分、多头管理等问题。2003年国资委的挂牌成立，改变了这样的局面。国资委按照《中华人民共和国公司法》等法律和行政法规，对国有全资及其控股、参股企业中的国有"资本"履行出资人职责，核心是对国有资产实行有效监管，实现国有资产保值增值，即"管资产"。为此，国资委依据法定程序对出资企业少数关键负责人进行任免、考核与奖惩管理，即"管人"；对涉及出资企业改革、重组与保值增值等重大事项进行监管，即"管事"。通过将管资产与管人、管事相结合，国资委逐步理顺了国有资产的产权关系，真正作为国有资产出资代表人，实现对国有资产的有效监管。在这个过程中，国资委积极推进国有企业改革和重组，加快国有企业的现代企业制度建设。

二、"重整招商局"发展战略与实施

这一时期，招商局集团虽已渡过亚洲金融危机，但财务状况依然严峻，并未完全走出困境。2001年，招商局集团召开了漳州会议，从资产状况和资产结构、财务状况、组织结构和内部管理等方面分析了集团面临的主要问题，从长远发展的角度出发，提出重整招商局的发展战略，即用3～5年的时间，通过整合和改革，使公司的运营和结构层次得到根本改善。自此，招商局集团开始了大刀阔斧的改革。

（一）漳州会议与重整发展战略

在漳州会议中，集团的主要管理人员对影响招商局集团发展的重大问题进行了讨论并统一了认识，提出了集团发展战略以及重组调整实施方案。漳州会议提出了招商局集团未来发展的方向和重点，即重点发展核心产业，培养和增强核心竞争力。为落实发展战略，会议进一步提出了集团发展的3年规划和5年设想。

招商局集团重整与集团财务强管控体系确立（2001—2003 年） | 第五章

2001 年招商局集团漳州会议

3 年规划是指招商局集团计划在 3 年内实现五个目标，从根本上摆脱债务危机并为长远发展打下基础。这五个目标包括：一是经常性收益和经常性支出平衡；二是基本消化和吸收长期积累的不良资产；三是形成由上市公司专业化经营的有规模效益和发展能力的核心产业；四是公司组织构架实现扁平化、战略性决策和经营性决策分离、集权和分权合理配置，加强总部实施统一战略和内部资源配置的能力和权威，提高下属经营单位的专业化管理水平和积极性；五是在内部管理上，建立、完善预算管理，强化以内控为核心的约束机制；改革分配机制和激励机制；用现代网络技术改造公司内部管理信息系统；加强人力资源的开发与配置。

5 年设想是指在 3 年规划的基础上，招商局集团再用两年的时间进一步改善资产、财务状况和管理水平，其主要财务目标是：公司的盈利水平和获取的经营项下的现金流量能够满足付息、10% 还本、10%～30% 消化存量不良资产和核心产业发展的必要投入。

漳州会议还提出 3 年规划和 5 年设想所需要的基础性条件、资源和基础，即重点发展核心产业，培养和增强核心竞争力；改善集团财务状况，彻底摆脱财务困境；加大资产重组力度，推进专业化、规模化经营；调整组织架构，实现扁平化管理；改革业绩考核体系，改善激励约束机制。

（二）聚焦主业与集团强管控

根据漳州会议提出的战略，招商局集团开展了一系列重组工作，包括产业重组、资产重组、财务重组、架构重组、队伍重组等，并以强化总部管控、推行过程管理为主线，加强了内部管理。通过三年努力，招商局集团将分散的十二个产业主要聚焦于交通基建、金融、房地产和物流四大核心产业。总部的两个基本功能：一是根据市场和自身的变化，及时确定新战略，具备实施战略的能力；二是具有内部资源配置和内部交易协调的功能。新形成的管理体系中，总部是战略性决策中心，子公司是经营性决策中心；总部是投资中心，子公司是利润中心和成本中心；总部负责全面资源配置，子公司负责在给定资源条件下对资源的运用。

第二节 招商局集团重整时期发展状况

重整时期，招商局集团着力于战略聚焦和强化集团管控，逐步形成了具备相对优势的产业体系，同时强化对所属产业板块的管理，提高了企业管理水平和经营效率，为之后招商局集团形成"规模、质量、效益"的均衡局面奠定了基础。

一、招商局集团重整时期的经营管理重点

产业的梳理和聚焦，既是重整招商局集团的重大举措，也为其形成核心竞争力打下了基础。通过重组整合，招商局集团实现了对交通基建、金融、房地产和物流四大核心产业的聚焦，从而培育和增强了集团的整体竞争能力。

（一）产业整合

自 2001 年开始，招商局集团对房地产、物流、西部港口、金融、航运、科技六个产业进行整合。

2001 年上半年基本完成了科技业务的整合。招商局集团取消了原科技集团的"一级公司"建制，实施两块牌子、一套班子、两地注册，在港沿用原科技集团名称，在深圳新注册招商局科技投资有限公司并与蛇口工业区有关单位重组为蛇口工业区属下的一级科技企业，负责管理集团内 16 个科技项目。

物流业务的整合也基本于 2001 年上半年完成。招商局集团在原蛇口安达公司的基础上组建了招商局物流集团有限公司（以下简称"招商物流"），并将集团下属近 60 家从事物流相关业务的公司划归招商物流管理。

招商局集团对房地产业务的整合主要在招商局蛇口控股股份有限公司（以下简称"蛇口控股"），将分属地产集团和蛇口工业区的四个经营房地产业务的主体整合为一个经营主体。撤销原地产集团一级公司建制，主要机构和人员迁回蛇口，组建新蛇口控股的领导班子，蛇口控股由投资控股型公司转型为直接经营型公司，专门负责经营、发展集团的房地产业务。

对于西部港区的整合，招商局集团先把蛇口控股持有的港口业务资产与蛇口工业区的部分园区业务进行置换，然后再将上述港口业务资产注入招商局国际。招商局国际收购了光大亚太持有的 33% 妈湾港股权（现为海星港），2002 年收购了南油集团持有的妈湾 0 号、5~7 号泊位所属的三家公司股权（以下简称"妈湾港航、妈湾港务、妈港仓码"），从而在深圳西部港口外部股权整合方面取得了重大进展。

招商局集团还将明华公司独立作为一级公司管理，把船企公司划归招商物流，货柜公司、仓码公司交给招商局国际管理，以实现对航运业务的整合。

2001 年上半年，招商局集团积极主导推进了招商银行的上市工作，并在其不良资产核销、非银行业务资产的剥离等方面给予具体支持。为配合招商银行上市，招商局集团接收了招商银行所持国通证券（后更名为"招商证券"）部分股权，招商局集团对国通证券持股由原来的 24% 增加到

35%。2002年,招商局集团出售了所持平安保险的13.544%股权,收回现金14.84亿元。招商银行和国通证券在内地同业内占据重要地位,其中国通证券2000年承销总额在全国排名第十,2001年1—6月,承销总额上升至全国第七位。截至2001年6月底,招商银行资产总额已达2 688亿元,在全国商业银行排名第七。

通过这些产业整合,招商局集团构造起发展核心产业的主体,为进一步提高管理水平奠定了基础,为改善集团财务状况发挥了积极作用。

(二) 完善管控体系

为强化集团管控,招商局集团一方面调整公司管理架构,设立扁平化的管理体系,只保留3~4个管理层级;另一方面将重大事项的决策权集中于集团。具体包括六个方面。一是研究、建立经营计划管理体系,并编制了招商局集团成立以来的第一份年度经营计划——《2003年经营计划》,成为推动各公司经营管理工作的管理机制。二是成立集团管理信息化建设领导小组和工作小组,研究集团管理信息化系统总体方案,并从财务信息系统建设入手,启动集团管理信息化建设。三是对预算管理方式进行改革,2002年首次提出在集团实行进取型的预算,改变以往由下至上、上下讨价还价的预算编制程序,实行由上至下、集团主导提出和下达预算目标的方式。四是加强决策行为管理,提出规范决策行为的要求,集团总部与各公司都建立和规范了公司办公会议制度,形成了较为完善的决策议事规则。五是推进薪酬改革,进一步加强队伍建设和人才资源基础管理工作。研究、制定了新的薪酬制度,改变高级管理人员的收入结构和奖金提取办法,完善高级管理人员激励机制,加强对各一级公司的工资管控,并调整一级公司的领导班子。六是加强法律等其他基础性管理工作,并于2002年召开了集团成立以来的第一次法律工作会议。

二、招商局集团重整时期经营情况

2001—2003年,招商局集团资产总额由507亿元增长至515亿元,增长1.6%。净资产由183亿元增长至262亿元,增长43%。集团资产规模增长的同时，资产质量也得到优化。不良资产率由 2000 年底的 12.12% 下降到 2003 年底的 5.22%。2002 年实现了经常性收益与经常性支出的平衡。确定四大核心产业后，集团将资源更多地投向核心产业，2003 年核心产业占集团总资产的比重及盈利贡献均达 85% 以上。2003 年，集团的重整基本结束，经营效益显著提高。营业收入由 118 亿元增长至 143 亿元，增长 21%；净利润由 13 亿元增长到 26 亿元，实现翻番。2001—2003 年招商局集团总资产、营业收入和净利润情况如表 5-1 所示。

表 5-1　　　2001—2003 年招商局集团资产与经营情况　　　单位：万元

年份	总资产	营业收入	净利润
2001	5 069 598.70	1 179 118.30	128 849.30
2002	5 045 708.40	1 230 006.90	197 270.60
2003	5 148 168.30	1 428 350.10	257 338.90

资料来源：2001—2003 年招商局集团审计报告。

第三节　以集团为中心的财务管控体系

财务管控体系是招商局集团强管控的灵魂和重点，自 2001 年起，集团对所属企业财务组织架构、财务职能、税务管理、资金管理、财务模型等方面的工作进行规范，为财务强管控体系的形成提供了坚实有力的支撑。

一、统一集中的财务组织

招商局集团在 2001—2003 年着力推进财务组织调整和升级，强化财务职能，明确了强财务管控体系下集团与下属单位之间的权力分配以及集团财务组织的职责与权限。

招商局集团对所有下属公司实行财务集中管控。这种集中管控主要体现在集团与下属公司之间重大财务决策权限的划分，包括融资决策权、投资决策权、资金管理权和收益分配权等。

2002年,招商局集团将"计划财务部"更名为"财务部",重新审定财务部职责,明确财务部作为集团的重要职能部门之一,负责集团财务制度的制定、预算管理、资金管理、财务分析、会计核算与报告和财务监督与考核等工作。

在财务制度制定方面,集团财务部负责集团财务政策及规章制度的制定,对集团财务目标的制定、实施进行监督检查。

在预算管理方面,集团财务部负责集团年度预算编制、财务预算指标的审核和确定。

在资金管理方面,集团财务部负责集团年度融资计划的制订与实施,使集团保持最优资本结构,防范债务风险。保障集团资金的正常周转和合理的利息、税务支出。建立并维持与主要债权人、股东及银行的良好关系,确保融资可得性与财务费用的合理性。

在财务分析方面,集团财务部负责定期分析各项财务指标,揭示潜在的经营风险和存在的问题,提供决策建议。

在会计核算与报告方面,集团财务部负责集团合并报表的汇总、编制、报送,集团合并报表的对外核数及对所属一级公司核数工作的指导与管理。

在财务监督与考核方面,集团财务部负责监督、指导集团及所属一级公司财务部门的工作,确保及时、准确地提供月度、季度、年度报告,保证集团财务体系的高效运作与安全;监督集团所属一级公司财务部门的资金运作,确保资金的有效使用,监督、管理集团及所属一级公司应收账款的周期,及时提出意见,提高集团营运资金的运作效率;审核下属一级公司财务管理机构的设立及相关管理工作,对下级财务机构负责人(财务总监及财务经理)的任免提出意见;参与集团主要投资建议的质询和审核,参与集团战略规划和关键业绩指标(KPI)体系以及集团所属一级公司关键业绩指标的制定、实施。

二、资金集中管理与债务结构优化

资金集中管理与债务结构优化是招商局集团实现财务强管控的重要组

成部分。通过资金集中，招商局集团提升了资金管控能力和管理效率，降低了资金成本。同时，资金集中也有利于提高与银行的议价能力和增加抗风险能力。通过优化债务期限结构、币种结构等方式，有效化解招商局集团利率风险和汇率风险，进一步降低债务成本。

（一）资金集中管理

为扎牢资金集中管理的制度基础，招商局集团在重整时期修订完善了一系列相关管理制度。

一是调整留存资金额度，强化资金集中力度。招商局集团于2001年印发《招商局集团在港公司资金管理办法（试行）》。在该管理办法中，明确规定集团对在港各公司的资金实行定额管理，即集团根据各公司业务特点以及资金使用情况核定一个最高自留资金额度，超过该额度的资金一律存入国际财务公司。并且集团加强监管，利用电话银行和网上银行检查各公司存款余额。同时，通过略高于外部存款的内部定价机制进一步调动各公司增加在集团存款的积极性。各公司在集团的存款余额基本保持在1亿美元左右的规模，有力支持了集团在港资金运作。

二是修订招商局国际财务公司有关资金集中管理的规章制度。2002年，招商局集团修订了招商局国际财务公司有关资金集中管理的规章制度，加强对下属公司资金使用的监控，进一步发挥了国际财务公司作为在港资金管理中心的作用。一方面利用当时的低利率环境，通过简化手续、提高服务质量充分调动了集团内公司的存款积极性；另一方面清理关闭不必要的账户，集中使用条件优惠的银行账户，进行资金集中管理，提高资金使用效率。

三是积极推动内地人民币资金集中管理。在境内企业资金集中管理方面，蛇口工业区结算中心已经发挥了重要作用，具有较好的基础。2002年，集团对下属企业在内地银行的开户情况、资金存量、贷款银行分布等进行了调查，并与数家银行对集团资金集中管理方案进行探讨，希望利用银行的技术条件，把资金集中管理的范围扩大到集团所有的境内企业。

在资金集中管理的助力之下，集团在控制投资方向和发展核心产业、化解现金流和债务问题等方面取得了良好成效。

一是发展核心产业。2001—2003 年,核心产业的发展力度明显加大,90% 的新增投资集中在核心产业上,3 年累计向核心产业投资 60 亿元。核心产业总资产及盈利贡献在集团中的比重也不断提升,截至 2003 年底,两项指标均达到 85% 以上,集团核心竞争能力明显增强。

二是化解现金流和债务问题。招商局集团调查发现有些子公司账户中有一定规模的存款,通过资金集中管理,将这些子公司的多余存款上存集团总部,集团对子公司支付比原来略高的内部利率。如果其他子公司需要现金,集团可以将这些资金贷出,并向需要现金的子公司收取略低于市场贷款利率的内部利率。通过这一制度安排,招商局集团有效降低了集团总体对外有息债务,提高资金使用效率。招商局集团不仅逐步解决了 34 亿港元的债务,而且将集团的资金成本降低至 5%,低于市场同类贷款成本,也远低于很多香港同业企业。

(二) 债务结构优化

2002 年和 2003 年,招商局集团通过大量再融资以及购汇还债,优化债务结构。

一是优化债务期限结构。集团成功将总部债务的平均期限由 1.5 年延长至 3.5 年。

二是优化债务的币种结构。2001 年,招商局集团向国家外汇管理局申请购汇偿还外币债务。申请购汇的资金来源主要为蛇口工业区的人民币利润,约为 19 亿元。通过购汇方式偿还外币债务,逐渐缓解集团外币债务压力,当年集团债务中外币的比重由 81% 降至 78%。2001—2003 年,集团累计将境内约 60 亿元人民币资金经国家外汇管理局批准换汇出境,偿还相应外币债务,初步解决了集团总部债务币种错配的问题。

三是降低融资成本。招商局集团抓住市场有利时机,通过大量的债务重组和再融资,使融资成本平均下降 2 个百分点。

在多项减债措施下,集团债务规模和债务结构趋于合理,债务的汇率风险和利率风险得到有效控制,债务成本大幅度降低。集团总债务由 2001 年底的 324 亿元,降至 2002 年底的 284 亿元,2003 年底进一步降至 253 亿元;有息债务率由 2000 年底的 54% 降至 2003 年底的 36%;债务平均年期延长近两年。人民币债务比例由 2000 年底的 19% 上升到 2003 年底的 22%。

三、资产优化管理

（一）资产优化过程

2000 年初，招商局集团拥有各类公司 500 余家，管理层级超过 7 级，且同类业务往往分散于多个投资主体，下属公司之间存在同业竞争。例如，招商局集团共有 8 家二级公司涉足房地产业务，已注册作为实体公司开发房地产的项目公司共有 36 家。1999 年，集团平均投入资本回报率仅为 4%，4 个业务板块的投入资本回报率为负，而资本成本却高达 11%。2000 年，招商局集团大约有 73 亿港元的不良资产，整体不良资产率约 12.12%。

漳州会议确定的战略调整核心工作之一是加大资产重组，优化资产管理。招商局集团在资产优化管理中将重点放在多措并举消化不良资产上。集团专门成立资产优化办公室，主要负责制定不良资产清收和管理流程，主持集团重大不良资产的清收和坏账处理，管理和盘活集团不良资产以及指导监督所属公司不良资产的清理工作。此外，资产优化办公室也在培养处理不良资产的人才队伍，积累资产管理经验，为今后资产的保值增值工作奠定基础。

招商局集团将不良资产大体分为三类：第一类是没有收益、不经营的资产；第二类是收益较差，但还在经营之中的资产；第三类是资产账面价值和市场价值有差距的资产，如油轮、信德中心大楼等。对上述三类不良资产，在分清轻重缓急的前提下，确定处理的先后顺序，首先处理第一类，其次是处理第二类，第三类先搁置不做处理。

对于第一类不良资产，招商局集团采用直接出售的方式进行处理。在此方式下，招商局集团以招商局国际、蛇口控股上市公司为平台，清理不良资产及盘活存量资产，包括变卖、转让和撇账等。

对于第二类不良资产的处置，以招商银行为例。2002 年上市前，招商银行持有国通证券（后来改制为"招商证券"）和长城证券股权，与多家

保险公司合资成立保险公司，同时还在经营基金管理业务，而这些业务的经营效果均不尽理想。除此之外，招商银行自身也存在不良资产，对其上市造成影响。招商局集团通过买入国通证券的股权，同时剥离招商银行其他非商业银行业务，最终，招商银行剥离60亿元不良资产，成功上市，募集了超过100亿元的资金。通过招商银行上市以及出售平安保险股份，招商局集团共获得了25亿元的资本性利得，有效地消化了过去积累的大量不良资产。

对于第三类不良资产，招商局集团的基本态度和处理方法是慢慢观察，慢慢处理。后来的事实证明，曾经被确定为第三类不良资产的油轮业务，在经过调整后，经营情况得到有效改善，又被划分到核心产业。

除了以上三类不良资产，集团处理的不良资产还包括另外一种情形，即集团层面判定有风险的业务，即使其目前尚在贡献利润，也要求子公司控制其业务量，防范大额投资和经营风险。

2001—2003年，招商局集团清理不良资产回收现金15.68亿元，回收实物折合0.89亿元，关闭、转让了94个经营主体，集团资产得以夯实。2003年底，招商局集团历史遗留不良资产基本消化完毕，随即又将工作重点从处理不良资产、为企业"止血"，转移到盘活、处置非核心、非主控、非相关、非经营性资产和低效资产上，优化资产配置，增强"造血"功能。

（二）资产优化方式

招商局集团采用财务模型、清产核资、资产置换等多种方式，推进处置不良资产。

首先，集团借助财务模型这一工具，构建不良资产监控模型。不良资产监控模型以集团财务部为主搭建，口径由集团财务部掌握，资产优化办公室参与。通过逐步把财务模型规范化、体系化、稳定化，形成制度，监控不良资产处理的全过程。

其次，集团借助清产核资，清查不良资产。2003年，国资委成立后，印发了《中央企业清产核资工作方案》，要求中央企业清查核实国有资产损失，并根据国家清产核资政策进行处理，全面、真实地反映国有资产的资产状况、财务状况和经营成果,提高会计信息质量,为统一执行新的企业会计制度及业绩考核、绩效评价奠定基础。招商局集团借助此次中央企业清产核资工作,重点对不良资产进行了全面清查。招商局集团资产优化办、财务部、企划部、审计部及法律部协调配合,切实做好资产清查,对已计提减值准备的所有资产进行分析归类,提出相关处理建议,把损失降到最低。

最后,招商局集团积极申请交通部支持,在2001年以华建中心为运作平台进行17.88亿元的资产置换。此次资产置换为招商局集团带来以高速公路权益为主的一批优质资产。此举明显地改善了招商局集团的资产结构,为集团注入了新的血液。

四、集团强管控下财务模型的创建

在艰难应对了亚洲金融危机,公司经营逐渐步入正轨后,招商局集团管理层认识到,应该将财务数据作为经营活动的晴雨表,通过关键财务指标实现对经营全过程的动态监控,从而对经营中出现的问题及时做出反馈调整。在此背景下,招商局集团探索创建财务模型。这是集团财务工作的一项重要创新,也是财务强管控体系的重要组成部分。

(一)财务模型的作用机制

招商局集团以核心财务指标与生产经营活动的联动关系为底层逻辑构建财务模型,以量化的财务数据动态预测反映生产经营的结果及战略目标。财务模型基于严谨的假设基础和翔实的数据,能够对公司经营情况进行量化比较,分析经营目标和战略目标的达成情况,做出客观公允的评价,引导做出更加科学、精准的管理决策。集团管理层通过分析财务模型中的核心财务指标,了解财务状况、边界约束以及存在的问题等,从而做出及时、有效的反应。

正确把握财务模型的作用机制,需要从以下三个方面进行理解。

首先,财务模型是为了实现战略目标的预测工具。集团财务部将有关的内外部变量数值代入模型即可预测未来五年的财务结果,通过观察到的

财务结果,可以分析是否与集团发展战略相协同。比如,集团投资于核心产业的出资额是一个变量,将其代入模型后,可以量化反映出核心产业与非核心产业所占的比例;将处理的不良资产作为一项变量,通过模型预测,可以观察现金流和债务状况的变化。

其次,财务模型是为了实现经营目标的监测工具。将内外部变量代入财务模型,就会形成有关的预测数据。预测数据可以作为执行规划和预算的监控依据,反映一段时期的经营管理是否背离了最初预计的轨迹,是否突破了设定的边界约束条件,从而及时做出纠偏的管理决策。

最后,财务模型是为了提升经营绩效、防范经营风险的管控工具。招商局集团以财务模型为基础形成了一套工作机制,其相应结果不仅仅停留在分析、预测、监控层面,相关决策也会转化成为集团重点工作,落实到有关的职能部门和公司,从而推动业绩改善和管理提升。

(二)财务模型的主要结构

招商局集团将常规的报表项目按管理需要重新进行归类、排序,设计形成适合招商局集团复杂业务结构和财务结构的财务模型。主体结构包括四个部分,分别是合并现金流量监控模型、总部现金流量监控模型、损益监控模型和资产负债监控模型。

(1) 合并现金流量监控模型的具体指标主要包括净利息支出、投资分红、资产经营现金净流入、净债务本金偿还、经常性现金净流入、付息后现金净流入、偿债前现金净流入、偿债后现金净流入和本年现金净增额。

现金流量监控模型限定了资金首先用于付息,然后去归还本金,有剩余再去投资,以此来贯彻"漳州战略"提出的三个"10%":付息后的资金要具备偿还10%本金的能力;保持一定利润的前提下具备消化10%不良资产的能力;剩余资金要具有相当于净资产10%的新增投资能力。

其主要勾稽关系为:

$$净利息支出 = 利息支出 - 利息收入$$
$$投资分红 = 从被投资企业分回的股利$$
$$资产经营现金净流入 = 出售资产现金收入 + 回收不良资产现金 + 证券买卖现金收入$$

净债务本金偿还＝银行债务本金减少数
经常性现金净流入＝经营活动现金净流入＋投资分红
付息后现金净流入＝经常性现金净流入－净利息支出
偿债前现金净流入＝付息后现金净流入＋资产经营现金净流入
＋其他项目现金净流入
偿债后现金净流入＝偿债前现金净流入－净债务本金偿还
本年现金净增额＝偿债后现金净流入－投资支出

（2）总部现金流量监控模型的具体指标主要包括总部经营活动现金净流入、经常性现金净收入、付息后现金净流入、净利息支出和偿债前现金净流入。

其主要勾稽关系为：

总部经营活动现金净流入主要为管理费用
经常性现金净收入＝投资分红＋直属公司上缴利润＋经营活动现金净流入
付息后现金净流入＝经常性现金净流入－净利息支出
净利息支出＝利息支出－利息收入
偿债前现金净流入＝付息后现金净流入＋收回借/垫款净额

（3）损益监控模型的具体指标主要包括资产经营利润、生产经营利润、经常性利润、坏账前利润、利润总额和净利润。

损益监控模型划分了经常性利润和资产经营利润，重点关注经常性盈利能力的提高；另外，专门设置"撇账"项目，用以监控不良资产的变动。

其主要勾稽关系为：

资产经营利润＝出售资产利润＋处置不良资产盈亏＋证券买卖利润
生产经营利润＝营业收入－成本及营销费用－管理费用
经常性利润＝生产经营利润＋投资利润－经营费用
坏账前利润＝经常性利润＋资产经营利润＋营业外收支及以前年度损益调整
利润总额＝坏账前利润－坏账
净利润＝利润总额－所得税及少数股东损益

（4）资产负债监控模型的具体指标主要包括总资产、长期投资、经营性资产、总负债、总债务、资产负债率、债务率和总部债务。

其主要勾稽关系为：

$$经营性资产 = 总资产 - 长期股权投资$$
$$总债务 = 银行借款 + 债券 + 融资租赁应付款$$
$$债务率 = 总债务 \div (股东权益 + 总债务)$$

财务模型明确了集团整体工作的目标函数、变量和约束条件。以现金流问题为例，目标函数就是在一至两年内弥补现金缺口；变量既有负债方，也有资产方，既要看负债总额，也要看负债相对额即负债比。资产方的具体变量包括投资变量、不良资产变量、资产经营变量以及基础性指标变量（资产盈利能力）。约束条件就是在实现目标过程中所面临的两难问题，一方面的收获以另一方面的损失为代价，需要从中寻找平衡点。例如减债与发展的关系，招商局集团面临债务负担过重的问题，需要大力减债，但这会影响债务杠杆作用的发挥，所以需要寻找一个平衡点，在大力减债的情况下，还要保证发展。

财务模型实际上是将集团经营管理过程中面临的纷繁复杂的因素简化成若干财务指标，资产、损益、现金流量等模块分别关注具有代表性的指标，将其作为自变量代入模型，得到结果，从而可以清晰地看到集团的结构和发展趋势。财务模型的建立，设定了组织行为的安全边界，使得企业的运营始终在财务安全的范围内进行。

（三）财务模型的应用成效

财务模型建立初期，主要用于量化反映招商局集团经营中面临的各种问题，进而为决策提供数据支持。其工作重点是考虑如何改善集团的财务状况，通过建立财务模型清晰地表述出需要解决的问题。根据模型研究工作目标，然后根据模型做好过程管理。

2002年，通过财务模型的分析表明，经常性收益与经常性支出平衡和培育核心产业是帮助招商局集团改善财务状况、积蓄发展力量的重要工作，集团据此将上述两项工作确定为年度重点工作。同年，集团运用财务模型提出了集团 2002—2006 年的五年发展目标，经集团论证同意后，以此为依据要求各公司制定各自的五年规划，最后形成了《2002—2006 年招商局集团五年财务规划》。同时，通过财务模型测算，集团对投资（特别是总部的投资）进行了严格控制。

财务模型在招商局集团逐渐改善财务状况、夯实发展基础的过程中发挥了积极作用。以通过财务模型指导减债及调整债务结构的效果来看，与 2001 年相比，仅因总体债务规模和利率下降，2002 年财务费用便减少约 3 亿元。在财务危机解除后，财务模型作为重要的管理工具保留下来，继续在公司日常决策、过程管控中发挥重要作用。实践表明，建立财务模型对招商局集团的发展起到重要作用。历经多年实践，财务模型伴随着招商局集团业务的发展而不断优化，其管理理念深入人心，应用领域不断拓展，工作机制也得以不断完善。

第四节　基于统一企业会计制度的会计核算与会计报告

2001 年 1 月 1 日，我国《企业会计制度》正式施行，实现了不同所有制、不同行业企业会计制度的统一。《企业会计制度》集近十年来企业会计改革成果之大成，并参考了国家通行的一些做法。招商局集团按照《企业会计制度》重新编写了集团会计制度，对于规范集团会计核算、完善相关的制度体系、提高会计信息质量都有着重大意义。

一、日趋完善的企业会计体系

2000 年，财政部颁布了《企业会计制度》，同年 6 月国务院发布《企业财务会计报告条例》，这两项会计制度与法规对企业会计核算和财务报表编报作出新的修订，标志着我国的会计体系日趋完善。与此同时，我国还面临着加入世界贸易组织的挑战，这些都对我国的会计工作提出了更高要求。

（一）制定企业会计制度

《企业会计制度》要求在中华人民共和国境内设立的企业（除不对外筹集资金、经营规模较小的企业，以及金融保险企业以外）均需执行该制度。自 2001 年 1 月 1 日起暂在股份有限公司范围内执行，与此同时，原《股份有限公司会计制度》废止。

2001 年的《企业会计制度》在会计要素、会计原则、部分业务会计处理与会计报表体系四个方面有较大改变。

一是重新定义会计要素。《企业会计制度》从经济利益的角度定义各项会计要素，揭示了会计要素的本质。并且在制度的一般规定部分明确各项会计要素的确认和计量，在会计科目和会计报表部分则详细规定了各项会计要素的记录和报告，从而在会计制度中建立了一套完整的会计要素核算的规范体系。

二是修改和增加会计原则。《企业会计制度》修订了会计核算原则中的目标性原则，增加了"实质重于形式"原则，并将其明确为会计核算的基本原则。此外《企业会计制度》更加注重资产质量，提出贯彻谨慎性原则。

三是实行会计与税收相分离的做法。《企业会计制度》对所得税会计处理方法，包括应付税款法和纳税影响会计法（含递延法和债务法）进行了规定。要求企业按照与国际会计惯例相同的做法，当会计制度与税法制度不相一致或不协调的时候，应按会计制度进行核算，纳税时再作调整，使企业会计与税收相"分离"。

四是重新规范企业会计报表体系。在原来提供资产负债表、利润表、现金流量表和利润分配表的基础上，《企业会计制度》要求增加提供"资产减值准备明细表""股东权益增减变动表""利润分配表""分部报告"等其他报表。同时还对会计报表附注的内容和格式作出了明确规定。

（二）颁布会计报告条例*

《企业财务会计报告条例》（以下简称《报告条例》）是新中国第一个

---

* 本部分参考付磊等. 新中国会计制度史［M］. 上海：立信会计出版社，2015.

适用于所有企业（包括公司）的关于会计报告的法规性文件。《报告条例》于 2000 年 6 月 21 日颁布，自 2001 年 1 月 1 日起开始执行。《报告条例》的制定旨在规范企业财务会计报告的真实和完整。

《报告条例》包括总则、财务会计报告的构成、财务会计报告的编制、财务会计报告的对外提供、法律责任和附则，共六章，涵盖了财务会计报告的行为规范及财务会计报告的专业技术规范。

在对财务会计报告的行为规范方面，《报告条例》首先明确了企业财务会计报告真实性和完整性的责任人及相关责任方；其次对会计造假明令禁止；最后明确相关各方编制提供虚假财务报告应承担的行政责任和法律责任以及相应的处罚规定。在对财务会计报告的专业技术规范方面，《报告条例》首先明确企业会计报告的主要种类，会计报表、报表附注和财务情况说明书的主要内容，会计报告的编制期，会计报告的编制要求，年度会计报告编制前的准备，会计报告的质量要求；其次修订完善了会计要素的定义，基于经济利益的变动来界定会计要素。

（三）颁布具体会计准则

这个时期我国陆续新颁布了六个具体会计准则，对原有三个具体会计准则进行了修改。

新颁布的具体会计准则包括：无形资产、借款费用、租赁、中期财务报告、存货和固定资产。其中，无形资产、借款费用、租赁会计准则在 2001 年 1 月 18 日颁布。无形资产会计准则自 2001 年 1 月 1 日起在股份有限公司执行。该准则将无形资产分为可辨认和不可辨认无形资产。借款费用会计准则自 2001 年 1 月 1 日起在所有企业施行。准则具体规定了借款费用应予资本化的条件、资本化开始的时间、资本化金额的计算方法、资本化率的确定原则、资本化应予暂停和恢复的情况、资本化停止的情况及其判断标准；还规定了应当披露的与借款费用有关的信息。租赁会计准则自 2001 年 1 月 1 日起在所有企业中执行。该准则将租赁分为融资租赁和经营租赁两类，分别规范了承租人和出租人融资租赁和经营租赁的会计核算与相关信息的披露。

中期财务报告会计准则发布于 2001 年 11 月 2 日，自 2002 年 1 月 1 日

起执行,这是第一个详细规范中期报告编制和确认、计量的制度规则。存货会计准则发布于 2001 年 11 月 9 日,自 2002 年 1 月 1 日起执行。该准则规定存货的确认、计量以及披露。固定资产会计准则发布于 2001 年 11 月 9 日,自 2002 年 1 月 1 日起执行。该准则规定了固定资产的确认、入账价值、计提折旧方法、计提减值准备以及披露。

同时,我国还对债务重组、非货币性交易、投资三个具体会计准则进行了修订,针对原规定在相关核算时存在的漏洞重新进行了规范。

二、招商局集团会计核算

随着我国《企业会计制度》的颁布与实施,为规范和统一引导集团会计核算,招商局集团编写了新的集团会计制度。此外,招商局集团设定"六个统一"来规范会计核算标准,持续加强基础管理的规范化建设。

(一)招商局集团新会计制度的颁布

一方面,招商局集团 1995 年制定的会计制度已不适应新的发展要求,在实际工作中对会计核算的基本问题缺乏明确的指引和规范。另一方面,各下属公司的会计处理不统一和不规范,导致编制会计报表的基础不一致,严重影响集团财务信息的质量。

鉴于上述原因,招商局集团财务部成立专门的工作小组,抽调专门人员,同时聘请外部专家,重新编写集团会计制度。新的《招商局集团会计制度》于 2002 年定稿,于 2003 年正式执行。

为了保证新会计制度的顺利执行,招商局集团财务部于 2002 年底对集团内主要公司的财务负责人和业务骨干进行了第一轮培训,为执行新会计制度奠定了基础。实行新的会计制度对于规范和统一招商局集团的会计核算、完善相关制度体系、提高会计信息质量具有重大意义,为集团财务信息化工作创造了良好的基础。

2003 年版《招商局集团会计制度》主要是根据国家《企业会计制度》及具体会计准则、香港及国际会计准则制定而成,体现制度的最新发展和规定,充分反映集团管理的现状和未来需求。此次制度修订主要在如实反映企业资产质量等方面提出了更高的要求,如集团在港企业按香港会计准则对八项资产进行部分减值准备的计提。在制度编写过程中,集团充分考虑了为未来财务信息化提供各种财务信息数据的标准以及自动生成部分数据的需要,这也有效促进了集团财务管理以及财务信息化工作。根据各公司上报的实行新制度的影响(以2002年6月数据为基础),新会计制度的执行将使招商局集团减少净利润4.23亿元。

除了推行新会计制度,招商局集团的财务管理制度也进一步规范。在2000年制定的《招商局集团财务会计制度》和《招商局集团财务管理办法》的基础上,招商局集团在2001年又制定了担保管理办法等十一项具体的财务管理办法,集团的财务管理工作进一步制度化、规范化,初步建立了比较完整的财务管理制度体系。

(二) 招商局集团会计政策及变更

该时期招商局集团财务报表根据香港公认会计原则编制,以港元为记账本位币;集团内的公司分别采用人民币、港币、美元及其他子公司所在地币种作为记账本位币,编报的会计报表按外币会计报表折算方法折算为人民币会计报表。

这一时期,香港会计师公会颁布全新修订的《会计实务准则》,导致招商局集团的会计政策出现多项调整,现选取三个产生重大影响的准则加以说明。

于结算日后建议或宣派的股息方面,根据《会计实务准则第9号——结算日后事项(修订)》,于结算日后建议或宣派的股息不会在结算日入账为负债,但会在资产负债表中作为一项股东权益单独列示。该会计政策进行追溯调整,对应付少数股东股息及少数股东权益重新列示。

综合账目的基准方面,《会计实务准则第32号——合并财务报表及附属公司投资》对附属公司作出新的定义。即受集团所控制的企业,采用该政策以前,倘若某附属公司的业务与集团其他公司的业务截然不同,且将该附属公司列报在综合财务报表中会引起误解,集团对该附属公司中的权益在综合资产负债表中作为未合并附属公司的权益处理,应估未予合并附属公司收购后的业绩计入综合收益表中。采纳第32号准则后,所有附属公

司均已合并，重新列示。

现金流量表方面，根据《会计实务准则第 15 号——现金流量表（修订）》，现金流量分为三个类别，即经营、投资及融资，而非分为先前的五个类别。以往列在不同类别的利息及股息，现归类为经营/投资/融资的现金流量。因税项而产生的现金流量除非可分为与投资或融资活动有关，否则列于经营业务项下。此外，对现金及等同现金的资产所列额作出修订，撤除属融资性质的短期贷款。因重新定义现金及等同现金的资产，现金流量表所示数额予以重列。

（三）招商局集团新核算方式的建立

招商局集团相关公司以会计准则和会计制度为基础，结合自身实际情况制定核算管理办法和指南。为解决业态多元化带来的核算、报表以及监管多样化的需求，集团财务部通过"六个统一"来规范会计核算标准，持续加强基础管理规范化建设，分别是统一会计制度、统一同类会计处理、统一科目体系、统一报表体系、统一填报标准、统一审计要求。

招商局集团以执行新的会计制度和建设财务信息系统为契机，再造了会计核算与财务管理流程。全面清查会计核算及财务管理中存在的问题，按照新制度的要求，清理纠正内部账、多重往来等不规范、不合理的情况。同时，完善财务管理流程，促进财务管理的程序化和规范化。

通过上述一系列措施，招商局集团会计核算的规范化水平得到提高，财务报表的准确性、及时性显著改善，外部核数的时间缩短，财务分析的深度和广度提高，财务部门的决策支持功能及其在集团决策过程中的影响力明显提升。

（四）招商局集团会计核算信息化改进

统一的会计核算系统是统筹财务管理工作的基础。除蛇口工业区等个别公司的财务信息系统初具规模外，招商局集团财务信息系统的建设仍处于初级阶段，多数公司使用的系统较为落后，部分公司仍在使用手工核算。同时，各公司使用的财务信息系统多达五种以上，有金蝶、用友，以及国外软件、自行开发的系统等。不同的财务系统应用无法保障核算的规范统一,也严重影响了财务报表编制的及时性与准确性,且系统基本上都是本地部署,不能实现网络互联,严重制约了会计信息质量和时效的提高,难以适应招商局集团新的管理要求。

为彻底解决招商局集团内部各公司财务信息系统不统一带来的弊端,为财务信息化建设铺平道路,招商局集团在2002年明确"以财务信息化作为集团管理信息化突破点"的方针,推动财务信息系统的统一,经过多方认证与遴选,最终选定了金蝶K3系统作为招商局集团统一使用的财务系统。

2002年5月至2003年底,从招商局集团总部、招商局金融集团等7家单位试点,到招商局集团全面铺开(除招商局物流集团继续使用SAP的ERP系统外),金蝶K3得到全面推广应用,完全取代了各单位原有的财务信息系统。会计核算系统软件的统一,有效强化了财务信息管控力度,规范了招商局集团财务管理的信息标准与操作流程。

同时,通过对集团网络硬件等的调查和分析,遵循"分布集中、混合应用"的建设原则,招商局集团在2003年搭建了"2个信息中心+5个信息站"的系统硬件基础架构。其中,2个信息中心分别是香港信息中心与蛇口信息中心,负责采集香港与内地信息站的数据,并在信息中心之间建立专线连接,实现信息中心间的数据准同步和存储架构灾备。5个信息站分别是北京信息站、蛇口工业区信息站、重庆交通科研设计院信息站、漳州开发区信息站和工业集团信息站,主要承担应用系统数据的生产、采集及传输。各公司根据集团所属公司的管理架构和分布地域登录相应的信息站,定期与信息中心完成数据同步,满足数据集中的需要。信息中心与信息站的建设改变了以往集团信息处于孤岛的状态,实现了财务信息资源的共享,形成了集团财务信息系统互联互通体系,初步实现了集团财务数据集中处理和集团管理效率的提升。

三、招商局集团会计报告

(一)会计报告体系

招商局集团按照香港会计准则编制会计报告,向集团管理层提供有关的合并经营成果及财务状况、合并现金流量及合并会计报表披露的有关附注资料。

集团子公司、联营公司及合营企业分别执行适用于其注册地的会计制度或会计准则,在编制合并会计报表时,按集团执行的会计制度及准则对子公司、联营公司或合营企业的会计报表进行了必要调整。子公司在购买日后及出售日前的经营成果及现金流量包括在合并利润表及合并现金流量表之中。集团与子公司及子公司相互之间的所有重大账目及交易于合并时抵销。

21世纪初,招商局集团根据内外部形势的变化,适时提出从实施香港会计准则转为实施内地企业会计准则和《企业会计制度》。自2003年始,招商局集团部分下属公司执行企业会计准则和《企业会计制度》及其补充规定,并于2005年发布了内地准则下的2001—2003年年度审计报告以及经审计的会计报表。

在执行集团新企业会计制度以前,招商局集团各公司执行会计制度的情况有所不同,具体情况如表5-2所示。部分内地公司已开始执行《企业会计制度》,如蛇口工业区;部分公司在申请执行新制度之列,如华建中心。

表5-2　　　　　2002年集团各公司执行会计制度情况

序号	公司名称	原执行会计制度	备注
1	招商局国际有限公司	香港公认会计准则	香港地区企业
2	香港明华船务有限公司	香港公认会计准则	香港地区企业
3	招商局工业集团有限公司	香港公认会计准则	香港地区企业
4	香港海通有限公司	香港公认会计准则	香港地区企业
5	招商局金融集团有限公司	香港公认会计准则	香港地区企业
6	招商局蛇口工业区有限公司	企业会计制度	深圳地区已实行
7	招商局漳州开发区有限公司	企业会计制度	外商投资企业
8	华建交通经济开发中心	行业会计制度	本次申请执行新制度
9	中国交通进出口总公司	行业会计制度	本次申请执行新制度
10	中国招商国际旅游管理总公司	行业会计制度	本次申请执行新制度
11	重庆交通科研设计院	行业会计制度	本次申请执行新制度

2002 年，招商局集团向财政部申请于 2003 年 1 月 1 日起执行《企业会计制度》。在执行内地企业会计准则和《企业会计制度》的背景下，集团也根据实际情况，依据香港及国际会计准则等制定了新的会计制度。

在招商局集团强财务管控模式下，集团要求各公司原则上执行《企业会计制度》及集团统一的会计制度，上市公司与非上市公司执行一套准则、制度，不因非上市公司而放松准则及会计政策的执行要求。除境外公司执行当地准则之外，集团整体执行《企业会计制度》，境外公司向集团报告时转换为《企业会计制度》下的人民币报表上报。对按当地准则披露的上市公司，上报集团时要转换为人民币后报送，以《企业会计制度》的报表规定为主。

（二）合并会计报表

招商局集团合并会计报表合并范围的原则确定为：合并每年 12 月 31 日止公司及其所有境内外子公司的年度会计报表。子公司是指公司通过直接或间接或直接加间接拥有其 50% 以上权益性资本的被投资企业，或是公司通过其他方法对其经营及财务活动能够实施控制的被投资企业。对于共同控制的被投资企业（合营企业），采用比例合并法对合营企业的资产、负债、收入、费用、利润予以合并。

在上述合并范围原则下，2003 年 12 月 31 日招商局集团合并会计报表范围及主要控股子公司情况如表 5–3 所示。

表 5–3　　2003 年 12 月 31 日招商局集团合并会计报表范围及主要控股子公司情况

子公司名称	注册/成立地点	注册资本/人民币千元	公司或子公司直接或间接持有比例（%）	主营业务	是否合并
招商局轮船股份有限公司	中国	200 000	100	控股及提供公司管理服务	是
招商局集团（香港）有限公司	中国香港	3 197 100	100	控股及提供公司管理服务	是
招商局蛇口工业区有限公司	中国	2 236 000	100	投资控股，物业及基础设施开发，提供港口、公共设施及运输服务	是

续表

子公司名称	注册/成立地点	注册资本/人民币千元	公司或子公司直接或间接持有比例（%）	主营业务	是否合并
招商局发展有限公司	中国香港	53 185	100	控股及一般贸易	是
招商局仓码运输有限公司	中国香港	1 066	100	仓储及运输	是
招商局国际有限公司	中国香港	228 075	52.69	港口及港口相关业务、交通、基建业务及工业制造业务	是
招商局国际财务有限公司	中国香港	10 657	100	为集团内公司提供金融财务服务	是
招商局地产集团有限公司	中国香港	1 278 840	100	物业开发与投资	是
招商局漳州开发区有限公司	中国	693 592	70	投资控股、物业及基建开发，提供公共设施及运输服务	是
招商局金融集团有限公司	中国香港	106 570	100	投资于从事银行、金融及证券业务的公司	是
招商局工业集团有限公司	中国香港	106 570	100	海洋装备维修改装制造、特种船舶制造、邮轮制造	是
招商局科技集团有限公司	中国香港	29 355	100	投资于从事科技开发、通信经营的公司	是
招商局船务企业有限公司	中国香港	1 061	100	投资控股及船务代理	是
Ming Wah holdings Inc.	利比里亚	83	100	投资控股	是
香港海通有限公司	中国香港	42 628	100	海洋机器及配件贸易	是
华建交通经济开发中心	中国	50 000	100	投资于中国基建设施项目	是
友联船厂有限公司	中国香港	238 717	100	船舶修理服务	是
中国交通进出口总公司	中国	53 520	100	进出口服务	是
重庆交通科研设计院	中国	48 260	100	研究及开发	是
漳州招商局码头有限公司	中国	660 000	58.23	中国福建省漳州经济发展三号码头有关服务	是

续表

子公司名称	注册/成立地点	注册资本/人民币千元	公司或子公司直接或间接持有比例(%)	主营业务	是否合并
华商酒店（广州）有限公司	中国	15 000	100	酒店管理业	是
招商局集团（北京）有限公司	中国	30 000	100	运输	是
中国招商国际旅游管理总公司	中国	93 000	100	旅游业服务	是
招商局集团（上海）有限公司	中国	10 000	100	运输	是
招商局蛇口工业区物资公司	中国	20 000	100	贸易及商场（已停业）	否
招商局蛇口工业区经营服务公司	中国	13 500	100	代购、代销及进出口贸易（已停业）	否
广东招商蛇口进出口贸易有限公司	中国	11 000	100	进出贸易（不含专卖商品）及经济信息的咨询服务（已停业）	否
深圳经济特区国营外币免税商场蛇口分店	中国	4 080	100	日用百货（已停业）	否

根据招商局集团会计制度对会计报表的要求，该时期集团合并资产负债表、合并利润表、合并现金流量表的格式如附表5-1至附表5-3所示。

（三）会计信息披露质量

进入21世纪，为更好适应WTO规则和深入推行市场经济，财政部针对我国企业会计信息披露陆续出台了相关政策文件，对于国有企业在内的各类企业的会计信息披露进行了规范。在国家强调财务信息披露的背景下，招商局集团也提高了对信息披露的重视程度，借助财务信息化助力提高财务信息披露质量。

在会计核算与财务管理流程再造及会计信息化建设方面，招商局集团财务系统做了大量工作，清理"内部账"，按股权关系规范报表合并范围，重塑整个集团的合并报表体系。这项工作旨在解决长期困扰集团的内外报表不一致的问题，以符合法律关系的股权口径为基础，实现内部管理报表与核数报告的统一。作为多年累积的历史问题，工作量大且极其复杂，在各级财务部门的共同努力下，"内部账"清理统一工作在2002年基本完成。

2003年招商局集团财务工作会议合影留念

附表 5-1 合并资产负债表

项目	附注	年末金额（人民币千元）	年初金额（人民币千元）
资产			
流动资产			
货币资金			
短期投资			
应收票据			
应收账款			
其他应收款			
预付账款			
存货			
待摊费用			
一年内到期的其他长期资产			
其他流动资产			
流动资产合计			
长期投资			
长期股权投资			
固定资产			
固定资产原价			
减：累计折旧			
固定资产净值			
减：固定资产减值准备			
固定资产净额			
在建工程			
固定资产合计			
无形资产及其他资产			
无形资产			
长期待摊费用			
其他长期资产			
无形资产及其他资产合计			
资产总计			
负债和所有者权益			
流动负债			
短期借款			

续表

项目	附注	年末金额 （人民币千元）	年初金额 （人民币千元）
应付票据			
应付账款			
预收账款			
应付工资			
应付福利费			
应交税金			
其他应交款			
其他应付款			
预计费用			
预计负债			
一年内到期的长期负债			
其他流动负债			
流动负债合计			
长期负债			
长期借款			
应付债券及票据			
长期应付款			
其他长期负债			
长期负债合计			
负债合计			
少数股东权益			
所有者权益			
实收资本			
资本公积			
盈余公积			
其中：公益金			
未分配利润			
外币报表折算差额			
所有者权益合计			
负债和所有者权益合计			

附表 5-2　　　　　　　　　　合并利润表

项目	附注	本年金额 （人民币千元）	上年金额 （人民币千元）
一、主营业务收入			
减：主营业务成本			
主营业务税金及附加			
二、主营业务利润			
加：其他业务利润			
减：营业费用			
管理费用			
财务费用			
三、营业利润（亏损）			
加：投资收益			
补贴收入			
营业外收入			
减：营业外支出			
四、利润总额			
减：所得税			
少数股东损益			
五、净利润			

附表 5-3　　　　　　　　　　合并现金流量表

项目	附注	本年金额 （人民币千元）	上年金额 （人民币千元）
经营活动产生的现金流量			
销售商品、提供劳务收到的现金			
收到的税费返还			
收到的其他与经营活动有关的现金			
现金流入小计			
购买商品、接受劳务支付的现金			
支付给职工以及为职工支付的现金			
支付的各项税费			
支付的其他与经营活动有关的现金			
现金流出小计			

续表

项目	附注	本年金额 (人民币千元)	上年金额 (人民币千元)
经营活动产生的现金流量净额			
投资活动产生的现金流量			
出售及处置子公司收到的现金净额			
收购子公司收到的现金净额			
收回投资所收到的现金			
取得投资收益所收到的现金			
处置固定资产、无形资产和其他长期资产所收到的现金			
收到的其他与投资活动有关的现金			
现金流入小计			
购建固定资产、无形资产和其他长期资产所支付的现金			
投资所支付的现金			
支付的其他与投资活动有关的现金			
现金流出小计			
投资活动产生的现金流量净额			
筹资活动产生的现金流量			
吸收投资收到的现金			
其中：子公司吸收少数股东投资所收到的现金			
现金流入小计			
偿还债务所支付的现金			
分配股利、利润或偿付利息所支付的现金			
其中：子公司支付给少数股东的股利			
支付其他与筹资活动有关的现金			
现金流出小计			
筹资活动产生的现金流量净额			
汇率变动对现金及现金等价物的影响额			
现金及现金等价物净减少额			

第六章

招商局集团再造与财务强管控体系的深化
（2004—2010年）

2004—2010年是全球经济环境发生巨大变化的一个时期，特别是2008年，美国次贷危机引发全球金融海啸，对中国的经济发展造成了一定的冲击。在此期间，中国迎来了新的发展机遇，在"消费、投资、出口"三驾马车的带动下，中国经济进入了高速发展的快车道。大型国有企业也随着中国经济的腾飞，实现了资产规模的迅速扩张，规模与质量跨上了一个新的台阶。国资委成立后，我国国有资产监管体系进入深化改革时期，国有企业发展成为具有较强竞争力的市场主体。

经过"三年重整"，招商局集团已走出危机，利润大幅增长且结构趋于合理，围绕核心产业的投资活动取得了重大进展，核心产业获得新的发展资源和空间。2004年招商局集团提出"规模、效益、质量"协调发展的理念，集团步入了新的发展期。在加强管控的同时，集团整体的工作重点紧紧围绕培育核心产业和提高"经常性利润"来展开，提出用五年时间"再造一个招商局"的战略目标。2006年末，招商局集团提前两年实现再造工程目标，2007年提出了"新的再造工程"，于2010年末再次提前两年实现。凭借两个"再造工程"，招商局集团的资产规模、整体竞争力都得到了显著提升。

招商局集团以集团为中心，持续深化强财务管控体系，并以会计核算为基础、财务管控为核心、财务分析为手段对财务信息化系统进行扩展与改进，推动了招商局集团财务管理体系的完善。在此期间，招商局集团持续加强内部控制与风险管理体制建设，将集团整体有息债务率控制在40%以下作为风险管控红线。2006年财政部颁布了新的企业会计准则，实现了中国与国际会计准则的实质性趋同。随后招商局集团根据新会计准则全面修订集团财务制度，制定《招商局集团会计制度》和《招商局集团财务管理制度》并在全集团范围内推广执行。在会计报告方面，招商局集团依据新会计准则对会计报告体系和合并报表作出了相应调整。

第一节 中国社会经济的快速发展与招商局集团再造战略

随着经济日益全球化和对外开放的持续推进，中国融入世界经济的步伐加快，社会和经济进入全面高速发展阶段。这一时期也是我国国有资产监管体制改革深化的时期，国资委的建立强有力地推动了国有资产监管职能与政府经济社会管理职能分开，为国有企业建立现代企业制度提供支撑。为规范并加强中国企业内部控制，提高企业持续经营管理能力，财政部、证监会等监管部门于2008年联合印发《企业内部控制基本规范》《企业内部控制评价指引》，在2010年发布《企业内部控制配套指引》。

在新的发展时期内，招商局集团工作重心向经常性利润的提高和核心产业的培育全面转移。围绕经常性利润的提高，一方面招商局集团强调进取性预算，以期抓住难得的历史机遇，充分调动各级人员积极性，实现新的发展期增长目标；另一方面强调过程管理，指出管理者要在变化的环境中发现问题、解决问题。在核心产业的培育发展方面，招商局集团坚持集中资源发展主业战略，深化资产优化工作，实现核心产业规模快速扩张，并使之成为集团资产、盈利的主要支撑。

经过"三年重整"，招商局集团不断完善与强化总部建设，明确了总部与下属企业的定位和权责划分，先后提出建设"有权威的总部""创造价值的总部""有效率的总部"等理念。受益于总部建设的加强，招商局集团战略制定和战略实施的权威及能力都得以进一步提升，资源配置效率显著提高，管理体系不断完善。

一、中国社会经济高速发展与次贷危机

2004年以来，中国经济进入了快速发展阶段。大型国有企业不断发展壮大，国有资产管理体制不断健全、国有企业改革不断深化，管资产、管人、管事相结合的国有资产管理体制日趋完善。2008年，美国次贷危机和金融海啸对我国经济造成了较大冲击，国家采取灵活审慎的宏观经济政策，出台了一揽子保持经济稳定增长的措施，中国经济率先复苏，成为世界经济引擎。

随着改革开放持续推进，在"消费、投资、出口"三驾马车的带动下，中国经济高速发展，2003年至2007年连续五年经济增速超过10%，平均年增长率达到11.7%，国内生产总值从2004年的161 840.2亿元增长到了2010年的412 119.3亿元。2010年，中国工业产值首次超过美国，成为全球第一大工业国。大型国有企业的资产规模与质量跨上了一个新的台阶。

二、招商局集团的再造与新的再造

2003年，招商局集团实现经常性利润突破30亿港元，较上年增长54%，净资产利润率达11.9%，创下历史最高纪录，核心产业比重已占集团产业的95%。面对难得的战略机遇期，在2004年工作会议中，招商局集团提出保持"规模、效益、质量"协调发展的工作目标，并将完善管理体系，加大管理力度作为实现目标的途径，明确工作重点为经常性利润的提高和核心产业的培育、发展。

2002年底招商局成立130周年之际，招商局集团提出创造第三次辉煌的宏伟使命。随着2003年完成漳州会议确定的第一阶段战略目标，招商局集团进入了快速发展期，于2004年提出"再造一个招商局"的第二阶段战略目标，即与2003年相比，集团的营业额、总资产、净资产、经常性利

润、净利润等主要指标均要在 2008 年翻一番。2006 年末，招商局集团用三年时间（2004—2006 年）提前实现了"再造一个招商局"的目标。

结合国内外形势和主要产业发展情况，在 2007 年的工作会议上，招商局集团提出"新的再造工程"，即再用五年时间把招商局建设成为一个具有国际竞争力的和谐企业。新的再造工程不仅要求在财务指标上实现翻番，而且旨在提升竞争力。新的再造工程于 2010 年再次提前完成。招商局集团规模快速扩张，经营效益跨越式增长，核心业务及整体竞争力得到显著提升。

第二节 招商局集团再造时期发展状况

2004—2010 年是招商局集团快速发展的时期。这一时期，招商局集团采取"一个思想、两条战线、三项基础"作为主要举措，即以"规模、质量、效益"均衡发展为理念，围绕着培育核心产业和提高经常性利润两条战线来展开工作，整合、管理、队伍作为三项基础性支撑因素，使得集团快速发展，资产、盈利状况都有极大的提升。

一、招商局集团核心产业的培育与发展

核心产业的培育与发展是招商局集团新发展时期的工作重点，集团对各项主业进行了分层次的定位规划：在港口、公路、能源运输方面成为规模、效益领先的经营者；在金融、地产、物流上成为有较好效益、有特色、有品牌的经营者；其他领域迈上一个新的台阶。

港口业是招商局集团的核心业务，也是招商局集团的重点投资方向，三年整合重组期间，已全部归集于上市平台——招商局国际。对于港口业务，招商局集团的战略目标是搭建码头网络，成为中国领先的公共码头服务商，成为一个有网络效应、跨地区布局的运营商，要体现统一标准、共享客户、统一品牌的优势，打造一个统一的平台。招商局集团在中国沿海

港口完成了战略性布局,在深圳母港建立了一支拥有丰富的港口经营管理经验的团队,可以向所投资的地区直接输送人才、技术及管理经验,建立了牢固的客户关系并拥有自己创立品牌的IT系统,港口业务品牌效应在这一时期得到同行的认同,港口之间的协同效应逐渐体现。新加坡主板上市的招商局亚太有限公司收购招商局国际五条收费公路,成为新加坡证券交易所上市的最大收费公路投资运营商。

油轮业方面,随着中国进口原油的迅速增长,国内原油的需求量不断提升,招商局集团意识到油轮业的重要性,2003年油轮运输业务重新被确定为集团核心产业。一直以来,油运、散货和集装箱运输被称为招商局集团航运业务的三大支柱,但由于集团散货和集装箱运输产业发展不足,同时两个行业又均是竞争较为激烈的行业,集团战略性放弃散货和集装箱运输市场,集中力量发展油轮运输。2004年12月,招商局能源运输股份有限公司(以下简称"招商轮船")成立。2006年,招商局油轮船队上市计划获得国务院特别批准,并顺利完成了油轮船队上市重组工作,成功引入中石化等重要业务伙伴入股。同年12月,招商轮船在上海证券交易所成功上市。招商轮船IPO成功发行12亿股A股,网上超额认购130倍,融资约43.6亿元(已扣发行费)。

2004年招商局能源运输股份有限公司(简称"招商轮船")成立

物流业是招商局集团培育的核心产业之一。2004年，招商局集团将物流业发展的重点集中于网络布局的建设上，集团通过深刻剖析物流业的产业环境、市场环境以及对市场的准确把控，对物流行业的发展前景、市场需求和发展对策进行了详细规划，将物流业的发展战略目标确定为形成全国性网络布局，能为客户提供供应链高端服务的全国一流物流商。

地产业是招商局集团培育的另一个核心产业。2001年，集团对房地产板块进行重组，上市旗舰蛇口控股剥离港口业务，随后2004年剥离石化业务。产业的不断聚焦使得招商局集团的房地产板块开始向着提升经营功能、走向全国、提速发展三大方向发展。蛇口工业区在深圳市政府的支持下不断扩大土地资产的范围，同时通过科学的规划调整逐步推动蛇口工业区的产业升级。2004年，蛇口控股正式更名为"招商局地产控股股份有限公司"（以下简称"招商地产"），在全国多地发展房地产业务，提出"绿色地产"战略，成为具有鲜明品牌特色的高品质房地产开发商，"家在·情在"成为家喻户晓的品牌。2008年，招商地产公开增发4.5亿股A股，获全额认购，募集资金57.8亿元（已扣发行费），总资产从298亿元增加至357亿元，净资产从82亿元增加至141亿元，资产规模和抗风险能力显著提高。2009年，房地产销售额突破100亿元。

金融业进行了调整与扩张发展，盈利能力进一步提高。招商银行贯彻规模、质量、效益均衡发展的方针，继续围绕自身优势加快发展。2006年7月，招商银行在香港联交所主板成功上市，增发新股24.2亿股，共募集资金200亿港元（已扣发行费）。招行H股公开发售部分获265倍超额认购，国际配售部分获50倍超额认购，均创下了内地银行股在香港上市的新纪录。2006年9月招商局集团投资10.55亿元增持招商证券，招商局集团占股由35.43%增加到51.65%，实现控股。2007年12月，招商证券以63.2亿元的价格成功收购博时基金48%的股权，加上原先持有的25%的股权，招商证券将合计持有博时基金公司73%的股权，处于绝对控股地位。2007年底，博时基金公募基金规模达到2 500亿元，是中国管理资产规模最大的基金管理公司之一。

二、招商局集团再造时期经营情况

在经历了三年的重整后，2004 年招商局集团的总资产为 627.8 亿元，同比增长 22%；营业收入为 187.2 亿元，同比增长 31%；净利润为 47.8 亿元，同比增长 86%。2006 年集团总资产增长到 1 143.3 亿元，第一个再造工程提前完成，再造战略中的资产翻倍目标完成。在资产分布中，房地产及园区开发占比 16%、交通基建占比 26%、航运物流及相关产业占比 12%、金融产业占比 40%。在利润总额构成中，集团的主要业务占据重要地位，其中房地产及园区开发占比 12%、金融产业占比 54%、交通基建占比 20%、航运物流及相关占比 14%。到 2010 年，集团的总资产增长到 3 243.0 亿元，营业收入增长到 444.2 亿元，净利润增长到 188.1 亿元，再次提前完成新的再造工程。招商局集团 2004 年至 2010 年总资产、营业收入和净利润情况如表 6－1 所示。这段时期，招商局集团的母公司净资产利润率提升至 15% 以上，最高时达到 25.0%。自国资委 2004 年开始实施经营业绩考核，集团连续 7 年获评 A 级中央企业。

表 6－1　　2004—2010 年招商局集团资产与经营情况　　单位：万元

年份	总资产	营业收入	净利润
2004	6 277 508.10	1 872 257.70	478 434.60
2005	7 880 007.00	1 913 246.30	609 665.00
2006	11 433 272.10	2 216 552.20	833 051.10
2007	21 718 523.40	3 598 464.30	1 713 278.70
2008	19 804 000.60	3 096 222.60	1 282 838.40
2009	26 827 558.10	3 766 120.10	1 446 845.00
2010	32 429 933.10	4 441 545.30	1 881 001.10

资料来源：2004—2010 年招商局集团审计报告。

第三节　以集团为中心的财务管控体系深化

围绕提升经常性利润这一目标，招商局集团从优化财务组织结构入

手，完善债务风险防范机制，利用统一管理强化资金集中，通过盘活和处理"四非一低"资产推进资产优化。招商局集团建立了由成本管理、全面预算管理、绩效评价和经营分析共同组成的管理会计体系，尤其是经营分析系统能够及时发现经营中的问题，提出风险预警和应对措施，助力财务管控体系深化。

一、基于经常性利润的财务管控目标

经常性利润是反映企业一定时期经营成果的重要指标，是在企业净利润的基础上扣除了经营过程中产生的非经常性损益后的净利润，能够真实体现出企业通过经营获得的成果。为此，招商局集团将提升经常性利润作为该段时期企业发展的关键。

在明确了发展经常性利润的目标后，招商局集团坚持将有限的资源集中投入具备比较优势和市场前景的核心产业。2005年，集团核心产业资产占比和盈利贡献进一步上升，核心竞争能力逐步增强。2006年，在完成第一个再造工程后，招商局集团开始着手进行"新的再造工程"，始终围绕提高经常性利润目标，积极进行部署。

2009年是国际金融危机影响全面显现的一年。招商局集团以积极有为的姿态应对金融危机带来的种种影响，抓好各项经营管理工作，努力克服了各种困难，经常性利润恢复至金融危机前的水平，实现了企业平稳发展。2010年，招商局集团深入推行精细化管理，不断提升管理、技术等要素的贡献率，深入挖掘存量资产潜力，进一步提升主业竞争力，各核心业务取得大幅增长，集团的营业收入、经常性利润、净利润等关键业绩指标均达到历史最高水平。

二、优化财务组织架构

自漳州会议以来，为进一步加强管控效力，招商局集团不断调整财务部组织架构，充实财务职能，为集团加强财务管控打牢基础。

（一）财务人才队伍的优化

招商局集团通过建立有效的机制，注重培养财务人员的职业道德、敬业精神、工作责任心,注重提高财务人员的综合业务素质,培养造就了一支优秀的财务队伍。集团财务部建立了财务负责人委派制以及定期汇报机制,明确要求一级公司财务负责人处理好服务于本公司生产经营活动的"块块管理"和贯彻集团财务管理政策及意图的"条条管理"之间的关系,强化财务系统的"条条管理",这一要求提高了财务系统的整体效能,提升了集团财务管控的执行力。集团财务部还对财务负责人实施岗位轮换制度,以便不断熟悉集团的业务流程。在强化对财务人员进行管理的同时,持续加强人才培养,提高财务人员专业能力,提升财务管控效果。集团除不定期组织骨干财务人员开展相应业务培训之外,还通过财务管理制度明确规定财务会计人员每年集中受训的时间不应少于五天。

(二)财务组织职能的加强

2004年招商局集团财务部职能进一步调整,在原有的十四项职责基础上,新增五项职责:一是负责集团外部审计工作,按时对外提供集团合并审计报告,指导与管理所属一级公司核数工作;二是负责及时、准确报送国资委、监事会等机构和部门所需财务资料,并配合有关部门对集团的调研等工作;三是负责集团年度上报监事会的材料组织、统筹、协调工作;四是负责组织和管理集团资产评估工作;五是负责集团国有资产产权登记工作。为进一步配合集团主业的重构,提升资产处置效果,招商局集团要求财务部深入参与集团及所属一级公司优化资产范围的确认,参与集团资产处置方案的审核工作。

三、深化财务管控机制

2004—2010年,招商局集团财务部以强财务管控为核心,整合财务模型、管理会计、经营分析、资金债务集中管理等管控工具,严控财务风险,为集团实现质量、规模、效益均衡发展保驾护航。招商局集团在发展过程中对投资、债务、发展三者关系进行平衡,加强对有息债务、汇率利率、资本安排、重大项目投资、经常性利润等的管理,保障集团规模化投资所需要的资金并确保债务结构安全合理。

(一) 财务模型要素与变量的调整

招商局集团根据内外部因素变化情况对财务模型的要素与变量及时进行动态调整，不断优化财务模型，并拓宽财务模型在下属子公司中的应用范围。

经过动态调整，招商局集团财务模型优化为以市场需求信息及战略目标为起点，根据战略目标结合市场情况确定投入端需投入的资源数量，根据不同商业模式将投入分解为人、财、物，产出即为该商业模式下产出的产品或服务，形成相应的财务结果，最终量化为财务模型中具体的财务数据，以财务报表的形式进行展现。

到 2006 年，招商局集团的财务模型工作机制基本形成。每年 7—8 月集团各个子公司根据内外部环境的变化，输入业务和财务基本假设，滚动修订财务模型；集团总部根据各子公司财务模型修订情况，调整集团整体的财务模型，根据模型输出结果发现问题，形成预算、规划编制指引，指导下属公司年度预算、规划编制工作。

在财务模型实际应用过程中，招商局集团将财务模型与集团发展战略、经营计划、预算编制、监督考核相结合，不断根据集团发展需求和外部环境进行动态调整，引入敏感性参数和敏感性分析对模型进行优化。

2007 年 1 月 1 日，新企业会计准则开始实施，再加上集团经营状况从根本上好转，集团的战略也有所转变，财务模型仅关注债务、现金流等指标已不能满足战略管控需要，集团总部、漳州开发区和招商局国际根据新准则修改了财务模型的格式，并根据经济情况的变化，引入汇率、税收、土地政策、行业波动因素等重要敏感性参数进行敏感性分析，新增了"管理总资产"[①] "代理买卖证券款"[②] "净资产市值"[③] 等项目。

---

① 管理总资产是合并了招商银行、中集集团、南山开发以及招商证券资产管理业务相关资产，这个指标体现了集团管理范围所掌控的资产总额。

② 代理买卖证券款是招商证券总负债中代理客户买卖证券的负债，即总资产中属于客户的存款、备付金和保证金。这一指标是属于专户存放，集团无法动用，因此这一部分形成的负债没有偿付风险。

③ 净资产市值项目计算方法为：上市的资产以市场交易价格计价，未上市资产以账面值计价，由此计算出集团净资产的市场价值。

从损益表角度，财务模型仍以经常性利润为重要监控点，包括生产经营利润与经常性的投资利润，并将自营证券损益与浮动损益也列为经常性项目。不单列特殊资产减值损失，将正常经营中产生的拨备列为经常性利润减项，增设"股权摊薄利润""经济增加值""利息保障倍数"等项目。新增加"已实现自营证券损益"，即招商证券自营业务已实现（已交割）的损益，该项目在会计报表上属于投资收益的一部分，占损益的相当比例，但由于该业务利润波动性较大，对经常性利润稳定性的影响也较大，在财务模型中进行单列。

"未实现浮动损益"项目在会计报表上体现为"公允价值变动损益"，主要包括招商证券自营业务以期末市价计价而形成的损益，对招商银行、兴业银行等以期末市价计价形成的损益，集团及招商地产等进行债务风险控制而形成的衍生金融工具价值变动等。因为该部分损益尚未完全实现，会随未来市场情况变化，所以也进行单列分析。

在增加了上述指标的同时，由于集团不再需要处置资产用于归还债务，取消了"出售资产利润"项目，合并入"其他项目损益"。"净收益"项目方面，新会计制度的"净利润"包含少数股东损益，而招商局集团考虑自身作为代表出资方利益的母公司，应从母公司股东利益出发，一切指标应首先保证母公司股东利益，故新模型的"净收益"与之前保持一致，不包含少数股东损益，仅指母公司所有者净利润。为了与会计报表上的"净利润"相区别，将模型上的该项目列为"净收益"。对于从母公司股东利益出发的"净资产收益率"项目，仅指母公司所有者净利润与母公司所有者权益的比例，反映母公司所有者投资收益率。名称由原来的"净资产利润率"改为"净资产收益率"。

在现金流方面，调整后的经常性现金流项目包括经营性现金流、投资分红与利息支出，将购造地支出与投资支出并列，增设"资本经营现金净流入"，取消"资产经营（出售）现金净流入"项目。

（二）资金与债务集中管控的深化

招商局集团从多个方面深化资金与债务的集中管控，实现了对各公司的资金和债务的动态监控，提升了整体资金集中管控水平。

1. 资金集中管控的深化

在此时期，招商局集团在统一的资金管理体系和金蝶 K3 财务管理系统的配合下，持续深化资金集中管控。2004 年起，招商局集团对境内各公司的银行账户进行了清理，共清理关闭账户 107 个，除特殊需要的账户外，要求各公司开立账户不超过 3 个，基本结算账户集中在工商银行。招商局集团在账户清查的基础上开展网上银行的建设，制定了网上银行管理办法和会计核算办法，开通了网上银行收付款功能，核定了各公司的自留货币资金额度。依托中国工商银行系统，建立了以集团公司为主账户、各公司逐级上挂管理架构，实现了集团（不含上市公司）人民币资金集中管理。

2005—2006 年，招商局集团下属的招商地产、招商局国际在集团总部指导下，分别通过招商银行和建设银行建立资金集中管理体系。2006 年，招商地产在招商银行网银系统的资金结算量达 145 亿元，日常经营资金形成的结算基本通过招商银行网银进行；招商局国际通过建设银行系统自动归集资金共计 9.25 亿元，公司内借款均通过建设银行重要客户服务系统发放，共计发放 7.88 亿元，以自身资金在公司内部运转，压缩财务费用。

在账户集中管理的基础上，招商局集团与各银行开通了网银，实施现金自动归集，提高资金集中管理的时效性。2009 年下半年，集团总部和蛇口工业区开通了银企直连，安装了招商银行 CBS 系统，通过统一的界面，实时掌握公司在各银行的资金运作情况，提高了集团集中管控资金的力度。招商局集团初步形成了境内和境外两个资金集中管理体系，主要上市公司也利用网银系统建立了集中管理体系，并通过资金债务管理信息系统实现了对其下属公司资金和债务的动态监控。

通过深化资金集中管控，招商局集团强化货币资金管理，加强对债务和融资的管理，优化债务结构，降低货币资金占用，提高资金使用效益，加强网上银行业务的内部控制和风险防范。

2. 债务集中管控水平的提升

2004 年以来招商局集团进入高速发展期，聚焦主业进行大规模投资。集团有息债务规模大幅增加。具体如表 6-2 所示。

招商局集团再造与财务强管控体系的深化（2004—2010年） | 第六章

表6-2　　　　　　　　2004—2010年招商局集团债务情况

年份	总资产（万元）	总负债（万元）	有息债务（万元）	净资产（万元）	资产负债率（%）
2004	6 277 508.10	3 092 288.80	1 848 922.50	3 185 219.30	49.26
2005	7 880 007.00	4 115 763.20	2 846 364.20	3 764 243.80	52.23
2006	11 433 272.10	5 986 248.70	2 990 211.80	5 447 023.40	52.36
2007	21 718 523.40	13 968 467.30	3 839 865.80	7 750 056.10	64.32
2008	19 804 000.60	10 915 474.80	4 908 672.50	8 888 525.80	55.12
2009	26 827 558.10	15 376 167.10	5 022 589.40	11 451 391.00	57.31
2010	32 429 933.10	18 241 330.40	6 780 196.90	14 188 602.70	56.25

资料来源：2004—2010年招商局集团审计报告。

针对上述情况，招商局集团从制度建设、预算管理、总部引领以及债务结构优化等方面加强管理，实现了债务集中管控水平的整体提升。

在制度建设方面，招商局集团制定《招商局集团资金管理规定》，规范了现金使用过程中的审批、提取、支付程序，明确了对外融资由集团集中管理，并提出了管理的具体措施。子公司依据相关制度，积极配合债务集中管控工作，按照制度规定上报融资、担保、资金运作等方面的情况，使集团能从整体上把握有关情况，降低风险水平。

在预算管理方面，集团对预算的编制、预算的调整进行了规定。各公司的年度融资规模必须纳入年度财务预算计划，经集团批准后，再组织实施。各公司融资需求基于生产经营和投资计划确定，由集团总部结合对当年融资市场的分析判断，再加以调整。通过这种模式，集团总部控制了各公司的融资规模，有利于把握集团整体的债务风险规模。

在总部引领方面，集团总部积极介入各公司对外融资过程，协助对外谈判，安排法律顾问，落实合约，在市场风险、产品风险、利率、汇率的变化情况等方面提供指导意见，尽可能地降低风险。

在债务结构优化方面，集团总部根据集团收入、资产结构，同时考虑利率汇率等因素，对集团总债务进行了一系列重组，做好币种、期限、利率方面的结构性安排，使债务期限有所延长，债务币种与收入币种的配比

有所改善，固定与浮动利率的比例更趋合理。在债务利率风险控制方面，为了避免因市场利率水平上升而使债务成本大幅上扬，每年年初根据集团所有的外币债务情况和市场利率走势做一次综合分析，提出当年的利率风险控制策略和具体安排。确有需要的，运用不同的利率掉期工具，把浮动利率锁定在较低的固定利率水平上或较低的浮动区间内，提高了集团在财务成本方面抗市场风险的能力。

（三）清产核资和资产优化的推进

在基本完成了"重整"，成功化解债务危机后，招商局集团从 2004 年开始又进一步将资产优化工作提升到了"不断优化资源配置、突出做强主业"的高度加以认识和推动，将工作重点从处理不良资产转移到盘活、处置"四非一低"资产（非核心、非主控、非相关、非经营性资产和低效资产）上，促进企业增强"造血"功能。

在清理不良资产和处理"四非一低"资产的过程中，产业重组与架构重组同时进行。为了强化核心产业，招商局集团主动放弃了部分还有效益但是与核心主业无关的项目和产业。为了优化管理架构，招商局集团从组织扁平化、强化总部功能两个方面入手。招商局集团通过减少所属公司的数量，缩短管理链，促使组织结构趋于合理。针对管理架构上的纵向多极化，招商局集团大力压缩中间层，取消了 5 个一级公司建制，清理各类公司近 100 家。

经过多年的努力，招商局集团基本形成了"集团总部—战略业务单位—生产经营单位"三个管理层级，逐渐明确企业的核心产业，并不断以培育核心产业为重心进行资产优化。

港口业务作为招商局集团的核心产业，其资产优化是集团发展的核心。2004 年，经与一些极具实力的竞争者激烈争夺，招商局集团最终以 55.7 亿元的价格成功入股上港集团，占股 30%，成为上港集团的第二大股东。通过这项收购，招商局集团基本完成了我国集装箱枢纽港网络的战略布局工作，对于巩固招商局集团作为我国领先的公共港口运营商的地位和影响力具有重要意义。2006 年 10 月 26 日，招商局集团又积极支持、配合上港集团在上海证券交易所以吸收合并方式，成功实现整体上市。招商局国际所持上港集团股权由 30% 摊薄为 26.54%。除了上海和深圳之外，招商局集团还在青岛、宁波、天津等重要港口频频出手，目的便是构建公共码头网络。招商局集团还投资 83 亿元收购了太古公司所持有的香港现代货箱码头 5% 的股份，持股由 22.11% 升至 27.14%，进一步巩固了第二大股东的地位。经过以上投资布局，招商局集团成为我国唯一在珠三角、长三角、环渤海三大活跃经济圈拥有并管理港口的公共码头经营者。随着资产的不断优化，招商局集团港口业的竞争力和活力不断提高，资产的整合和联动为招商局国际及其港口业务带来了丰厚的回报。

地产业和物业管理方面，自 2001 年 9 月招商局集团地产业务重组完成后，形成了原地产集团和蛇口工业区两大块的四个经营主体（地产集团、蛇口工业区、招商地产、深圳市招商创业有限公司）。2004 年，伴随着石化业务的成功剥离，蛇口控股完成重组，正式更名为招商地产，控股管理的总资产规模达 90 亿元，净资产 32 亿元。这标志着招商局集团的地产业实现了聚焦，形成了自己的上市旗舰。一直到 2010 年，招商局集团内的房地产业务被逐步注入招商地产，实现了优质资源的整合上市。

金融板块在经历了"重整"之后，加大了不良资产的处置力度。为更好地募集资金，帮助消化和处理集团和其他子公司的不良资产，招商局集团采取了四项举措：一是推动招商银行的 A 股和 H 股上市；二是战略性退出平安保险；三是投资控股招商证券，力争早日上市；四是在基金、保险等金融领域择机拓展。通过招商银行和招商证券上市，集团既募集到了充足的资金，又利用这些资金推动发展核心产业，加大对核心产业的投资，优化并延伸核心产业链，进而实现金融业务和实体业务的相互促进、相互结合和相互发展。

四、完善经营分析体系

2004 年，招商局集团提出建立管理会计报表体系，各个子公司响应集团要求，以产业为单位开始建立并深化管理会计体系，建立了集团经营分析体系，实现对成本费用的有效管控，并对资产优化工作提供指导。

（一）管理会计体系建立

招商局集团管理会计体系建设经历了两个阶段：初步建立阶段（2004—2007年）和深化成熟阶段（2008—2010年），逐步建立起覆盖全部一级公司和重点二级公司的管理会计体系，为建设精细化管理会计体系奠定基础。

2004年起，招商局集团开始在总部对管理会计体系建设进行规划，各公司将公司业务运作系统和财务信息系统相结合，做到信息数据共享，立足公司经营管理现状，以部门、项目或业务单元为分析单位，有针对性地建立管理会计体系，并根据业务和管理重点的变化逐步完善。到2006年，全集团范围内所有一级公司和重点二级公司初步建立了相对统一的以成本管理和绩效管理为主要目标的管理会计体系。

在招商局集团管理会计建设成熟阶段，集团开始细化并加强经营分析等指标。2009年起，集团提出了"全成本"控制的概念并逐渐普及全面预算管理、作业成本法、责任会计等基本管理会计方法。招商局集团根据"全成本"控制理念，将成本管控作为集团管理会计建设工作重点。各个子公司不断深化管理会计的运用，一是完善了公司成本控制的基础工作以及制度和流程，将与成本费用支出有关的经营管理工作纳入规范的流程控制之中；二是对公司成本构成、成本习性做深入分析；三是通过目标成本控制、预算控制等方法，在成本费用发生之前和过程中进行有效控制。

经过两个阶段的发展，招商局集团逐步形成以预测、控制、决策和评价为核心功能，以成本费用管理为基础，全面预算管理和管理会计报表体系为介质，绩效评价为统领，涵盖多层次、多公司的管理会计框架体系。

招商局集团根据国资委对中央企业加强成本费用管理的要求，将管理会计方法与成本费用管控体系相结合，以提升经常性利润为目标，依托本量利分析、作业成本管理等成本管理方式，明确各个业务的成本构成。同时，招商局集团将成本费用管理与全面预算管理、管理会计报表体系及绩效管理紧密结合，以成本信息作为预测、控制成本、绩效考核的信息基础，进而提升管理会计应用分析的效果。

全面预算管理与管理会计报表体系是招商局集团管理会计体系的核

心。在全面预算管理方面，依据国资委2006年发布的《中央企业财务预算管理暂行办法》，招商局集团在财务模型滚动修编的基础上，分解战略目标，根据子公司发展情况和成本费用信息进行财务预算编制。同时，集团不断完善预算的管控机制，进行事前、事中、事后全流程管理。通过建立审核和批准制度对预算进行逐级审批；通过建立预算执行的检查和监督机制及时对预算执行情况进行分析与监测；通过预算考核机制进行事后的严格检查。通过管理会计报表体系产生管理会计的分析结果，对集团和子公司当前战略营运情况进行分析总结，对KPI、成本费用管理等方面的情况进行报告。

绩效评价是招商局集团管理会计体系的统领。招商局集团以绩效评价体系为上层设计，通过目标导向引导并改变子公司经营管理。同时，招商局集团绩效评价体系充分融合全面预算管理、管理会计报表体系、成本费用管理信息和财务模型等的数据，对集团和子公司管理进行全方位评价与考核。

（二）经营分析指标建立

自2006年起，招商局集团各个子公司在管理会计体系基础上逐步建立起管理会计报表体系。通过对管理会计分析数据进行归纳整理，围绕KPI、成本费用等方面按业务特点进行编报说明，并与财务模型深度融合，结合业务分析与市场分析初步建立集团经营分析体系。

交通物流业经营分析体系方面，招商局国际管理会计报告包括港口业务、物流业务和港口相关业务。在集团总部要求下招商局国际2006年开始对所属各项业务做对标分析，取长补短并实现提升。这一时期，招商局国际规范了财务分析的模板，把管理会计报表与财务分析结合起来，共同构成了公司的财务分析体系。迅隆船务通过本量利模型的运用，在对航次成本的习性分析中得出重点关注的成本项目，针对燃料费、维修费等占比较大的项目，采取一系列措施进行重点控制。招商物流形成了"招商局物流集团经营分析管理报表"，建立了与新科安达的对标分析。同一时期，招商物流完善了管理会计报表体系中的仓储投资回报率分析、自有车辆投资回报率分析及重要客户营业额和利润率分析等指标，进一步深化了管理会计报表的质量。招商局工业集团有限公司（以下简称"招商工业"）作为招商局集团旗下装备制造业务板块的资源整合和管理平台，以修船业务为公司主要业务。招商工业根据各业务板块不同的成本构成和特点，分总体层面、各业务块层面和指标三个层面初步构建了管理会计及成本控制分析体系，通过管理会计解决企业在供应、生产、销售等各个环节中面临的问题。2008年，招商工业将业务量指标引入预算体系，建立业务量预算，在经营分析中加强业务量变化的分析，根据主要业务的特点，按不同的工程内容，完善了以生产量、单位售价和单位成本为基础的业务量指标体系，以揭示生产经营过程中存在的问题。华建中心管理会计分析主要项目包括KPI、投资收益、投资分红、管理费用、收入明细、车流量、成本明细、车辆通行费成本明细、损益简表、财务数据和盈利能力分析。针对以高速公路运营为主业的产业特色，华建中心管理会计报表中增加了车流量和车辆通行费成本明细两个项目，同时在其他项目中针对性地对其主要产业指标作出调整。招商局海通贸易有限公司（以下简称"招商海通"）是集海事、食品及大宗贸易为一体的综合性贸易集团。作为贸易企业，其管理会计报表核心在海事、交通业务、亚洲食品、烟酒供应四大主营业务盈利水平分析上。通过对主营业务收入、主营业务成本和主营业务利润的上年同期比较和预算目标比较，进而分析出其主营业务的变动情况和对公司盈利水平的影响。同时，招商海通管理会计报表加入了EVA（经济增加值）分析，增加了包括税后净营业利润、资本成本、EVA和EVA的变动值等指标。

金融业经营分析体系方面，招商局金融集团有限公司（以下简称"招商金融"）作为招商局集团金融板块的核心企业，其管理会计报表包含招商局集团保险业务、证券业务、银行业务等所有金融相关业务。同时还对招商银行进行了横纵向比较，对招商证券、博时基金进行了横向比较和说明。其主要项目包括：主营业务利润结构、保险业务利润结构、主营业务成本分析、管理费用分析、管理费用项目增减变动表（包含股权口径和管理口径）、财务收益分析、净资产回报率、投资回报率、应收款分析和证券投资回报率分析。

房地产业经营分析体系方面，蛇口工业区是招商局集团旗下城市综合开发运营和地产板块的重要企业。在管理会计建设方面，蛇口工业区建立了与万科、中海、金地公司的项目对标体系，重点分析经营效益、规模、土地储备等关键资源项目，找出成本控制、开发效率的优劣点。通过加强业务结构分析和对标分析，为经营业务结构调整提供决策依据。蛇口工业区管理会计报表包含KPI、利润结构、关键资源（包括总体、招商地产土地储备、其他土地资源、出租性物业和招商地产基建支出）、招商地产销售（包括总体和区域情况）、成本分析（包括商品房开发、租赁、供电、水务、物业和客运服务）、销售费用、管理费用、对标分析以及应收账款等。

（三）经营分析体系确立

在两个"再造"时期，招商局集团经营分析体系日趋完善。集团每个季度对集团总部和子公司经营状况进行财务指标分析和经营指标分析，并与上年同期进行对比。根据分析发现问题提出相应的风险预警与风险应对措施，帮助招商局集团及时准确地做出决策。

招商局集团的财务指标分析包括两部分：一是集团整体的经营情况分析，其中有预算完成情况、资产负债情况、损益情况、现金流量情况、综合指标分析；二是主要公司的经营效益分析，其中有主要产业和子公司的预算指标完成情况、经营效益比较分析，以及主要问题和主要风险点。在每一期的经营分析中，财务部门都会对重点的财务指标与上年同期或是上一期进行对比，分析财务数据出现波动的原因，并根据业务特点针对性提出关注事项和建议。

招商局集团对主要子公司的经营指标分析是经营分析的另一个重点，按照总体经营情况、主要业务市场变动情况、主要业务经营活动情况、子公司总体财务情况、重点工作进展情况、竞争力分析和综合评析几个方面进行分析。在分析过程中，重点关注经营数据变动原因。在整体经营分析基础上，进一步对分类业务的生产经营情况进行梳理，从公司层面细化到业务层面。在分析完公司业务数据后，对预算和战略中安排的重点工作情况进行追踪，对其进度和质量进行把控，对出现的问题和成因进行总结。最后结合国家政策、市场情况和战略对子公司核心业务进行竞争力的分析，选取同业能够体现竞争性的指标进行对比。在完成上述三个方面的分析后，集团会根据子公司业务特点对可能存在的问题或是需要及时识别并防范的风险给出提示与建议。

集团在进行财务指标和经营指标分析后，向相关各方出具经营分析报告，作为集团经营分析结果的载体。其目标如下：一是解析过去，经营分析报告使管理层了解过去经营管理中的问题；二是掌控当下，经营分析报告通过一系列指标纠正实施过程中的偏差，使企业的经济活动能够严格按照预定的战略方向有效进行；三是规划未来，经营分析报告有助于提高预测和战略决策的科学性。

五、积极开展税务管理

随着贸易的全球化，国内市场进一步对外资开放，中国企业逐渐融入世界经济体系中，面临着越来越大的竞争压力。在此背景下，国家出台了一系列税收政策，包括统一内、外资企业所得税，从生产型增值税逐步过渡为消费型增值税等。

招商局集团要求各级公司积极研究税务法规，提出应对政策，同时做好税务培训与税务管理工作。2007年，国家通过了《中华人民共和国企业所得税法》，统一了内、外资企业的所得税制度，并规定自2008年1月1日起实施。招商局集团财务部积极研究了新企业所得税法带来的影响，形成专题报告供集团管理层决策参考。2007年，深圳市开征土地增值税和土地使用税，蛇口工业区与招商地产进行了积极研究，详细分析了相关政策对房地产项目利润、售价、成本等带来的影响。

招商局集团的部分下属公司也开始了税务管理的探索。例如，招商局国际成立税务专项工作领导小组，建立税务联络员制度，开展系统内协同工作，对股息预提所得税、关联企业间转移定价特殊纳税调整、土地使用税、营业税、增值税等税务事项进行合理安排。招商地产设置税务专员，对下属公司常见涉税业务（包括税金计算、计提和发票领购等）进行统一和规范，并开始按月统计下属公司的纳税情况。

第四节

与风险管理及内部控制相协同的集团财务管控深化

2004—2010 年，招商局集团强化内部控制和风险管理体制建设，不断完善制度体系，并依靠严格监管确保制度落地，保障了集团实现规模、质量、效益协同发展。

一、风险管理和内部控制的整合

（一）财务风险为主线

2006 年，为全面落实科学发展观，进一步加强和完善国有资产监管工作，深化国有企业改革，加强风险管理，促进企业持续、稳定、健康发展，国资委出台了《中央企业全面风险管理指引》。根据该指引，招商局集团财务部结合企业实际经营情况确立财务风险类别，并根据风险表现、风险原因和风险影响提出相应的应对措施。

在《中央企业全面风险管理指引》中，国资委对财务风险类别进行了规定，对风险指标进行科学划分，形成了以七大财务风险指标为核心的财务风险管理体系。包括：负债、或有负债、负债率、偿债能力；现金流、应收账款及其占销售收入的比重、资金周转率；产品存货及其占销售成本的比重、应付账款及其占购货额的比重；制造成本和管理费用、财务费用、营业费用；盈利能力；成本核算、资金结算和现金管理业务中曾发生或易发生错误的业务流程或环节；与本企业相关的行业会计政策、会计计算、与国际会计准则的差异与调节。

对此，招商局集团开始初步建立起风险库和全面风险管理体系。2007 年起，集团根据企业自身情况、业务所在地市场情况和国家要求对财务风险进行分类，将招商局集团财务风险分为市场风险、信用风险和流动风险三大类①。

在市场风险方面,招商局集团属于在港央企,所面临的市场风险主要为外汇风险、利率变动风险和其他价格风险。其中,承受外汇风险主要与美元、欧元及港元有关,除招商局集团设立在香港特别行政区和境外的公司以注册当地货币进行采购和销售外,集团的其他主要业务活动以人民币计价结算。外币余额的资产和负债产生的外汇风险可能对招商局集团的经营业绩产生影响。利率变动风险主要与借款相关,招商局集团的外币借款主要为浮动利率的美元及港币借款,人民币借款方面,集团在短期和中长期借款利率安排中,通过提早借入固定利率贷款,并提高固定利率贷款在全部贷款中的比例,在一定程度上规避了利率上升对成本的影响。其他价格风险是由于集团持有的分类为可供出售金融资产的投资在资产负债表日以公允价值计量。因此,集团需要承担证券市场变动的风险,在必要时,招商局集团将会采取针对性措施降低金融资产价格变动风险。

在信用风险方面,为降低信用风险,招商局集团要求各经营公司成立相应小组负责确定及审批信用额度,并执行其他监控程序以确保采取必要的措施回收过期债权。此外,需于每个资产负债表日审核每一单项应收款的回收情况,以确保就无法回收的款项计提充分的坏账准备。通过以上措施,集团的信用风险得到了有效控制并不断降低。

在流动性风险方面,集团为整体有息债务率设置了40%的风险管控红线,并保持充足的现金及现金等价物以满足集团经营需要。同时,对银行借款的使用情况进行动态监控,并做好银企关系的维护。

经过多年制度化建设,招商局集团逐步形成了规范的内部控制制度和风险管理体系,有效保障了集团各项业务的合规经营、高效运作和风险可控。这一时期,招商局集团将风险管理作为内部控制的主要内容,做到了与日常经营的高度融合。

2010年,招商局集团开始进行新的风险管理规划。在新的规划中,招商局集团全面按照国资委要求,围绕集团战略目标,为增强集团核心竞争

---

① 《招商局集团2007年审计报告》附注67。

力，提升投资回报水平，促进集团各产业的持续、健康、稳定发展，本着从集团实际出发，务求实效的操作思路，紧紧结合集团日常管理工作，以对重大风险、重大事件的管理和重要流程的内部控制为重点，把风险管理的各项要求融入企业管理和业务流程中，开展全面风险管理工作。

招商局集团从集团层面确立与集团总体发展目标相适应、可承受的风险范围；通过可靠的信息系统确保内外部信息及时沟通，打通集团识别、防范风险的路径；确保集团各项生产经营活动遵守法律与相关内部控制规定，进而保障经营管理的有效性，提高经营活动效果，降低实现经营目标的不确定性；在风险应对方面，集团形成一套完善的重大风险应对体系，最大程度降低重大风险造成的损失。

在这一规划基础上，招商局集团开始着手进行全面风险管理体系建设，为集团下一阶段的发展提供了保障。

（二）风险管理为目标

随着招商局集团内部控制体系与风险管理体系的不断协同完善，招商局集团逐步形成了以内部控制为主体、以风险管控为核心、以财务管控为纽带的强管控体系。从流程出发，切实将集团内部控制制度和生产经营流程相融合，严格进行岗位分离、管理牵制、交叉检查。

风险管理是内部控制工作的主要内容，并深入集团业务的各个层面，穿插在内部控制的各个环节，全面覆盖内部控制的流程并与日常的管理工作深度结合，其中最为突出的是财务风险管理。招商局集团在财务风险管理过程中充分吸取亚洲金融危机的教训，建立了以市场风险、信用风险和流动性风险为核心的财务风险库，并根据风险库进行风险的及时识别、防范与应对。在次贷危机期间，招商局集团依据风险库及时识别、主动应对，通过资金集中管控等方式有效应对流动性风险，最终集团平稳渡过次贷危机。

财务强管控是招商局集团管控体系的特色，也是连接内部控制与财务风险管理的纽带。内部控制是对流程的控制，而财务风险管理是对财务风险点的识别与管理。在两个"再造"时期，招商局集团先后完善了集团的财务模型体系和财务信息化体系，并形成了完整的资金、债务管理体系。

通过各项财务体系的不断建立和完善，招商局集团能够准确、及时识别集团和子公司生产经营活动中的财务指标波动，并通过财务分析及时发现其中可能存在的风险，并按照风险库的指引进行风险管控。集团通过内部控制制度的完善，进一步强化了对资金、债务的集中管控，有利于高效应对流动性风险、债务风险等威胁集团发展的重要风险，也有利于内部控制与风险管理紧密协同。

（三）内控流程为手段

为有效防范企业内部风险，招商局集团逐步建立起内部控制体系。在2008年之前，集团已经分别制定了《招商局集团内部控制规定——销售与收款》《招商局集团内部控制规定——采购与付款》《招商局集团内部控制办法——固定资产》《招商局集团内部控制办法——筹资》四项制度，规范了集团的销售与收款、采购与付款、固定资产及筹资等流程。2008年，集团根据国资委要求制定了《招商局集团内部控制规定——存货》《招商局集团内部控制规定——财务报告编制》《招商局集团内部控制规定——财务预算》三项内部控制制度。

2009年，招商局集团结合财政部颁布的内控制度规范和国资委对中央企业风险管理、财务监控等方面的管理要求，修订完善了《招商局集团财务负责人工作职责管理规定》《招商局集团内部控制规定——财务机构和财务人员》《招商局集团内部控制规定——参资企业财务管理》《招商局集团内部控制规定——金融衍生品》《招商局集团内部控制规定——外部审计》《招商局集团差旅费财务管理办法》《招商局集团职工福利费财务管理办法》《招商局集团对外捐赠管理办法》八项制度，于2010年起执行。集团的财务管理制度中明确规定"各公司应建立各类业务的财务决策制度，明确决策程序、权限和责任，落实操作流程中各风险点的控制，并建立以财务风险管理制度为基础的公司全面风险管理制度"。在此期间，招商局集团制定了一系列内部控制制度，初步形成了一套完整的集团内部控制制度体系，对控制财务风险起到了积极的作用。

集团各公司也加强了财务制度的建设，如招商局国际制定了《公司管理费用预算办法》和《总部管理成本费用改进指引》；漳州开发区制定了

《有限公司货币资金管理办法》《交通专项资金暂行规定》《管委会财务预算管理办法》《漳州开发区招商引资专项费用补充管理办法》《漳州开发区外派财务经理管理办法》；招商工业针对孖洲项目加强基建管理制度建设，制定了《预算资金管理办法》《设备（工程物资）采购管理办法》《合同付款管理办法》《工程签证管理办法》等，细化了原《基建工程项目的内部控制制度》的相关内容。

内部控制流程管理实施体现在集团具体业务流程中，对招商局集团而言，内部控制流程管理主要体现在三个方面：一是以企业财务报表项目相关的、可能对财务报告真实可靠性产生较大影响的经济业务事项提出的具体控制规范；二是与财务报表编制相关的控制规范；三是为实现有效财务报告内部控制所必需的过程支持规范，包括货币资金、实物资产、对外投资、工程项目、采购与付款筹资、销售与收款、成本费用、担保等控制规范。

二、风险管理体系与财务管理的融合

招商局集团不断深化财务风险管控，高度重视财务风险防控和相关监督工作，从顶层设计的高度做出系统安排。招商局集团结合自身财务风险管控要求，形成了财务风险为导向、以财务模型以及财务信息化为主的方式，不断促进集团风险管理体系与财务管理的融合。

（一）财务风险评估

招商局集团基于流程对财务风险进行评估与分析，根据宏观环境变化以及集团管理需求，选取关键内控环节进行评估，包括资产管理流程、全面预算管理流程、财务与报告管理流程、担保管理流程、资金管理流程、产权管理流程、流动性储备管理流程七大关键流程，按照评估结果不断完善更新并对风险库建设进行了规划。

在财务风险控制方面，集团从流程出发，针对流程中存在的金融衍生工具应用风险、流动性风险、债务结构风险进行管控，并取得积极成效。

（二）财务风险应对

经过多年的规范化制度建设及实际应用中的不断完善，招商局集团以经营计划管理为主线，将财务风险管控与业务流程深度融合，形成了较为完善的风险管理制度、规定、办法和流程，保证了集团各项业务的合规经营、高效运作和财务风险可控。

以应对金融衍生工具风险为例，集团严格规定金融衍生业务的开展必须有真实的业务需求，并与相应的业务规模匹配，做到风险对冲、锁定成本，严格控制非对冲风险。同时针对金融衍生工具市场发展迅速、知识更新快、风险不断变化的特点，集团要求加强负责操作及监督的岗位人员相关专业知识的培训，重点培养风险意识以及甄别高风险产品的能力。

第五节 财务信息化系统的扩展与改进

招商局集团财务信息系统建设涵盖会计处理、管理控制与财务分析全流程，以会计核算为基础、财务管控为核心、财务分析为手段，实现了三者之间的集成。集团通过顶层设计，统一部署，在选定金蝶 K3 系统后，开发应用会计核算、财务管控、财务分析功能，形成自上而下且覆盖全集团的会计信息系统。

一、财务信息系统的应用

招商局集团通过对金蝶 K3 系统的开发与深度应用，建立起三大板块四套系统。三大板块分别是信息导入板块、合并报表板块和财务分析板块，四套系统分别是核算系统、合并报表系统、资金信息管理系统和财务分析系统。招商局集团通过三大板块和四套系统的高效整合实现了财务数据的集中，财务核算平台的统一强化了财务信息管控力度，规范了财务管理的信息标准、操作流程，提升了财务分析质量，为决策提供支撑。

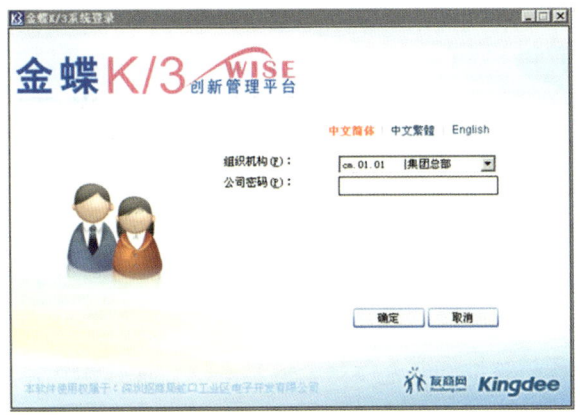

金蝶 K3 财务管理系统登录界面

（一）以信息化提升报表编制效率

2004 年底，招商局集团已经完成了金蝶 K3 系统在集团的实施和推广，统一并完成底层财务核算的信息化和业务操作的规范化。在此基础上，集团建立统一应用合并报表系统，将集团各级公司的报表置于同一基础合并架构当中。

合并报表编制的基本流程：建立合并方案→报表模板制作并下发→下属公司编制报表并审核→接收报表→制作抵销分录→工作底稿→合并报表。合并报表体系以统一合并方案为基础，将所有纳入合并报表的公司纳入合并方案，由集团统一制作报表模板并下发，充分利用系统的合并抵消功能，完成报表汇总与合并工作，提升合并报表的效率。

在报表上报方面，对于集团内已经使用金蝶核算系统的公司，可以直接从核算账套中取数上报；未实施金蝶核算系统的公司，可以手工录入数据或从 Excel 中导入数据进行上报。通过使用合并报表系统，利用系统内的勾稽关系检查等功能，提高了子公司报表的上报效率和质量，子公司快报由 2001 年 4 天上报提升到 2 天上报；季报由 2001 年的 20 天上报提升到 10 天上报。

（二）以信息化加强财务管控

招商局集团兼具金融和实业业务，具有三大属性：金融属性、集团属性和产业完全市场化属性。集团的金融属性意味着对于集团可能面临的金融风险,传播速度快、波及面大且传导性强。对于集团属性,由于子公司之间相互关联,可能存在横向波及的风险。由于集团的主要产业均处于完全竞争市场,因此产业受市场的影响较大,市场风险是集团各主营业务首要面对的风险。针对这些风险,集团总部需要在第一时间得到相关的财务数据,并对财务数据进行汇总分析,呈现给集团的管理层进行决策。因此,加强财务信息化建设是提升招商局集团财务管控能力的必经之路。

招商局集团持续推进财务与业务信息系统一体化工作,为精细化管理奠定基础。通过构建综合管理信息系统,实现财务业务的信息综合;通过构建资金管理信息系统,对集团资金、授信和债务状况进行动态管控。集团通过多个系统的深度融合,提升了财务管控能力。

(三)以信息化提升财务分析

2005年,招商局集团开始使用基于金蝶数据的Brio财务分析系统,实现了在集团层面层层钻取来展示财务分析成果。该系统是在金蝶软件合并报表系统的基础之上,通过建立数据仓库对有关信息进行挖掘、整理,将集团(包括下属公司)的主要财务数据进行收集、汇总,最后根据集团财务分析需求建立相关数据模型,从月度快报、资产负债、损益情况、现金流量、综合指标五个方面进行分析,通过客户端工具以图形或报表方式展现财务分析的结果,及时、快速地提供财务分析报告,为判断及决策提供信息支持。

招商局集团大力探索管理会计应用深化,逐渐形成管理会计报告体系。集团从顶层设计,将管理会计与财务模型、财务信息化系统深度融合,与集团业务分析体系和市场分析体系共同构成集团的经营分析体系。

二、财务信息化的优化

(一)实现集团财务信息化系统全覆盖

2004—2010年,招商局集团不断推动普及金蝶K3核算系统,并加大系统的深层次应用,将合并报表系统和财务分析系统逐渐在集团的实体公司全面推广使用。2002 年至 2006 年集团金蝶 K3 核算系统应用情况如表 6-3 所示。到 2010 年,集团实现统一使用金蝶 K3 会计核算软件,全集团实现联网,从集团可以无限钻取到最小的会计核算单元,极大提高了集团会计信息的质量和时效性。

表 6-3　　　　　集团金蝶 K3 系统应用情况

年份	账套数量/范围
2002	624 个
2003	433 个
2004	604 个(合并报表范围下全集团 402 家公司统一使用金蝶 K3 系统)
2005	616 个
2006	除物流集团使用 SAP 的 ERP 系统外,集团所属合并公司统一使用金蝶系统

资料来源:《关于招商局集团财务信息化建设工作的情况报告》。

为了提高集团财务信息化应用水平,2005 年招商局集团组织编写财务信息化操作手册,涵盖金蝶 K3 核算系统、合并报表系统和财务分析系统三部分的内容,为进一步规范集团财务管理和提高财务信息处理效率发挥了重要作用。

(二) 加强集团资金与债务管理

招商局集团依托资金管理信息系统提升集团对资金与债务的管理水平。资金管理信息系统通过对债务数据进行规范和管理,以银行科目信息和金蝶 K3 核算系统的数据为基础,采用集中式的资金管控平台,实现对集团资金、授信和债务状况的动态管控,提供有效的资金管理分析信息。

资金管理信息系统包含两个模块:债务管理模块和资金管理分析模块。资金管理分析模块又分为数据集中、数据分析和数据预警三个流程。资金管理信息系统的工作原理是,首先进行债务数据的采集,包含债务数据、手工报表和收/付款证;在采集完成后,将债务数据进行集中处理,再交由数据分析平台进行数据分析,包括资金结构分析、债务结构分析和资金综合分析;最后根据数据分析结果形成分析报表,进行风险预警。

资金管理信息系统具有两大特点。一是覆盖面广,支持多组织架构。

随着财务信息化建设的落地和深化，招商局集团已经实现了财务信息系统全覆盖。一方面，资金管理信息系统能够按照层级管控下级公司，对所管控范围的资金和债务数据进行分析；另一方面，集团内各个子公司均可使用资金管理信息系统对债务信息进行分析和预警，将资金风险防控的机制纵向前移。二是及时性较强。资金管理信息系统所采集的数据为截止日前一天的数据。通过对数据的及时采集，集团可以快速作出数据分析，并将最新数据分析结果及时提交给管理层等数据需求方。因此，集团可以对子公司及时地进行业务监控，识别资金风险，高效应对。

第六节 基于新企业会计准则的会计核算与会计报告

为保证会计准则顺应时势、创新趋同，在实行一系列会计改革之后，财政部于2006年颁布了一套框架较为完善、内容形式较为完整的新企业会计准则体系。2007年招商局集团财务部全面修订集团财务会计制度，发布《招商局集团会计制度》和《招商局集团财务管理制度》，于2008年1月1日起在全集团范围内推广执行。

一、我国会计准则体系的成熟

2006年财政部发布《企业会计准则》，包括四个部分：1项基本会计准则、38项具体会计准则、准则应用指南、准则解释。新会计准则实现了我国会计准则与国际会计准则的实质性趋同。此后，内地与香港、中国与欧盟分别签署了会计等效联合声明，确认双方会计准则等效互认。2010年4月，财政部发布《中国企业会计准则与国际财务报告准则持续趋同路线图》，再次明确了我国准则与国际准则持续趋同的目标。至此，我国会计准则体系逐渐成熟，形成包括三个层级在内的完善结构，即以基本会计准则为第一层次，以具体会计准则为第二层次，以应用指南和解释公告为第三个层次。

（一）基本准则

《企业会计准则——基本准则》（以下简称《基本准则》）是会计准则体系的第一层次，也是整个会计准则体系的概念基础，主要解决会计确认、计量和报告的基本原则。与以往的会计制度和会计准则相比，《基本准则》主要有以下四个变化。一是将原来的会计原则改为"会计信息质量要求"，提出了客观性、相关性、明晰性、可比性、一致性、实质重于形式、重要性、谨慎性、及时性九条质量要求。二是重新定义六个会计要素，规范资产、负债、收入、费用的确认条件，并第一次正式引入了利得和损失两个概念。三是单独增设了"会计计量"一节，规定企业可以采用历史成本、重置成本、可变现净值、现值、公允价值五种计量属性进行会计计量。引入了公允价值的应用与计量，权责发生制和历史成本不再作为会计核算的基本原则。考虑到中国市场和企业发展状况，《基本准则》指出，在金融工具、投资性房地产、非同一控制下的企业合并、债务重组和非货币性交易等方面，有限制地采用公允价值。四是修订会计报表体系，《基本准则》提出，财务会计报告体系不再要求编制财务状况变动表和财务状况说明书，增加现金流量表等报表。

（二）具体会计准则

新会计准则体系包括38项具体会计准则，公布时间和执行时间与《基本准则》相同。具体准则是在基本准则的指导下，处理会计具体业务标准的规范。具体内容可分为一般业务准则、特殊行业和特殊业务准则、财务报告准则三大类。一般业务准则是规范普遍适用的一般经济业务的确认、计量要求；特殊行业和特殊业务准则是对特殊行业的特定业务的会计问题做出的处理规范；财务会计报告准则主要规范各类企业通用的报告类准则。

新会计准则体系在存货核算、债务重组、资产减值准备计提、合并报表、投资性房地产、股份支付、所得税准则、衍生金融工具等方面有较大改动，与国际会计准则实现了实质性的趋同，使企业利润出现较大波动。

(三) 会计准则应用指南和准则解释

会计准则应用指南从不同角度对企业具体准则进行强化，解决实务操作，包括具体准则解释部分、会计科目和财务报表部分。应用指南是对具体会计准则的细化和重点、难点内容提供的操作性规定。应用指南后附会计科目和主要账务处理两部分："会计科目"部分列出涵盖各类企业交易或事项的 156 个会计科目名称，并按照传统的做法将这些会计科目分为资产类、负债类、共同类、所有者权益类、成本类、损益类六类；主要账务处理部分说明了各个会计科目的核算内容、明细账设置和期末余额所反映的经济内容。

会计准则解释是对《企业会计准则》实施中所遇到问题的解释。财政部 2007 年发布的《企业会计准则解释第 1 号》对"企业发行的金融工具应当在满足何种条件时确认为权益工具""嵌入保险合同或嵌入租赁合同中的衍生工具应当如何处理""企业如有持有待售的固定资产和其他非流动资产如何进行确认和计量"等十个问题进行解答。2008 年发布的《企业会计准则解释第 2 号》回应了"对于合营企业是否应纳入合并财务报表的合并范围""售后租回交易认定为经营租赁的会计处理"等六个问题。2009 年发布的《企业会计准则解释第 3 号》回答了"高危行业企业提取的安全生产费应当如何进行会计处理""企业收到政府给予的搬迁补偿款应当如何进行会计处理"等八个问题。企业会计准则解释的颁布是为深入贯彻企业会计准则，解决执行中出现的问题，同时考虑会计准则持续趋同和等效情况。

二、招商局集团会计核算

招商局集团财务部根据国家颁布的各项法规全面修订《招商局集团会计制度》和《招商局集团财务管理制度》。《招商局集团会计制度》是集团各级财务人员会计核算的详尽指引，此次修订，及时将 2006 年《企业会计准则》的新变化融入集团会计制度，形成集团执行新准则的规范文件和实施路径，提升了会计信息质量。

（一）招商局集团会计基础

招商局集团 2004 年度决算报表仍按香港会计准则编制、审计。此后，招商局集团向国资委提交《关于申请执行〈企业会计制度〉的请示》，请示从 2005 年 1 月 1 日起执行中国会计制度。获批后，自 2005 年 1 月起，集团月度快报、季度报表及年终决算报表均按中国会计制度编制，并上报国资委等政府部门。2005 年度的报表审计，以出具中国会计制度的报表为先。集团的香港准则审计报告，通过对中国会计制度审计报告进行准则转换形成。

招商局集团自 2007 年 1 月 1 日起首次执行新会计准则。除招商证券执行《金融企业会计制度》外，招商局集团及其子公司执行企业会计准则及其补充规定。招商局集团各公司会计核算以公司持续、正常的生产经营活动为前提，对公司发生的各项交易或事项进行确认、计量和报告。集团会计期间分为年度、季度和月度，年度、季度和月度均按公历起讫日期确定，季度和月度均称为会计中期。各公司根据情况选定人民币或其他货币作为记账本位币，并按制度规定编制人民币的财务会计报告。

（二）招商局集团会计制度

招商局集团会计制度体系分为制度及规定两大类，制度是指《招商局集团会计制度》，主要明确集团关于会计核算的基本要求，包括会计确认、计量等方面的原则、基础和基本处理方法，这是集团会计制度体系的基础；规定是指招商局集团根据需要对《招商局集团会计制度》中未涉及的或须明确的交易和事项作出的规范性要求，规定是建立在会计制度基础之上的具体规范。制度与规定都是招商局集团及其下属公司会计工作应遵循的规范。

修订后的《招商局集团会计制度》于 2008 年 1 月 1 日起执行，内容包括总则、金融资产、存货、长期股权投资、固定资产、无形资产、投资性房地产、非货币性交易、资产减值、负债、所有者权益、收入、费用和利润、或有事项、债务重组、政府补助、借款费用、股份支付、所得税、外币折算、租赁、会计政策、会计估计变更和差错更正、资产负债表日后事项、企业合并、合并报表、每股收益和财务会计报告的确认与计量的核算。

《招商局集团会计制度》后附《招商局集团会计制度——会计科目》《会计制度报表格式》《招商局集团会计报表编制说明》三部分。会计科目部分对会计科目使用要求、会计科目表（各级科目共计 626 个）及会计科目使用说明进行了阐述，将会计科目分为资产类、负债类、共同类、所有者权益类、成本类和损益类六大类；报表格式部分对招商局集团决算报表目录的 73 张会计报表格式进行规范，包括资产负债表、利润表、现金流量表、所有者权益变动表以及各项目明细表的格式；会计报表编制说明部分分别阐述了年度及季度会计报表、月度会计报表的编制说明，其中年度及季度报表对《会计制度报表格式》中列示的所有表的编制进行说明，月度会计报表编制说明则对招商局集团月度快报、重大资金活动、主要资产负债数据、投资收益快报、集团外有息债务快报以及月度货币资金快报作出解释说明。

《招商局集团会计制度》适用于招商局集团各级全资、控股公司和单位，集团控制的上市公司原则上执行该制度，在执行该制度过程中，在形式、程序等方面须满足国家关于上市公司相关法律、监管要求。参资公司和单位可参照执行。

（三）招商局集团会计制度应用

对于执行新会计准则发生的会计政策变更，招商局集团采用追溯调整法和未来适用法两种方法进行处理。

1. 采用追溯调整法

招商局集团于 2007 年 1 月 1 日首次执行新会计准则，并自该日起按照新会计准则的规定确认、计量和报告招商局集团的交易或事项。对于因首次执行新会计准则而发生的会计政策变更，招商局集团采用下述方法进行处理。

（1）长期股权投资。执行新会计准则之前，长期股权投资采用权益法核算时，初始投资成本大于应享有被投资单位所有者权益份额的差额作为股权投资借方差额核算，并按"规定期限平均摊销"的方式计入损益。初始投资成本低于应享有被投资单位所有者权益份额的差额，在《财政部关于印发〈关于执行《企业会计制度》和相关会计准则有关问题的解答（二）〉的通知》发布之前产生的作为股权投资贷方差额核算，并按一定期限平均摊销计入损益；在上述通知发布之后产生的，计入资本公积。

执行新会计准则之前，母公司报表中以权益法核算对子公司的长期股权投资。执行新会计准则后，于首次执行日，对母公司报表中对子公司长期股权投资予以追溯调整，视同该子公司自最初即采用成本法核算。对于首次执行日之前已经持有的对联营公司及合营公司的长期股权投资，如存在与该投资相关的股权投资借方差额，应当将长期股权投资的账面余额作为首次执行日的认定成本；存在股权投资贷方差额的，应冲销贷方差额，调整留存收益，并以冲销贷方差额后的长期股权投资账面余额作为首次执行日的认定成本。招商银行于2006年1月1日起执行《金融工具确认和计量暂行规定（试行）》，并据此追溯调整其2006年度财务报表的对比数据，进行权益法调整。

（2）股权分置。可供出售金融资产包括初始确认时即被指定为可供出售的非衍生金融资产，以及除以公允价值计量且其变动计入当期损益的金融资产、货款和应收款项、持有至到期投资以外的金融资产。可供出售金融资产采用公允价值进行后续计量，公允价值变动形成的利得或损失，除减值损失和外币货币性金融资产的汇兑差额计入当期损益外，直接计入所有者权益，在该金融资产终止确认时转出，计入当期损益。可供出售金融资产持有期间取得的利息及被投资单位宣告发放的现金股利，计入投资收益。

执行新会计准则之前，单设"股权分置流通权"科目核算在股权分置改革中为取得流通权而支付的对价，平时不进行结转，也不计提减值准备。

执行新会计准则后，在首次执行日，在股权分置改革中形成的股权分置流通权的余额，属于与联营公司、合营公司、子公司的长期股权投资相关的，作为长期股权投资分别采用权益法或成本法核算；除此之外的股权分置流通权余额及相关的权益性投资，于首次执行日按照"金融资产的分类及计量"所述的会计政策划分为可供出售金融资产。

（3）股份支付。以权益结算的股份支付是用以换取职工服务以股份或其他权益工具作为对价进行结算的交易，以授予职工权益工具在授予日的公允价值计量。该公允价值的金额在完成等待期内的服务或达到规定业绩条件才可行权的情况下，在等待期内以对可行权益工具数量的最佳估计为基础，按直线法计算计入相关成本或费用，在授予后立即可行权时，计入相关成本或费用，相应增加资本公积。用以换取其他方服务的权益结算的股份支付，如果其他方服务的公允价值能够可靠计量，按照其他方服务在取得日的公允价值计量，如果其他方服务的公允价值不能可靠计量，但权益工具的公允价值能够可靠计量的，按照权益工具在服务取得日的公允价值计量，计入相关成本或费用，相应增加所有者权益。

执行新会计准则之前，以现金结算的股份支付于实际支付时计入当期损益。执行新会计准则后，股份支付是为了获取职工或其他方提供服务而授予权益工具或者承担以权益工具为基础确定的负债的交易。

（4）所得税。执行新会计准则之前，所得税的会计处理方法采用应付税款法。执行新会计准则后，招商局集团采用资产负债表债务法进行所得税会计处理。

（5）商誉。执行新会计准则之前，企业合并形成的商誉按照一定期限平均摊销。执行新会计准则后，属于同一控制下企业合并产生的商誉于首次执行日的摊余价值全额冲销，调整留存收益；属于非同一控制下企业合并产生的商誉于首次执行日的摊余价值作为认定成本，不再进行摊销。

（6）交易性金融资产和可供出售金融资产。执行新会计准则之前，短期投资取得时按初始投资成本计价，持有期间收到的股利和利息冲减投资成本，期末以成本与市价孰低计量。有活跃的交易市场，但对被投资单位不具有控制、共同控制或重大影响的长期股票投资取得时按初始投资成本计量，持有期间按成本法核算。执行新会计准则后，上述投资被划分为以公允价值计量且其变动计入当期损益的金融资产和可供出售金融资产。

（7）交易性金融负债。执行新会计准则之前，招商局集团的不交割本金远期外汇买卖合约作为表外事项在财务报表附注中披露。执行新会计准则后，上述不交割本金远期外汇买卖合约被划分为以公允价值计量且其变动计入当期损益的金融负债。

（8）嵌入衍生金融工具。执行新会计准则之前，招商局集团的可转换债券不予分拆，全部将其作为应付债券按摊余成本进行后续计量。

（9）合并财务报表。执行新会计准则前，少数股东权益于合并财务报表中在负债和所有者权益之间单独列报，少数股东损益在净利润之前作为扣减项目反映。执行新会计准则后，少数股东权益作为所有者权益单独列报；少数股东损益作为净利润的一部分在该项目下单独列报。

2. 采用未来适用法

招商局集团首次执行新会计准则及以后年度还发生了下述主要会计政策变更，并采用未来适用法进行会计处理。具体包括以下内容。

（1）非金融资产减值。在执行新会计准则之前，已经计提的资产减值准备在有关减值迹象消失时可以转回。在执行新会计准则之后，招商局集团按照"金融资产减值""存货跌价准备""非金融资产减值"的规定分别对金融资产、存货和非金融资产计提减值准备，其中，非金融资产减值损失不予转回。

（2）借款费用。借款费用包括借款利息、折价或溢价的摊销、辅助费用以及因外币借款而发生的汇兑差额等。可直接归属于符合资本化条件的资产的购建或者生产的借款费用，在资产支出已经发生、借款费用已经发生、为使资产达到预定可使用或可销售状态所必要的购建或生产活动已经开始时，开始资本化；购建或者生产的符合资本化条件的资产达到预定可使用状态或者可销售状态时，停止资本化。其余借款费用在发生当期确认为费用。

专门借款当期实际发生的利息费用，减去尚未动用的借款资金存入银行取得的利息收入或进行暂时性投资取得的投资收益后的金额予以资本化；一般借款根据累计资产支出超过专门借款部分的资产支出加权平均数乘以所占用一般借款的资本化率，确定资本化金额。资本化率根据一般借款的加权平均利率计算确定。

资本化期间内，外币专门借款的汇兑差额全部予以资本化；外币借款的汇兑差额计入当期损益。符合资本化条件的资产指需要经过相当长时间的购建或者生产活动才能达到预定可使用或可销售状态的固定资产、投资性房地产和存货等资产，如果符合资本化条件的资产在购建或生产过程中发生非正常中断,并且中断时间连续超过3个月的,暂停借款费用的资本化,直至资产的购建或生产活动重新开始。

借款费用核算在执行新会计准则之前,招商局集团购建固定资产的专门借款发生的借款费用,在该资产达到预定可使用状态前,按借款费用资本化金额的确定原则予以资本化,计入该项资产的成本;其他的借款费用,属于筹建期间的计入长期待摊费用,其他的借款费用均于发生当期确认为财务费用。执行新会计准则之后,招商局集团就借款费用采用会计政策"借款费用"中的有关规定。

(3)超过正常信用条件延期付/收款,实质上具有融资性质的购销业务。对于采用递延收款方式、实质上具有融资性质的销售商品收入或提供劳务收入,执行新会计准则之前,招商局集团按照合同约定的价款和收款日期分期确认销售收入。在执行新会计准则后,招商局集团在满足有关收入确认条件时按照应收的合同或协议价款的公允价值确认有关收入。应收的合同或协议价款与其公允价值之间的差额,在合同或协议期间内采用实际利率法进行摊销,计入当期损益。首次执行日后的第一个会计期间,将尚未确认但符合收入确认条件的合同或协议剩余价款部分确认为长期应收款,按其公允价值确认为营业收入,两者的差额作为未实现融资收益,在剩余收款期限内采用实际利率法进行摊销。对于超过正常信用条件的期限内延期付款购买,实质上具有融资性质的固定资产、无形资产的,执行新会计准则之前,以购买价款总额为基础确定固定资产或无形资产的初始成本。执行新会计准则之后,以购买价款的现值为基础确定固定资产或无形资产的初始成本。首次执行日,将尚未支付的款项与其现值之间的差额,减少资产的账面价值,同时确认为未确认融资费用。

(4)使用寿命不确定的无形资产。无形资产是指招商局集团拥有或者控制的没有实物形态的可辨认非货币性资产。

无形资产按成本进行初始计量。与无形资产有关的支出,如果相关的经济利益很可能流入招商局集团且其成本能可靠地计量,则计入无形资产成本。除此以外的其他无形项目的支出,在发生时计入当期损益。

取得的土地使用权通常作为无形资产核算。自行开发建造厂房等建筑物,相关的土地使用权和建筑物建造成本则分别作为无形资产和固定资产核算。如为外购的土地及建筑物,有关价款将在土地使用权和建筑物之间进行分配,难以合理分配的,全部作为固定资产处理。

使用寿命有限的无形资产自可供使用时起,在其预计使用寿命内采用直线法分期平均摊销。使用寿命不确定的无形资产不予摊销。

于每年年度终了,对使用寿命有限的无形资产的使用寿命和摊销方法进行复核,如发生变更则作为会计估计变更处理。此外,还对使用寿命不确定的无形资产的使用寿命进行复核,如果有证据表明该无形资产为企业带来经济利益的期限是可预见的,则估计其使用寿命并按照使用寿命有限的无形资产的摊销政策进行摊销。

执行新会计准则之前,对于使用寿命不确定的无形资产其摊销年限的确定与使用寿命有限的无形资产相同,即自取得当月起在预计使用年限内分期平均摊销,计入损益。如预计使用年限超过了相关合同规定的受益年限或法律规定的有效年限,则摊销期限为受益年限和有效年限两者之中较短者。如合同没有规定受益年限,法律也没有规定有效年限的,摊销年限为10年。执行新会计准则之后,不再进行摊销。

(5)开办费。执行新会计准则之前,筹建期间发生的费用,除用于购建固定资产以外,于公司开始生产经营当月起一次计入当期损益;在执行新会计准则之后,筹建期间发生的费用于发生时计入当期损益。首次执行日后的第一个会计期间,将尚未计入损益的筹建期费用计入当期损益。

(6)职工福利费。执行新会计准则之前,招商局集团按照工资总额的一定比例计提职工福利费,并计入当期损益;在执行新会计准则后,招商局集团不再按照工资总额的相应比例计提职工福利费,系根据实际情况和职工福利计划确认应付职工薪酬(职工福利),并计入当期损益。首次执行日后的第一个会计期间,将根据新准则确认的应付职工薪酬与原转入的职工薪酬之间的差额计入当期损益。

(7)与资产相关的政府补助。政府补助是指招商局集团从政府无偿取得货币性资产和非货币性资产,不包括政府作为所有者投入的资本。政府补助分为与资产相关的政府补助和与收益相关的政府补助。政府补助在能够满足政府补助所附的条件,且能够收到时确认。政府补助为货币性资产的,按照收到或应收的金额计量。政府补助为非货币性资产的,按照公允价值计量；公允价值不能够可靠取得的，按照名义金额计量。按照名义金额计量的政府补助，直接计入当期损益。

与资产相关的政府补助，确认为递延收益，并在相关资产的使用寿命内平均分配计入当期损益。与收益相关的政府补助，用于补偿以后期间的相关费用和损失的，确认为递延收益，并在确认相关费用的期间计入当期损益；用于补偿已经发生的相关费用和损失的，直接计入当期损益。已确认的政府补助需要返还时，存在相关递延收益余额的，冲减相关递延收益账面余额，超出部分计入当期损益；不存在相关递延收益的，直接计入当期损益。

执行新会计准则前，招商局集团收到的与资产相关的政府补助作为专项应付款核算。并在有关拨款项目完成后，对于形成固定资产或产品并按规定留给招商局集团的，将有关专项应付款计入资本公积；对未形成资产需要核销的拨款以及形成资产按规定上交国家的，经批准后将专项应付款与有关资产科目冲销。执行新会计准则后，按照"政府补助"所述的会计政策核算与资产相关的政府补助。

（8）长期股权投资。长期股权投资于2009年1月1日前以成本法核算，投资收益仅限于所获得的被投资单位在接受投资后产生的累积净利润的分配额，所获得的被投资单位宣告分派的利润或现金股利超过上述数额的部分，作为初始投资成本的收回，冲减长期股权投资的账面价值。依据《企业会计准则解释第3号》的要求，2009年1月1日后，招商局集团对采用成本法核算的长期股权投资的会计政策变更采用未来适用法。

（四）招商证券会计制度

招商证券2006年执行《金融企业会计制度》，2007年按照证监会的要求开始执行2006年企业会计准则。招商局集团根据自身要求完善业务处理的会计准则。部分准则内容如下。

证券承销业务，全额包销时，以全额包销方式进行证券承销业务的，按承购价格购入待发售证券时确认为资产；在证券售出时按发行价格确认为证券承销收入，同时结转成本；发行期结束后，如有未售出的证券，按承购价格转为自营证券或长期投资。余额包销和代销时，以余额包销和代销方式进行证券承销业务的，于发行期结束后，与发行人结算发行价款并确认收入；在余额包销方式下，公司对发行期结束后未售出的证券按约定的发行价格转为自营证券或长期投资；发行期结束后，如有未售出的证券，按约定发行价格转为自营证券或长期投资。

证券承销业务在发行项目立项之前（即与发行人签订承销协议或意向书之前）的相关费用计入当期损益类账项。在项目立项之后将可单独辨认的发行费用计入"待转承销费用"账项，承销项目完成，在确认证券承销收入的同时，结转承销费用。所有已确认不能成功发行的费用作为发行沉没成本于当期计入损益类账项中。

受托经营管理资产时，按实际受托管理资产的金额同时确认为资产和负债。对按合同规定的比例计算应由公司享有的收益或承担的损失，在与委托单位结算时确认为当期的收益或损失。

公司在买入证券时，按实际发生的成本确认为资产；证券到期返售时，按返售价格与买入成本价格的差额，确认为当期收入。对于卖出回购证券业务，公司在卖出证券时，按实际收到的款项确认为负债；证券到期购回时，按实际支付的款项与卖出证券时实际收到的款项的差额，确认为当期费用。

（五）招商局集团会计核算精细化

招商局集团基于管理精细化的目标，对会计核算精细化也提出了相应要求。会计核算精细化就是要研究公司的业务流程，结合管理会计的运用，根据管理的需要细化会计科目的设置，使公司经营业务科学分类，细化日常核算项目。在金蝶 K3 系统中录入明细科目，为做好项目分析、细化财务分析奠定基础。在此基础上，结合项目管理、成本控制等管理目标对系统进行优化，进一步推进财务精细化管理水平的提升。

三、招商局集团会计报告

招商局集团会计报告根据《集团会计准则》进行编报，并借助搭建的统一集成业务数据的财务信息平台持续提升集团会计信息质量。

（一）会计报告体系

招商局集团会计报告体系由集团及其下属公司年度、季度及月度会计报告以及对外披露的财务报告组成。

2008年《招商局集团会计制度》规定，在会计报告编制方面招商局集团各公司须按照所在地的相关法律法规的要求，编制和提供真实、完整的财务会计报告。各公司必须按照该制度的规定，编制和上报集团财务会计报告。集团财务会计报告分为年度、季度和月度财务会计报告。各公司上报的财务会计报表、会计报表编表说明等财务会计报告的主要内容和格式由该制度规定；各公司内部管理需要的会计报表由公司自行规定。

各公司向集团报送的会计报表编表说明至少应包括下列内容：合并报表编制范围及其变化的说明；重要会计政策和会计估计及变更的说明；在报表中未列明的或有事项和资产负债表日后事项的说明；重要交易的说明，尤其是重大内部交易事项的说明；重要审计调整事项的说明；资产负债表中较年初发生重大变动的项目说明；损益表中较上年同期发生重大变动或较预算进度有重大差异的项目说明；现金流量表中发生额较大的项目说明；其他重要事项说明。

财务状况分析报告书至少应对下列情况作出说明：公司生产经营的情况；利润实现和分配情况；资产负债情况；资金增减和周转情况；对公司财务状况、经营成果和现金流量有重大影响的其他事项。集团在年度决算工作中确定须向集团报送财务报告的公司名单，如在会计年度中有发生变化，集团将另行通知；各公司须严格按照相关规定确定须向其上报财务会计报告的下属公司名单。

报表编制方面，严格执行编制、复核和审核的程序，特别是审核环节，不仅要审核数字的准确性，还要审核信息的完整性、重大交易事项会计处理的规范性，以及编报说明和简要分析是否符合集团的统一要求，各公司财务部门主要负责人须认真做好报表审核。报表编制人员发生变化要严格履行交接手续，并做好新人的培训工作。

（二）合并会计报告

招商局集团会计制度对合并报表定义范围、合并报表编制基础、编制期间、合并程序等进行了规范，包括合并报表编制、合并报表范围以及合并报表格式等关键要素。

1. 合并报表编制

招商局集团会计制度规定，凡年度财务决算布置中规定的集团内公司，如拥有一个或一个以上子公司的，须编制合并会计报表。合并财务报表的编制是以纳入合并范围的公司个别财务报表为基础，根据其他有关资料，按照权益法调整对子公司的长期股权投资后，抵销母公司对子公司的长期股权投资与母公司在子公司所有者权益中所享有的份额，抵销集团与子公司、子公司相互之间发生的内部交易（以下简称"内部交易"）的影响，并对特殊交易事项予以处理后编制而成。

集团为编制合并会计报表，集团与子公司的会计报表决算日和会计期间应保持一致，不一致时，子公司应按照集团的要求编报相同会计期间的会计报表。集团内各公司由于区域或其他原因，子公司所采用的会计政策与集团不一致时，子公司应按集团的会计政策要求对会计报表进行必要的调整。

需要编制合并报表公司的合并范围应当以控制为基础确定，合并范围一经确定，不得随意变更。若合并范围发生变化时，各公司须上报上级公司批准，并于年度决算前向上级公司报送合并报表的范围。在编制合并会计报表的期间，由于购入、出售子公司导致合并范围变化的，不应调整合并报表的年初数。

编制合并会计报表主要的合并程序分为五个步骤。第一步，编制合并工作底稿；第二步，将集团和纳入合并范围的子公司的个别会计报表的数额填入工作底稿对应的项目并对母、子公司个别会计报表中的各项目的资料进行加总；第三步，编制调整和抵销分录，抵销集团内部经济业务对个别会计报表的影响——在合并工作底稿中编制的调整分录和抵销分录，借记或贷记均为财务报表项目（即资产负债表项目、利润表项目、现金流量表项目和所有者权益变动表项目），而不是具体的会计科目；第四步，计

算合并会计报表个别项目的合并数额;第五步,根据计算出的合并数额填列正式的合并会计报表。

2. 合并报表范围

招商局集团合并财务报表的合并范围包括公司及其子公司。子公司是指公司通过直接或间接或直接加间接拥有其50%以上权益性资本的被投资企业;或是公司通过其他方法对其经营活动能够实施控制的被投资企业。

合并财务报表的合并范围以控制为基础予以确定。控制是指招商局集团能够决定另一个企业的财务和经营政策,并能据以从该企业的经营活动中获取利益的权力。对于招商局集团处置的子公司,处置日(丧失控制权的日期)前的经营成果和现金流量已包括在合并利润表和合并现金流量表中。对于通过非同一控制下的企业合并取得的子公司,其自购买日(取得控制权的日期)起的经营成果及现金流量已包括在合并利润表和合并现金流量表中,不调整合并财务报表的期初数和对比数。对于通过同一控制下的企业合并取得的子公司,无论该项企业合并发生在报告期的任一时点,视同该子公司同受最终控制方控制之日起纳入招商局集团的合并范围,其自报告期最早期间期初的经营成果和现金流量已包括在合并利润表和合并现金流量表中。子公司采用的主要会计政策和会计期间按照公司统一规定的会计政策和会计期间厘定。

子公司所采用的主要会计政策按照公司统一规定的会计政策厘定。其中,子公司因按其所在地区普遍采纳的会计原则编制财务报表,其与公司执行的会计准则之差异须于报表合并时进行必要的调整。公司将购买/出售股权相关的风险和报酬实质上发生转移的时间确认为购买日/出售日。子公司在购买日后及出售日前的经营成果及现金流量已包括在合并利润表及合并现金流量表中。公司与子公司及子公司相互之间的所有重大账目及交易须于合并时抵销。

3. 合并报表格式

《招商局集团会计制度》也对《会计制度报表格式》做了规范,招商局集团决算报表目录共包括73张报表,包括资产负债表(见附表6-1)、利润表(见附表6-2)、现金流量表(见附表6-3)、所有者权益变动表及各种明细表等。

招商局集团再造与财务强管控体系的深化（2004—2010年） | 第六章

2004年招商局集团财务工作会议合影留念

2005年招商局集团财务工作会议合影留念

2006年招商局集团财务工作会议合影留念

2007年招商局集团财务工作会议合影留念

招商局集团再造与财务强管控体系的深化（2004—2010年） | 第六章

2008年招商局集团财务工作会议合影留念

2009年招商局集团财务工作会议合影留念

2010年招商局集团财务工作会议合影留念

附表 6-1　　　　　　　　　资产负债表

填报公司　　　　　　　　　年　月　日　　　　　　　　　　　　　　单位：元

项目	年初余额	期末余额	项目	年初余额	期末余额
资产			负债及所有者权益		
一、流动资产			一、流动负债		
货币资金			短期借款		
其中：客户货币资金			集团借款		
集团存款			拆入资金		
结算备付金			交易性金融负债		
其中：客户备付金			衍生金融负债		
拆出资金			应付票据		
交易性金融资产			应付账款		
衍生金融资产			预收账款		
应收票据			卖出回购金融资产款		
应收股利			应付职工薪酬		
应收利息			应付股利		
应收账款			应付利息		
其他应收款			应交税费		
买入返售金融资产			其他应付款		
预付账款			代理买卖证券款		
存货			代理承销证券款		
其中：房地产存货			代理业务负债		
代理业务资产			预计负债		
一年内到期非流动资产			一年内到期非流动负债		
其他流动资产			其他流动负债		
流动资产合计			流动负债合计		
二、非流动资产			二、非流动负债		
子公司投资			长期借款		
联营公司投资			应付债券		
合营公司投资			长期应付款		
其他长期股权投资			递延所得税负债		
持有至到期投资			其他长期负债		
可供出售金融资产			非流动负债合计		
投资性房地产			负债合计		
长期应收款			三、所有者权益		
固定资产			实收资本/股本		

续表

项目	年初余额	期末余额	项目	年初余额	期末余额
工程物资			资本公积		
在建工程			盈余公积		
固定资产清理			一般风险准备		
无形资产			未分配利润		
开发支出			减：库存股		
商誉			外币报表折算差额		
长期待摊费用			归属于集团所有者权益合计		
其他长期资产			少数股东权益		
递延所得税资产			所有者权益合计		
非流动资产合计			负债及所有者权益总计		
资产总计					

附表 6-2　　　　　　　　　利润表

填报公司　　　　　　　　年　月　日　　　　　　　　　　　单位：元

项目	本年累计数	上年累计数
一、营业收入		
减：营业成本		
营业税金及附加		
二、营业毛利		
减：销售费用		
管理费用		
财务费用		
资产减值损失		
加：公允价值变动收益		
其中：公允价值持有收益		
投资收益		
其中：1. 应占联营公司净利		
2. 应占合营公司净利		
3. 应占子公司净利		
4. 其他长期股权投资收益		
5. 投资处置盈亏		
6. 持有至到期投资收益		
7. 可供出售投资收益		
8. 其他投资收益		

续表

项目	本年累计数	上年累计数
三、营业利润		
加：营业外收入		
其中：资产处置利得		
减：营业外支出		
其中：资产处置损失		
四、利润总额		
减：所得税费用		
五、净利润		
（一）集团所有者净利润		
（二）少数股东损益		
*每股收益：		
基本每股收益		
稀释每股收益		

附表6-3　　　　　　　　　现金流量表

填报公司　　　　　　　　年　月　日　　　　　　　　单位：人民币元

项目	金额	上年同期数
一、经营活动产生的现金流量		
销售商品、提供劳务收到的现金		
保险、证券业务收入的现金		
收到的税费返还		
收到利息收入		
收到的其他与经营活动有关的现金		
现金流入小计		
购买商品、接受劳务支付的现金		
保险、证券业务支付的现金		
支付给职工以及为职工支付的现金		
支付的各项税费		
支付的其他与经营活动有关的现金		
现金流出小计		
经营活动产生的现金流量净额		
其中：土地业务支付的现金		
土地业务收到的现金		

续表

项目	金额	上年同期数
二、投资活动产生的现金流量		
收回投资所收到的现金		
取得投资收益所收到的现金		
处置固定资产、无形资产及其他长期资产收到的现金净额		
处置子公司及其他营业单位收到的现金净额		
收回借款所收到的现金		
收到的其他与投资活动有关的现金		
现金流入小计		
购建固定资产、无形资产及其他长期资产所支付的现金		
投资所支付的现金		
取得子公司及其他营业单位支付的现金净额		
质押贷款所支付的现金		
借出借款所支付的现金		
支付的其他与投资活动有关的现金		
现金流出小计		
投资活动产生的现金流量净额		
三、筹资活动产生的现金流量		
吸收权益性投资所收到的现金		
发行债券所收到的现金		
保户储金及投资款净增加额		
借款所收到的现金		
应付存款净增额		
收到的其他与筹资活动有关的现金		
现金流入小计		
减少权益性投资所支付的现金		
偿还债务所支付的现金		
发生筹资费用所支付的现金		
分配股利及利润所支付的现金		
偿付利息所支付的现金		
集团存款/结算中心存款净增额		
支付的其他与筹资活动有关的现金		
现金流出小计		
筹资活动产生的现金流量净额		
四、汇率变动对现金的影响		
五、现金及现金等价物净增额		

第七章

招商局集团稳中求进与精细化财务管理
（2011—2013年）

次贷危机后全球经济在缓慢复苏，但经济失衡状况仍旧存在，贸易摩擦不断加剧。中国在次贷危机后，对转型升级的要求更加迫切，经济结构调整和转型成为重中之重。随着我国"一带一路"倡议的提出，倡导企业把"引进来"和"走出去"相结合，招商局集团积极响应国家战略，加大了对"一带一路"沿线国家的投资。

这一时期，招商局集团在"重整"与两个"再造"工程的基础之上，选择了"稳中求进"的发展战略，着重强调提升效率，招商局集团自此进入了调整巩固时期。招商局集团将主要业务集中于交通、金融、地产，形成了三大核心产业的发展格局，增强了招商局集团的市场竞争力和可持续发展能力。此外，招商局集团通过强化战略管控和内部协同，以创新促进发展，以精细化管理稳固成果。

招商局集团在强财务管控体系的基础上，持续深化资金管理，加强成本费用管理，完善财务模型构建，建立会计信息质量评价体系，加快财务信息化建设，制定并发布《招商局集团财务管理规章》，实行以精细化为导向的财务管理，为招商局集团向价值创造型财务的战略转型奠定了基础。我国在会计制度方面的变化主要是对成本核算制度的改进和会计信息化制度的规范，并提出健全适应社会主义市场经济体制要求的会计体系。招商局集团通过会计信息质量评价指标体系的构建和应用，持续提升集团整体会计信息质量；通过会计报告体系的构建和应用，规范优化各类报告编制流程，有效提高编制效率。

第一节 中国经济增速放缓与招商局集团发展战略

受美国次贷危机与欧洲债务危机等多种因素的影响，中国经济结构调整加快，GDP 增速减缓，从 2010 年的 10.6% 下降到 2013 年的 7.78%。为进一步发展社会生产力与增强经济社会活力，2013 年中国共产党十八届中央委员会第三次全体会议提出全面深化改革的指导思想，同年由国家主席习近平提出建设"新丝绸之路经济带"和"21 世纪海上丝绸之路"的重大倡议。这一时期，招商局集团采取稳中求进的发展战略，继续推动三大核心产业发展与资源整合，积极响应"一带一路"倡议，不断完善海外业务布局。

一、中国在次贷危机后的经济恢复调整与对外开放

随着我国参与全球化进程的不断深入，次贷危机对我国经济的潜在影响不容小觑。世界贸易增速趋缓对我国宏观经济发展产生不利影响。"一带一路"倡议是我国扩大对外开放的重大举措和推动中国企业"走出去"的重要方式。为响应国家"一带一路"倡议，招商局集团积极持续扩展海外业务，加大了对"一带一路"沿线国家的投资。

（一）国内经济增速放缓

从国际看，美国次贷危机的冲击和深层次影响依然存在，世界经济在深度调整中曲折复苏，增长乏力。主要经济体走势和宏观政策取向分化，金融市场动荡，大宗商品价格大幅波动，全球贸易持续低迷，贸易保护主义抬头，新兴经济体困难和风险明显加大。在中国参与经济全球化的进程

中，虽然经济长期向好的基本面没有改变，但面临着增速放缓的压力。中国出口增速从2010年的31.1%降到2011年的20.3%。贸易顺差也从2008年的2 955亿美元减少到2011年的约1 551亿美元左右。在消费方面，2011年社会消费品零售总额17 740亿元，同比名义增长18.1%，扣除价格因素实际增长13.8%。

（二）共建"一带一路"倡议

2013年9月和10月，中国国家主席习近平分别提出建设"新丝绸之路经济带"和"21世纪海上丝绸之路"的合作倡议。"一带一路"倡议旨在借用古代丝绸之路的历史符号，高举和平发展的旗帜，积极发展与沿线国家的经济合作伙伴关系，共同打造政治互信、经济融合、文化包容的利益共同体、命运共同体和责任共同体。

招商局集团海外业务开展较早，在"一带一路"倡议提出后，招商局集团全面融入国家发展大局，加快对"一带一路"沿线国家的投资，不断完善海外业务布局。

尼日利亚庭堪国际集装箱码头是拉各斯第二大集装箱码头。2010年11月，招商局港口控股有限公司①（以下简称"招商港口"）（出资占比60%）联合中非基金（出资占比40%）共同收购庭堪国际集装箱码头47.5%股权，总投资1.54亿美元，经营年限20年。2011年，招商港口投资了位于斯里兰卡的科伦坡国际集装箱码头，招商港口与斯里兰卡港务局分别占有85%和15%的股份。2012年，招商港口在西非多哥共和国建设洛美集装箱码头，投资1.5亿欧元，持股比例50%，经营年限35年，到期可再延10年。2013年2月，招商港口收购吉布提港口有限公司23.5%股份，成为其第二大股东。吉布提港地处亚丁湾西岸，面对红海南大门曼德海峡，是国际航运主航道的必经之地，可辐射东非、中东、红海及印度西岸地区。

在"一带一路"倡议提出之后，招商局集团加快了对沿线国家的业务布局，包括在吉布提港启动多哈雷多功能码头项目、建设中白商贸物流园、投资汉班托塔港等。海外业务的布局给招商局集团的收入带来了新的

---

① 原招商局国际有限公司，于2016年8月正式更名为招商局港口控股有限公司。

增长点，同时也对中国企业"走出去"起到了示范作用。

尼日利亚庭堪国际集装箱码头

斯里兰卡科伦坡国际集装箱码头

二、招商局集团"稳中求进"的发展战略

国际贸易增速放缓对中国经济带来了影响，过去一个阶段以来的规模

扩张路径已不再符合现实情况，为适应新的全球化步伐并在其中获得新的增长空间，招商局集团在"重整"与两个"再造"工程的经验上，迈向"稳中求进"的发展路线。

（一）重提"效率"意识*

招商局集团在继续坚持"规模、质量、效益"均衡发展的同时，重新引入"效率"的概念。从蛇口创业者们30年前提出"时间就是金钱，效率就是生命"的口号时，时间意识、效率意识就成为招商局集团重要经营理念之一。面临"增长红利"逐步减少的状况，更好地创造出"效率红利"才能赢得竞争。效率主要包括资本效率、运营效率、管理效率三个方面。资本效率是通过合理配置资本，有效使用资本，降低资本消耗，实现风险与收益的匹配平衡，实现资本回报的最大化和市值的长期稳定增长。运营效率取决于集约化程度，通过加强战略导向管理，提高集约化的高度，完善授权体系，解决集约化运作中"统"与"分"的矛盾；优化集中运营下的支持体系，提高集约化运作的效率。管理效率关键在于精细化，推进精细化管理具体包括三方面内容：一是在完善客户管理方面，建立完整的客户管理体系，能对客户的价值进行精细的甄别，根据个性特点提供精准服务；二是在推进流程再造方面，充分利用信息化的手段，建设标准统一、科学高效的流程体系，并不断改进；三是在提高执行力方面，做好制度落实的检查、督导和反馈，同时强化员工的责任意识和敬业精神，确保精细化通过员工的自觉行为落到实处。

（二）拓展新兴市场

招商局集团过去投资发展的重点市场主要是在东部沿海发达地区。在这一期间，招商局集团明确市场发展方向，一是"走出去"，走向国际市场；二是"走回去"，走向内地部分区域。在"走出去"方面，招商局集团配合国家"走出去"战略的实施，加快国际化经营的步伐，先后在澳洲、非洲、东南亚等一些地区寻找机会，开拓新市场；在"走回去"方

---

* 本部分参考招商局集团傅育宁董事长于招商局集团2011年年会上的讲话等。

面，招商局集团在参与内地区域经济发展中，发挥各产业的综合优势，充分协同，在为地方创造价值的基础上实现商业利益。在此过程中，培养与地方效益共享的文化，建立集团各产业协同发展的机制。

（三）转型商业模式

在调整巩固时期，招商局集团积极推动业务转型升级，其中，招商港口在国际贸易增长放缓和国内集装箱码头产能过剩的情况下，延伸价值链并向第四代港口转型，同时研究保税港向自由港转型及港口区域综合开发中存在的机会。蛇口工业区在"再造新蛇口"的过程中，梳理、总结形成一套可复制的、有核心竞争力的园区综合开发模式。招商地产面临中国城市化达到一定水平后所带来的地产业发展机会，在过去以住宅地产开发为主的基础上，尝试运用城市综合体的概念加大商业地产开发力度。同时，充分运用各种金融工具，创新商业地产开发模式。招商轮船通过合理的经营布局，平衡航运市场的小周期，把握好中、长周期波动为船队发展带来的机遇，在经营运作能力提高的基础上，从拥有船队向控制船队转型。

第二节 招商局集团稳中求进时期发展状况

招商局集团在2011—2013年资产规模稳步增加，净利润增速开始放缓。通过整合现有资源、积极布局海外业务、探索培育直投业务等措施，实现了稳中求进的战略目标。

一、招商局集团三大核心产业发展格局

招商局集团在此时期延续交通基建、金融、房地产三大核心产业布局的发展模式，积极扩展三大核心产业内相关业务。

（一）交通基建产业

港口业务方面，2011—2013年，招商局集团集装箱吞吐量由5 729万TEU（国际标准箱单位）增长至7 132万TEU。散杂货吞吐量突破3.5亿吨。公路业务方面，华建中心投资公路营运里程达到6 222千米，招商局重庆交通科研设计院有限公司[①]（以下简称"招商交科"）的重点实验室、国家工程技术中心从无到有，实现突破。航运业务方面，船舶载重量达到719万载重吨，船型、船龄结构明显改善。物流业务方面，建成覆盖全国69个城市的物流网络，初步形成了品牌。修船业务方面，2013年成立招商局重工（江苏）有限公司（以下简称"招商重工"），开始建设海门基地。

（二）金融产业

在此时间段招商银行零售贷款余额紧随国有四大银行，居国内同业第五位，其中个人经营性贷款年增量连续两年位居国内同业第一。总资产从24 025亿元增加到40 163亿元。招商证券网点数增加至81个，总资产从687亿元增加到957亿元，全国性券商中排名第六名。

（三）房地产产业

蛇口工业区在集团核心产业的培育中发挥了重大作用，配合集团新拓展了前海湾、光明智慧城等重要资源，招商局集团在深圳地区的成片开发面积增加到16.5平方千米。与此同时其自身业务模式的梳理、提升也取得初步成效，在这一时期招商地产年销售面积由120万平方米增加到274万平方米，签约销售金额由210亿元增长至432亿元。

二、招商局集团调整巩固时期经营情况

招商局集团2011年总资产规模为3 423亿元，2013年达到4 526亿元，年复合增长率15%。2011年净资产规模1 587亿元，2013年为2 095

---

① 原重庆交通科研设计院，于2008年更名为招商局重庆交通科研设计院有限公司。

亿元，年复合增长率达到了 15%。招商局集团 2011 年营业收入为 514 亿元，2013 年增长至 722 亿元，年复合增长率达到了 18%。2011 年净利润为 201 亿元，2013 年增长至 228 亿元，年复合增长率为 6.5%。2011—2013 年招商局集团总资产、营业收入和净利润情况如表 7-1 所示。

表 7-1　　　2011—2013 年招商局集团资产与经营状况　　　单位：万元

年份	总资产	营业收入	净利润
2011	34 231 242.70	5 137 896.90	2 009 872.70
2012	39 181 000.53	6 469 106.65	2 148 006.89
2013	45 260 140.91	7 220 957.60	2 278 866.83

资料来源：2011—2013 年招商局集团审计报告。

2013 年招商局集团营业收入的业务板块结构数据如表 7-2 所示。其中，49.66% 的主营业务收入来自房地产及相关行业，其营业收入规模达到 3 585 770.35 万元；其次是物流及相关行业的主营业务收入，达 1 245 494.85 元，占比为 17.25%；金融业务占招商局集团主营业务收入的比例为 9.40%。

表 7-2　　　2013 年招商局集团营业收入的业务板块结构

业务板块	主营业务收入（万元）	占比（%）
房地产及相关	3 585 770.35	49.66
物流及相关	1 245 494.85	17.25
航运及相关	754 726.37	10.45
金融相关	678 523.75	9.40
港口及相关	564 537.88	7.82
公路及相关	391 905.10	5.42
合　计	7 220 958.30	100.00

资料来源：2013 年招商局集团审计报告。

第三节　以精细化为导向的财务管理

按照稳中求进的战略部署，招商局集团开展以精细化为导向的财务管理，将加强成本费用管理与修订财务模型作为重点工作，同时完善内部控制和风险管理，为持续提升财务管理的精细化水平提供保障。

一、财务管理精细化

（一）强化成本费用管理

2010年，招商局集团经过梳理分析，发现集团存在下属公司成本费用的归集前后口径不一致，成本管理成效缺乏有效的量化指标等问题。同时，受整体市场环境影响，各类成本费用存在不同程度上涨，导致招商局集团2011年的成本费用利润率出现下降。2012年集团大部分公司也出现成本增速过快、毛利率下降等现象。集团管理费用同比增加5.78亿元，增幅14.66%。

为提高成本费用管理水平，2011年集团在成本费用内部控制办法中明确规定，成本费用以预算控制为主要手段，进一步规定对管理费用、营业费用采用零基预算等方法编制预算。各公司须根据自身的经营特点及成本效益原则，合理确定具体成本管理办法及管理工具。集团财务部根据年度预算中确定的营业成本、期间费用控制目标，分解到公司的各责任单元和各业务流程环节，并确定相关成本费用的责任人。由财务部门具体负责成本费用的核算、报告、分析等管理职责。集团财务部将人工费用、外包费用、采购成本、聘请中介机构费、业务招待费、差旅交通费、通信费、汽车费用、广告费、修理费、行政费用、折旧及摊销费用、保险费、对外捐赠支出、财务费用列为成本费用的重点项目，同时提出了加强对成本费用重点项目的控制，对每个重点项目均制定了详细的管理办法。

为确保成本费用管理的有效实施，招商局集团加强对成本费用管理的检查工作，并对检查方式提出了明确要求，即各公司监督检查人员须通过实施符合性测试和实质性测试检查成本费用的控制制度是否健全，各项规定是否得到有效执行。同时详细列示了成本费用管理监督检查的主要内容，包括检查成本费用的记录、报告的真实性、完整性等内容。通过对成本费用进行精细化管理，大幅提高了集团的成本费用管理能力。

2012年，招商局集团召开各单位主要负责人会议，对各公司的成本费用管理做出了明确要求，其中包括各公司管理费用、销售费用控制在预算95%以内、行政管理费用控制在90%以内等。同时，招商局集团积极推动下属公司进行成本费用的对标管理，分析找出成本费用管理的薄弱环节，挖掘降本节支的科学方法和措施，致力于把精细化管理理念应用到企业成本费用控制工作中，根据成本管理要求，制定成本管理目标，并严格按照管理目标进行成本控制管理，提高企业成本控制管理水平。在集团及子公司的生产运营中，将成本管理和企业战略目标相结合，充分发挥内控监管作用，防止不必要的成本支出，提升整体效益。各子公司在会后积极落实会议要求。其中，招商地产在销售费用及管理费用的控制过程中，充分发挥财务的核算与监督职能，将集团下达的降本增效指标分解到总部各职能部门、深圳地区各项目部及各城市公司，根据公司业务特点、实际状况拟写了降本增效的具体措施并下发，每月跟踪费用发生情况，做到及时反馈。在成本控制方面，通过大量的分析调查研究工作，对在建项目进行全面梳理，根据市场变化努力优化成本项目及金额，实现总成本优化金额近9亿元。同时，按照全集团一本账的观念，招商局集团重新梳理统一成本管控的相关要求，各一级公司按照集团的统一要求，结合自己的业务特点，进一步梳理了公司层面统一管控的基础资料。招商港口、招商轮船、蛇口工业区、漳州开发区、招商海通、招商交科对下属企业的客户信息进行了统一的梳理，在一级公司层面集中管理，为差异化营销、降低采购成本奠定了数据基础。

（二）细化财务模型变量

按照国资委的要求，结合招商局集团财务管理的实践，集团财务管理工作向战略型财务管理转型。集团各级财务部门一方面通过充分发挥日常职能作用，参与经营决策；另一方面通过建立财务模型的工作机制，实施以战略管控和决策支持为导向的财务管理。根据新十年战略发展的理念，招商局集团在各公司编制财务模型的基础上，重点对今后十年集团可能的投资能力、债务承担能力、潜在的发展机会等因素进行了规划，并针对投资、债务、利润、利率、汇率、投资回报率等要素进行了敏感性分析。通过新十年财务模型的编制,助力集团及各公司完成 2012 年财务预算的编制及 2012—2016 年五年规划的滚动修订工作。

  在集团总部财务模型的修订过程中,为满足集团战略管控的需要,招商局集团从 SBU(战略业务单元)维度对模型结果进行综合反映,使得财务模型在集团资源配置等方面更好地发挥作用,同时引入穆迪及标普债务评级指标体系,改变过去偏重单一指标的问题。为更好推进财务模型的工作机制,集团 2011 年明确要求各一级公司编制财务模型,并对财务模型编制工作给予了具体指导。各公司依据实际情况,于 2011 年起陆续建立并完善财务模型工作机制。通过构建财务模型,及时发现公司在发展过程中的财务"瓶颈",通过对标分析发现公司经营指标的短板,为有效控制风险和合理配置资源提供了依据。其中,蛇口工业区通过固定的财务关系,将项目的变化带入财务模型中进行测算,完成了租售价格变化等多种情形下的财务敏感性分析。招商地产继续完善由业务规划模型推导财务模型数据的思路,在对大量项目数据和财务数据进行综合分析的基础上,建立了业务与财务数据间的互动关系,完善了现有财务模型。招商工业从业务计划、收款条件、工程进度、成本费用等方面建立业务财务模型,为公司的战略决策及经营决策提供依据。招商轮船通过参考上市公司估值模型的基础,结合航运企业特点,对财务模型进行完善修订,强化了模型的扩展性与敏感性分析,提升了模型的运用效果。招商港口在财务模型中优化了利率、汇率等境外投资的敏感性因素分析,为海外重大投资提供决策依据。招商证券通过模型开展各种创新业务的研究和论证,为资金的合理运用提供支持。漳州开发区在对未来经营形势进行梳理和判断的基础上更新了财务模型,对开发区未来土地经营、人工岛、股票处置、财税模式等重大事项进行量化研究,为经营决策提供基础数据。招商交科将财务模型运用在日常重大财务管理工作中,在推进招商交科的创新转型、2014—2016 年三年战略考核指标设定等方面发挥了重要作用。招商路凯(中国)投资控股有限公司(以下简称"招商路凯")将重点客户的销售预测、库存及维修量预测等内容纳入模型,实现业务与财务数据的统一联动。通过建立财务模型,协调投资、债务、利润等关键变量的关系,控制投资、债务,保障财务安全,细化经营指标,加强成本费用控制,提高经营效率,为公司及

集团的平稳、健康发展提供了有力的支持。

二、风险管理与内控制度的完善

根据财政部等五部委2010年联合发布的《企业内部控制配套指引》，结合企业管理实践，招商局集团系统地对2002年以来集团制定的所有财务管理规章制度进行了梳理，以业务流程为导向，对涉及的财务风险源进行了识别和评估分析，最终修订、完善30项内控制度，主要包括财务组织和人员类、资产负债项目类、成本费用类、经营活动类、财务控制与管理类、财务支持类六方面的内容。经过集团办公会审议批准，集团财务部于2011年1月1日正式发布实施《招商局集团财务管理规章（2011年版）》。

按照集团建设全面风险管理体系的整体要求和阶段部署，招商局集团所属各级公司分阶段、分步骤开展规章制度梳理和内控制度完善工作。同期华建中心、招商港口、蛇口工业区、招商交科等一级公司按照集团要求，对各自公司内控制度进行了修订，并将制度建设向基层企业延伸，注重基层企业制度的针对性和可操作性。集团财务部对部分公司进行了驻点检查，督促其建立健全基本管理制度。随后集团各级财务从识别、梳理风险源、明确各类风险的控制职责入手，对集团现有财务规章制度进行梳理和风险评估，提出改进意见，按计划推进集团全面风险管理体系建设工作。招商地产、招商证券等公司按照监管要求，进行了内控制度建设的自我评价等基础工作。

2013年，根据内控建设工作需要，集团总部年内新增《集团权益融资管理办法》及《集团配合监事会开展监督检查工作办法》两项制度，修订《集团差旅费财务管理办法》及《集团内控规定——银行账户》两项制度。

三、资金管理的深化与创新

招商局集团不断优化资金管理与提高资金管理创新水平，打造收放有序、应变自如的资金管理体系。

(一) 深化投融资管理

招商局集团在投融资的精细化管理过程中,积极完善投资管理制度,优化投资管理体系。同时在融资管理中积极创新,扩展直接融资渠道,降低融资成本。

在规范投资管理方面,招商局集团为进一步健全、规范项目投资审批管理机制,于2012年重新修订了《招商局集团投资审批管理规定》,并于当年7月下发实施。规定明确了"三重一大"的重大投资标准,落实国资委要求,强调投资管理的流程标准化和合规性等,为规范项目投资审批提供了制度保障。为控制投资风险,招商局集团确立了"总部主导、分级管理"的投资管理体系。下属公司的项目投资决策权集中于集团,除集团授权外,各投资项目均须报集团审批。集团通过投资审批管理制度规范集团的投资项目审批程序,以项目审批为重点,对投资规划计划、项目论证、申报、审核、审批、实施监督、后评价等提出了规范性要求,同时结合监察、审计、业绩考核、人事、财务等多种管理手段,对重大投资项目实施全方位管控,构成投资管理闭环,全面落实国资委等上级部门的监管要求。另外,招商局集团通过产权管理制度对公司设立、变更、注销事项进行管理,进一步规范投资项目的设立和跟进管理事项。

在创新融资管理方面,招商局集团在融资管理中积极创新。集团总部积极研究金融创新业务,利用跨境人民币交易政策,安排招商局亚太有限公司在香港购汇用于收购甬台温高速,以境外人民币投资形式入境,成为深圳第一例境外人民币投资案例。同期集团总部启动离岸人民币债券发行工作,通过精心设计,将该部分资金实际成本控制在 $0 \sim 0.8\%$ [1],有效降低资金成本。招商局集团在委贷资金池之初仅使用超短期融资债券(以下简称"超短融")募集资金进行委贷发放,超短融以集团公司名义注册额度,在额度内滚动发行 $14 \sim 270$ 天。超短融资金到账当天即委贷给下属公司,提高了资金利用效率。在利率走势稳定及利率下行通道内,通过超短融资金滚动发行,满足下属公司资金需求,显著降低集团委贷资金池的

---

[1] 《招商局集团2012年度财务工作报告》。

成本。

同时各子公司也不断探索直接融资渠道和提升融资管理水平,其中,招商地产成功发行信托产品,筹集资金30亿元,于2013年顺利完成瑞嘉投资实业有限公司(招商蛇口全资子公司)和招商局置地有限公司(简称"招商置地")的资产重组交易,招商置地借反向收购实现了资产注入,募集外部股东资金19.26亿港元。同年,招商置地还发行了5亿美元债券,逐步发挥出境外上市公司融资平台功能。招商工业利用集团离岸人民币资金委贷支持,通过金融衍生工具锁定应收账款汇率,防范美元应收款的汇兑损失风险,同时招商工业利用这段时间境外利率低的优势,通过"总部接单,分包给下属公司"建造的模式优化商业模式,从香港市场进行融资,解决项目建造过程中的短期融资需求,大幅度降低了建造项目的融资成本。招商物流积极探索了供应链金融业务。招商海通利用境外融资优势,增强了中国交通进出口有限公司的业务竞争力。

在融资管理方面,招商局集团逐步由过去的逐笔审批模式,向事前指导、融资过程监督和协调、事后跟踪分析的全程管控模式转变。集团总部直接参与部分下属二、三级公司的融资活动,重点对地产行业、园区开发业务、海洋工程、BT等各项业务的资金管理方案进行研究,使公司资金安排与公司的业务、资产结构相匹配,确保各公司风险可控,均衡发展。

(二)委托贷款资金池

委托贷款资金池(以下简称"委贷资金池")是指依托国家法律法规框架,为实现集团内部成员单位间跨法人的资金调拨,推出的多层级、多功能、自动化委托贷款资金池业务。传统委托贷款在办理手续时需要逐笔签订合同、借据,通过台账审批,最终贷款需要逐笔核算。通过委贷资金池的方式可以一次签订总协议、自动生成借据,内部流程实现一次录入,期内全部自动化,并实现自动借贷、归还核算。招商局集团创新性地采用委贷资金池的方式,实现了内部借贷合规化管理,降低集团及各子公司的财务成本和推进银企合作关系的进一步稳定。

招商局集团通过在中国工商银行开通委贷资金池,并将其归属为网上银行的一个业务模块,与现行网银的支付结算手段并行,资金调拨权限设置与网银支付结算一致。委贷资金池中各子账户超过每日留存限额的资金将自动上划,限额内资金仍有上存需求的,仍按照集团原有上存款流程进行操作。委贷资金池的显著特点便是其资金往来全部在后台自动生成委托贷款合同,不再进行手工合同的签订。集团发放委贷产生的税费和规费,由成员公司承担,各公司向集团发放的委贷(即传统意义上的"上存款")产生的税费和规费自行在当地缴纳。委贷资金池存在"上行"和"下行"两种利率,"上行"利率指子账户向母账户发放委贷(即传统意义上的"上存款")的利率,执行央行一年期定期存款利率水平,随央行调整而调整;"下行"利率指母账户向子账户发放委贷的利率,须根据入池超短融资金金额及利率加权平均确定,新资金入池,由集团更新利率,子账户存续期的委托贷款将分段计息,生效日期之前按旧利率计息,生效日期之日起按新利率计息。子账户归集的资金优先归还母账户提供的委贷,母账户下拨资金优先归还子账户提供的委贷。系统每月1日结清上月利息,并于次日自动划拨应付利息至母、子账户。

首批纳入委贷资金池的成员有集团总部、招商交科、蛇口工业区、漳州开发区、招商物流、友联物业(深圳)有限公司、华建中心。在2013年,招商物流加强与集团总部资金联动,充分利用集团"工行委贷资金池"和集团直接融资优势,置换银行高息贷款,降低资金成本。

四、营改增税制改革下的税务管理

2011年,经国务院批准,财政部、国家税务总局联合下发《营业税改增值税试点方案》。从2012年1月1日起,在上海交通运输业和部分现代服务业开展营业税改增值税(以下简称"营改增")试点。自2012年8月1日起至年底,国务院将扩大营改增试点至10个省份;2013年8月1日,营改增范围已推广到全国试行,将广播影视服务业纳入试点范围。经过税制改革,我国初步建立适应社会主义市场经济体制需要的税收制度,税制逐步简化、规范,税负更加公平,对于保证财政收入,加强宏观调控,深化改革,扩大开放,促进经济社会的发展,起到了重要作用,并为以后全面深化税制改革奠定了坚实的基础。

招商局集团组织下属公司认真研究营改增对集团带来的影响，招商港口、招商物流对先行试点单位的经验进行了总结，形成了工作方案和配套规定办法，平稳实现向营改增的过渡。同时，就营改增导致物流行业（包括交通运输业和物流辅助服务业）税负加重的问题，招商局集团形成了《关于完善"营业税改征增值税"的政策的提案》，由秦晓在全国政协十一届五次会议中作为议案提出。

招商局集团在中国内地子公司按照《关于实施企业所得税过渡优惠政策的通知》，原享受低税率优惠政策的公司，在新税法施行后5年内逐步过渡到法定税率。其中，享受企业所得税15%税率的企业，2008年按照18%税率执行，2009年按照20%税率执行，2010年按照22%税率执行，2011年按照24%税率执行，2012年按照25%税率执行。招商局集团原享受企业所得税"两免三减半""一免两减半"等定期减免税优惠的公司，新税法施行后仍继续按原税收法律、行政法规及相关文件规定的优惠办法及年限享受至期满为止，减半税率以适用的过渡期税率为基础，减免期满后直接适用当年法定税率。招商局集团下属各公司还积极参与各种重大交易中的税务策划工作，以及土地使用税、房产税等各种减免税优惠政策的申请工作，为公司直接创造了经济效益。

2010年，招商证券、招商地产开始设置税务专岗及税务小组，对自身板块涉及的税务工作进行体系化管理的探索。其中，招商地产成立税务组后，明确税务岗位职责，编制《招商局地产控股股份有限公司税务工作指引》，并在工作指引中明确了招商地产与其下属城市公司在纳税申报，税务登记、变更、备案，发票管理，税金统计与分析，配合税务稽查，税务政策研究及筹划方面的管理流程与要求。同时，为更好地规范项目公司的纳税申报及税务管理工作，招商地产调研了全国项目的涉税热点，形成了《车位、会所等公建配套设施涉税处理建议》《各地土地增值税清算政策汇总》《各城市公司退税情况备案表》《各公司接受稽查、检查管理台账》等，提升了对整体的税务管理精细度。

自2012年起，招商港口每年召开2~3次税务专题会议，对公司的各项税务工作进行总结、明确相关要求，对公司的财务人员进行培训，提升公司税务精细化管理水平。2013年，招商港口已陆续投资至尼日利亚、斯里兰卡、多哥、吉布提等港口项目，因各国税收体系及政策不同，海外投资可享受到的税务优惠迥异，使各个海外投资项目所面临的税务风险差异巨大。为有效控制海外投资涉及的税务风险，招商港口自2013年起按年度编制海外税务政策报告，收集各海外项目所在国的税收体系、税收优惠政策、涉及的主要税种及已申请到的税收优惠情况，为招商港口总部海外项目投资及各海外项目公司提供税务信息和税务管理指引，使得海外项目的税务成本及税务风险得到了有效管理。

蛇口工业区2011年积极参与太子湾等重大项目商业模式的策划工作，聘请专业机构设计税务相关事项。关于区内土地确权涉及税务事宜在2012年内取得重大突破，成果显著。2013年内基本解决了前海、蛇口土地涉税事宜，成功完成前海土地使用费用减免、退税工作。招商地产妥善处理历史遗留问题，合理应对土地增值税等多种税项事务，并完成了多项税务专题研究报告。

漳州开发区完成历年土地交易的土地增值税清算工作，既排除了税务风险，也为公司今后的商住土地尤其是双鱼岛未来的土地增值税处理提供了依据。

招商金融2012年内制定完成了《金融集团税务工作管理办法》初稿，为提升税务工作水平奠定基础。招商证券成立了税收自查领导小组和工作小组，建立组织协调沟通汇报机制，年内较好地完成了深圳地税局、财政部驻深圳市财政监察专员办事处、深圳国税局等各类检查工作。

招商轮船积极申请上海地区区域总部等地方性财税优惠政策，2012年取得地方专项财政补贴，为公司保持盈利做出重要贡献。

招商工业下属的招商重工2012年经深圳市税务局、深圳市科技创新委员会《关于公示深圳市2012年第一批拟认定高新技术企业名单的通知》认定为高新技术企业，享受2012年度至2014年度15%的企业所得税优惠政策，同时公司完成了2011年研究开发费用税前加计扣除工作。

招商交科统筹做好税务策划工作，指导与协助下属公司解决税务问题。在国家政策和集团要求下逐步开始进行税务管理工作，充分利用国家西部开发和科研开发企业的税收优惠政策，2012年完成高新技术企业和西部大开发企业税收优惠申报审批工作。

第四节 财务信息化升级

招商局集团为提高财务信息的精细化水平，依据自身的发展需要，提出十年期财务信息化规划，并初步应用 EAS 平台，持续提升财务信息化水平。

一、财务信息化规划形成

由于集团规模不断扩张，招商局集团基于金蝶 K3 系统所搭建的财务信息系统已不能满足集团财务信息化管理的需要。为响应财务管理精细化要求，招商局集团于 2012 年对未来 10 年的财务信息化作出了明确规划。

（一）财务信息化规划建设原则

2012 年，集团财务信息化规划项目组完成《招商局集团未来 5—10 年财务信息化建设思路》（以下简称《信息化建设思路》）。《信息化建设思路》结合集团信息化现状与未来发展对财务管理的需要，提出了集团未来财务信息化建设的原则与建设路径。财务信息化建设的总体原则总结为"四化"，即集中化、集成化、一体化、统一化，表现为一个系统、一个账套、集中应用。具体有四个要求：（1）实现集团统一应用的财务系统与其他财务系统、业务系统数据共享；（2）在统一的会计核算平台上，扩展预算管理、成本费用管理、资金管理；（3）建立以业务驱动的、联动的财务与业务系统一体化；（4）统一财务会计政策、会计科目体系、报表体系，统一组织、员工、客户、供应商等主数据并与集团主数据保持统一。

招商局集团在提出财务信息化建设原则时，紧密联系集团战略，需求为先，统筹规划，分合适度，注重效益，持续改进。关于建设原则的具体应用，集团提出以下六个要求：一是以集团新十年的战略主题，围绕"创新与效率"，加强财务精细化管理，为企业决策提供系统支撑；二是重点建设集中核算、合并报表、财务分析、资金债务、财务预算的信息化应用；四是根据"四化"的要求，制定财务系统与业务系统的部署和集成策略；五是从核算分析、监督评价、决策支持等方面，增强与业务的融合与共享，为业务经营提供服务与支持；六是在继承财务信息化建设成绩和经验的基础上，以财务管控为目标，逐步实现精细化管理。

（二）财务信息化规划建设路径

招商局集团在财务信息化规划中明确了未来 5~10 年的整体要求，要求通过信息系统，将财务管理的各项工作统一到一体化的平台上，形成基于信息化的综合财务管理体系。在制定具体实施路径时，工作小组首先对财务信息化的需求进行了详细的分析，明确财务信息化将应用在会计核算、合并报表、资金债务、财务分析与预算管理中。通过对具体需求的分析和对现有信息化软件供应商的对比，集团将金蝶 EAS 技术平台列为重点应用方向。

工作小组根据各需求方的重要性制订了具体的时间进度计划。首先，完成合并报表系统升级，同时进行财务分析系统的完善与标准财务系统的升级；其次，提升资金债务管理系统与升级相关业务系统；最后，完成经营企业全面预算扩展应用。规划时间从 2012 年 3 月开始，至 2016 年 6 月结束。同时，工作小组对财务信息化建设的具体预算进行了详细计算，指出预算主要集中在采购 EAS 标准模块与硬件及配套设施。

信息化建设思路为集团进行高质量的财务信息化建设奠定了基础，明确了未来各个阶段的工作重点和资源需求，匹配了集团业务发展的需要。

二、财务信息化平台持续升级

为确保 EAS 财务核算平台顺利上线，招商局集团组建了由总部、一级公司、基层单位分层级的项目实施团队，确定了项目实施的关键骨干，制订了完整的项目实施方案和业务实施蓝图。

为保障 K3 平台顺利升级到 EAS 平台，招商局集团统筹安排了 EAS 二次开发和试点单位接口集成，各一级公司按要求认真落实相关工作。蛇口工业区、招商港口、招商交科、招商路凯、招商物流实现了凭证对接，招

商港口、招商轮船、招商海通、招商交科、招商路凯借助 K3 系统的成功应用经验，实现了二次开发内容的顺利过渡。

在招商局集团各级财务部门的共同努力和信息技术部的大力配合下，金蝶 EAS 平台上线工作项目进度与系统运用取得了预期效果。招商局集团于 2012 年顺利完成 EAS 合并报表上线工作。在此基础上建立了招商局集团统一的合并报表管理体系，达到报表格式统一、合并政策统一、数据上报效果统一，实现多角度、按需合并，满足不同层级管理要求。提升编报的效率，为财务分析奠定了良好的基础。

同年，招商局集团完成在全集团推广应用 BI 财务分析系统，基于多数据源建立全方位的财务分析体系，结合业务数据对成本费用、项目损益等进行全方位的分析，强化了预警分析和专题分析能力，促进了财务和业务分析有机结合。为管理者提供全面、及时、准确的决策信息。

2013 年，招商局集团完成 EAS 产权管理系统、EAS 财务管理信息系统中资金债务管理模块的上线运营和合并报表系统接口的开发验证，全面推进 EAS 费用报销及影像管理系统在各一级公司上线应用，完成 EAS 银企直连试点单位实施验收。同时，集团持续深化扩展招财通移动应用平台，深入挖掘"招财通"移动应用平台应用价值，研发推广"财务看板""企业快照"等移动轻应用。

招商局集团通过各种培训方式加强 EAS 系统应用培训指导，合理安排集团统筹的系统培训计划，强化系统应用能力。鉴于当时大部分财务人员仍保留了 K3 系统的操作习惯，对 EAS 系统的模块功能尚处于初级认识阶段，各公司组织有针对性的专题系统培训。从 2013 年 10 月至 2014 年 1 月，集团层面组织了多场系统业务管理员培训，对近 1 000 名财务人员进行了系统使用上线培训，完成了全集团 660 多个账套的系统初始化。

第五节

基于信息化提升的会计核算与会计报告

招商局集团调整巩固与精细化财务管理时期，我国会计改革步入平稳发展阶段，坚持国际趋同的路线，侧重会计准则的实践应用，着力提升会计信息质量。这个时期会计信息化制度日益规范，我国的会计信息化从推广阶段进入成熟发展阶段。这一时期，招商局集团并未出台新会计制度，会计核算与会计报告仍沿用2008年《招商局集团会计制度》的规定。

一、我国会计体系持续改进

为进一步深化会计改革，推动会计事业持续稳定健康发展，更好地发挥会计在促进经济社会发展中的基础性作用，财政部发布《会计改革与发展"十二五"规划纲要》（以下简称《规划纲要》）。《规划纲要》以提高会计信息质量为着力点，以改革创新为动力，实现会计工作全面、协调、可持续发展，更好地为经济社会服务。这个时期，我国会计信息化进入成熟发展阶段。

（一）我国会计发展规划

财政部于2011年9月9日发布《规划纲要》，指出"十二五"期间（2011—2015年）会计发展总体目标为健全适应社会主义市场经济体制要求的会计体系。为了使会计行业更好地服务于社会主义市场经济体制改革，《规划纲要》对整个会计行业的发展进行战略规划，勾画了一幅全面发展的蓝图，包括会计准则改革的原则与方向、注册会计师行业发展的目标、会计人才的培养以及会计理论研究的方向。

（二）成本核算制度的改进

随着我国市场经济体制的发展，企业经营管理对产品成本核算提出新的要求。成本核算不仅能准确计算产品实际成本，而且便于成本控制和成本预测、决策；不仅能满足核算要求，而且能满足内部管理要求；不仅有助于提高企业市场竞争力，而且能满足建设资源节约型、环境友好型社会的要求。为此，财政部于2013年8月16日颁布《企业产品成本核算制度（试行）》，包括"总则""产品成本核算对象""产品成本核算项目和范

围""产品成本归集、分配和结转""附则"五部分。企业不再执行1986年颁布的《国营工业企业成本核算办法》，新的《企业产品成本核算制度（试行）》建立制造业和非制造业企业统一适用的产品成本核算体系，引入了现代企业成本核算方法和成本管理方法。

（三）会计信息化制度的规范

为推动企业会计信息化，节约社会资源，提高会计软件和相关服务质量，规范信息化环境下的会计工作，2013年12月6日财政部发布《企业会计信息化工作规范》（以下简称《工作规范》）。该文件是为适应信息化时代对会计理念、会计功能、会计流程和会计模式创新发展的产物，对当时和以后一段时期企业会计信息化发展具有重要意义。《工作规范》包含"总则""会计软件和服务""企业会计信息化""监督""附则"五部分。该时期我国在会计信息化的制度建设方面有了长足发展，《工作规范》连同先后颁布的《信息技术会计核算软件数据接口》《关于全面推进我国会计信息化工作的指导意见》等制度，使会计信息化的各项流程规则逐步细化，这标志着我国的会计信息化从推广阶段进入了成熟发展阶段。

二、招商局集团会计信息质量评价指标体系

招商局集团为进一步提高整体会计信息质量，使会计信息满足经营管理的需要，于2012年发布《招商局集团会计信息质量考核评价标准（试行）》，对各下属单位会计信息质量进行重点考核。

（一）会计信息质量评价指标体系构成

招商局集团会计信息质量评价指标体系以各单位财务部门定期编制的报告为基础分类，主要由四种报告构成，分别是月度快报、管理季报及年报、财政部国资委决算、外部审计，其中月度快报分为管理快报与国资委快报两部分。财政部、国资委决算权重为30%，占比最大；其次为月度快报与管理季报及年报，权重占比均为25%；外部审计权重占比为20%。纳

入该指标体系的下属单位分别是蛇口工业区、招商地产、漳州开发区、招商物流、招商海通、招商交科、华建中心、招商轮船、招商工业、招商港口与招商金融。

月度快报包括管理快报（含报表、说明）和国资委快报，各项内容按百分制分别计算，最终得分按单项评分结果12个月得分算术平均后乘以所占权重，其中管理快报占20%，国资委快报占5%。快报的评分项目包含四项具体内容：及时性、完整性、准确性和分析报告质量。其中分析报告质量为重点考核项，要求分析报告内容全面、分析透彻、结构明确并能够为经营管理提供有效信息。

季度报表包括报表和说明两部分，各项内容按百分制分别计算，最终得分按单项评分结果四个季度得分算术平均后乘以所占权重，其中报表占25%，说明占5%。季度报表的评分项目包括及时性、完整性、准确性、规范性、合理性与编表说明质量。同管理快报相比，增加了对规范性、合理性与编表说明质量的考核。

季度报表与年度报表由于其所含时间跨度的增加，所以其记录的信息往往具有纵向可比性，通过不同时期的数据对比往往可以看出企业的经营状况变化情况。对于指标异常情况进行重点关注并分析合理原因，降低管理中存在的风险。其次对编表说明的质量进行重点关注，要求按照上年决算布置文件的有关要求，提交编表说明，说明项目完整、内容清晰。

财政部、国资委决算包括报表和附报文档（含会计报表附注、财务情况说明书、专项说明、审计报告），各项内容按百分制分别计算，最终得分按单项评分结果乘以所占权重，其中，报表占25%，会计报表附注占1%，财务情况说明书占2%，专项说明占15%，审计报告占0.5%。财政部、国资委决算的评分项目包括十个部分，分别是年度决算备案、及时性、单位树状结构检查、完整性、准确性、合理性、差额表检查、节点检查、附报文档与年度决算现场会审。

年度决算是指根据会计资料对会计年度内的业务活动和财务收支情况进行综合总结，是全面总结业务、财务活动和考核企业经营成果的一项综合性工作。国资委要求中央企业根据其发布的企业财务决算报表填制，同

时出具财务决算专项说明与财务情况说明书。

财务决算专项说明与财务情况说明书以财务指标和相关统计指标为主要依据,对本年度资产质量、财务状况、经营成果等情况进行分析说明,客观反映企业运营特点及发展趋势。

集团财务信息评价体系对文字部分评价标准整体分为三级。第一级为分析透彻、结论明确与能够为经营管理提供明确信息;第二级为内容齐备且满足基本要求;第三类为规定内容不全、说明不清晰且存在重大错误。通过对文字部分设立明确的评价标准,不仅加强了各下属单位对说明性文字的重视,还提高了决算信息的有效性。

外部审计包括审计报告初稿、正式报告、管理建议书、审计差异分析和沟通协调五大部分。最终得分按百分制减去应扣分数后乘以 20% 计算。

集团在制定评价制度时,以定量评价为主,定性评价为辅。针对上述提到的评价项目,绝大多数采用明确的量化评分标准,使得评价结果客观化。同时由于不同的下属单位在编制会计信息时合并层级、合并企业数量、报表复杂程度不同,针对不同的下属单位设定不同的难度系数,使得最终得到的评价标准实现横向可比。最终各一级公司按分值高低排序,评价结论在集团内通报。

(二) 会计信息质量评价指标应用

2010 年,集团第一次依据评价体系细则对各下属单位的会计信息质量进行了系统的评分。集团在进行评分时,会明确标注扣分项来提醒下属单位加强此方面的管理。2011 年,集团延续了 2010 年的评价项目与计算方式。

在连续两年试行评价体系后,2012 年集团开始在会计信息质量评价中依据此前制度所规定的内容加入月度与外部审计两大内容。同时根据各公司每年实际情况对整体难度系数进行了动态调整。例如,蛇口工业区由此前 1.1 的系数调整为 1.04;招商港口由于会计核算中涉及大量外币折算、中间层级多、股权结构复杂等原因,整体难度调整系数也设置为最高的 1.04。在 2013 年的会计信息质量评价过程中,集团根据实际情况对部分下属单位的整体难度调整系数再次进行了变更,如将招商港口的系数由 1.04

调整为 1.02。

会计信息质量评价指标体系对于改进下属单位会计报告质量具有非常显著的效果。以蛇口工业区为例，通过会计信息质量评价结果，可以看出蛇口工业区 2012 年的会计信息主要存在关联交易披露完整性不足、国资委决算填报规范性不足、外部审计周报进度缓慢等问题。蛇口工业区根据评价结果进行集中整治，针对现有问题，及时改正，财务信息质量明显提高，在 2013 年的会计信息质量评价中取得了高分，由 2012 年的 89.17 分提升到 95.39 分。

质量评价体系是对工作成果的有效检验与总结。通过对会计信息质量的合理评价，一方面实现了集团对下属公司财务工作的检查与督促；另一方面提高了信息在管理决策中的可信度。招商局集团在发布评价标准后，严格执行落地，不断动态调整，使得评价结果更加精准，有效地促进了集团整体会计信息质量的提升。

（三）招商局集团会计制度

精细化财务管理时期，招商局集团并未出台新的会计制度。

为统一集团内固定资产、投资性房地产折旧年限，集团于 2013 年全面梳理下属公司固定资产类别、使用情况等信息，制定集团统一的固定资产、投资性房地产折旧年限表下发执行，集团范围内实现了同类资产的折旧政策的统一工作。

（四）招商局集团会计基础

招商局集团执行财政部于 2006 年 2 月 15 日颁布的企业会计准则及相关规定。招商局集团的会计年度为公历年度，即每年 1 月 1 日起至 12 月 31 日止。招商局集团及境内子公司以人民币为记账本位币，境外子公司根据其经营所处的主要经济环境中的货币确定其记账本位币。招商局集团编制财务报表时所采用的货币为人民币。招商局集团会计核算以权责发生制为记账基础。除某些金融工具以公允价值计量外，财务报表以历史成本作为计量基础。资产如果发生减值，则按照相关规定计提相应的减值准备。

三、招商局集团会计报告

前已述及,根据报告的类型,集团的会计报告分为月度快报、管理季报及年报、财政部国资委决算报告和审计报告四类。其中,月度快报包括管理快报和财政部国资委快报,决算报告包括决算管理报表和财政部国资委决算报告。在调整巩固与精细化财务管理时期,集团着重规范和优化各类报告编制流程,提高编制效率,提升会计信息质量。

(一) 构建会计报告体系

1. 财政部国有企业经济效益月报及国资委中央企业财务快报

财政部国有企业经济效益月报及国资委中央企业财务快报(以下简称"财政部、国资委快报")是出资人开展企业运行情况动态监测的基本依据,是加强国有资产监管、促进国有资产保值增值的重要手段。根据国资委和财政部要求,快报包含报表和简要分析,其中报表分为利润表指标、税费指标、资产负债表指标、生产运营情况四个部分。快报是月度报表,各级公司于月度终了后6个工作日上报全级次数据,集团汇总及合并于月度终了后9日内报送全级次数据。报送内容主要包括封面代码、财务快报、固定资产投资表、行业表、金融衍生季报表,报送户数在2013年底达到417户(含合并及单体)。

2. 管理快报

管理快报包括管理快报简表及快报分析。管理快报简表包括损益数据、税收指标、主要资产负债数据、生产经营指标、人工类指标、其他数据,其中损益快报是管理快报的最主要部分。根据集团要求,各下属公司于月度终了后两个工作日内提交,招商局集团合并数据及分析于月度终了后10日内完成。

根据财政部信息报送要求,2013年1月集团对管理快报格式进行了四项修订:一是在损益快报中管理费项目下增加"研究与开发费"指标;二是在税收指标中增加"期末未交税费"指标;三是在资产负债数据中增加"应付职工薪酬"和"应付债券"项目;四是在生产经营指标中进出口项下增加"企业累计向境外投资额"指标。

3. 管理季度及年报

管理季报及年报表包括四张会计报表和若干报表项目。四张会计报表均为合并会计报表,集团合并报表范围分为三个层次,即大集团、轮船股份与集团香港。其中,管理季报由各一级公司于季度终了后 10 日内报送,集团汇总及合并于季度终了后 25 日内完成报表及编制说明。

4. 财政部国有企业财务会计决算报告及国资委企业财务决算报表

为了加强对中央企业的财务监督,全面了解和掌握企业资产质量、经营效益状况,国资委和财政部要求中央企业上报决算报表。财政部国有企业财务会计决算报告及国资委企业财务决算报表(以下简称"国资委、财政部决算报表")包括主附表、财务情况表、报表附注表、行业补充表、专项情况表和附表文档六个部分。其中,附表文档包括会计报表附注、财务情况说明书、财务决算专项说明、中介机构审计报告、管理建议书和审计情况说明书。企业于 4 月中旬及 5 月中旬分别报告国资委、财政部,实行集团全级次报送。

5. 管理决算报表

管理决算报表包括四张会计报表和近百个报表项目及其他相关项目的报表。为了满足国资委披露需求、内部管理需求以及外部审计信息披露需求,集团不断修订管理报表格式,制定了一套具有自身特色且信息全面的决算报表体系,通过设置科学的勾稽关系,对全套报表数据进行全面审核,有效提升财政部、国资委决算报表的准确性、全面性和及时性。

6. 审计报告

根据国资委、财政部要求,企业在提交年度财务决算报告及相关资料时,需包括审计报告。2012 年集团完成了包括 7 家上市公司在内的集团内各公司决算审计机构的更换并平稳过渡,持续加强与审计师的沟通,提升审计报告的效率和质量。

(二)规范会计报告编制

集团财务部为了规范财务报告编制,于 2011 年 2 月发布并实施《招商局集团内部控制规定——财务报告》。

一是集团内部保持统一的会计政策。集团下属公司不得随意变更会计政策，调整会计估计事项。因情况变化需要调整会计估计事项，须报上级公司批准，变更会计政策，须报集团批准。并且会计政策和会计估计的变更情况及其对财务报告的影响须在财务报告编制说明中说明。

二是对于境内外会计准则的财务报告编制进行规范。招商局集团所属境外子公司执行当地会计准则的，境外子公司在编制财务报告时，应将本公司的财务报告数据按照中国的会计准则进行调整后上报上级财务管理部门。集团下属公司应当定期分析根据中国会计准则和当地会计准则编制的两种财务报告之间的差异数，列示上报上级财务管理部门。

三是对于合并财务报告的编制进行了统一要求。招商局集团直属公司中需要编制合并财务报告的公司，应当在财务报告编制说明中明确合并范围和合并方法。如合并范围发生变化，须报上级公司批准，以便调整报表合并系统，并在财务报告编制说明中说明。集团下属公司应当按照集团规定的会计报表格式和内容编制财务报告，充分利用信息技术，提高工作效率和工作质量，减少或避免差错和人为调整因素。集团下属公司如存在非合并子公司，须在编制年度财务报告前，集团规定的时间内向集团财务部申请（包括一直未予合并的），说明原因，经批准后才能执行。未能合并的子公司，也应以权益法核算。集团下属公司必须对所有联营及合营公司采用权益法核算，如确有困难而无法以权益法核算的，须在编制年度财务报告前，集团规定的时间内向集团财务部申请（包括一直未以权益法核算的），说明原因，经批准后才能以成本法核算。

四是对于财务报告编制的工作计划与流程进行统一的规范化管理。招商局集团每年制定关于年度财务报告编制的工作安排，集团公司应根据集团的年度财务决算布置，制定本公司年度财务报告编制具体实施办法，明确年度财务报告编制方法、年度财务报告会计调整政策、披露政策及财务报告上报的时间要求等。集团下属公司年度财务报告编制具体实施办法应当经财务负责人核准后签发至各参与编制单位及各相关部门。

集团下属公司在编制年度财务报告前，应当进行必要的资产清查、债权债务清理、内部往来核对、资产质量分析、减值测试及准备计提、损益结转等工作，并将清查、核实结果及其处理方法以书面形式上报上级财务管理部门，以确保财务报告的真实可靠和资产的安全完整。

报告期终了，各公司与集团内其他公司间的往来账（包括垫款、借存款、应收应付款及现金流项目等）必须进行核对，如发现金额不符，须立即商讨解决方法并做相关账务调整，对有争议而未能达成一致意见的差异，须及时报集团财务部协助解决。

财务报告编制完成后，须经相关人员复核。在复核财务报告过程中发现的问题，复核人员须及时告知报告编制人员并对错误问题加以改正。复核无误后，方可正式上报。招商局集团财务部于每期财务报告编制完毕后，针对本期财务报告编制过程中存在的问题，及时通知相关公司，并要求相关公司上报整改措施。各公司应及时将集团的财务报告编制要求落实到基层公司。

五是推进财务报告的信息化工作，集团下属公司应当按照集团规定的会计报表格式和内容编制财务报告，充分利用信息技术，提高工作效率和工作质量，减少或避免差错和人为调整因素。通过计算机信息系统自动检查会计报表之间、会计报表各项目之间的勾稽关系是否正确，重点对会计报表内有关项目的对应关系、本期与上期有关数字的衔接关系、会计报表间的平衡及勾稽关系进行校验。

（三）提升会计报告质量

集团按照精细化管理的目标，通过修订完善管理报表体系，调整内部决算与外部审计机制，大大提升了会计信息质量，保证了会计报告的真实、完整、及时与准确。集团先后获得国资委颁发的"2012年度中央企业财务决算管理先进单位"荣誉称号，以及财政部2013年度全国企业财务决算工作通报表扬。在此时期的一些重点工作如下。

1. 完善内部管理报表体系，提升会计信息质量

集团根据新的国资委披露需求和内部管理需求完善修改了管理报表格式，制定了一套具有集团特色且信息全面的决算报表，并以上线金蝶EAS系统为契机，在系统中设置了832条勾稽关系对全套报表进行全面严密的审核检查，使得管理决算报表和财政部、国资委报表在上报及时性、准确性和完整性方面都有所提升，文字材料也更加规范，极大地提高了管理报表的总体质量。

2. 建立完善内外报表并轨机制,提升会计工作效率和规范化水平

集团在 2011 年通过推进内部决算与外部审计的并轨,实现了内部管理报表、外部审计,以及财政部、国资委报表三方面会计信息从内容到工作流程的有机统一。此后,集团进一步深化执行并轨机制,结合新的管理报表对审计披露模板进行了年度修订,通过在 EAS 系统内完成审计数据的填报,实现了内部决算与外部审计在金蝶 EAS 系统内的有效衔接,缩小管理决算报表和审计报告数据的差距。2013 年集团财务部牵头组成审核小组,对各一级公司及其重要子企业的财务决算进行集中审核和决算批复。"并轨"机制的日益成熟,有力促进了集团会计基础工作效率和规范化水平的提升。

3. 全面实施全级次上报,加强基层决算管理

集团在 2011 年按国资委要求率先推行国资委快报、决算全级次上报。2011 年度决算报送户数为 272 户,连同合并层级,共报送全套决算报表 388 套。通过全级次上报,集团每年对子企业户数、管理级次、股权结构、控制能力、经营状况等涉及全级次报送要求的工作范畴做了全面清查,将合并范围内的各级子企业全部纳入集团财务信息化范围,实现报表编制的全覆盖,提高了报表编制质量和效率,实现了对基层企业的逐月、逐年的财务监测分析,决算管理也得到进一步加强。

4. 强化外部审计管控,统一招标更换审计师

集团在 2011 年根据国家有关法律法规和集团财务管理制度,制定《招商局集团内部控制办法——外部审计》,从外部审计机构的委托、组织与管理等方面规范集团外部审计工作。2012 年,集团按照国资委统一组织的中央企业 2012 年度财务决算审计师事务所公开招标比选结果,完成了包括 7 户上市企业在内的集团内各公司决算审计机构的更换并平稳过渡,第一次实现了集团对全级次公司审计师的管控。集团及各下属公司积极配合新的审计师开展审计工作准备,提前部署审计有关工作,加强审计问题的沟通协调,审计工作的效率有所提升,审计报告质量进一步提高。

招商局集团稳中求进与精细化财务管理（2011—2013 年） | 第七章

2011 年招商局集团财务工作会议合影留念

2012 年招商局集团财务工作会议合影留念

2013年招商局集团财务工作会议合影留念

第四篇

新常态下打造价值创造型财务管控体系

（2014—2022年）

第八章

招商局集团跨越式发展与财务价值创造
（2014—2019年）

2014年以来，世界经济复苏依旧艰难曲折，中国经济进入新常态，经济发展的重心逐步向内部经济结构优化转变。我国持续推进稳增长和供给侧结构性改革，经济由高速增长向高质量发展转变，同时大力推进国有企业改革。招商局集团作为央企排头兵，积极响应国家号召，切实推进混合所有制等系列国企改革举措，高度重视"一带一路"建设，持续提升集团的经济效益，积极履行社会责任。

招商局集团在2014年提出"建设具有国际竞争力的世界一流企业"的战略目标，2017年修订为"建设具有全球竞争力的世界一流企业"。在这一阶段，招商局集团基于高质量发展的要求，调整形成"质量、效益、规模"均衡发展的经营管理理念，重新审视集团管控模式，从传统发展方式向"四轮驱动"发展方式转型，在战略引领、风险管控、综合服务等方面充分发挥总部管控职能，以兼并收购的方式推动集团的发展，并基于价值链对产业布局进行调整整合，形成交通物流、综合金融、城市与园区综合开发运营三大核心产业，实现了跨越式发展。

招商局集团启动了向价值创造型财务的战略转型，大力倡导"忠诚、干净、专注、高效"的财务文化，不断深化产权管理、采购管理、税务

管理、质效提升等管理职能,全面打造战略财务、业务财务和运营财务功能,以助力招商局集团的跨越式发展。招商局集团通过对外协调资源赋能兼并收购,对内开展质效提升推动内涵增长,加快推进财务共享中心和信息化的建设,深化与提升采购管理体系,深化财务模型、流动性风险预警、汇率风险预警、财务工作考核评价等量化管理工具的应用,优化金融业务财务管理体系,不断提升财务价值创造能力。同时,基于稳健经营、防范风险的需要,招商局集团将对债务率的管控红线由有息债务率不超过40%拓展为资产负债率不超过60%、有息债务率不超过40%。

招商局集团积极应对我国新会计准则的变化,研究新旧准则衔接方案,修订集团会计制度体系,形成了由集团会计制度、各行业会计核算指引、各公司会计核算手册组成的三个层次在内的统一完整的会计制度体系。

第一节 新常态下高质量发展要求与招商局集团发展战略

根据国际经济形势和我国经济发展的现状,我国提出了基于内部经济结构优化的高质量发展要求及"一带一路"倡议。招商局集团在中国经济发展转型的关键时期,提出"建设具有全球竞争力的世界一流企业"的战略目标,全面推行"领先战略",以价值创造为根本追求,加大重组力度,加快产业转型升级,实施创新驱动发展,强化全球市场配置资源的能力,建立行之有效的战略管控体系,不断做强做优做大,努力实现可持续发展。

一、高质量发展与"一带一路"倡议

中国经济进入新常态发展时期,由 GDP 总量发展逐步向高质量发展转变,经济发展的质量与效益成为经济社会建设的重点。"一带一路"倡议

是中国顺应世界经济全球化、区域经济一体化的时代大潮，构建全方位开放新格局、深度融入世界经济体系、实现经济转型升级与可持续发展，谋求与沿线国家共同发展、共同繁荣的宏大倡议；同时也是新时期我国践行"奋发有为的大国外交"，打造"紧密朋友圈"和"全球伙伴关系网络"，构建人类"利益共同体、责任共同体、命运共同体"，推动国际秩序和完善全球治理、营造新型国际秩序的实践行为。

2015年5月与11月中国相继提出稳增长与供给侧结构性改革，稳增长既是指增长数量上的稳，也是增长方式由低级向高级的转换；供给侧结构性改革从提高供给质量出发，以"去产能、去库存、去杠杆、降成本、补短板"为核心的"三去一降一补"政策为切入点，奠定中国经济转型发展的基础。2017年，中国正式提出"高质量"发展的新要求，是中国经济转型的标志，同时还提出了"建立健全绿色低碳循环发展的经济体系"，为新时代下高质量发展指明了方向，即通过绿色发展实现我国从速度经济转向高质量发展。2018年3月5日，国务院政府工作报告提出以供给侧结构性改革为主线，统筹推进稳增长、促改革、调结构、惠民生、防风险等各项工作。

二、建设具有全球竞争力的世界一流企业目标

2014年，招商局集团将战略目标确定为"建设具有国际竞争力的世界一流企业"。2017年底，为积极响应习近平总书记在党的十九大报告中对国有企业提出的要求，招商局集团将战略目标修订为"建设具有全球竞争力的世界一流企业"，并明确提出阶段性发展目标：到"十三五"末，招商局集团要在2014年的基础上"再造一个招商局"，各项指标翻一番。招商局集团将"建设具有全球竞争力的世界一流企业"的战略目标的内涵具体分解为"三力"，即集团下属企业应具备在所处行业领域及全球范围内的竞争力、影响力和带动力。

招商局集团紧跟国家高质量发展要求和"一带一路"倡议，提出了集团高质量发展的具体实现路径。招商局集团的发展理念也由"质量、规模、效益"升级为"质量第一、效益优先、规模适度"，转换规模增

长路径,更加注重内涵式发展,进一步提升能力、提质增效。推进科技创新,培育新的发展动能;紧紧围绕"巩固、增强、提升、畅通"与"推进质效提升、深化综合改革、强化科技引领、加强协同融合、聚焦重点项目、推进风险管控",推进高质量发展;抓好党建工作,为集团高质量发展保驾护航,稳步推进实现具有全球竞争力的世界一流企业建设目标。

为有效推动落实高质量跨越式发展的目标,组织保障是基础。招商局集团重新审视集团管控模式,着力打造"权威总部""价值总部""创新总部",在战略引领、风险管控、综合服务等方面充分发挥总部管控职能,提出16条"3S"管理具体优化措施,制定下发22项管控优化项目,进一步提升对不同类型业务板块的差异化管理,提升集团发展质量。紧紧围绕"实现三个'世界一流'与四个'中国领先'"的产业目标,主动调整供需结构,在交通物流、城市园区和综合金融板块加快新的战略布局、推进新战略转型,进一步优化集团产业格局,力争在更高层次、更大范围、更有针对性地解决供需错配问题,实现产业协同战略,提升集团整体竞争优势。

顺应企业"走出去"转型升级的潮流,在总结深圳蛇口和福建漳州综合开发经验的基础上,招商局集团提出在"一带一路"沿线国家复制"前港—中区—后城"(Port-Park-City,PPC)的成熟商业模式。这是一种综合开发模式,以港口为龙头和切入点,以临港的产业园区为核心和主要载体,系统解决制约东道国产业转移的软硬环境短板问题,打造国际产能合作平台。

在"一带一路"建设中,招商局集团秉持合作共赢理念,坚持以诚相待,积极与东道国政府深入沟通,取得理念上的高度一致,通过"共商"找到共同利益所在。从全面维护东道国长远利益出发,规划开发合作的目标任务,引进当地迫切需要的产业,共同把增量做大,避免与存量竞争;承担更多的运营责任,更好地传递管理经验,与当地企业共同把"蛋糕"做大,使得当地人民更多享有资产增值的收益,与东道国合作伙伴结成利益共同体。

第二节

招商局集团跨越式发展时期发展状况

招商局集团自2014年至2019年期间资产、收入与利润规模快速增加，实现了交通物流、综合金融、城市与园区三大板块的迅速发展，并以"四轮驱动"的发展方式，向"三大平台"转型，积极融入国家"一带一路"建议，实现了高质量的跨越式发展。

一、招商局集团跨越式发展时期经营管理

（一）从传统发展方式向"四轮驱动"发展方式转型

招商局集团在发展驱动力上积极推动从传统的增长方式向"四轮驱动"增长方式转变。招商局集团以世界一流企业为目标，制定了创新转型、并购重组、数字化、国际化四轮驱动的专项战略，一方面通过并购重组和国际化整合全球资源，另一方面通过创新转型和数字化提升内部能力，全面推进业务战略，打造一批世界一流、中国领先的企业，推进实业和金融业务协同发展。遵循以"质量、效益、规模"动态均衡发展为核心的原则，开展业务结构、管理模式以及发展方式三大转型，引领集团各公司坚定清晰地朝着共同的战略目标前进。

（二）从"三大主业"向"三大平台"的转型

该阶段，招商局集团积极推动企业定位从"三大主业"（交通物流、综合金融、城市与园区开发）向"三大平台"（实业经营、金融服务、投资与资本运营）转型。具体来说转型体现在以下两个方面。

一方面，从产业形态进行划分，在更好地实现分类管控的同时，加强平台内的整合和跨平台的协作。另一方面，从功能上进行划分，做到"立足长远、把握当下"，将长期和短期目标相结合。具体来说，实业经营和

金融服务以强化和优化已有业务为主,不断为企业造血,其中实业经营相对稳健,是稳健收益与现金贡献的大平台;金融通过发挥服务实体功能,支持实业发展。投资与资本运营平台则寻找新的产业发展点,打造新的造血机制,保持企业发展活力。

(三)招商局集团跨越式发展时期产业发展

交通物流板块方面,港口业务强化区港联动,扩大利润来源,招商港口积极研究港口、物流及其配套基础设施的投资机会,把握国内区域港口一体化整合与吉布提国际贸易区开发建设的机遇,探索港口综合开发模式,完善现代港口的城市服务功能。在全球六大洲、27个国家和地区成功布局了68个港口。2019年集装箱吞吐量达11 299万TEU,散杂货吞吐量4.9亿吨,货物权益吞吐量位列世界第一。公路业务通过资源整合形成全产业链体系,招商局公路网络科技控股股份有限公司(原华建中心,2009年招商局亚太并入华建中心,2011年改制更名为招商局华建公路投资有限公司,2016年整体改制更名为招商局公路网络科技控股股份有限公司,2017年上市,以下简称"招商公路")成为集投资、勘察设计、建设、管理运营为一体的全产业链大型综合性企业。航运业务聚焦船舶资产优化,截至2019年底,招商轮船拥有世界一流、全球领先的VLCC超级油轮船队、VLOC超大型矿砂船队和LNG液化天然气船队,控制总运力规模达4 500万载重吨,排名世界第二。其中VLCC和VLOC的船队规模居世界第一。

2020年1月18日,中国外运有限公司完成吸收合并中外运空运发展股份有限公司,正式登陆A股。从2015年底中国外运长航集团有限公司(以下简称"中外运长航")整体划入招商局集团,到2017年招商局集团旗下招商物流整体注入中国外运,再到中国外运公告换股吸收合并旗下的中外运空运发展股份有限公司,招商局集团通过重组整合,实现了集团物流业务的统一运营平台——中国外运"A+H"(601598.SH,00598.HK)两地上市,再次走到了新一轮国企改革的队伍前列。

综合金融板块方面,招商局集团持续推动"4+N"金融布局,打造银行、证券、基金、保险加融资租赁、资产管理等另类金融服务的特色金融服务平台。招商证券选择通过香港主板搭建国际融资平台。招商资本签约募资额超过 1 000 亿元；招商创投"互联网＋"布局实现良好开端；博时基金管理资产过 1 万亿元，重回公募前十。

城市与园区板块，完成了蛇口工业区吸收合并招商地产的重大无先例重组，将招商漳州注入招商蛇口，完成城市与园区板块的整合。通过调整产品结构、提升产品品质等举措，全力加大去库存力度，实现提质增效转型升级。

2019 年招商局集团三大业务板块营业收入情况如表 8-1 所示。

表 8-1　　　　　　　2019 年招商局集团三大业务板块营业收入

业务板块	营业收入（万元）	同比增长（%）
交通物流	20 597 116.26	6.81
综合金融	40 993 082.42	11.46
城市园区	9 847 199.25	10.28

资料来源：2019 年招商局集团审计报告。

（四）践行国家"一带一路"倡议成效

招商局集团的"一带一路"建设涉及港口、航运、物流、贸易和金融等业务领域。截至 2019 年底，集团各级境外实体单位 195 户，其中香港 113 户、新加坡 8 户、英属维尔京群岛 12 户、新西兰 4 户、日本 3 户、斯里兰卡 3 户、荷兰 3 户、其他地区 49 户。招商局集团在参与"一带一路"建设中注重海陆并举，在海上投资"一带一路"沿线国家的重要港口，在陆上整合运输资源，推动中欧物流大通道建设。

一是多港口布局。招商局集团在全球多个国家和地区拥有众多港口，大多位于"一带一路"沿线国家和地区的重要港口点位。2014 年，招商局集团与澳大利亚基础设施基金（The Infrastructure Fund，TIF）联合，以 17.5 亿澳元向澳大利亚新南威尔士州政府收购了澳大利亚纽卡斯尔港口 98 年的经营管理权和土地租赁权。纽卡斯尔港是全球领先的煤炭出口港、澳大利亚最大的散货港，也是新南威尔士州最主要的动力煤下水港。2017 年，招商港口和斯里兰卡港务局正式签署协议，以 9.74 亿美元收购斯政府

持有的汉班托塔港国际港口集团公司（HIPG）85%股权。2018年，招商港口巴西巴拉那瓜港口项目（TCP）顺利完成交割。这次收购是巴西乃至拉美地区有史以来最大的港口收购兼并项目，是招商港口在拉美地区首个港口投资项目，也是第一个绝对控股的海外成熟码头项目。

二是设立三条航线，助力航运发展。招商局集团沿"一带一路"线路确立了三条航线：油轮航线、散货航线以及LNG航线，航运范围远至中东地区。

三是完善物流网络布局。招商局集团物流业务的统一运营平台和统一品牌——中国外运也大力发展国际物流事业，服务于"一带一路"建设，在海外拥有65个经营网点，覆盖了40个国家和地区，其中"一带一路"沿线设有45家经营网点，覆盖了31个国家和地区。招商局中白商贸物流园也发挥了"一带一路"重要商贸物流枢纽作用。招商局中白商贸物流园是招商局集团在中白工业园内投资建设的园中园，于2015年12月正式动工建设，2017年5月全面完工，目前首发区已经全部投入运营，取得了良好的社会效益和经济效益。招商局集团正致力于通过中白商贸物流园打造丝绸之路经济带上的重要商贸物流枢纽、商贸物流集散中心及连接波罗的海港口的无水港。

四是广设分行，助力金融"走出去"。招商银行设立了11个一级境外机构，包括香港分行、纽约分行、新加坡分行、卢森堡分行、伦敦分行、悉尼分行6家分行，美国代表处、台北代表处2个代表处，招商永隆银行、招银国际、招银欧洲3个全资附属公司；下辖超过50个网点，分布于亚洲、美洲与欧洲的10个国际化城市，包括香港、澳门、台北、新加坡、曼谷、纽约、洛杉矶、旧金山、伦敦、卢森堡。在未设点区域，招商银行则通过离岸牌照为客户提供金融服务。

二、招商局集团跨越式发展时期经营情况

招商局集团2014年总资产6 242亿元，较上年增长38%，营业收入933亿元，较上年增长29%，净利润279亿元，较上年增长22%。2019年，招商局集团各项经济指标再创新高：实现营业收入7 144亿元、净利

润 1 266 亿元，总资产达到 91 339 亿元，其中资产总额和净利润自 2018 年起连续 2 年位列央企第一。招商局集团 2014—2019 年总资产、营业收入和净利润情况如表 8-2 所示。2018 年招商局集团首次申请并入围财富世界 500 强，居 280 位。

2018 年招商局集团入围世界五百强企业

表 8-2　　　　2014—2019 年招商局集团资产与经营情况　　　　单位：万元

年份	总资产	营业收入	净利润
2014	624 157 89.14	9 327 503.58	2 789 196.90
2015	623 078 255.60	18 893 149.61	6 978 772.09
2016	680 839 400.54	49 542 633.91	8 669 538.15
2017	733 366 138.04	58 390 931.61	9 755 066.37
2018	795 636 700.80	64 991 597.73	10 697 975.93
2019	913 388 852.17	71 437 397.93	12 656 770.13

注：自 2015 年 9 月 30 日起招商局集团代表国有股东将招商银行纳入合并报表范围。
资料来源：2014—2019 年招商局集团审计报告。

第三节 价值创造型财务管控体系的转型

为有效支撑建设具有全球竞争力的世界一流企业的战略，招商局集团积极探索财务转型路径，持续提质增效、提升能力，推动由传统财务管理向价值创造型转型。同时随着业务不断发展，特别是金融、地产业务的持续扩张，对杠杆率的管控形成了较大的挑战。经过研究讨论，提出了"两个优于"的原则进行管控。通过分类管控，既对各公司债务风险提出了要求，同时又考虑了各公司处于不同行业的实际情况，对集团作为多元化企业的长远、可持续发展提供了保障。

一、招商局集团价值创造型财务组织

2014—2019 年，招商局集团进行了大部制改革，对财务部的组织架构和职能进行了相应调整，以使财务职能能够更好地支撑集团战略目标的落地实施。

2015 年，原产权部并入财务部，财务部更名为财务部（产权部），下设 6 个处室，分别是综合管理处、资金管理处、会计核算处、财务信息处、财务管理处和产权管理处，定编为 34 人。其后，应审计整改要求，增设招标管理处（2019 年更名为采购管理处），定编为 2 人。改革后，财务部（产权部）各处室具体职能如下。

1. 综合管理处

承担部门内部综合协调、行政办公、日常管理等事务；根据集团财务数字化规划，推动集团财务数字化工作；督导二级公司财务数字化与共享分中心建设，审核建设方案与风险事项，推动业务数字化与业财一体化建设。

2. 资金管理处

建立完善集团资金管理体系、制度和相关规定办法，并组织督导下属公司实施。推动资金管理数字化工作；开展融资渠道、融资工具和模式的

创新研究，设计并组织实施集团融资项目，指导集团总部和下属公司相关项目的融资规划和方案设计；建立并维护集团和金融机构的关系，指导二级公司建立并协调金融机构合作关系；及时识别集团资金风险，监控集团债务水平，对集团债务安全边界、汇率、利率和衍生品风险进行专项管理；管理总部流动性和资金池；统筹进行集团资金活动的管理；建立和完善集团司库体系；指导集团财务公司开展相关工作，加强集团资金统一管理。

3. 会计核算处

编制集团总部预算、中长期财务规划，监督预算执行情况，审核总部各部门预算调整事项；开展集团总部税务管理；负责管理集团总部会计核算和会计档案管理工作，编制集团总部财务报表，开展集团总部本地业财工作；建立完善集团总部财务管理相关制度。

4. 财务信息处

建立完善集团会计制度体系，制定集团会计政策，督导下属公司实施；对下属公司会计信息质量进行评价；跟踪会计准则的新动向和变化，研究评估对集团的整体影响，及时采取应对措施，并组织进行宣贯和落实；组织开展集团月度快报、季度管理报表和年度财务决算工作，审定重大事项会计处理，编制集团合并财务报表和财务类报告，给予决策支撑；组织开展集团的国资委、财政部月度快报和年度决算工作，上报全级次财务数据。优化报表系统，推动相关数字化工作；组织进行集团年度外部审计，选聘集团审计师，指导管理下属公司外部审计工作；对外披露集团的财务信息，统计提供集团内部管理需要的相关财务数据。

5. 财务管理处

制定、推动实施集团财务规划和年度计划；建立完善集团财务模型工作机制；建立完善集团财务管理制度和相关规定办法，指导各下属公司财务管理，参与各类资产重组、资本运作等重大事项；组织编制集团年度预算、中长期财务规划，监督预算执行情况，报送预算执行结果；建立完善财务内控体系，防范集团财务风险；推动财务、税务管理数字化工作；定期分析集团财务状况，编制分析报告，为集团管理层提供决策支持；对接各类股东事务。编制集团国有资本经营预算、一般公共预算，组织国有资金的收缴、申请、执行、监督等工作；审定集团各公司利润分配方案，并组织开展收缴工作；执行国资委对集团的业绩考核，参与实施对集团下属公司的业绩考核；组织开展对集团下属公司财务工作考核，执行财务部考核工作；建立完善集团税务管理体系，管理集团境内外税务工作，防范集团税务风险；开展集团重点项目税务工作，优化税务管理。

6. 产权管理处

产权管理处原为产权管理部，经集团办公会议批准于 2008 年设立，2015 年并入财务部。产权管理处的职能包括：建立完善集团产权管理体系，制定集团产权管理制度、规定办法和工作流程，督导下属公司实施；开展集团公司登记管理工作，监督集团下属公司的公司登记行为。推动集团产权管理数字化工作；开展集团内部登记和产权登记管理工作，编制集团企业统计年度报告；指导下属公司制定产权交易方案，对下属公司产权转让、企业增资和资产转让的方式和定价进行监督和管理；开展集团上市公司国有股权的管理工作，审核并报批报备上市公司国有股权变动等事项；开展集团资产评估管理工作，应要求实施集团备案的资产评估项目和需国资委备案或核准的资产评估项目，对资产评估项目进行统计分析。除资产评估全部由产权处负责外，其他未发生变化。产权部并入财务部实现了财务数据和产权系统数据的打通，财务数据可由 EAS 报表系统对接到产权系统，同时产权系统生成的产权码，将作为生成财务账套的先决条件；加强了股权转让、资产处置等方面和财务管理工作相结合。

7. 采购管理处

2016 年 5 月招商局集团按照"一处一中心"的管理体系与"管办分离"的架构，成立招标管理处，2017 年 1 月招投标的管理平台——管理中心正式上线。2019 年更名。采购管理处的职能包括：建立完善集团采购管理体系，制定完善集团采购管理制度和相关规定办法，督导二级公司完善采购制度；统筹二级公司采购管理，建立集团采购管理考核标准，对二级公司进行采购业绩考核；建立集团统一标准的采购品类目录，统筹管理集中采购。指导供应商管理工作；建立推广采购方法论和工具，组织开展集团采购管理人员能力水平提升的培训;协助处理集团总部采购活动中的异议、投诉;推动集团采购数字化工作,管理集团电子招标采购交易平台,监管交易平台运营。

二、招商局集团价值创造型财务战略

2014—2019 年,招商局集团财务开始向价值创造型财务转型,培育战略财务、运营财务和业务财务功能,持续完善五大财务管理机制,推动各级财务组织能力提升。

(一)价值创造型财务管理目标

2014 年,财政部印发了《关于全面推进管理会计体系建设的指导意见》,促使企业财务工作开始朝着价值创造型的管理会计实现转型。同年,招商局集团在年会上提出"要认真研究优化资本结构与债务结构,努力构建价值创造型财务管理体系"。由此,招商局集团开始着力推进向价值创造型财务管理转型,并于 2017 年形成《招商局集团财务管理转型升级规划》,明确了向价值创造型财务管理转型的方向、目标以及相应路径。

(二)价值创造型财务管理的架构

招商局集团价值创造型财务以战略引领(Shaping)、风险管控(Safeguarding)、综合服务(Servicing)的"3S"理念为引领,将财务管理分解为三个层面,即战略财务、业务财务和运营财务,以五大管理机制为手段——战略发展引领机制、业务决策支持机制、财务风险管控机制、资金资本保障机制和财务共享服务机制,充分发挥财务数字化、制度及流程管理、财务人员管理的管理支撑作用,为企业战略的实现提供支持和保障。

从财务管理的三个层面来看,在集团总部层面,深化战略财务功能并集中发挥运营财务功能;在二级公司(板块总部)层面,深化战略财务功能;在业务经营单位层面,应重塑财务管理功能定位,充分发挥业务财务功能。战略财务的核心任务是政策制定、资源配置、风险控制、监督评价;集中运营财务共享服务中心,统一规划财务信息化建设方案和系统运

维。运营财务的核心任务是承接集团总部管理要求，结合实际细化分解，深化对标分析，明晰业务战略，统一规划和推进本板块业务财务一体化，有效控制风险。业务财务的核心任务是通过向业务机构派驻财务人员等方式，构建业务伙伴队伍，并通过分析、预测等手段为业务一线提供支持。

从五大管理机制来看，战略发展引领机制以构建和完善集团总部及各业务板块的财务模型和财务指标分析体系为核心，通过财务模型清晰地反映战略目标及实现路径，通过财务指标分析评价及报告体系反映战略目标的完成情况；业务决策支持机制以业财融合为核心，推动财务人员角色转型；以业务流程为基础，构建业务成本、风险及效益分析体系，为业务活动提供专业支持；推进全面预算管理，通过预算编制、执行分析及控制，保障业务目标的实现；财务风险管控机制以流动性风险管理和内部控制为核心，通过建立流动性风险预警工作体系，量化反映流动性风险；推动财务内控手册的制定和完善，并通过信息系统将规范予以固化；完善资产交易制度，有效防范资产流失风险；资金资本保障机制以保障财务资源、优化资本结构、降低资本成本为核心，通过完善资金集中管理，提升资金集中水平；统筹融资渠道、创新融资品种，降低融资成本，提升资本运作效率；财务共享服务机制，以建设集团级财务共享中心为核心，制定财务共享规划，逐步建立完成 1 个综合和 5 个行业财务共享服务中心；推动业务信息系统建设和完善，有效提升业务处理、会计核算、资金结算等业务财务活动的效率。

三、资金管理创新与深化

2014 年以来，招商局集团以价值创造为目标，在融资创新、外债规模管理方面，配合集团战略与业务的发展进行大胆创新。同时，以中外运长航财务公司为基础，重新组建招商局集团财务有限公司，更好地开展集团的资金管理工作。

（一）融资管理创新

集团总部及各公司不断创新筹资模式，切实保障了集团业务发展的资金需求。2015年，集团总部在短期内完成资金调度，保证了增持招商银行的成功实施及招商蛇口的整体上市。同年，以集团香港的名义成功注册并首发5亿元熊猫债，开创了境外非金融企业在境内银行间债券市场公开募资的先河，直接参与并推动人民币国际化。下属的招商置地抓住股市活跃上升窗口，以票面利率0.5%、转股价2.9875元/股的优越条件，成功发行2.9亿美元可转换债券，有效实现了低成本融资，缓解了长期投资开发资金需求不足的矛盾。

2017年，发展改革委将招商局集团确定为外债规模管理改革试点企业，并批复外债额度为40亿美元。在该额度下，各公司无须单笔报批，从而进一步提高了融资效率。同年为支持招商银行及永隆银行业务发展，经请示发展改革委，招商局集团从该额度中调剂4亿美元专项用于永隆银行境外资本债项目，及时满足了永隆银行资本补充需求。截至2017年底，集团总部与主要商业银行均完成战略合作协议签署，建立了一套有效的"总对总"协调合作机制，通过集团财务部与各银行总行公司（战略）客户部的对接，深化专业领域方面的战略合作。

（二）重组财务公司

按照招商局集团整合中外运长航的总体战略安排，招商局集团于2017年启动对中外运长航财务有限公司的重组。财务公司全力推进重组工作，对外，高效推进重组涉及的实际控制人变更、增资、转股、迁址、董监高变更、更名及后续52项工作，中国银监会、北京银监局两级的诸多行政许可审批事项，不到一年时间全部完成，为重组的央企财务公司中沟通最主动、最全面、审批最快的一家。对内，从战略、制度、业务、组织四个方面推进重组整合。一是积极融入集团"3S"战略、协力以融促产、融入金融生态圈；二是对照公司重组融合、经营发展的新目标新任务新要求，全面梳理规章制度，重新修订制度100余项，新增制度20余项；三是资金系统及办公、财务、人事、战略、风险、产权、招投标等管理系统全面接入；四是由集团财务部牵头实现招商财务与集团各部门职能对接，每月初与集团财务部召开月度例会。2017年8月，经监管机构批准，中外运长航财务有限公司正式变更为招商局集团财务有限公司（以下简称"招商财

务"），初步完成财务公司战略重组。

在招商局集团指导下，重组后的招商财务制定了新阶段的发展规划，将发展目标明确为"建设与集团世界一流企业目标相匹配的一流财务公司"，即以加强集团资金集中管理和提高集团资金使用效率为使命，以服务集团成员企业、立足支持集团主业发展为核心动力，发挥司库型资金管理核心功能，逐步扩大规模、提高行业评级、形成集团内部银行的独特服务品牌，树立司库型财务公司的行业标杆形象。发展规划明确招商财务的核心功能为"司库型资金管理功能"，即招商财务作为司库平台，辅助集团更好实现流动性管理、资产负债表管理、风险管理、内外部银行关系管理以及决策支持与信息管理等功能。司库平台不以盈利为主要目的，而以提高资金效率、保障资金供应、控制资金风险为本职。

在践行集团战略过程中，作为非银行金融机构，招商财务充分利用金融业务资质，持续开展价值创造。一是充分运用资金归集功能，实现了集团内、同业的资金集中管理，产生规模效益，通过精细化、专业化的资金服务，提升了资金管理水平、效率和效益；二是充分运用融资信贷功能，实现了集团内部资金调剂，减少外部融资，支持集团战略业务发展，降低了集团整体资金成本；三是充分利用专有金融牌照，通过贷款让利、费用减免及银团贷款和债权投资的价格扰动，为成员单位节省财务费用，从市场中为集团创造了价值；四是充分发挥内部银行作用，全力支持集团服务国家大局和产业布局，持续为成员单位提供特色金融服务，切实解决了成员单位"急难险重"等问题。

经过本次重组，招商财务的注册资本金由5亿元先后增加至30亿元、50亿元。截至2019年底，招商财务服务成员单位达1731家，账户覆盖率达100%，结算覆盖率达91%，资产规模513亿元。2019年全年累计实现营业收入15.62亿元，利润总额7.03亿元，全年日均吸存规模341亿元，日均贷款规模282亿元，ROE为8.94%，提供各类结算业务47.79万笔，结算金额43392亿元；办理结售汇业务435笔，结售汇金额2.52亿美元。通过存贷款利率优惠、减免中间业务费用等途径，累计帮助成员单位降本增效3.39亿元。监管评级获得2A级，达到历史最好成绩。招商财务资产规模、存贷款规模等多项指标跨越式发展，实现了集团在重组财务公司时确定的机制更好、实力更强、规模更大、发展更快、效益更高、更有市场竞争力的阶段性目标。

四、招商局集团产权管理

在此时期，招商局集团根据国家出台的有关法规、政策，并结合自身实际情况及时修订并下发有关产权管理制度，形成了管控有效、框架完善、覆盖全面的产权管理制度体系。通过规范开展产权转让和登记，有效保障国有产权安全。同时不断完善集团产权管理信息平台，提升产权管理信息化水平。2017年在国资委产权登记专项核查中，集团的产权登记完整性、准确性均为100%，受到了国资委通报表扬，同年在全国产权工作会议上受到国资委的肯定。

（一）完善产权管理制度

招商局集团于2014年颁发实施《招商局集团境外国有产权管理办法（暂行）》，以及修订的《招商局集团产权管理制度》《招商局集团资产优化工作管理规定》《招商局集团产权转让管理办法》等6项涉及产权管理及资产优化工作方面的管理办法。同时根据国资委《关于中央企业资产转让进场交易有关事项的通知》，招商局集团通过对过往资产转让情况进行调研分析，制定《招商局集团资产转让进场交易管理办法（暂行）》，对拟进场交易的资产类别、金额标准做出具体规定，明确资产转让的职责部门、管理权限、决策程序和工作流程，以及进场交易所涉及的资产评估、挂牌价格、公告期限、转让价款支付等相关要求。在《招商局集团资产转让进场交易管理办法（暂行）》颁布实施后，招商局集团先后向所属企业转发国资委发布的第一批和第二批从事中央企业资产转让进场交易的产权交易机构名单。

2015年初，招商局集团下发《关于开展2014年度公司登记、内部登记检查工作的通知》检查2014年度各公司所属境内外各级全资、控股公司及其参资公司通过企业信用信息公示系统提交年度报告或办理周年申报、商业登记证的年检情况；检查各公司所管理企业产权信息的变动以及

主要产权电子档案。

2016年招商局集团按照国家对于央企产权管理的新要求和具体规定，以及集团简政放权的文件精神，全面修订了《招商局集团产权管理制度》。同时对原《招商局集团产权转让管理办法》《招商局集团资产转让进场交易监督管理办法（暂行）》《招商局集团境外国有产权管理办法（暂行）》进行修订，合并为《招商局集团国有资产交易管理规定》。在国有资产评估项目公示、评估机构选聘等方面进行调整优化，更加科学高效地开展集团内的国有资产交易工作。

（二）夯实产权管理基础

招商局集团在对外投资并购、资产重组及产权转让过程中，遵循"依法合规、市场机制"的工作原则，规范开展国有资产评估备案工作。在资产评估备案管理中，招商局集团按照《企业国有资产评估项目备案工作指引》的要求，规范备案文件和内容，认真审核资产评估报告和结果，以集团备案的资产评估结果作为产权交易定价基准，充分发挥资产评估的价值门槛作用。在产权对外转让中，按照"应进则进、进必规范"的要求，推动有关资产和产权的进场交易转让。

对相关产权变动项目，招商局集团及时进行国有产权登记，仅2014年全年共办理国有产权登记382家，其中占有登记193家、变动登记162家、注销登记27家。同时，规范产权变动档案管理，对产权变动所涉及的集团内部审批文件、交易合同、产权交易机构鉴证文件、审计报告、资产评估报告、国有资产评估备案表、清算报告、工商登记材料等产权档案，按产权登记项目归集并报国资委审核。同时，通过检查项目产权档案的完整性和规范性，监督所属企业规范开展国有产权的占有、变动和注销，有效保障国有产权安全。

2016年招商局集团通过境内产权交易所挂牌转让产权10项，进场增资3项，协议转让产权31项，资产评估备案89项；其中涉及中外运长航的挂牌产权转让2项，协议转让产权3项，资产评估备案37项。2019年完成内部登记审批6 300余项，完成产权登记审批1 929项。

（三）完善产权管理信息平台

真实、准确、完整、清晰的产权信息数据是集团产权安全和各项管理工作的重要基础。2014年度，招商局集团开始对所属境内外各级全资、控股公司及其参资公司的增减变动情况，基本信息、治理结构、股东及出资情况、证券账户等产权信息的变动情况，以及主要产权电子档案，是否按照集团有关规定的要求及时、准确、完整地录入产权管理信息系统（CM-PMIS）；是否按照有关注册地法律法规的要求，及时办理有关公司登记注册手续；是否按时年检或报告，并妥善保管有关产权档案等情况进行检查。集团全年审核 CM-PMIS 内新增企业 101 户，注销企业 14 户，产权信息数据变动 1 399 项。完成了 CM-PMIS v2.1 的详细需求分析报告，新增"企业发起/并购"和"直接投资查询"模块，改进"产权取得"模块，提升查询分析功能，更好地满足集团业务需要。

截至 2014 年底，集团 CM-PMIS 系统中已有 1 136 家企业的产权信息，涵盖企业的注册资本、注册地等工商登记信息，董事、监事、经理层等治理机构信息，股东持股及变化等股东信息，年度财务数据，集团的管理层级及股权层级等信息，以及相关的电子产权档案。CM-PMIS 系统还具有对以上基础数据的分析功能，可实现地区分布、行业分布、实体公司分布等十多种类型的单项或组合分析。

同时招商局集团充分利用这一产权信息数据平台，深化产权信息的分析利用，有效促进集团改革和发展工作。一是完成了集团相关年度的企业统计报告。该统计报告包括集团特定年度企业的增减变化、分布、各公司所属企业及股权结构图等丰富的产权信息数据，成为集团领导和各部门管理决策的重要基础资料；二是分析集团实体公司的存在状态和经营效益。分析形成了总报告、分报告、连续三年及以上亏损单位明细表等 7 个附表，对集团实体公司的经营效益情况、亏损企业和低效企业情况，以及其他分析中发现的问题进行反映，为集团资源的优化配置提供有益参考；三是对集团所属混合所有制企业基本情况及管控模式进行分析，完成《关于集团实体公司产权结构情况的报告》，为集团进一步深化改革提供基础数据。

2016年集团继续加强产权管理信息系统建设，提升产权管理信息化水平，先后完成了EAS产权与财务系统数据整合、服务器迁移及性能优化、系统工作流程改造、财务决算备案清单生成功能和"企业快照"移动轻应用的开发上线，并完成了上市公司市值计算功能的开发工作，为充分挖掘集团产权信息数据的利用价值，更好地服务集团经营管理创造了条件。

尤其是"企业快照"移动轻应用，直接将企业产权信息以简要信息和地图位置的方式展现在手机上，实现了产权信息的移动应用，更好地实现了产权信息对企业经营和管理的促进作用。同时，集团在日常工作中充分利用产权管理信息系统，及时登记、汇总、分析产权信息的变动，全年登记产权变动信息超过5 000项，年末系统中已登记产权信息的法人企业及其他机构3 800户。集团财务部依据产权登记信息系统中的产权信息数据，编制年度企业统计分析报告及集团所属企业股权结构图，向监事会等上级部门提供境外企业清单等有关材料，为集团各部门及下属企业提供区域企业信息、关联关系信息等产权信息。

五、招商局集团税务管理

自2013年以后，中国进入了全面深化改革时期，税制改革随之全面深化，并取得了一系列重要进展，主要措施有营改增和完善所得税税制等。招商局集团从集团总部、集团下属子公司及解决历史遗留三方面入手进行税务管理工作，成效显著。

（一）营改增全面推开与招商局的税务管理调整

2014年，我国《深化财税体制改革总体方案》提出，建立有利于科学发展、社会公平、市场统一的税收制度体系，充分发挥税收筹集财政收入、调节分配、促进结构优化的职能作用。从此，我国加快推进了增值税、个人所得税、资源税、环境保护税等重大税制改革，推动税制实现了由传统税制向现代税制的转变。

2016年，在全国范围内将建筑、房地产、金融、生活服务业纳入营改增范围，开始了全面推开营改增的历史性改革。2017年增值税税率由四档

（6%、11%、13%、17%）简并为三档（6%、11%、17%），2018年17%税率降至16%、11%税率降至10%，2019年进一步降至13%和9%。同时，为了坚持行业税负只减不增，国家出台了一些临时性优惠政策，如允许生产、生活性服务业纳税人按照当期可抵扣进项税额加计10%等。

招商局集团业务类型多元，集团下属交通运输和物流辅助服务（货代、仓储等）等企业已在2012—2014年陆续营改增，2016年相关税收政策已基本稳定。2016年全面推开营改增的四大行业中房地产业、金融业对招商局集团的影响重大，为确保能平稳过渡营改增，招商局集团组织下属公司学习掌握税务新政策法规，对营改增所涉及的会计核算科目和报表编报、增值税税控系统优化、新旧发票领用、认证及报税等管理进行了规范。同时，招商局集团要求各二级公司，成立营改增专项工作领导小组，以各相关经营单位为核心，前、中、后台全体员工通力协作，完成营改增过程中涉及合同签订、发票管理、财务核算、制度流程、系统建设等涉及营改增适应性的环节改造。

2016年以后，招商局集团及其下属二级公司在增值税发票管理方面开始了探索，逐步搭建了招商局集团税务发票系统、增值税管理系统（以下简称"集团税务发票系统"），通过系统实现自动开具/收取发票。其中，自动开具发票的流程为：当发生需开具发票的业务时，业务人员在业务系统确认开票交易，确认后将数据传输至集团税务发票系统，集团税务发票系统接收开票请求后自动连接税控设备进行发票的开具，开具成功后返回发票信息。自动收取发票的流程为：当经营单位收到可用于增值税进项抵扣的发票时，如增值税专用发票、增值税电子专用发票、机动车销售统一发票、通行费电子发票、电子发票（增值税专用发票），集团税务发票管理系统每日定时从税局端获取该公司进项可抵扣发票至数据库，为后续发票认证、统计、确认提供数据支撑。集团税务发票系统的上线大大地提高了办税人员的工作效率。2019年4月，招商港口（华南）运营中心客户在办理提货单手续并完成支付后，仅用不到1分钟时间顺利生成了全国港口第一张区块链电子发票。

（二）招商局税务管理体系的搭建

2015 年以来，随着《深化国税、地税征管体制改革方案》和《"互联网税务"行动计划》的发布，税务机关对大企业管理和服务思路进行了相应调整，提升了大企业复杂事项的税收管理层级，加强了对大企业的税收管理力度，帮助大企业防范税收征管风险。2016 年，国家税务总局发布《关于规范全国千户集团及其成员企业纳税申报时附报财务会计报表有关事项的公告》，明确千户集团作为大企业管理对象，并对大企业报送数据的有关细节做出了规定。2016 年，招商局集团被国家税务总局纳入全国千户企业集团名册之中，按照税局机关的要求每月及时、准确报送千户集团直报数据，高效完成集团总部及下属成员单位的账套采集工作。2018 年、2019 年集团连续被评选为"千户集团数据管理先进单位"。

2018 年，招商局集团总部设置税务专岗，完成与国家税务总局千户集团管理相关工作、组织二级公司财务负责人按季度报送税务工作报告、建立集团内部重组业务税务处理台账并对相关要求予以规范。2018 年，招商局集团着手优化总部税务管理，搭建集团税务管控体系，开展了集团总部税务健康检查，编制了集团税务管理规划，确定了以"在风险红线内完成遵从工作，同时追求效率和价值最大化"的集团税务管理目标和"集团侧重管理集团税务风险、二级公司侧重价值提升和风险把控、经营单位侧重税务遵从并提升效率"的混合管理模式，制定了首个税务管理办法《招商局集团税务管理办法》，建立了集团税务管理考核评价体系。

从 2018 年开始，结合国家税务总局及各地税务机关出台的政策法规，招商局集团编制并印发了《招商局集团重要税务政策简报》及相关解读，以便集团内税务工作人员及时掌握相关政策。对于税务常见热点问题，招商局集团组织二级公司开展税务热点专题培训，并就各公司关注的财税问题一一回复，对部分具有共性的问题形成指引，如《招商局集团企业重组业务税务管理手册》《招商局集团融资业务税务管理手册》《招商局集团投资业务税务管理手册》《招商局集团科技研发投入财务税务指引》等，提升了集团整体税务管理能力。

截至 2019 年底，招商局集团已按照集团税务管理规划完成了短期规划,即已完成集团总部线下税务管理工作,优化了集团与二级公司的税务管理与沟通机制,搭建了集团税务组织架构和人员建设等。

第四节 深入开展质效提升

2016年8月工信部与国资委等十一部门联合发布《关于引导企业创新管理提质增效的指导意见》,根据国资委统一部署要求,招商局集团开展了质效提升活动,为招商局集团从注重外延发展到外延发展与内涵发展相结合的发展战略提供了强有力的支撑。

招商局集团为了做好质效提升工作,先后在集团和下属单位,不同层次和各业务板块进行了组织结构构建、质效提升体系探索、质效提升方法创新。

一、招商局集团质效提升组织构建

2016年12月,招商局集团成立提质增效工作领导小组办公室,负责落实上级单位要求,开展提质增效工作,主要职能为抓住重点,突破难点,对重点企业"一企一策",对重点任务挂牌督导。

2019年1月,招商局集团原提质增效工作领导小组办公室由战略发展部管理转为财务部管理,并更名为质效提升工程办公室(以下简称"PMO")。主要职能为:建设完善集团质效提升体系,制定集团质效提升的规划、目标和计划;开展集团质效提升工作,指导各二级公司质效提升的项目推进、重大举措管理;开展对各二级公司质效提升工作的评价;制定质效提升宣传与学习方案,组织各公司落实宣传和培训工作;推动质效提升数字化工作;总结提炼、推广具有较强复制性的典型举措;推动卓越运营相关的建设转型。

截至2019年底,全集团范围内已有PMO成员480名、举措负责人1 451名深入质效提升工作,其中举措负责人的范围上到二级公司部门总经理、下到业务单元的普通员工,均有参与推动举措的开发和执行。

二、招商局集团质效提升体系建设

招商局集团建立起从集团总部 PMO 到二级公司 PMO 和业务单元 PMO 的质效提升工作三级管理体系，推动管理变革和流程再造；集团总部 PMO 扮演工作方向指挥棒、推进进程仪表盘、能力方法信息台和集团资源黏合剂的角色，二级公司和业务单元是质效提升工程实施的主体，负责战略举措的细化、推动和具体执行，通过二级公司和业务单元 PMO 推动落地。

提质增效是 2016 年招商局集团年度重点工作，招商局集团重点开展了以下工作。一是持续强化成本费用管控。通过对各二级公司成本费用检查分析，及时通报各公司成本费用情况，严格开支标准，持续挖潜增效。二是制定 2016 年扭亏工作方案和计划。将扭亏任务纳入各单位年度 KPI，强化月度跟踪分析机制；针对不同亏损类型的企业，提出具体扭亏措施并予以指导；将好的经验和举措，以通报形式下发各单位，监督指导各公司扭亏工作。三是制定两金压降工作方案，努力压降"两金"规模。研究制订了总部及各公司具体两金占用专项清理工作方案及目标，明确了工作组织、工作责任、工作机制、总体要求。四是积极开展压减工作，梳理企业层级、集团管理层级和法人层级，圈定压减范围，制订压减措施，调研重点压减对象企业，形成工作方案。

2017 年，招商局集团将"提质增效、提升能力"作为年度重点工作，集团上下从"质""效""能"三个关键点着力，扎实推进各项提质增效目标。从成效上来看，一是降本增效达到预期。严格费用预算管理，加强成本费用动态监测预警，实现销售费用增速大幅低于营业收入增速，管理费用和财务费用控制在预算之内，成本费用利润率 23.2%，在央企中保持较优水平；二是扭亏增盈实现目标。通过开展专项治理和督导，强化分析监控和 KPI 考核，亏损企业户数和亏损面逐月下降。

2018 年，招商局集团试点入手推进质效提升。选取了下属招商蛇口、招商证券、中国外运三家公司作为试点，要求三家试点公司开展"质效提升百分之一工程"，即保证 ROE 整体提升 1% 目标的达成。为了实现这一目标，不仅要求实现业绩指标的短期提升，更要建立支撑可持续发展的长效机制。在此基础上，招商局集团紧紧围绕"六个更"（更开放、更长远、更全面、更深刻、更有效、更有力）基本原则和"131"（一个目标、三个关键、一个基石）行动方案，成立专责小组。同时，按照"质量第一、效益优先、规模适度"的工作要求，对标行业优秀企业，借助咨询机构识别不足，制定切实可行的年度实施方案，并做好过程管理，借此提升质效水平。

2019 年，招商局集团全面推广质效提升工程，覆盖全部二级公司、100 家业务单元，通过借力外脑引入科学工作方法论，从初识方法论到融会贯通综合运用，建立工作体系，把握业务重点，不断优化内部架构、流程、机制等，在收入端、成本管控、能力建设等方面均取得了阶段性成果，加快推动各级企业从"量的积累"向"质的提升"转变，为企业持续稳定增长注入了强劲动力。

三、招商局集团质效提升机制创新和成效

招商局集团在沟通机制、黄金举措、数字化应用、人才培养和文化建设等方面积极进行质效提升工作机制创新。

在沟通机制方面，集团 PMO 与二级公司 PMO 之间建立双周工作例会（副主任周例会、1 对 1 周例会）的沟通机制，召开头脑风暴讨论工作难点，协助解决问题；集团 PMO 与集团质效提升工程领导小组之间建立月度定期汇报机制，寻求重大问题决策意见；集团 PMO 定期向二级公司主要负责人以工作一封信的形式分享各单位质效提升的情况和质量；PMO 分管员与下级公司 PMO 直接联系，做到精神即时传达、问题随时解答。

在黄金举措方面，企业从深化改革向长期持续变革的关键，是要确保将转型中沉淀的机制内嵌到企业的正常运转中，因此，招商局集团将质效提升举措中行之有效的经验方法及时总结固化，并优中选优，对在工作方法流程上具有重大突破、具备推广复制价值的举措评选为黄金举措，并通过组织质效提升系列培训，将举措背景、工作思路、改进流程等经验详细分享，为各单位开发新举措、推广优秀案例提供借鉴，以点成线带面，实现集团内部关键资源的共享和复制，推动关键能力的建设和提升，最终内化到公司的日常经营管理之中，产生持久效益。

在数字化应用方面，集团 PMO 在充分学习质效提升管理方法的基础上，用时一个半月实现独立自研上线招商至元系统，成功实现方法论与数字化结合，打造质效提升的数字化平台。招商至元通过技术手段实现管理框架中组织架构、流程、工作机制落地，将质效提升工作五步法中自上而下拆解目标、自下而上量化汇总等各个步骤层层分解，通过系统实现举措推进过程中各个阶段的可视化；基于战略目标、财务衡量、运营指标及里程碑计划的制定来追踪举措进展，在全组织各层级上都做到效益的可量化和透明化；搭建数据驱动模型，通过快速灵活的数据分析与分级管理功能，实时追踪进度，及时监测预警，借由技术手段有效解决管理工作中的痛点。截至 2019 年底，招商至元共完成 23 版大小迭代，并通过各层级的培训、调研，实现了招商至元在集团全部二级公司和重要业务单元的推广。

在人才培养方面，招商局集团每月组织质效提升月度之星评选，对于质效提升工作的优秀举措负责人和 PMO 成员进行表彰激励，树立模范典型，鼓励更多一线员工主动质效提升，2019 年累计授予质效提升月度之星共计 109 名，实现从质效提升中不断发现优秀人才和干部。集团总部实行质效提升轮岗机制，充分让二级公司与集团进行联动，每 2 个月为一个轮岗周期，每批次 5 人，对轮岗人员进行面对面的带教和辅导，为二级公司储备优秀的质效提升变革骨干，同时也吸纳来自二级公司的优秀建议，助力质效提升工作开展。同步也推动二级公司内部实施与一线业务单元的互动轮岗方式，以此培育更多变革骨干人才。

在文化建设方面，为配合集团质效提升工作的开展，质效提升工程办公室按照质效提升各个阶段工作的重点铺排，通过线上"百年招商局"公众号、OA 新闻和线下《招商局杂志》等渠道进行宣传黄金举措、典型人物、优秀机制，推广"用数字说话、有时间节点、明确责任人"的工作理念，打造精益运营、追求卓越的质效提升文化。集团 PMO 设计了质效提升的推广口号和项目标识，1 790 人参与投票，根据投票结果确定集团质效提升工程的主题标语为"筑梦新时代，质效赢未来"。各二级公司通过各自微信公众号、OA 新闻等平台自主开展宣传工作，累计实现宣传发文数量超过 1 400 篇，持续推广质效提升工作，提升全员对质效提升的认识，广泛调动基层积极性。

截至 2019 年底，招商局集团各级单位广泛识别各类质效提升举措，覆盖了各二级公司战略和运营突破的重点、难点和痛点，在收入提升、成本精益和能力推广等维度深度挖潜，共计开发举措 2 170 条（其中集团跟踪重大举措 208 条），当年实现举措管理效益 38.0 亿元①，收入、成本、赋能三大类举措均有贡献，此外评选出以点带面具备推广复制价值的黄金举措 69 条。2019 年招商局集团将资产清理和扭亏减亏两个专项工作纳入质效提升管理体系，作为集团质效提升工程首批推广项目，是集团 PMO 独立将方法论内化于日常管理的首次探索应用，分别形成 129 条和 32 条举措，通过质效提升工作体系推动，实现有机制、有人员、有计划、有目标的可视化跟踪落实，逐步沉淀出集团特色的业绩提升体系。

第五节 财务管控助力重组整合

重组整合是招商局集团"十三五"时期的重要子战略，集团在这段时期开展了大量重组整合和资本运作，业务和规模均进一步壮大。在此过程中，招商局集团财务部门积极筹措资金，提供各项专业客观意见建议，推动融合，助力重组整合效用的释放，实现价值最大化目标。

招商局集团重组的方式主要有：无偿划转、现金收购、吸收合并、增资扩股等。重组的工作内容由初选环节、尽职调查环节、谈判环节、内外部报批环节、交割环节等部分组成。在具体执行中，集团会根据投资主体和目标公司的具体情况，遵循《招商局集团投资管理规定》的条款内容指导重组工作，规范重组行为。

招商局集团重组整合遵循以下原则：符合国家政策和集团战略，以商业可行为前提；立足于做强做优主业，增加企业核心竞争力和价值创造能力；量力而行，落实资金来源，切实做好现金流匹配和融资保障；重组主体应以集团总部和各二级公司为主；尊重市场规律，公平竞争，防止无序

---

① 举措管理效益是衡量评价举措执行的效果，与上一年度的基线值相比带来的变动收益，不完全等同于财务效益结果。

竞争和恶性竞争；严格遵守法律法规，重视外部中介机构的作用。

一、招商局集团的整合与重组

在这一时期，招商局集团重大的整合重组有：中外运长航合并、增持招商银行、蛇口工业区吸收合并招商地产以及辽港集团整合等。

（一）中外运长航合并

中外运长航是国资委直属管理的大型国际化现代企业集团，是以物流为核心主业、航运为重要支柱业务、船舶重工为相关配套业务的中国最大的综合物流服务供应商。

2015年底，经国务院批准，中外运长航整体并入招商局集团。招商局集团与中外运长航按照"战略融合一张图、管理融合一家人、业务融合一盘棋、文化融合一条心"的整合思路，在战略融合、管理融合和文化融合三个层面进行重组。重组后市场集中度大大提高，产业链上下游资源实现整合。通过业务整合，招商局集团成为中国最大的综合物流服务供应商，全国性物流网络布局进一步完善，货代、第三方物流等业务进入世界前六，国际竞争力进一步提升；超大型油船（VLCC）和超级矿砂船（VLOC）船队规模均居世界第一，成为参与世界能源运输市场竞争、保障中国能源运输安全的重要力量。南京油运股份有限公司（以下简称"长航油运"）摆脱了债务重组和破产的困境，将资源集中在成品油轮船队上，生产经营恢复正常，资产负债率大幅下降，2015年归属于母公司净利润达约6亿元，摆脱了连续四年亏损的局面，银行对长航油运的债权也得到充分保护。从总体上来看，实现了强强联合、优势互补、资源共享、合作共赢，产生了"1+1＞2"的效果。招商局集团实现三个"提升"：国家地位提升、行业整合者地位提升、产业领先者地位提升。中国外运长航则实现六个"更"：机制更活、实力更强、发展更快、规模更大、盈利更高、员工的发展更好。

（二）增持招商银行

为维护招商银行股权结构和公司治理的稳定，有效抵御外部保险业股东对优质银行资产的控制,实现国有股东对外部保险业股东的绝对优势,2014年第四季度,招商局集团两次召开办公会审议增持招商银行股份事宜。会议讨论认为,招商银行估值偏低,增持招商银行既符合集团长期发展战略,也有利于集团资金、资源的再优化。会后,招商局集团开始着手增持招商银行。截至2015年6月30日,招商局集团持有招商银行的股比达到20.20%。

2015年6月下旬后,A股市场出现非理性下跌。2016年7月8日,国资委发布维护股票市场稳定的通知,要求各有关中央企业勇于承担社会责任,在股市异常波动期间,不得减持所控股上市公司股票;并支持中央企业增持股价偏离其价值的所控股上市公司股票,努力维护上市公司股价稳定。同日,中国证监会发布《关于上市公司大股东及董事、监事、高级管理人员增持本公司股票相关事项的通知》,鼓励上市公司大股东及董事、监事、高级管理人员在本公司股票出现大幅下跌时通过增持股票等方式稳定股价。招商局集团积极响应国资委、中国证监会等监管机构号召,召开集团办公会进行积极部署,主动履行维护资本市场平稳健康发展的社会责任,投入大量资金积极增持招商银行股份。

截至2015年11月9日,招商局集团共持有75.04亿股招商银行股份,占招商银行总股本比例为29.76%。其间,按照法律法规要求,集团通过招商银行分别于2016年7月10日、10月8日在上海交易所进行两次公告。同时,2015年7月6日至11月6日,按照主动申报规则,集团在香港联交所进行18次信息披露,发布49份股东主动申报文件。

整体来看,招商局集团果断决策和高效执行,增持招商银行股权在巩固招商银行大股东地位的同时,具有以下重要的战略意义。一是增强国有资本控制力。集团贯彻国企改革精神和要求,通过市场化手段,强化了国有资本对重点行业、重点公司的控制力,为探索国有资本投资公司改革以及并表招商银行创造了坚实基础;二是招商银行长期以来保持了稳健增长,资本回报率和分红率相对较高,增持招商银行有助于实现国有资产的保值增值;三是在股市非理性波动期,积极履行大股东的社会责任,响应国家号召进行增持,有助于稳定市场波动,提振市场对于中国经济、中国股市以及银行业务的发展信心;四是在民营险资大举增持招商银行之际,集团的有效增持有助于稳定招商银行股权结构,保持招商银行优良的公司治理结构，确保招商银行未来的长期稳健发展，确保了国有资本的控制力和收益性，避免出现类似万科事件的情况。其后，上市股份制商业银行的大股东也纷纷增持其银行股份，包括招商局集团在内的大股东增持之举获得了市场的广泛认可。

（三）蛇口工业区吸收合并招商地产

2015年12月30日，蛇口工业区吸收合并招商地产，新公司更名为招商局蛇口工业区控股股份有限公司（以下简称"招商蛇口"），并在深交所挂牌上市。此次合并历时9个月，有四大亮点创新：换股吸收合并、B股转A股、配套融资和实施骨干员工持股。

2015年招商蛇口在深交所上市

集团城市与园区板块之下的蛇口工业区和招商地产在业务分工和定位、复合式、综合性园区开发过程中存在业务交叉、重叠的情况，一方面面临同业竞争风险，另一方面地产资源未有效集中发挥最大效益。为有效解决前述问题，招商局集团在2015年启动了地产业务的重组整合，由招商蛇口（前身为蛇口工业区）发行A股股份吸收合并招商地产。招商蛇口承接招商地产的全部资产、负债、业务、人员、合同及其他一切权利与义务，招商蛇口的股票于2015年12月30日在深交所主板上市流通。招商地产终止上市并注销法人资格,在本次换股吸收合并的同时,共向8家特定对象(包括工银瑞投、国开金融、华侨城、奇点投资等7家战略投资者及员工持股计划)非公开发行A股股票募集配套资金。

招商蛇口作为集团的城市与园区开发业务资本运作平台,通过资源整合和战略协同,打造集园区开发运营、邮轮产业建设运营与社区开发运营于一体的综合运营平台。重组以前招商蛇口同期的净利润基本维持在40亿至50亿元,重组后的首年,招商蛇口于2016年净利润为95.8亿元,2017年达到122亿元,2018年达到152亿元,增长显著。招商蛇口上市后,总股本规模达到74亿股,总市值超过1 800亿元,成为A股地产类旗舰级上市公司,相比招商地产停牌时的市值,增加超过1 000亿元(含蛇口土地注入)。

(四)辽港集团整合

2017年6月,招商局集团与辽宁省政府正式启动辽宁港口整合,由招商局集团增资控股辽港集团,主导运营大连港和营口港,通过建立辽宁港口统一运营平台,发挥中央企业、地方国企及地方政府三方优势,全面提升辽宁港口综合竞争力。

2019年辽港集团成立

在党中央和国务院的关心和支持下，辽宁港口整合项目取得重大进展，2019年1月4日辽宁港口集团正式挂牌成立。辽港集团明确未来3～5年的核心任务是"解放思想，实事求是，通过加快改革创新、加速融合发展，力争打造世界一流强港"。成立元年，辽港集团立足"打造世界一流强港"的核心任务，稳步推进"调整、整顿、改革、创新、协同、提高"各项主要工作。同年，招商局集团对辽港集团的控股分两步实施，首先，招商局集团出资242亿元至辽港集团，实现持股49.9%的目标。此后，辽宁省国资委将其持有的辽港集团1.1%股权无偿划转给招商局集团。划转完成后，招商局集团最终持有辽港集团51%的股权，自2019年9月30日开始将辽港集团纳入合并财务报表范围。2019年，辽港集团全年实现利润总额20.05亿元，同比增加57.46亿元，成功完成扭亏为盈的年度目标，向社会各界交出了一份亮丽的答卷。

辽港集团的成立，不仅是招商局集团战略布局的重要一环，也是央企与地方政府特别是东北三省地方政府成功合作的典范，更是为优质资本投资东北，提振东北经济起到表率作用，体现了"国家有需，招商必应"的责任担当。

二、以财务管控促进融合提效

财务管控是重组融合中的重要环节。招商局集团财务主要采取规范统一、理念输出和重点工作落地等有效措施，从财务组织、财务管控机制、财务管理工作和资金管理四个方面进行重组后财务整合。在全面提升重组企业的财务信息质量的同时，实现对财务资源的统一调配和使用，有效保证了内部资源配置效率的提升，促进了协同效应的实现。

（1）在财务组织方面，招商局集团将重组企业划入集团整体的财务管控体系之中，在符合各项监管要求的前提下，重组企业财务负责人由上级公司委派，财务机构负责人的任命需由上级公司审批，确保集团财务管控的各项要求能够有效地得到贯彻落实。

（2）在财务管控机制方面，招商局集团仍旧采用集团高度统一的管控模式，不仅统一重组企业的财务制度，而且将重组企业融入集团财务系之中使重组企业与招商局集团财务管控体系加速融合。

（3）在财务管理工作方面，重组企业根据招商局集团财务要求强化预算管控，引入财务模型工作机制，建立管理报表数据源，不断完善财务分析模板，提升财务分析质量。

（4）在资金管理方面，重组企业严格执行招商局集团对资金债务事项的管理模式和审批程序，以招商局集团的减债计划、融资计划为指导，保证债务安全、优化债务结构、降低资金成本，做好重组企业各级主体的信用评级维护、授信和融资渠道拓宽等各方面工作。

下面以辽港集团整合为例，说明招商局集团如何通过财务管控促进重组后的融合。

辽港集团成立伊始，根据招商局集团、招商港口新修订的规章制度对辽港集团财务规章制度进行修订，保证辽港集团财务制度体系与招商局集团、招商港口财务制度体系保持高度一致。首先将财务报表率先融入招商局集团财务管控体系。自2019年1月起在原两港财务系统复制集团快报、季报模板，包括12 000余个报表项目，2 300余条勾稽关系。当月即顺利完成快报上报工作，同时按各时间节点完成一季度和半年报编制上报工作。从财务系统来看，通过组建辽港集团信息化工作小组，融合两港财务和技术人员，借助信息化手段逐步攻克主数据确定、数据接口平台自主研发、初始化切换系统创新等重点、难点。最终在2019年9月，辽港集团正式具备了财务EAS系统切换的全部条件，与集团实现了财务系统统一。

辽港集团于2019年开展2020年预算及2020—2024年五年规划的编制工作，按照招商局集团及辽港集团的相关要求，下达2020年预算编制指引，组织各下属公司编制财务预算及财务规划，结合编制要求对各单位上报情况进行初步审核，完成辽港集团2020年财务预算和未来五年财务规划的编制。同时在招商局集团的统一指导下，辽港集团以"调结构、降成本、稳规模"为原则，编制辽港集团减债计划及未来五年融资计划。以减债计划、融资计划作为资金债务管理工具，提前做好债务安排和资金筹划，确保存量借款无逾期，控制整体融资规模。在符合招商局集团财务分析的要求下，辽港集团不断完善财务分析模板，按七大事业部的业务特点，充分利用EAS、EXCEL软件，将财务分析工作向合并报表前沿延展，深入研究合并工作底稿，设计多角度、多维度财务分析数据提取模板，从收入、成本、资产、负债、现金流等方面，建立基础数据源，初步实现股权架构和事业部管理架构下按照合并口径的双重角度分析。

在辽港集团财务资金管理中，招商局集团积极采取多重措施来改善其财务状况。

一是集团的资源支持。除招商局集团对辽港集团的增资扩股外，以集团的信用增强辽港集团的融资能力，大幅降低了其融资成本。截至2022年6月末，辽港集团债务成本较整合之初降低148个基点（BP），由5.4%下降至3.9%，累计节约利息支出29亿元。

二是改善经营与严控投资并举。招商局集团对辽港集团的投资支出进行严格管控，同时通过整合改善原来各港口相互竞争的状况，改善经营。经营的改善加投资管控，从而也促进了辽港集团财务状况的改善。2019年度，辽港集团实现了扭亏为盈，年度净利润达12.4亿元。

三是盘活低效无效资产，提升资产使用效率。招商局集团会同辽港集团一道，制订了辽港集团"四非一低一亏"工作计划，给予其处置低效无效资产在审批等方面的便利，加速止住出血点，回收资金。

四是充分利用上市公司辽港股份平台。在上市和非上市主体之间进行资本运作，减少同业竞争的同时，降低非上市主体的债务负担。整合后的辽港集团经营业绩持续向好，吞吐量稳步增长，经济效益显著提升，财务状况得以明显改善。截至2019年底，辽港集团资产负债率为57.8%，控制在60%以内，较2018年减少4.4个百分点。

第六节 财务共享与信息化推进

2014年以来，根据财政部、国资委中央企业财务共享中心建设的要求与建议，招商局集团以财务共享建设为契机，重新设定各级财务组织管理功能定位，助力业务财务和战略财务功能发挥，构建财务共享服务体系，提升财务共享运营效率和服务水平，全面提速财务信息化应用实施，有效推动业财一体化融合。

2017 年，招商局集团制订财务管理转型升级规划，承接财务转型目标，招商局集团以财务共享服务中心为抓手，遵照"12321"建设规划，以"5 个行业中心＋1 个综合中心"模式推进建设，打造财务数字化完整生态圈，有效助力财务组织重塑，驱动财务数字化转型。

一、财务共享建设

为更好地推进财务共享中心建设，招商局集团组织下属蛇口工业区和招商港口（华南）营运中心分别于 2014 年、2016 年开展财务共享中心先行试点工作，初步验证了财务共享中心建设的可行性，为集团财务共享中心统一规划实施探明了方向。同时，财务共享试点的顺利实施标志着招商局集团已基本具备财务共享中心建设的前提条件，也预示着集团全面启动财务共享中心建设的时机已经到来。

（一）财务共享建设背景

招商局集团下属单位在流程、系统、人员等方面情况各异，管理水平参差不齐，且具有空间上分布广泛、时间上动态变化的特点，给财务共享建设带来重大挑战。

一是产业结构多元，分公司、子公司众多。在 2017 年财务共享中心规划之初，招商局集团总计拥有 2 099 家下属单位，包含 1 257 个法人实体、13 级产权层级，囊括 14 种行业大类、近 300 种细分业态。如何推动同质化业务整合，支撑多业态协同发展；如何层层落实集团财务管控制度，强化对下属单位的统筹管理能力是财务共享中心在制定建设策略、推进方式、标准规范时所面临的重大挑战。

二是地域分布广泛，资源分散不均。招商局集团法人单位注册所在地覆盖六大洲、39 个国家，且业务分布南北跨度大，遍布在香港、深圳、上海、大连、北京等 151 个城市。各板块内存在一定集群效应，但板块间管理中心分布相对零散。在此背景下，将分散的财务机构整合拉通、提高财务资源配置效率的难度系数剧增，在财务共享中心选址过程中需要思考如何利用好板块集群效应，化解多地域分布的整合难点，构建集团统一的财务共享体系。

三是组织结构复杂，人员基数庞大。2017 年，招商局集团员工总人数多达 98 800 人（不含招商银行），其中财务人员共有 4 803 人（约 3 000 人来自 2016 年新并购企业中外运长航），占比 4.86%，分布在境内 32 个省区及海外 19 个国家，且基础核算职能占比高达 64.8%。财务共享中心建设的人员分流、职能转型等关键任务，需要公司负责人、人力资源部门、财务部门通力配合，结合业务、财务管理需求以及员工个人职业发展诉求统筹推进，保障员工利益，维持组织稳定，实现企业与员工的双赢。

四是并购活动频繁，管控质量存异。招商局集团新并入单位大多为跨板块、跨区域、大业务体量的集团型企业，其管理模式及信息化程度与原招商系存在较大差异，主要表现在制度规范、会计处理、业财集成模式、信息化程度等方面，这无疑加大了集团对于同一业态下不同单位的管控难度。如何构建与集团并购重组战略高度匹配的财务共享服务体系，对新并购重组企业实现动态、有效的管理整合，是在确定财务共享中心建设的管理机制、区域布局和推进顺序时需要重点解决的难题。

五是业财集成参差，周边系统繁杂。招商局集团的财务系统相对统一，但是前端业务系统根据业务发展自行建设，数量多达 777 个，且未全部实现与财务系统的有效集成，业财一体化程度不高。财务共享中心建设所涉及的业务系统接口开发工作量巨大，且集成难度较高，给财务共享平台设计和开发带来不少挑战。

（二）财务共享建设规划

为应对上述这些难点，招商局开展了多轮深入研究探讨，充分考虑管理机制、区域选择、建设路径、实施顺序、系统规划等关键要素，制订了"12321" 财务共享中心建设执行规划，分步推进实施工作，同步打造财务系统生态圈，助力财务组织重塑，驱动财务数字化转型。

"1 套管理机制"。即立足建设一个集团级财务共享中心的定位，在集团层面设置运营管理职能，以应对产业多元、组织复杂的建设难点。集团成立"财务共享中心管理机构"，担当集团财务共享中心管理标准的制定者和建设工作的推动者，全程把控财务共享中心的规划、建设及后续运营，通过对流程、系统及绩效的统一管理，确保集团财务共享标准统一、方向一致。

"2大区域布局"。即基于地域分布广泛、资源分布不均的特点，设计了科学的选址模型，综合考量模型指标的代表性、客观性及精简性，设计分层筛选模式，确定各级评价指标权重。在总部沟通成本及管理成本测评、运营质量及成本因素测评、城市因素及集团综合优选的三级定性定量层级下，组织对备选城市进行分级测评和层层筛选，最终框定了"珠三角、华中/西"两大财务共享中心建设区域布局，确定了"深圳、广州、武汉、重庆、东莞"五个选址城市短名单。伴随集团业务并购、整合、拓展以及业务模式变化，对区域布局和城市短名单实行动态调整策略，目前已根据实际情况补增了"大连"（新并购辽港集团所在地）进入城市短名单。

"3类板块推进"。针对产业结构多元、业态众多的特性，组织对各业态的推行难度、实施收益进行评估，合理铺排财务共享中心建设的先后顺序。推行难度评估充分考虑业财集成参差、组织结构复杂、管控质量存异等难点，从信息系统建设、组织人员变革、财务流程整合及业务流程优化四方面予以评估；实施收益评估则主要考量服务质量提升、运营成本优化及经营管控提升三方面。根据评估结果，将招商局集团全业态划分为三大类：第一类板块具备财务共享建设实践经验，且共享运营框架已初步成型，采用"优先推广"策略；第二类板块财务共享建设基础相对较好，需开展必要的流程规范、系统优化等工作，采用"整合优化"策略；第三类板块财务共享建设成熟度较差，需结合各自建设基础和收益预期具体问题具体分析，采用"单独考量"策略。

"2项建设原则"。由于业务多元化发展，各业务板块均有一定的业务体量，财务共享中心建设推进需要详细规划、精密部署，分步完成建设目标。在既定的资源能力下，结合板块业务及管控特点，遵从地域维度"境内优于境外"、业务维度"成熟优于变动"的原则推进财务共享中心建设，以不影响业务运作为前提统筹规划共享业务迁移，按需配置财务共享中心团队。

"1个共享平台"。建设集团统一的财务共享平台，围绕财务共享中心构建财务应用生态群，补充配套信息系统，打通业财系统通道，利用统一的系统框架统筹管理实现财务共享与管理需求，推行数据专项治理工作，为未来拉通整合奠定系统基础。统一的系统平台和应用生态将能有效减少下属单位的重复投入，大幅降低系统建设和运维成本，并实现管理模式和系统应用的快速复制推广。

（三）财务共享建设历程

根据"12321"财务共享中心建设执行规划，招商局将财务共享中心建设划分为"建设期＋整合期"两阶段推进，并设置了阶段性建设任务。在建设期，坚持"集团指导，板块自建"原则，由集团财务部统一指导共享建设工作，尽可能地贴近业务单元，借助板块力量减少管理变革阻力，以"5个行业中心＋1个综合中心"的模式在板块层面建设地产、物流、航运、港口、金融、综合六大财务共享中心，实行双线汇报管理机制，即各板块财务共享中心负责人同时向板块财务总监和集团财务共享中心管理机构负责人汇报，在既有的财务人员资源基础上实现财务共享中心建设的快速见效。

2018年招商蛇口财务共享中心揭牌

2019年招商轮船财务共享中心揭牌

2020年外运股份财务共享中心揭牌

2020年招商金融财务共享中心揭牌

2020年招商港口财务共享中心揭牌

2022年招商局集团综合共享中心揭牌

地产分中心作为集团财务共享服务中心建设试点单位，率先于2017年启动，并于2018年揭牌成立，坚持"同一业态同一系统"原则整合业务系统，遵照"并表单位全覆盖"原则全面推广，在强化管控、优化流程、规范管理、降本增效等方面取得显著成效，提供优质、高效的共享服务。

航运分中心紧跟地产分中心步伐，于2017年底启动，并于2019年揭牌成立，围绕"提高流程质效、推动业财对接、加强风险管控、推动财务转型、支持业务发展"五个目标，以重塑业财流程、统一基础标准、强化财务监督、完善内部运营、推动业财融合为手段，发挥共享价值，助力航运业务发展。

港口分中心充分借鉴地产和航运分中心建设经验，于2018年启动，并于2020年揭牌成立，按照"一总二分"的架构稳步推进新并企业上线，积极探索财务管理变革，改变传统审核模式，通过调整管理机制和体系让财务共享创造更大价值，推进财务智慧化转型。

金融分中心先行统一金融成员公司共享思路，于2019年启动，并于2020年揭牌成立，坚持"科技引领、精致服务、智能高效"的方针，采用"先集中、后标准"模式，围绕"组织建设、技术创新、建设规划"三大方面有序推进，赋能科技金融。

物流分中心克服"面广点散"的现实困难，于2019年底启动，并于2020年揭牌成立，按照"优质增效、赋能启智、智慧创绩"的转型方针，采用循序渐进的建设方式，选择试点区域重点突破，再组织快速复制推广，识别并解决经营痛点和需求。

综合中心作为共享建设第一阶段的收官战，于2020年初启动，本着"夯实基础、融合交互、构建智库、星级服务"的理念，结合多业务板块特性制定"费用先行、重点先上"推行策略，率先完成费用流程共享上线，在费用全流程线上化和异地集中收单等方面取得重大突破，简化业务人员操作，提升用户体验和服务质量。

在整合期，待覆盖范围、流程运营及操作标准等条件成熟后，根据"融合拉通，统一运营"原则，组建共享服务公司，实现公司化运营，整合六大共享中心财务共享业务，推行集团统一的集约模式，追求更高的管理收益。

（四）财务共享建设成效

基于财务共享中心建设整体规划，立足"财务共享撬动财务转型、共创财务数字化生态、实现业财共赢"建设目标，以打造"全""智""快""优""新"五大招商局集团特色亮点为指引，招商局集团开展多项举措推动财务共享中心建设，保障战略承接、风险管控、业务赋能、增效循环四大执行任务的有效落地。

1. 推动"全"面共享

从财务共享中心建设之初，招商局集团坚决杜绝"集中核算""散点集中""部分共享"等形式主义的共享形态，实现境内全组织、全流程纳入财务共享中心。

（1）统筹组织方案，协同保障"全"面共享实现。推动财务组织全面转型升级是招商局集团财务共享建设的重要目标之一，其核心关键在于全方位的组织建设和全角度的共享实施。全方位的组织建设通过统一的组织管理，有效支撑集团对下属单位的财务体系管控，构建可延展、强管控的财务共享组织；全角度的共享实施则通过统一的方案评审，有效推动财务职能体系转型，全面赋能业务，高质量支撑集团战略落地。

一是统一组织管理。在建设规划之初，将集团财务部综合管理处设置为集团财务共享中心唯一的管理机构，全程把控各板块财务共享中心的规划、建设及后续运营，实现全业态统筹管理，层层落实集团财务管控措施；二是统一方案评审。在建设推进过程中，对流程、系统及绩效统筹把关，并针对组织管控、人员编制、流程标准、业务系统等方面的问题及个性化方案统一组织评审，评审通过后方可实施，确保在组织、业态、流程三方面最大程度形成集团统一标准。

（2）优化流程模式，有效落实"全"程风险管控。招商局集团通过在事前、事中、事后全流程推进风险管控举措，在标准的流程和规范的操作支持下，为财务共享中心的健康、高效运营保驾护航。

一是规范事前业务操作。推动执行标准统一、制度流程规范、业务流程整合，有效规范前端业务操作，避免审批缺失、流转逆流、拆单报销、把控不严等风险，且针对每一场景梳理了支持附件标准，为财务共享业务的标准化、流程化、规范化打下基础；二是加强事中审核校验。统一财务共享的处理标准、审核要点和结算流转，由财务共享中心执行各单位的财务审核和风险管控，避免组织多样带来的差异化处理，并推动内控完善、流程优化、制度统一等多项工作，有效控制财务审核风险，大幅提升风险管控力度，进而实现流程风险防范、流程效率提升；三是优化事后回检稽核。首先，推进电子档案管理系统建设，为非现场检查核查提供便利性，进一步支撑高效便捷的检查稽核；其次，上线自动检查 RPA 机器人，由系统自动执行共享核查任务，助力全面、高效地开展事后稽核；最后，通过定期开展质量抽检和财务检查等工作，采用"单据稽核＋专题检查"模式，执行风控专项检查，以事后检查的形式倒逼前端业务操作规范和财务审核规范。

（3）统一系统平台，着力推进"全"局系统部署。通过构建全集团统一的财务共享平台和应用生态群，推进工单化的标准运营，加大业财系统集成力度，推进系统功能改造、应用生态补齐、流程管控优化等措施，有效支撑集团财务数字化的整合拉通，提升集团财务数字化管理水平。

一是统筹系统功能设计。以搭建全集团统一的财务共享平台为建设目标，设计开发满足"多业态多组织应用、可适配可延展开发"要求的财务

共享平台，统一组织各下属单位覆盖推广；二是搭建系统生态应用。面对下属单位业财一体化程度参差不齐、数据接口关系薄弱、业财系统集成度较低且管理缺乏统一性等难题，结合财务共享平台的搭建，同步推进基础数据治理与周边生态系统建设，打通各系统间的通道，实现数据互连互通，有效提升数据信息的精确度和透明度，实现财务生态系统全面升级；三是内嵌系统审核控制。深化共享工单与流程模式应用，在系统内嵌入风险控制节点，开发如黑白名单、单据填写校验、系统权限管理、结算方式控制等功能，实现审核流程线上化、审核风险可视化。

2. 构建数"智"共享

在财务共享中心建设过程中，招商局集团充分利用数字化手段和工具，从组织形式、流程打通和系统建设等方面多管齐下，驱动人才培养，提升流程效率，深化系统应用，进而构建富有生命力的智慧财务共享体系。

（1）推动组织迭代，全面激发"智"驱架构动能。经过不断创新实践，招商局集团总结出一套"智"驱组织架构，助力企业储备优秀人才，为财务共享的迭代更新保驾护航。"智"驱组织架构，即财务共享中心人员不局限于基础财务领域和业务管理模式，还根据业务需求不断拓展接触新兴技术，实现共享中心建设的科技性和先进性。

以港口共享中心为例，采用矩阵式管理模式，设置"业务组＋专项小组＋项目组＋专管员"的管理策略。其中，业务组划分为运营管理组、总账资产组、应收管理组、应付管理组、费用报销组和资金结算组，每个公司安排1~2名专管员，对接各公司财务数字化及财务共享业务，注重财务知识和业务知识积累。专项组则属于管理线，由业务组员工兼职，推进风控、数字化等多个专项工作，责任范围横跨整个端到端业务流程，具体通过实施共享中心的机器人流程配置、低代码系统开发对接等数字化技术工作，促使每位员工持续关注并更新智能科技知识；而项目经理则负责专项项目的推广实施，例如海外共享、全球资金查询、电子档案、差旅云等。

（2）加速流程运转，普及应用"智"能新兴技术。招商局集团以财务共享中心建设为契机，推动财务数字化转型，集结运用财务管理领域先进的智能技术，因地制宜地针对流程痛点精准出击，以智能技术替代或减少人工处理步骤。

以地产共享中心为例，资金管理效率和准确性一直都是房地产行业财务管理的重点环节，也是财务共享中心建设的关注重点。在财务共享推进过程中，财务共享中心先统筹收集下属单位在资金收付流程效率问题，包括原有支付通道繁杂、人工筛选操作繁复、前后端系统联动缺失、人工投入大及成本高等，再组织针对性的方案研讨，设计完整的信息系统解决方案，启动智能收款及对账的 CMPay 平台项目，以智能技术疏通流程痛点，提升流程自动化程度。该项目依托金融科技能力搭建智能资金共享收款平台，统一业务收款通道，打通前端业务、中间渠道、后端银行，将银行交易流水号回写至业务系统收款单，并跟随业务流最终传递至收款凭证、银行日记账，实现核算账务和银行流水按交易号自动精准对账，极大地减少了原有流程中人工操作步骤，实现收付流程"智"动化，为地产收款业务赋能，且汇聚形成了收款大数据池，为后续数据价值挖掘以及大数据生态系统建设创造条件。

对于财务共享中心通用需求，则由集团统筹引进新一代智能信息技术在财务数字化领域应用落地，以 RPA、OCR 等新兴技术为重点，开发了支票线下打印、银行账号查询导入、智能审单核查等智能应用，有效减少人工操作量和管理成本，大幅提升流程自动化处理程度，为海外企业资金监管和司库统筹建设开拓了新思路。

（3）组织平台升级，高效部署"智"慧共享平台。招商局集团以财务共享平台为基础，推动财务共享生态圈建设，通过系统平台迭代和研发环境升级，重点关注系统的可复用性和先进性，将财务管理系统生态灵活复用于多个财务共享中心，有效应对产业结构多元，分子公司众多的情况，实现在不同业态、不同模式和不同系统下的功能开发，落实一个共享平台的规划目标。

一是应用云化技术平台。以分布式服务架构、云原生新技术为基础，结合业务组件模块化、服务化等架构方法，以数据驱动为核心，完成财务共享平台生态搭建。作为承载财务管理系统生态的基石，财务共享平台经过 4 年的使用和优化，基本满足集团的快速部署需要，并结合管理需求实现了流水线定制，通过内置场景模板大幅提升实施效率。二是搭建弹性开发环境。依托云平台架构，搭建了低代码实现、智能化装载的弹性开发环

境，大幅减少开发投入工作量，成功推动税务、资金和业务等相关集成系统的改造。以资金系统改造为例，推动资金债务的数据标准治理和业务流程再造，在现有资金债务系统上优化系统功能，依托弹性平台开发业务单据和内嵌审批流程，推动资金管理由事后登记向事前、事中全流程管理转变，并大幅提升资金工作效率。

3. 实现"快"速共享

招商局集团改变现有财务运作模式，以明确的目标和清晰的原则，加速推进各项任务，推动业务整合吸收，强调服务质量效率，实现财务共享中心建设和管理的规模化效应，创造企业在综合管理的竞争优势。

（1）加强标准实施，共享服务"快"速上线运行。招商局集团制定了财务共享中心建设的关键时间节点，建立了标准化流程框架和运营制度，梳理整合了不同企业规模及业务大类所涉及的财务流程，快速应用于各板块财务共享中心和参考，保障共享中心建设时效，最终完成了同等规模企业集团一般需要10年以上时间完成的建设目标。

以综合共享中心为例，出于对全集团统一考虑，财务共享中心对各公司现行的费用类型、分类方式、审批流程进行全面梳理整合，厘清各审批节点审核要点，制定了统一审批矩阵体系。然而，审批矩阵的统一并不意味着"一刀切"，针对跨多个二级公司的情况，结合各家单位所在行业和地域差别，分别进行阈值划分，设置不同的审批子流程，有效避免重复审批，提高审批效率，释放管理层精力，为其他建设工作推进赢得了时间和资源。

（2）提升融合速度，并购企业"快"速有序整合。为更好地服务并购重组经营活动，招商局集团以业态相近、成本效率为原则，制定满足多业态共享需求的灵活型财务共享模式，凭借兼容性强和扩展性优的多业态融合模式，充分发挥已建成财务共享中心的规模效应，为快速吸收新并购企业提供有力支撑，使并购行为享受财务共享管理变革带来的红利。

以地产共享中心为例，2019年10月，招商蛇口以并购方式成为招商局积余产业运营服务股份有限公司（以下简称"招商积余"）的控股股东。为了更快更好地与招商积余进行融合融效，财务共享中心成立了招商积余财务共享融合专项小组，全面推进招商积余财务共享融合统一。在符合招商局集团财务共享建设蓝图和招商积余财务独立性的前提下，借助现有的运营架构和管理流程，以集团统一的财务共享平台为核心，通过多业务系统与共享平台集成方式实现全共享流程在线处理。并且，业务系统和财务系统功能职责和任务进一步地划分，双方各司其职，在 8 个月的时间内便实现统一运营平台、统一业务流程、统筹任务分配的效果，全面完成招商积余财务共享中心的融合工作，有效发挥了财务共享管控职能，高效支撑了公司整合业务发展。在招商积余财务共享整合后，用 18 名财务共享人员替代了整合前 43 名财务核算人员的工作，半年累计处理了 69 922 个费用类单据、41 812 个应付类单据、987 190 条收款交易流水，单据平均处理效率由 8 分钟/单提升至 3.34 分钟/单，融合成效显著。

（3）注重服务效率，业务问题"快"速有效响应。招商局集团通过流程优化、标准统一等方式，在高效的运营机制支持下，依托多种科技手段实现业务全流程数字化贯通，达到提升流程运行效率的目的，形成快速响应机制，不断提升服务时效。一是推进流程优化，通过财务与业务流程的重构优化，有效修复流程中的断点，尽量避免出现重复流程，简化流程节点中的审批要素和关键点，实现对业务快速、有效响应，提升服务满意度；二是拉通信息标准，减少业财系统数据的对接成本，实现业务流程、财务流程和管理流程的有机融合，以统一数据标准助力流程规范高效运行；三是应用创新技术，结合智能化和自动化技术实现流程精益管理，大量应用 RPA 等技术在流程检查和审批中，打造人机结合的流程运行新模式，加强核算处理与报表编制的联动关系，提升了报表编制效率，保证了单据处理和报表出具的时效性。

二、财务信息化深化

招商局集团以财务共享建设为契机，补齐了财务信息化应用短板，有效支撑了财务共享建设落地。经过多年的努力，招商局集团在财务核算、财务共享、风险管控等方面的信息化建设取得了显著成效，成为大型国有企业基础财务信息化建设的标杆。

2014 年，招商局集团组织完成全级次 800 多家企业从金蝶 K3 升级至金蝶 EAS，搭建了一套集团统一的、支持多组织、大集中、大并发的、功

能涵盖总账核算、合并报表、固定资产、资金债务、应收应付、供应链管理的财务管理平台。随着近几年招商局集团业务规模不断扩大，集团统一的 EAS 财务管理平台成功在新增、吸并的企业推广应用，系统应用规模较上线初期增长了 5 倍；为支持海外企业财务管控落地，重要海外子企业已成功上线集团 EAS 财务管理系统英文版。借助集团 EAS 财务管理系统上线，招商局集团搭建了统一的会计核算体系、资产管理体系、合并报表体系、资金债务管理体系，实现了集团财务管理的规范化和标准化，通过信息系统实现了集团财务管理需求的有效落地。

自 2015 年起，为匹配集团财务共享建设安排，基于集团统一的 EAS 财务管理平台扩展实施了共享运营、费用报销及预算管理、银（财）企直联、影像管理和移动应用。一是在同一平台搭建 6 个财务共享运营中心，支撑集团"5 个行业中心 +1 个综合中心"的财务共享中心有序、高效运营；二是统筹设计、分步实施费用报销功能，配套应用费用预算管理，自研开发影像管理，对接集成外部银行（财务公司）资金结算通道，构建报销、审核、支付和记账的一体化应用体系；三是借助移动化和可视化技术，成功构建"招财通"移动应用平台，支持费用报销移动审批、财务指标和企业快照移动查询；上述应用随集团移动应用平台建设规划和发展，分别于 2017 年和 2020 年全数迁移至"企业微信"和"招商随行"。

与此同时，结合集团各财务职能管理需要，持续优化和规划合并报表、预算管理和税务管理等财务信息化应用建设。一是基于集团统一的 EAS 财务管理平台构建涵盖全级次 547 个合并节点和 2 324 个法人组织的合并报表应用，开发对账平台功能、支持内部往来、现金流和交易类对账和自动抵销，有效提升合并报表工作效率和准确性；实现与 EXCEL 集成应用，满足灵活便捷操作体验；二是建设久期数据管理平台，搭建预算管理和监管机构报表数据报送功能，支持全级次企业年度预算、五年规划、企业月度和决算数据、专项统计等报表在线编制、汇总、合并和报送；招商蛇口、招商公路等二级公司组织实施了业务动因预算编制管理；三是完成集团税务管理数字化建设规划和工作安排的设计，制定以"在风险红线内完成遵从工作，同时追求效率和价值最大化"的作为集团税务管理目标，形成"发票管理和税务管理单独建设、有效集成"的税务管理数字化应用建设的思路,决定由招商金科负责5项税务管理型需求(基础信息、知识库、风险管理、税务档案、统计分析)功能的研发,由招商公路联营企业行云数聚承建集团税务发票管理系统和税务业务型需求(纳税申报)功能的研发。

为承接集团数字化转型规划在财务领域落地,结合集团总部"3S"管理定位和"价值创造型财务"转型规划,招商局集团于2019年制定了《招商局集团未来3—5年财务数字化规划》(以下简称"规划")。规划明确了"实时、共享、智能、洞察"的财务数字化愿景、"助力向价值创造型财务转型"的财务数字化目标、从"管应用"转为"管数据"的财务数字化策略,按照"1个目标、2个阶段、3类财务、4类应用"的建设框架制定了发展路径、技术架构、管控策略,并在集团数字化转型背景下重塑了财务数字化治理关系,分析了存在的困难和挑战。此次规划以财务制度及流程管理、财务组织及人员管理和财务信息化建设为基础,通过完善五大财务管理机制,推动各级财务组织财务管理功能的调整或重塑,实现价值创造型财务管理,支撑集团战略的落地。

三、业财一体化实施

财务共享建设既是财务管理变革,也是有效推动业财信息化和业财一体化建设的抓手。招商局集团以财务共享建设倒逼业务信息化建设,通过"标准化、集成化、一体化"的建设模式推动业财融合,有效推动了前端100多个业务系统的建设和功能完善。为提升业财衔接的广度和深度,招商局集团组织搭建了统一的会计引擎平台,通过会计事件驱动业务模型,提供可视化的配置界面,支持复杂的触发条件,从各个应用系统中独立出来,在此时间段构建一个专业化的系统平台,发布了129个标准接口,以低耦合的方式,实现与136个业务系统的无缝对接,降低业财一体化集成成本,提高集成标准化程度,有效加速业财一体化的建设。

其中,地产分中心作为集团财务共享建设的排头兵,秉承"同一业态,同一系统"基本原则,打通20余个系统平台,覆盖房地产开发、租赁业务、物业管理等11个业态,实现业、财、税、银、档全面一体,通过

应用各种智能化手段，持续提升业务处理效率，取得三年内业务量翻4倍而人员不增的卓越成效，并通过构建CMPay智能收款和CM-Llink供应链融资平台赋能业务发展。在夯实业财数据的基础上，进一步探索数据应用，拉通数据标准，形成数字资产，通过打造"数智汇"平台，构建业财融合的管报体系，推动财务共享中心向数据服务转型。

航运分中心定位打造"流程中心+数据中心"双中心，完成9502项财务数据标准和6万多项业务数据标准规范统一，梳理并制定了1000多个细分业财一体化场景流程，重塑163个业财全流程，实现与23个业财系统的无缝对接，推动了业务财务深度融合和业财一体化数据集成，有效加速财务数字化转型。搭建创新结算通道，改变传统境内银企结算模式，实现全球一键支付，构建完整支付体系，提升资金支付效率，针对境外汇款手续费少额多笔的特点，设计合并付款功能，实现大额手续费节约，助力降本增效、集约经营。

港口分中心秉承"简单、集约、高效"的指导思想，依托会计引擎打通开票确认到收款核销、进项认证到申请付款的全流程，实现与前端48个业务系统的对接集成，借助低代码新技术实现应收核销自动化，整体效率提升30%。以财务数字化倒逼业务数字化建设，将通过"计费共享""招商ePort""EAM""采购管理平台"等专项项目实施，促进收入端和成本端业务流程的自动化和标准化。基于"管理驾驶舱"大数据研发"SMP"平台，为公司经营分析会提供自动、及时、准确、直观的多维分析报告，高效赋能业财融合。

金融分中心依托财务共享运营平台和会计引擎，实现各成员公司业财系统的高度集成。通过金融财资管理系统和金融资金管理系统对接财务共享运营平台，链接人资、OA、法务、商旅和各成员公司核心业务系统，实现跨业务、跨主体的系统集成和统一管控。通过金睛智能报销系统实现单据的智能填报、智能审核和数据智能分析，提升用户体验，提高风险控制能力。稳步推进核算标准化工作落实，努力寻求标准化和各公司个性化管理要求之间的平衡，助力科技赋能业务发展。

物流分中心按照"物流场景+财务赋能+科技创新"的设计原则，在推进过程中努力解决物流业务类型多、核算组织分布广、单票数量规模大的现实痛点，推动新建和改造 17 个业务系统，实现 31 个业务系统与统一的结算平台（BMS）和财务共享运营平台对接集成。向前端业务系统自动推送银行电子回单并实现自动核销，形成收付款闭环管理，打通业务融合的关键环节。通过业务流程标准化、系统集成一体化、业务操作自动化、财务审核智能化、风险控制前置化等举措实施，助力经营管理规范化、风险可控和数据质量等全面提升。

综合中心集各家之长，合集团之势，承担着"收官者""推进者"与"探索者"的角色。在共享建设过程中，通过倒逼上线单位推进业务系统建设，成功实现 32 个业务系统对接，超 20 种业态融合，支撑集团新成立、新并购企业财务基础工作快速融合，解决了共享单位业态多、信息化水平低的问题，促进管理价值提升，支持业务扩张。通过推广集团统建财务信息系统，打造与财务共享相关的"业、财、税、银、档"一体化的财务应用生态，补足无业务系统单位信息化短板，实现线下业务数据流转系统化，基础核算标准化、自动化。

第七节 财务量化管理手段应用的深化与探索

用数字说话是招商局集团财务始终坚持的工作风格，从建立财务模型工作机制，到应用管理会计分析工具，招商局集团财务始终探索财务量化管理的各种手段，有理有据支撑管理决策，助力财务价值创造。该段时期，招商局集团财务不断优化完善财务模型工作机制，使其与战略规划的衔接更加紧密，并探索建立了汇率风险预警和流动性风险预警等财务量化管理工作机制。

一、财务模型应用深化

财务模型的深化应用，对提升财务状况和生产经营具有指导促进作用，这成为财务模型得以一直延续和不断完善的基础。财务模型成为指导年度

生产经营计划和发展规划编制的重要工具,并进一步通过年度关键绩效指标(KPI)和任期考核等形式落地执行形成管控闭环,将战略设想照进现实,最终让财务模型的效果落地、可执行,形成良性循环。招商局集团着重将财务模型深化应用于四个方面。一是应用于战略管理。在战略制定阶段,通过财务模型将战略目标进行量化表达;在战略实施阶段,通过财务模型追踪战略执行进度,审时度势修订战略目标;在战略考核阶段,通过财务模型客观评价战略目标实施情况。对于各下属公司而言,通过建立符合招商局集团战略及生产实际的财务模型,促使各公司有效围绕战略目标开展经营活动,同时促进战略目标能够更好地分解、落地;二是应用于风险管控。将不同阶段"质量、效益、规模"的动态平衡要求在财务模型中进行测算,据此进行风险管控,如降杠杆目标等;三是应用于日常财务管控。发生重大财务事项时,运用财务模型对重大事项进行模拟,如兼并收购等。四是应用于预算规划编制。招商局集团根据财务模型对整体情况进行摸底,并据此制定预算规划目标,形成预算规划编制指引,各下属公司据此编制预算规划。一方面相比预算规划更加前置,另一方面财务模型更侧重于重大事项和关键指标的把控,对于战略决策支持更加的清晰、直观。

下面以招商蛇口为例,从招商蛇口战略要求、财务模型编制逻辑、财务模型假设、财务模型输出结果与财务模型产生效果五个方面详细阐述财务模型的具体应用过程。

招商蛇口的战略目标是中国领先的城市与园区综合开发运营服务商,要围绕综合城区与产业园区开发运营、住宅开发与社区运营、邮轮母港及相关综合服务,在专业能力、品牌、资源储备、规模和效益上位居行业前列。规划期内,房地产业务存货周转率(不含持有物业)超 0.3。为达成这一战略目标,招商蛇口制定了战略规划期内相应的系列战略举措,主要如下:在聚焦战略上,实施业务及产品聚焦。全面梳理公司泛多元化的业务线、产品线,确定各细分业务差异化的定位,明确重点打造的核心业务,塑造有影响力的特色 IP。实现区域聚焦。深入研究区位价值,合理匹配区位价值、经营能力和资源投入,建立城市公司的退出机制,强化城市聚焦与深耕,拓展香港发展,提升投资精准度和规模经济。除此之外,招商蛇口还采取了一系列措施。一是优化资源配置。确保住宅项目的资源投入,加快存货周转和现金回收,平衡土地储备与销售贡献,发挥开发业务基础性作用,为持有型业务的发展提供时间和空间;持续严控新增商办比例,优化长周期资产,持有核心持有型资产,统筹考虑一般持有型物业资产变现策略与退出方式;二是强化园区产业聚集能力和园区运营管理能力。坚持滚动开发的原则,做精存量,严控增量,提升存量园区的投资回报水平,实施"一区一策"。做好漳州开发区的规划和土地经营,重点开发建设双鱼岛;找准太平湾合作创新区的区域定位和产业定位,量力而行实施园区开发,积极推进招商引资,妥善解决历史遗留问题;三是以物业开发运营为基础,围绕居民需求和企业需求,发展物业管理、资产管理服务等轻资产经营业务,提升综合收益水平;研究招商积余引入跨界战投,深度绑定头部资源;四是邮轮业务持续深入研究邮轮行业市场,与邮轮、旅游等行业优秀企业合资合作,渐进式稳健地组建邮轮船队,发展邮轮母港与邮轮船队运营相关综合服务业务等。

招商蛇口财务模型编制中,招商蛇口从社区、园区和邮轮三大产业出发,基于各业务的战略发展目标和规划,对基本信息、虚拟开发项目等进行假设并滚动调整,量化规划期内的项目数量(包括现有项目和预计开发项目)、单个项目财务状况,以及规划期末的复合增长率,形成规划期内滚动量化的预测套表。

招商蛇口财务模型假设主要分为两大方面:一是虚拟开发项目假设。房地产业务具有一定的特殊性,存量项目开发完成后,需要不断有新的项目的增加来维持业务规模的增长,否则业务规模会不断萎缩。从战略要求出发,招商蛇口需要在预测期内假设部分新增的虚拟项目,在假设虚拟开发项目过程中,关注开工进度、销售情况、回款情况和周转情况。财务模型也将从以上指标入手进行测算:根据历史数据假设新项目的开发进度安排,依据开发进度安排,按"销售—回款—结转"流程顺序测算项目整体财务情况,作为财务模型的假设数据基础;二是整体编制假设。招商蛇口财务模型整体编制假设包含但不限于以下内容:(1)基础假设。第一,债务假设,包括对有息债务率、长短期借款余额比例等;第二,汇率利率假设,如,现有贷款利率按照实际合同执行,并按照年度确定未来多年新增贷款利率假设,包括人民币借款利率和外币借款利率;第三,分配假设,假设股利分配方案；第四，资本安排，假设招商蛇口是否发生定向增发等资本融资事项；第五，重大项目假设，如根据转型规划和方向制定境外投融资上市平台招商置地重大假设，假设其在业务结构调整、注入轻资产业务、打造地产金融等方面拟采取的各类措施等。（2）重大交易计划假设。主要从重大交易、重大新增投资和房地产市场变化等方面出发，制定相关假设，并给出假设依据。如在房地产市场变化方面，中央明确"不将房地产作为短期刺激经济的手段"的政策定位，招商蛇口根据政策引导提早筹划、提前布局，将其体现在财务模型中，测算行业发展趋势性改变所可能引起的持有型物业贬值的影响。根据上述假设，结合招商蛇口历史数据和市场预期情况，预测五年收入利润、资产负债、现金流量等，并对有息负债历年变动，净资产收益率（ROE）、房地产存货周转率、总存货周转率等做出合理估计。

招商蛇口财务模型具有两个效果：一是揭示经营管理现状，助力问题整改。根据财务模型数据展示，招商蛇口预计持有物业规模快速攀升，回报不佳，面临去化和减值风险。招商蛇口明确未来发展将聚焦持有物业的持有和退出策略，改善成熟持有物业占比，使得运营能力提升体现到定量结果上。财务模型促使公司经营向着"发现问题—整改问题—提升完善"闭环良性发展；二是引领战略目标落地，规划发展方向。招商蛇口战略目标明确了在规划期内，房地产业务存货周转率（不含持有物业）、债务上限、ROE 数量指标，财务模型通过量化，约束每年度项目周转率情况，并预测 ROE 指标，以此制定综合经营计划及规划指标。

二、可视化汇率风险管理

招商局集团国际业务较多，汇率风险管理尤为重要。招商局集团由集团财务部牵头，与风险管理部共同完善完成汇率管理办法相关制度，完善汇率风险管理模型，以 EAS 系统为主汇总全招商局集团汇率风险敞口，根据 VAR 模型计算得出的最大损失值进行测算和检验，从而实现预测、预警的管理目的。常见的汇率风险分为三大类，分别为汇率交易风险、汇率折算风险以及汇率经济风险。

在汇率交易风险方面，招商局集团的资产，在境内的公司或者项目多数保留人民币、港币和美元货币性资产，在境外公司或者境外项目的资产以美元、欧元和当地货币为主；招商局集团的负债以美元、港币为主，资产与负债的货币并未达到完全匹配。

在汇率折算风险方面，招商局集团境内下属公司是以人民币为记账本位币，境外项目公司主要以当地货币或可自由兑换港币、美元、欧元为记账本位币。部分公司存在记账本位币之外的资产、负债，各公司在期末调汇时会产生汇兑损益，同时在合并报表层面会产生外币报表折算差异并计入其他综合收益。因此，各币种汇率的波动，尤其是港币、美元、欧元等外币汇率的波动加大了招商局集团的汇率折算风险。

在汇率经济风险方面，招商局集团的下属公司遍布境内外，人民币汇率的变动可能会导致外币计价的收入、支出在转换成本位币价值时发生变化，从而对公司未来的生产经营活动造成较大影响。主要是境内有部分以外币计价的收入以及境外的收入、支出以外币计价带来的汇率经营风险，如果外币汇率变动较大，会对此部分外币计价的收入和支出以本位币计算的未来现金流产生较大影响。

招商局集团从组织职能、具体流程、管控措施三个方面应对汇率风险。一是在组织职能体系上，集团总部建立集团财务部牵头，战略、业务、财务协同管理的汇率风险管理组织体系，对二级公司实施监督和指导，并由各二级公司负责本公司及其下属公司汇率风险管理工作。同时，各二级公司的汇率风险管理工作由本公司的财务部负责；二是在具体流程上，招商局集团汇率风险管理通过建立健全汇率风险管理机制，分为事前防范、事中控制和事后管理三个步骤，以此降低汇率波动对集团及下属公司的不确定性影响。汇率风险管理事前防范作为汇率风险规避的重要措施之一，是对汇率风险防患于未然的方式，也是企业主动避险意识的体现。招商局集团的事前防范主要是在海外项目的业务评估论证阶段和海外业务商务谈判、合同签署阶段。汇率风险事中控制是利用反馈的汇率风险信息实施控制，其主要方式有自然对冲与金融衍生品对冲手段和预警程序。汇率风险事后管理是对汇率风险管理流程进行监督，并对实施效果作出评价，以此不断完善规避汇率风险方案和相关制度规定，提高汇率风险管理水平，其主要方式有监督程序和评价程序；三是汇率风险管控措施上，利用数字化手段，将汇率风险可视化，即制作汇率风险看板，采用汇率风险敞口指标、汇兑损益风险指标（汇兑损益/利润总额）、汇率波动指标作为输出信息。通过汇率风险看板实现汇率风险观测指标分维度、分层级的可视化展示，并清晰有效地传达汇率风险信息，使管理层能够及时、直观明了掌握汇率风险数据情况；同时，实现移动客户端的可视化应用，更加便捷及有效。

三、流动性风险预警工作机制

为贯彻落实国资委提出的风险管控要求，量化评价企业流动性风险状况，招商局集团于2015年开始探索搭建流动性风险预警工作机制，2017年启动流动性风险预警体系建设，并在实践中不断优化完善。招商局集团参考金融行业流动性管理经验，充分考虑风险的复杂度、传递性和叠加性等因素，搭建了"1+4+N"流动性风险预警体系，"1"代表整体，重点突出集团在对内资金流动调拨和储备、对外融资增信引流的整体情况；"4"客观考虑总部、金融、地产、实业板块的流动性特征，并通过4个监控维度出发主动预警，持续提升流动性风险管理的经营能力、融资能力、应急能力和外部抗风险能力；"N"是指集团N家二级公司，金融、地产和实业板块的各二级公司均已根据统一要求建设流动性风险预警体系。

（一）搭建流动性风险预警体系的关键流程

搭建流动性风险预警的关键流程主要包括指标选取、指标赋值与结果应用三个方面。

在选取指标过程中，充分考虑不同行业的特征，不仅针对流动性风险指标，还将指标延伸至业务风险指标。各二级公司通过对资金流动性产生重大影响的业务环节研究，最大程度将与流动性直接相关的因素纳入监控，发挥经营业务指标在风险识别、应急处置等方面的先导性、预警性作用。比如，考虑到宏观调控及市场资金供求的重要影响，选取"社会融资规模增速、M2增速、贷款市场报价利率（LPR）"等指标纳入体系，及时反映市场流动性变化的客观情况。招商港口、辽港集团选取"进出口贸易总额、全国主要港口货物吞吐量"等指标，招商公路选取"全国公路客运量、全国公路货运量"等指标，招商轮船选取"油轮VLCC指数、波罗的海干散货指数"等指标，以客观反映港口、航运、公路等行业的业务景气程度和市场走势。招商蛇口根据日常资金需求、周转效率对其流动性影响较高的行业特点，选取"销售回款率、达预售货值去化率"等指标，从源头防范流动性风险；招商工业结合自身的融资方式及特点，用"融资依赖度、综合债务比"等指标加强独立融资能力监控，有效增强流动性关联风险的控制能力。

选取指标后，首先设定流动性风险预警指标阈值。阈值的确定主要考虑多方面因素，包括指标历史均值和中位数、监管类指标的红线要求、KPI红线、板块或公司自身情况、专家团队指导建议等。阈值的高低决定了指标预警绿、黄、红线的范围。其次设定权重。一方面，根据板块或公司的业务特性，结合关键指标历史数据，确定四大板块（总部、金融、地产和实业）权重和公司权重，使其具备可比性；另一方面，根据回归分析结果，设置指标权重，现金流相关性越高的指标，分配的权重越大。

根据指标分值结果，既能从总部整体角度出发，进行总体波动分析；又可针对总部多元化特征，横向四板块波动分析，纵向四维度分析（经营、融资、应急和外部风险维度）；也可以站在风险本身的角度，进行亮灯结果分析，根据绿灯安全、黄灯关注、红灯预警来确定需重点关注的风险因素。

（二）流动性风险预警体系初步成效

根据各板块业务与市场间流动性紧密程度的情况，推动招商局集团各二级公司建立符合自身实际的指标体系，在集团层面形成流动性风险预警监测体系，较好地实现了对集团不同板块、不同公司流动性的统一监控，并从经营、融资、应急及外部等角度对不同问题进行快速锁定分析。截至2019年，集团总部及各二级公司累计完成季度预警监控报告约120份，开展预警指标监控约2600次，其中黄色预警约500次、红色预警约350次。同时，集团及各二级公司充分利用流动性风险预警体系结果，紧盯自身融资能力和外部融资渠道变化，强化到期债务置换和债务结构优化预警，聚焦预警指标亮灯监控与应对，提高集团和各二级公司流动性风险管控能力，发挥全方位的风险监控作用。

为确保流动性风险预警体系有效发挥管控效果，招商局集团构建以季度报告为核心的常态化管控工作机制，通过从年度体系维护、季度报告、季度通报、季度整改跟踪的管理闭环，及时将识别出的预警亮灯以季度专项通报方式下发至各二级公司，反映风险预警情况，指出关键问题，要求相关公司明确应对举措，落实责任主体，做到对流动性风险隐患的早发现、早跟踪、早处置。通过这种"体系维护、运行管理、应对管理、报告管理"为核心的管理机制，实现预警管理的持续传导，构建有效风险管理防线。

在以资金融资类监控指标为基础的预警体系上，招商局集团积极引导各二级公司从日常业务实际出发，完善预警体系指标设置。一方面，加大对流动性影响较大指标的选取，实现对重点业务经营情况、行业宏观情况动态监控。比如，招商蛇口立足业务研判，根据拿地开发节奏、存货周转效率对自身流动性的高度关联影响，加强对大额投资计划、达预售未售货值监控，在发生经营类指标预警时，提前调整经营策略并应对，避免因业务经营不当导致流动性管理陷入困境。另一方面，通过体系优化机制，根据行业实际情况进行指标动态调整。比如，根据房地产行业"三条红线"的监管要求，招商蛇口及时将相关指标（剔除预收款后负债率、净负债率、现金短债比）增补纳入流动性风险预警体系，提升体系指标设置的科学性，发挥经营业务与预警结果的关联性，确保体系结果有效反映经营业务实际情况。

第八节 采购管理体系深化与提升

为提升招商局集团综合服务水平，加强采购过程中的风险管控，预防腐败案件的发生，自2016年起，招商局集团不断完善采购管理体系，以制度建设为核心强化对采购与招投标工作的流程管理，同时建立起招投标中心,从此提升集团总部综合服务水平,强化采购过程中的风险防范并为采购流程赋能。

一、采购管理体系完善

为满足招商局集团跨越式发展的需求,提高集团和二级子公司的采购效率,进一步预防腐败现象并配合提质增效的发展理念,招商局集团不断完善采购管理体系,通过制度建设对集团及子公司的采购与招投标流程进行规范。

2016年招商局集团颁布了《招商局集团招投标管理办法(试行)》(2016版),并于2018年在试行办法基础上重新修订颁布了《招商局集团采购及招标管理办法》(2018版),进一步规范了集团和子公司的采购与招投标管理。

在《招商局集团采购及招标管理办法》(2018版)(以下简称"管理办法")中,招商局集团以"分置采购权力、强化监督制衡"为核心,对集团的工程建设项目和非工程建设项目(经营项目)的采购流程分别进行规范,以集团招投标中心为平台推动采购工作提质增效。

在职责与分工方面,招商局集团建立采购工作分级负责的管理体系。其中,集团财务部为集团采购管理的职能部门,负责制度制定、交易平台的营运监督、对二级公司的审核、采购工作的问题分析与解决、协调处理采购方案、参与总部采购工作以及对采购的异议、投诉和对徇私舞弊行为监察处理等。在集团财务部的管理下,交进公司以"集团招投标中心"名义承担交易平台的运营职责,主要包括对交易平台营运管理规则的制定、交易平台的管理与协调、评标专家库的建立、供应商资源库的建立及对供应商的审核、组织开展招投标工作、对交易平台的优化、信息化接轨、人员培训、大数据分析以及协助有关监管部门、集团及二级子公司开展监管工作并提供预警信息。

各个子公司按要求建立相关采购管理机构或职能部门,负责采购工作,包括制订采购计划、规范并监督采购工作、审核入库申请、供应商管理工作以及辅助提出集团内部采购协同方案,提高集中采购度,进而提升

采购工作的质量和效率。管理办法还对招标代理、招标人、法定招标项目管理、评标委员会管理及采购关键岗位轮换等流程进行规范。

在采购方式适用范围方面，管理办法对境内工程建设项目、经营项目、邀请招标标准及单一来源采购标准进行了详细的规范。境内工程建设项目合同金额达到公开招标标准的必须进行公开招标，经营项目中经营货物采购单项合同达到500万元以上的以及经营服务采购中单项合同达到300万元以上的进行公开招标。对于经营货物采购金额在100万元以上、500万元以下的，以及经营服务采购金额50万元以上、300万元以下的采用邀请招标的形式，且邀请供应商应不少于3家。

在采购预算与计划方面，管理办法对采购项目的预算编制、调整与实施进行了规定。各个单位的采购项目预算由单位编制，按有关规定审批后执行。在预算执行的过程中各个单位严格按照计划开展采购工作并及时对采购工作进展情况进行检查与纠偏。对于预算的调整要按照流程进行严格审批。

在采购及招标实施方面，管理办法对招标的流程、邀请招标的流程、供应商审核要求、投资人资格审查要求、招标文件、投标限价、评标及评标方法、担保金额及招投标过程进行规范。在采购合同管理方面，管理办法详细规定了采购合同的起草、签署、履行、变更等流程，对工程项目的验收、经营项目的货物验收、经营项目的服务验收进行了规范。

在集中采购方面，招商局集团以"集中采购"和"下属单位自行采购"相结合的采购机制，努力提高采购效率，节约采购成本。按照"统一对外、集中决策、分层操作"的原则实施。在供应商管理方面，集团遵循"集中管理、分级实施、信息共享"及"公开、公平、公正"的原则，对供应商选择、使用、评价、培育、退出的全生命周期实施有效管理，以实现供应商闭环控制，防范供应商诚信风险。同时管理办法对供应商的资质审核、审核方式、管理方式、履约评价及后续管理等方面进行规范。

招商局集团不断完善制度建设，以"强管控、提效率、控风险、防腐败、促增效"为目标，整合财务、法务、采购等多部门，借助招投标中心从而构建相互融合、协同高效的采购管理体系与评价制度；不断完善总部各部门和所属单位相关部门的职责，形成上下贯通、左右贯通、全覆盖的采购体系，以招投标中心为核心强化信息化管控，严格对招投标流程进行监督与控制，将供应商表现纳入评价标准，提高违规成本，加强内部监督的震慑作用，力求建设透明化的采购管理体系。

二、招投标中心的建设运营

为进一步满足招商局集团采购管理需求，加强对招投标管理，招商局集团以"合法合规、阳关招采、预防腐败、提质增效"为理念，以"综合服务、风险管控"为职责，按照"一个平台，多方应用，统一管理，规范招标"思路于2017年9月25日正式建立招商局集团招投标中心，承担交易平台运营职责，对各二级公司及下属单位采购项目实施电子化管控。进而保证集团招标采购工作实现阳光操作和风险可控，通过"互联网+"、数字化、平台化等专业道路不断提升服务质量和管理水平，为集团创新和数字化战略做出积极贡献。

2017年招商局集团招投标中心揭牌

招商局集团按照"集团引导、招投标中心赋能、二级公司强管控"的管理模式，积极践行"一处一中心"职责，赋能采购管理。一处指采购管

理处，引导招投标工作进行；一中心指招投标中心，为集团采购管理工作赋能，同时在二级子公司，集团通过强管控的方式对采购流程、业务、绩效等进项管理，统筹采购业务，多管齐下力求建立卓越采购与数字化采购平台。

在管理架构上，招投标中心由集团财务部与招商海通共同建设与管理，依托KPI考核建立了月度例会机制，同时建立了重大经营事项的工作上报机制。招投标中心总部下设运营管理部、招标管理部、综合管理部三个职能部门和一个业务部门：招标业务部。在北京、上海、武汉、大连和漳州设立五个分支中心。其中，运营管理部负责平台运营及系统优化升级、数据安全、设备运维管理、平台合作单位管理、对外交流、平台培训等工作。招标管理部负责采购项目日常审核，组织招标项目开评标，实现采购活动管理；法律事务管理，对集团采购活动进行风险管控。综合管理部负责中心行政管理、财务管理、固定资产管理、人力资源管理、党建及工会工作。招标业务部是受托代理招标采购业务及招标采购业务咨询的部门。

在系统建设方面，招投标中心采取"互联网＋"思维建设运营，可提供全流程电子招标采购服务。整个招投标采购交易平台共包含招标交易系统、非招标交易系统、供应商管理系统、专家管理系统、服务系统、监督系统和其他增值模块共七大系统，覆盖全类别采购方式，充分满足集团采购需求。同时，整个招投标流程从交易主体管理、项目实施、关键节点审核、供应商投标/报价/异议/质疑、专家/评委评审以及采购结果公式与公告全流程电子化，风险监督全方位智能化，依托"互联网＋"实现全流程监督并积极与审计、监察、风控等部门合作，实现了多系统、多制度、多部门的互通互联，加速推动系统、制度、部门、流程的深度融合。

招商局集团根据招投标中心"综合服务""风险管控""赋能采购管理"三大职能，分别规划并建设了交易平台三大功能，即交易功能、监督功能、管理功能，进而满足交易平台用户使用需求，保证招标采购工作实现阳光操作和风险可控。交易功能包括采购专区与集采专区，主要实现采购方式全覆盖和采购流程电子化。同时交易功能还上线了智能开评标、远程异地分散评标、电子投标担保以及集采订单管理工具等辅助功能，大幅度提升采购效率。监督功能包括开评标见证和全流程监督，通过数字化手段、多层级监督、多节点预警有效实现全流程、多渠道、全方位的采购监督。管理功能从交易主体管理和交易行为管理多方位多层次对招投标流程进行管理。交易主体管理包括供应商全生命周期管理、分类分级管理评审专家、开展采购人员数字化培训；交易行为管理包括大数据赋能管理、合法合规审核、采购文件标准化管理。通过对供应商、专家、采购人员的严加管理以及大数据、合规、采购文件的控制为集团采购管理提供有力抓手。

招商局集团自招投标中心建立以来，经过对招投标系统不断地完善与持续优化，逐渐建立起符合标准、安全稳定、行业领先的招投标平台，实现了业务量增长迅速，交易主体集约化管理，降本增效成果显著。招商局集团招投标中心不断深化标准建设。2017年4月13日，交易平台实现与中国招标投标公共服务平台对接，标志着交易平台具备成为第三方交易平台条件，能够为广大社会单位提供采购全流程电子化综合解决方案。交易平台通过中国信息安全认证中心认证并获得电子招标投标系统认证证书（三星级），并于2018—2020年连续3年通过年度监审。2019年，交易平台实现数据实时异地备份，系统本地双活应用，确保交易系统连续稳定运行。2017—2020年，交易系统连续4年通过信息安全等级保护认证（第三级）。经过多年的科学规划与建设，招商局集团招投标中心逐渐成为行业领先的招投标中心，2018—2020年，交易平台连续3年获中国物流与采购联合会年度"十佳采购平台""先进电子化采购平台""十佳电子化采购平台"荣誉称号。

第九节 金融业务财务管理体系完善

2014—2019年，招商局集团积极拓展金融业务，以践行国家深化金融改革要求，降低经济周期波动对集团金融业务影响为目标，逐步新设一批机构，最终形成"4+N"业务布局。同时，随着监管部门对金融控股公司

这一业态的风险管理要求逐渐提升，招商局集团以深圳市招融投资控股有限公司为主体推进金融股权集中，设立招商局金融事业群/平台统一管理集团内的金融业务与应对合规风险。2022年8月31日中国人民银行正式批复招商局设立招商局金融控股有限公司。

一、金融业务布局的优化

2014—2019年，招商局集团不断拓展金融业务领域，新设了包括招商局创新投资管理责任有限公司（以下简称"招商创投"）、招商局通商融资租赁有限公司（以下简称"招商租赁"）、深圳市招商平安资产管理有限责任公司（以下简称"招商平安资产"）、招商局仁和人寿保险股份有限公司（以下简称"招商仁和人寿"）等公司。这些新公司不仅实现了良好开局并取得较好经营业绩，同时拓展了招商局集团金融业务的深度和广度。

（一）拓展金融业务领域

截至2014年底，招商局集团的金融板块已经涉足银行业（招商银行）、证券业（招商证券）、基金业（招商资本、博时基金）、保险业（招商局保险、海达保险经济）。招商局集团部分金融业务在行业内拥有较高的声誉，其中招商银行在2014年营业收入达到1 359亿元，在中国银行业中排名第六。同年招商证券营业收入达到107亿元，在同行业中排名第九。同时，招商局集团部分金融业务也存在涉足面窄等情况，例如招商资本虽然在清科的中国私募股权投资机构长期排名前20位，但是其涉及的业务为PE及另类投资，并没有参与企业的孵化阶段与快速成长阶段的投资。招商局保险的业务范围也仅限于香港地区，在扬优势的同时，亟须强弱项、补短板。

集团于2015年成立招商创投，为集团二级公司，以推动实业板块科技创新，助力产业转型升级为初心。首批管理的资金规模为50亿元，其中20亿元作为母基金，30亿元用于直接投资。招商创投采取的"母基金＋直投"相结合的方式，实现了对创新项目覆盖的最大化。母基金投资作为招商局创新资源圈的重要外部延伸，投资优秀风险投资（VC）基金，获取财务回报的同时，建立广泛的创业者网络，延伸产业创新触角。直投则直接投资于早期和成长期项目，协助创业公司导入产业资源，并将外部创新带入集团传统产业，相互助力，追求双赢。同年，由招商蛇口与招商创投共同出资成立深圳招商启航投资管理有限公司，作为招商局集团旗下国家级科技企业孵化器与天使投资平台。至此，招商局集团建立起了天使投资、风险投资（VC）、PE投资，以及后期上市辅导在内的全生命周期投资平台。

招商租赁的揭牌暨合作签约仪式于2016年在蛇口举行。成立伊始，就明确了以港航为主的交通运输业，以城市与园区综合开发建设为主的基础设施建设业，以物流大健康为主的现代服务业三大领域作为主要发展方向，并于成立当年，招商租赁协助湛江港集团完成湛江港1期9 300万元的资金投放。

招商仁和人寿于2016年获批筹建。2015年9月招商局集团即开始组织推进仁和保险复牌事宜，从筹划到获得监管开业批复，仅用时一年零三个月。招商仁和人寿注册资本50亿元，为该时期新设保险公司之最。招商局集团为主要发起人，共同发起股东包括中国移动通信集团有限公司、深圳市投资控股有限公司、中国民航信息网络有限公司、前海金融控股有限公司等。强强联手的股东结构为招商仁和人寿的发展带来更多可能。公司成立当年，7款"招商仁和"品牌产品面市，涵盖意外险、年金、重疾险、养老险。成立两个半月内，公司保费收入突破亿元。

招商平安资产于2017年注册成立。公司注册资本30亿元，由招商局集团下属深圳市招融投资控股有限公司出资51%，平安集团下属中国平安人寿保险股份有限公司出资39%，深圳市投资控股有限公司出资8%，中证信用增进股份有限公司出资2%。招商平安资产以助力企业风险化解为初心，以大风险化解为导向，以不良资产管理为基础，业务围绕不良资产收购处置、资产证券化、资产重组、市场化债转股等方向发展。

为服务招商金融及成员企业，通过科技创新赋能，摸索业务模式创新并支持集团数字化战略，招商局集团还在2017年注册成立招商金融科技有限公司（以下简称"招商金科"）。致力于实现"实业＋金融＋科技"，助力招商局集团数字化转型与创新。招商金科作为驻港央企招商局集团数字

化战略的重要支撑，聚焦前沿科技，支持集团拓展五大领域应用（财务、人事、综合、战略、风险）。同时，由于金融业务所产生的信息量远大于集团内产业公司的信息量，同时为了金控监管要求，招商金科以全面风险管理为核心，利用科技创建金融服务平台，为金融及成员企业与客户创造价值。

至此，招商局集团形成了涵盖银行、证券、基金、保险及资产管理、融资租赁等领域的"4+N"业务布局。

（二）金控平台的搭建与成效

在中国人民银行发布《金融控股公司监督管理试行办法》中，明确指出金融控股公司是指依法设立，控股或实际控制两个或两个以上不同类型金融机构，自身仅开展股权投资管理、不直接从事商业性经营活动的有限责任公司或股份有限公司。

在"集团多元化，经营专业化"战略引领下，招商局集团1999年成立了招商局金融集团有限公司，负责金融板块的业务与投资，并受集团委托对金融业务实施专业管理。招商局金融集团有限公司按照市场化运营原则，对成员企业严格把握战略方向，风险管理，对管理层充分授权，强化金融成员公司专业化经营。2011年集团明确了招商局金融集团有限公司行使集团金融事业管理部的职能，形成了"两块牌子、一套人马"，与集团金融成员公司建立有效沟通机制，积极开展以"风险管理"为核心的管理工作。

2016年，成立929项目组，以深圳市招融投资控股有限公司为主，推动金融股权整合与优化。

2017年12月，国务院金融稳定发展委员会将招商局集团等五家主体纳入首批金控模拟监管试点。2018年3月，中国人民银行深圳市中心支行具体对接和组织招商局集团开展金控模拟监管工作。2018年11月，中国人民银行启动金控统计试点工作，开展定期报表和报告统计工作。

至此招商局集团基本实现全生命、全周期、全产业链的特色金融服务平台的战略构想。在该平台的具体成员企业有招商银行、招商证券、博时基金、招商资本、招商创投、招商启航、招商仁和人寿、招商保险、招商海达、招商租赁、招商平安资产和招商金科等。招商局金融事业群/平台的财务工作定位"操作+管理",全面负责总部、招商创投、国家级基金、招商金科财务部门工作,定位为"全职能承接",涉及的 9 大职能,直接负责全部操作,在上述范围内实现共享。同时,根据集团安排,统筹管理金融板块其他成员单位财务工作。

二、基于统一管理平台的金融业务财务管理

承上所述,在管理职能上,金融事业群/平台财务负责对成员单位的财务综合管理,推动战略财务、业务财务、运营财务建设,在集团授权范围内,统筹金融板块年度预算、五年规划、财务模型编制,分析、指导、监督各成员公司财务工作。2019 年伊始,金融事业群/平台财务基于对未来管控需求出发,启动实施"六个统一"工程,即统一建立金融板块标准相对统一的减值政策及配套工作体系;统一估值机构,建立符合新准则下金融板块各公司权益类资产公允价值估值方法指引并优化现有管理流程;统一会计政策,梳理新会计准则,结合行业监管要求,逐步完善、更新相应的规定,成立重大会计事项工作小组,负责对各公司重大且复杂会计事项提前分析和处理;统一财务制度体系,统一梳理成员公司财务制度,结合监管要求,建立符合监管的财务制度体系;统一集中操作中心建设,对金融板块现状进行调研诊断,制定招商金融集中操作中心整体建设规划及详细建设方案,并在年内落地;统一安排税务体检,选聘税务咨询顾问对公司税务情况进行税务健康检查。实施对象包含除持牌机构外的全部成员公司。"六个统一"的实施深化了集团对金融板块的财务统一管控,也为中国人民银行的正式监管打下了坚实的财务管理基础。同时,金融事业群/平台根据集团授权,在 2019 年之前重点聚焦财务资金与核算管理和财务信息管理两个方面。

(一)金融业务的资金管理与会计核算

统筹各下属成员单位资金管理工作,目的在于提高资金使用的前瞻性,强化账户开立、资金筹集、货币资金管理及资金风险管理,强化风险管控能力建设,指导和敦促成员公司持续优化资金结构,推动资金运用效

率提升。在集团资金工作要求的框架内，根据项目投付计划，充分利用两只国家基金（服贸、农垦）闲置托管资金，进行理财；统筹安排金融总部及管理子公司闲置资金，在满足日常经营需要的基础上，充分保障本息安全的前提，全力争取高息回报。对于出纳管理，金融事业群总结形成了招融（招商金融境内主体）和招商金科资金（出纳）操作备忘录，明确资金统筹、资金调拨、对公付款、个人报销、向集团申请用款等具体业务的处理流程。

在核算管理中，金融事业群制定《招商金融会计核算指引》，统一会计科目，建立适用于招商金融总部及各成员单位，包括招商创投、招商平安资产、招商租赁、招商金科的核算指引体系，以规范招商金融涉及行业业务核算为重点，涵盖金融通用、租赁、基金管理、不良资产管理、金融科技服务、资金融通、产业链金融、顾问服务等各行业。

（二）金融业务的财务信息管理

统筹金融板块财务报表管理工作，加强计划管理、组织管理、工具利用，不断提升报表填报的及时性、规范性、完整性和准确性。加强报表工作计划性，提前指出重点关注事项，提高编报效率和质量。建立报表审核台账，及时反馈报表填报问题，促进报表信息质量提升。提前与成员公司、会计师沟通重大事项，提前与会计师确认会计处理，减少决算调整。基于EAS合并报表系统，梳理了主要报表模板的取数逻辑及外币折算方案，通过公式方案设置，实现快报及季度主表及个别附表的自动取数、快报外币折算。由于国资委决算及境外决算事项重要性高，审核工作量大，金融财务部制定了《招商金融国资委决算及境外决算审核要点》，按照"将问题解决在自身"的理念，组织了解各成员公司情况的分管员参与审核，大幅降低了上级单位审核差错。梳理快报编报过程中经常发生的问题，制定并向成员公司下发了《招商金融快报审核清单》，范围覆盖国资委、财政部快报，纯境外快报，EAS快报三个快报体系，提高准确率。

2019年，金控监管财务数据报送体系基本形成。通过在系统中预设模板，测试并验证取数公式，实现集团下属31家公司共约70张统计报表季度报送自动化，大幅提高效率并降低差错率。

2019年之后，金融事业群/平台财务工作向财务智能化和管理会计聚焦转型，通过内部流程再造，围绕"两层共享"优化资源配置，在部分业务的流程层面要尝试打通，整体地考虑标准化改造，突破约束工作开展的"瓶颈"，力求实现"1+1＞2"的效果，推动财务工作的高质量、可持续发展。

第十节 日趋成熟的会计核算与会计报告

招商局集团跨越式发展与财务价值创造时期，我国秉持会计准则与国际会计准则持续趋同的路线，陆续新颁布和修订多项会计准则，会计准则体系日趋丰满和完善。这一时期招商局集团根据我国会计准则的变化对集团会计制度进行两次修订，并编制集团分行业会计核算指引，形成招商局集团统一完整的会计制度体系。

一、企业会计准则日趋成熟

2014—2019年我国修订基本会计准则和14项具体会计准则。伴随着我国改革开放政策的实施，会计改革经历了漫长、复杂和渐进式的过程。我国会计准则体系既实现了与国际会计准则的实质性趋同，为我国"走出去"战略提供助力，又具有中国特色，深深根植于中国国情。为构建全面统一的会计准则体系，我国陆续发布、修订和完善多项会计准则。

2014年财政部发布《政府会计准则》以及《公允价值计量》《合营安排》《在其他主体中权益的披露》三项新具体准则。同年，修订基本准则和《长期股权投资》《职工薪酬》《财务报表列报》《合并财务报表》《金融工具列报》五项具体准则。2017年财政部发布《持有待售的非流动资产、处置组和终止经营》一项新具体准则；同时修订完善六项具体准则，分别为《收入》《政府补助》《金融工具确认和计量》《金融资产转移》《套期会计》《金融工具列报》。2018年财政部修订《租赁》具体准则。2019年财政部修订《非货币性资产交换》《债务重组》两项具体准则。

二、招商局集团会计核算

这个时期集团紧紧跟随国家会计准则改革的步伐，积极研究准则的变化以及对集团产生的影响，开展集团会计制度变革。经过 2015 年、2019 年完成两次会计制度修订及持续完善，招商局集团形成了由集团会计制度、各行业会计核算指引、各公司会计核算手册组成的三个层次在内的统一完整的会计制度体系。集团会计制度主要包括总则、会计政策、典型实务案例、会计科目、会计报表等内容。行业会计核算指引侧重于行业特色，从收入、成本等损益及资产相关角度对集团会计制度未细化的会计核算进行规范和补充。各公司会计核算手册针对各公司具体业务流程，在集团会计制度与行业会计核算指引下结合公司实际情况制定适合自身业务需要的会计核算、内部控制工作要求。各公司在执行招商局集团会计制度的前提下，须遵守所属行业会计核算指引，并按照各公司具体业务流程要求完成会计工作。与此同时，集团高度重视新准则执行工作，探索新旧准则平稳过渡衔接的方案。集团制定了整体自 2018 年 1 月 1 日起执行新金融工具准则、分步实施新收入准则和新租赁准则的计划。

集团举办 2017 年新企业会计准则培训

(一) 会计准则变化带来的影响

1. 金融工具准则带来的核算变化

(1) 金融资产分类变化。新准则对集团金融资产分类产生影响，由原来的四类金融资产，改为三类金融资产，由以公允价值计量且其变动计入当期损益的金融资产、持有至到期投资、贷款和应收款项、可供出售金融资产四类，改为以摊余成本计量的金融资产（第一类金融资产）、以公允价值计量且其变动计入其他综合收益的金融资产（第二类金融资产）、以公允价值计量且其变动计入当期损益的金融资产（第三类金融资产）三类（见图8－1）。

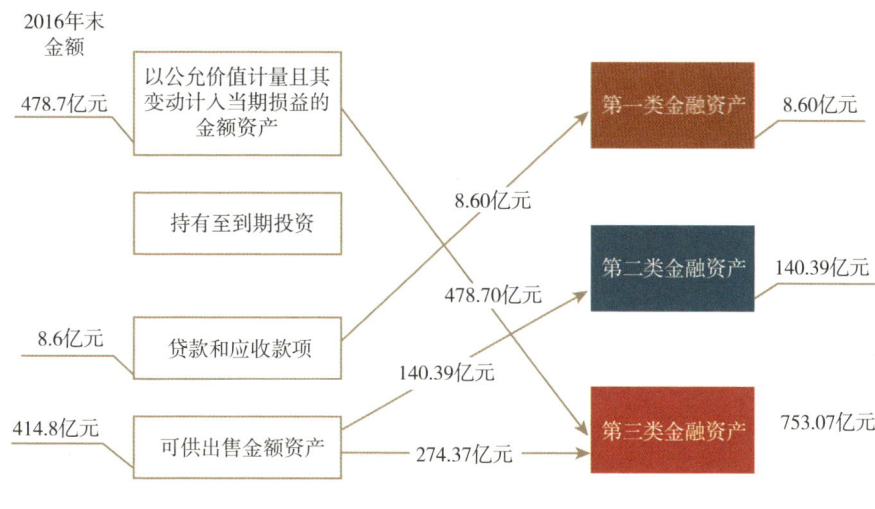

图8－1 金融资产分类变化

(2) 公允价值变动累计金额转入期初留存收益导致利润减少。若不考虑指定因素，可供出售权益工具按照新准则将计入第三类金融资产，其公允价值变动的金额在新旧准则转换时一律转入期初留存收益。这会给企业带来两种不同的影响：

一方面公允价值变动已计入其他综合收益的金额，只是在所有者权益中不同项目之间的调整，即由其他综合收益科目转入期初留存收益。

另一方面公允价值变动累计金额尚未处置的部分，由于在新准则条件下计入期初留存收益，将无法转入投资收益进而体现在利润表中。这对集

团利润产生不小的影响。

截至 2017 年 9 月底，集团合并层面的可供出售权益工具累计的公允价值变动金额为 162.56 亿元，若在 2018 年 1 月 1 日前未处置或转换核算方法，新准则条件下将相应减少集团利润 162.56 亿元。

基于此影响，对于从 2018 年 1 月 1 日开始执行新准则的二级公司，需评估持有或者处置对于公司 2017 年度利润以及 2018 年度以后的利润排布影响，并据此对五年规划进行重新修订，集团在编排预算及规划时亦需要考虑此部分潜在的利润减少对于集团的影响，并对下属公司的利润预算及规划进行相应调整以满足集团的利润增长，同时在统计 KPI 完成情况时，对此部分利润减少纳入剔除因素考虑。

（3）金融资产重分类导致利润波动加大。新准则条件下，假设不对可供出售权益工具进行指定分类，而是作为第三类金融资产，则与目前"变动计入其他综合收益，处置时转入投资收益"的做法相比，公允价值变动直接计入公允价值变动损益将增加利润表的波动。

以集团 2016 年度法定审计报告为例，符合此情形的主要权益工具有：顺丰股权 30.2 亿元、中国外运持有的公司股权 20 亿元以及招商港口持有的公司股权 28 亿元。

（4）减值准备金额增加。新准则将金融资产减值方法由"已发生损失法"改为"预期损失法"，"预期损失法"要求只要自初始确认起金融工具的信用风险有显著增加，无论是否存在客观减值证据，企业都应该对未来 12 个月或者全存续期计提减值损失。新准则使企业更加及时、足额的计提金融资产减值准备，便于揭示和防控金融资产信用风险。

按照"预期损失法"，一方面，需要计提减值准备的金融资产，由已发生损失资产增加为全部金融资产，基数变大；另一方面，信用风险显著恶化的金融资产，所需计提的减值准备增加为整个生命周期的预期信用损失。

（5）减值准备计提工作调整。新准则要求基于公司业务模式和现金流量特征来进行金融资产分类，而企业管理金融资产的业务模式，应当以企业关键管理人员决定地对金融资产进行管理的特定业务目标为基础确定。

为与准则衔接，投资部门交易策略要体现准则的分类要求，在考虑业务对损益影响时，交易策略要根据准则要求进行相应调整。

以招商证券为例，新准则同时要求按照"预期损失法"计提减值，减值成为风险管理的一部分，将涉及风险管理部、融资融券部（类贷款资产）、固定收益部（目前可供出售的债券，未来公允价值变动计入其他综合收益的债券以及以摊余成本法计量的债券），而在旧准则体系的"已发生损失法"体系下，减值准备的计提工作主要由财务部牵头负责，因此，为适应新准则体系，部门分工需要做出调整。

2. 收入准则带来的核算变化

根据集团部署，集团下属在境内外同时上市的子公司以及在境外上市并采用国际财务报告准则及相关规定或企业会计准则编制财务报表的子公司，自2018年1月1日起执行新收入准则；集团下属的在境内上市的子公司自2020年1月1日起执行新收入准则；其余企业一律从2021年1月1日执行新准则。首批实施新收入准则下属公司的行业包括：港口、航运、物流、房地产、金融等。

对集团总体而言，执行新收入准则后合并层面财务报表当期数据没有重大变化，影响主要体现在期初金额。执行新收入准则公司按照准则的规范，重新评估其主要合同收入的确认和计量、核算和列报等方面，并按照规定，根据首次执行新收入准则的累积影响金额调整首次执行该准则当期期初留存收益及财务报表其他相关项目金额，对2017年度财务报表不予调整。与原收入准则相比，执行新收入准则对当期母公司财务报表相关项目并无重大影响。执行原收入准则的其他子公司，其建造合同收入按《企业会计准则第15号——建造合同》执行。集团在编制合并财务报表时，将已执行新收入准则的企业编制的财务报表直接合并，并对新收入准则、原收入准则及其他相关信息分别进行披露。

对执行新准则的具体企业而言，主要有以下两个突出影响：

（1）招商工业及长航重工造船收入确认。招商工业及长航重工对于造船或海工业务采取完工百分比法确认收入，执行准则后，需要审视合同及业务是否满足"有权就累计至今已完成的履约部分收取款项"这一条件，

若无法满足将可能导致收入确认时点延后至交船时点。

（2）以收入为标的的合同或制度修订。基于新收入准则，集团下属各公司需梳理所有以收入指标为参照的协议或安排，如奖金制度、对赌协议、基于收入的使用费合同等。

3. 租赁准则带来的核算变化

招商局集团下属的在境内外同时上市的子公司以及在境外上市并采用国际财务报告准则或企业会计准则编制财务报表的子公司，自2019年1月1日起执行财政部于2018年修订的新租赁准则，招商局集团及公司下属的其他子公司未执行新租赁准则。集团在编制合并财务报表时，将已执行新租赁准则的企业按企业会计准则的规定编制的财务报表直接合并，并对新租赁准则、原租赁准则及其他相关信息分别进行披露。

执行新租赁准则的公司自2019年1月1日起执行新租赁准则。新租赁准则完善了租赁的定义，增加了租赁的识别、分拆和合并等内容；取消承租人经营租赁和融资租赁的分类，要求在租赁期开始日对所有租赁（短期租赁和低价值资产租赁除外）确认使用权资产和租赁负债。改进了承租人对租赁的后续计量，增加了选择权重估和租赁变更情形下的会计处理；并增加了相关披露要求。执行新租赁准则公司修订后的作为承租人和出租人对租赁的确认和计量的会计政策。

对于首次执行日前已存在的合同，执行新租赁准则公司在首次执行日选择不重新评估其是否为租赁或者包含租赁。对首次执行日之后签订或变更的合同，执行新租赁准则公司按照新租赁准则中租赁的定义评估合同是否为租赁或者包含租赁。新租赁准则依据合同中一方是否让渡了在一定期间内控制一项或多项已识别资产使用的权利以换取对价来确定合同是否为租赁或者包含租赁。

（1）执行新租赁准则公司作为承租人。执行新租赁准则公司根据首次执行新租赁准则的累积影响数，调整首次执行日留存收益及财务报表其他相关项目金额，不调整可比期间信息。

对于首次执行日前的除低价值租赁外的经营租赁，执行新租赁准则公司根据每项租赁选择采用下列一项或多项简化处理：将于首次执行日后12个月内完成的租赁,作为短期租赁处理;计量租赁负债时,具有相似特征的租赁采用同一折现率;使用权资产的计量不包含初始直接费用;存在续租选择权或终止租赁选择权的,执行新租赁准则公司根据首次执行日前选择权的实际行使及其他最新情况确定租赁期;作为使用权资产减值测试的替代,执行新租赁准则公司根据《企业会计准则第13号——或有事项》评估包含租赁的合同在首次执行日前是否为亏损合同,并根据首次执行日前计入资产负债表的亏损准备金额调整使用权资产;首次执行日之前发生租赁变更的,执行新租赁准则公司根据租赁变更的最终安排进行会计处理。

于首次执行日,执行新租赁准则公司因执行新租赁准则而做了如下调整:对于首次执行日前的融资租赁,执行新租赁准则公司在首次执行日按照融资租入资产和应付融资租赁款的原账面价值,分别计量使用权资产和租赁负债;对于首次执行日前的经营租赁,执行新租赁准则公司在首次执行日根据剩余租赁付款额按首次执行日承租人增量借款利率折现的现值计量租赁负债,并根据每项租赁选择按照下列计量方式计量使用权资产——假设自租赁期开始日即采用本准则的账面价值(采用首次执行日的承租人增量借款利率作为折现率)。

执行新租赁准则公司于 2019 年 1 月 1 日确认租赁负债 3 952 296 838.10 元(含一年内到期的租赁负债 762 030 505.00 元)、使用权资产 10 840 198 061.73 元。

对于首次执行日前的经营租赁,执行新租赁准则公司采用首次执行日增量借款利率折现后的现值计量租赁负债,该等增量借款利率的区间为 2.69%~5.12%。

(2)执行新租赁准则公司作为出租人。执行新租赁准则公司作为转租出租人对首次执行日前划分为经营租赁且首次执行日后仍存续的转租赁进行重新评估,将其重分类为融资租赁并作为一项新的融资租赁进行会计处理。除上所述外,执行新租赁准则公司对于作为出租人的租赁不按照衔接规定进行调整,自首次执行日起按照新租赁准则进行会计处理。

4. 其他准则带来的核算变化

2017 年 4 月 28 日财政部发布关于印发《企业会计准则第 42 号——持有待售的非流动资产、处置组和终止经营》的通知,该准则自 2017 年 5 月

28日起施行。对于该准则施行日存在的持有待售的非流动资产、处置组和终止经营，应当采用未来适用法处理，招商局集团于2017年5月28日起执行新准则。

2017年5月10日财政部发布关于印发修订《企业会计准则第16号——政府补助》的通知，对《企业会计准则第16号——政府补助》进行了修订，该准则自2017年6月12日起施行，对2017年1月1日存在的政府补助采用未来适用法处理，对2017年1月1日至该准则施行日之间新增的政府补助根据该准则进行调整。招商局集团已于2017年1月1日起执行新政府补助准则，比较财务报表根据相关规定不需进行追溯调整。

2019年新修订的非货币性资产交换准则，招商局集团对于2019年1月1日至新非货币性资产交换准则执行日2019年6月10日之间发生的非货币性资产交换，已根据新非货币性资产交换准则进行调整，对于2019年1月1日之前发生的非货币性资产交换未进行追溯调整。新非货币性资产交换准则的执行未对招商局集团财务报表产生重大影响。

2019年新修订的债务重组准则，招商局集团对于2019年1月1日至新债务重组准则执行日2019年6月17日之间发生的债务重组，已根据新债务重组准则进行调整，对于2019年1月1日之前发生的债务重组未进行追溯调整。新债务重组准则的执行未对招商局集团财务报表产生重大影响。

（二）新会计准则实施衔接

招商局集团财务部高度重视新准则执行工作，结合集团实际，制定了集团整体自2018年1月1日起执行新金融工具准则，分步实施新收入准则和租赁准则的实施计划。

集团下属各公司积极应对新准则实施过程中的困难，提前部署，根据公司具体情况采取恰当措施，确保新旧准则切换时保持平稳。

1. 金融工具准则实施

招商金融提前研究测算新金融工具准则带来的影响，推动成员企业从业务前端入手，对系统改造、投资策略、核算流程等方面提前部署准备，减少新旧准则切换对报表指标的影响。

2. 收入准则实施

招商蛇口针对招商置地新收入准则的应用问题，研究同行业财报披露，与主审会计师紧密沟通，根据新准则变化修订公司核算指引，保证了新收入准则的顺利实施。招商工业举办了新收入准则重点与难点培训班，聘请财政部会计司专家授课，财务人员和经营总部人员积极参与，进一步加强业财人员对新收入准则的把握理解。招商交科院组织成立了新收入准则专项研讨小组，历时1年半形成了实施方案、研究报告等研讨成果，有关关键控制节点及证据提前得到会计师认可。

3. 租赁准则实施

中国外运深入研究中国准则与国际准则关于租赁准则的实施意见及业内讨论，研发新租赁准则测算模型，实现从合同条款录入、测算到实际账务处理分录的系统自动化，顺利完成在资本市场的新准则披露。招商证券密切跟踪会计准则和政策变化，组织清理现存的租赁合同、解读合同相关条款、形成初始化租赁资产数据和租赁负债余额、计提折旧和计息等各项工作，顺利完成租赁新准则的全面转换。招商租赁积极研究新租赁准则对公司的影响，在公司范围内开展新租赁准则影响和应对的专门培训，从多方面向业务部门提供专业的分析建议，力求协助业务部门更好地拓展业务。出版《新租赁准则的影响及应对》，对于新旧准则过渡可能遇到的问题进行预判，并提出可行的过渡方案，提高了招商租赁在行业内的知名度。招商蛇口积极研究租赁准则对各板块业务的影响，提前安排业务系统与 EAS 核算系统的改造，确定会计处理方案。

4. 资产减值实施

招商金融对金融企业预期信用损失计提情况进行梳理，制定统一的减值计提政策及模型，统筹成员公司设计减值计量引擎，实现数据接入、减值计量、管理报表的系统生成。招商海通通过举办大宗商品业务管理专题交流会和聘请中介机构开展管理咨询，在套期保值应用、风险管理及效果评价向行业先进学习取经，提升财务人员大宗商品业务管控能力。招商平安资产率先在地方 AMC 中探索建立了金融资产财务估值模型及信用减值模型、风险偏好政策，实现了风险类别管理全覆盖。

(三) 集团会计制度

1. 2014年集团会计制度修订

2014年招商局集团总部根据新准则变化、集团新业务、财务管理的新要求，组织修订了新的《集团会计制度（2015）》，印发给各公司深入研究和落实新准则和集团会计制度。新修订的《集团会计制度（2015）》包括总则、会计政策、会计科目、会计报表四个部分。

第一部分总则：对会计制度制定的目的、依据、实施的范围和要求、会计工作的一般原则规定、会计基础工作要求等做出解释和规定，对于会计制度的贯彻实施、明确会计工作任务、做好会计工作有重要意义。

第二部分会计政策：主要规范具体业务的会计处理方法，包括金融资产、存货、长期股权投资、固定资产、无形资产、投资性房地产、资产减值、负债、所有者权益、收入费用和利润、或有事项、政府补助、借款费用、股份支付、所得税、外币折算、租赁、会计政策、会计估计变更和差错更正、资产负债表日后事项、企业合并、合并报表、每股收益、公允价值计量、现金流量表、财务会计报告，共27项。

第三部分会计科目：对会计科目的分级、设置、使用与管理作出规范，包括：一级会计科目表、会计科目设置与管理、会计科目和科目编码的设置方法、会计科目维护和管理，以及资产类科目、负债类科目、共同类科目、所有者权益类科目四类科目的具体使用方法。

第四部分会计报表：对报表的类型、内容和格式进行规范。

2. 2019年会计制度修订

2017年及以后，财政部陆续颁布修订10项具体准则，对集团会计核算产生重大影响。为紧跟企业会计准则最新变动，更好地服务于集团会计实务，2019年集团启动新一轮会计制度修订。

本轮会计制度修订重点根据企业会计准则变化对第二部分会计政策部分进行了修订，并新增第三部分会计政策实施指南。会计政策主要变动有3个：一是对金融工具、收入、租赁等六个章节进行重新编写；二是新增持有套期会计等三个章节；三是在重要章节新增修订概要、应用指南。修订后的会计制度总则、会计政策、会计科目、会计报表包括五个部分，共

31 章、163 节，计 77 万字。

第一部分为总则：对会计制度专业术语的定义、总体目标、制度规定范围进行梳理和规范。

第二部分为会计政策：对金融工具、收入、租赁等六个章节进行重新编写；新增持有待售的非流动资产、套期会计、保险合同三个章节；对会计制度各章节的 1 030 个条目逐条修订、更新。

除此之外，为了会计人员更准确地理解和掌握会计制度的修订内容，提高会计制度的操作性，增强会计制度的可理解性，集团还做了三项修订：（1）在重要章节新增修订概要，描述重要章节的修订内容、生效日、衔接规定等必要的修订说明；（2）在重要章节新增应用指南，对本章节的重点、难点和关键点进行具体解释和说明，为集团各级单位执行集团会计制度提供操作性规范；（3）在部分章节新增图表的修订形式（流程图、表格等）。

第三部分为会计政策实施指南：为增强制度的实用性和指导性，结合集团实际业务，对集团会计核算涉及的热点问题进行解析，集团财务部根据搜集整理的历年重点难点会计问题、会计师提出的重要意见以及监管机构的关注重点，最终选择 8 类贴合集团的热点问题，形成典型实务案例的核算指引，包括金融工具、长期股权投资及合并财务报表、企业合并、公司改制、收入确认、政府补助、公允价值计量、外币折算，共计 26 项案例、46 个典型问题解答。

第四部分为会计科目：对会计项目进行更新，修订或者增补会计处理规定，集团管控会计科目共计 1 606 项。

第五部分为会计报表：依据集团对各级单位的管理要求，以及新企业会计准则的规范，对集团管理报表进行更新。

会计制度修订后最终呈现的形式不仅有传统的纸质书籍，还有多种电子文档。这些电子文档可以方便使用者查阅及应用，包括 PDF 版本、WORD 版本及网页形式的在线阅读版本。

（四）分行业会计核算指引

在集团会计制度的框架下，招商局集团推动制定分行业会计核算指

引，持续提升会计基础核算工作的水平。

1. 港口行业会计核算指引

为适应招商局集团的业务发展需求，落实精细化管理要求，针对港口行业业务和会计核算特点，为会计人员日常核算工作提供明确指引，制定《招商局集团港口行业会计核算指引》。通过制定统一的港口行业的会计核算政策和要求，规范各类经济活动的会计确认、计量等核算方法，以期达到夯实会计核算基础工作、提高会计信息质量、满足精细化管理需要的目的，为港口行业的经营决策提供可靠、科学的决策支持。

港口行业会计核算指引适用于招商局集团国内下属经营集装箱码头、散杂货码头、拖轮业务、港口货运业务的各级全资、控股公司和单位。招商局集团控制的上市公司原则上执行该指引，同时，在形式、程序等方面仍须满足当地关于上市公司相关法律、监管要求。联营、合营及海外公司可参照执行。

《港口行业会计核算指引》内容包含三部分，即总则、港口行业相关业务会计核算指引及港口行业其他相关业务会计核算指引。

港口行业会计科目是在招商局集团会计科目体系的总体要求下设置，并由招商港口对港口行业会计科目实行统一管理。港口行业按业务内容划分为集装箱业务板块、散杂货业务板块、拖轮业务板块、港口货运业务板块。港口行业会计科目管控层级相应划分为：招商局集团管控、港口行业管控、业务板块管控以及各公司自行添加的明细科目共四个层级。各业务板块的会计核算明细至业务板块管控层级，严格按业务板块管控层级的科目要求和核算项目要求，进行收入和成本的归集、核算。

2. 房地产业务会计核算指引

为满足招商蛇口对涉及房地产业务的下属子公司统一核算管理的要求，体现房地产业务的会计核算特点。

招商蛇口于2018年11月编写《招商局蛇口工业区控股股份有限公司房地产业务会计核算指引》（以下简称《房地产会计核算指引》），2019年进行一次修订。招商蛇口旨在通过该指引，统一公司房地产业务的会计政策和会计估计，规范会计确认、计量、报告等行为，保证会计信息质量，满足各方对房地产业务会计信息的需求，提高地产行业财务管理水平，强化内部控制，提高工作效率。《房地产会计核算指引》适用于招商蛇口下属子公司中涉及房地产业务的会计核算主体。

《房地产会计核算指引》包含三部分内容，即总则、地产行业相关业务会计核算指引及常见经济事项核算指引。其中，地产行业相关业务涵盖五部分：园区土地开发业务、园区土地租赁业务、投资性物业出租业务、房地产开发业务和建筑施工业务。常见经济事项核算指引主要对投资性房地产、固定资产/长期待摊费用、主要资产减值准备、所得税及递延所得税、增值税和安全生产费的定义及范围、计量方式、分类及科目设置以及核算步骤进行规范。

3. 航运业务会计核算指引

2017年随着集团航运业务板块整合，招商局集团成立招商局集团航运业务管理筹备办公室（以下简称"航筹办"），统筹管理旗下航运业务板块的总部平台，负责管理招商局集团旗下各大航运企业。2018年航筹办为了统一各航运企业相同业务的会计政策和核算口径，组织编写《航运业务核算制度》，自2018年7月1日起执行。该核算制度对航筹办业务的统一核算提供了制度基础，为航筹办各公司统一财务系统及财务共享中心的上线做了重要铺垫。2021年航筹办对核算制度进一步修订，制定了《航运会计核算指引》，统一了相同业态企业的核算方式，规范各成员单位财务系统会计科目及辅助账，下发分配统一的会计语言和核算颗粒度。

三、招商局集团会计报告

与调整巩固和精细化管理时期一样，集团的会计报告分为管理报表、季报、决算报告和审计报告四类，具体包括管理快报、国资委财政部快报、季报、决算管理报表、国资委财政部决算报告和审计报告。所不同的是，如前所述，由于我国会计准则的修订，集团会计报告的项目有所调整。这个时期集团着重从夯实会计核算基础、优化报表体系、完善报表编制机制、发挥财务会计专业价值四个方面提升报表编制效率，提高会计信息质量。

（一）完善信息质量考评体系

集团坚持问题导向，通过及时处理以及增强问题反馈的针对性，稳步提高会计信息质量。集团根据决算过程中发现的问题类型，进行区别处理。对于个别的决算问题，集团根据《招商局集团会计信息质量考核评价标准（试行）》，将会计信息质量的考核评价底稿下发给各二级公司，在底稿中明确展示了各二级公司的综合排名、评分过程和五大类的具体扣分问题，借此帮助基层公司查找工作短板。对于共性的决算问题，则在集团范围内进行通报，提示、督促其他公司举一反三，查找财务决算工作短板。对于快报和季报，集团十分重视报表的审核，从时效性、完整性、规范性、准确性四个方面对信息质量进行综合评判和通报，并将结果及时反馈。对于快报，集团在当月及时以电话和邮件通报的方式反馈给有关公司，规范各公司报表编制。

此外，从2015年开始集团财务部在评价标准中新增"加分鼓励"项目，用以鼓励在积极反馈财务报表和审计报告模板意见、组织安排决算工作和参加培训等方面充分发挥了管理职能且有突出表现的二级公司。

（二）整合优化会计报表

为了满足内部财务决算管理、国资监管要求和审计报告披露需要，2014年集团对相关报表进行整合，将上年度107张集团决算管理报表和85张国资委决算手工表分别调整为109张和37张。集团坚持基于需求、整合报表的思路，通过不断集成来自内部和外部多方的不同需求，借助设置报表之间项目勾稽关系，构建各方面数据需求的口径衔接，整合会计报表，并且每年持续滚动更新和优化，大大精简填报财务报表的数量，优化报表编制流程，提升决算工作效率。

（三）推进重组企业财务信息衔接

在跨越式发展时期，集团频繁进行重大资产重组整合，集团财务部注重加强沟通协调，妥善安排会计信息工作对接，准时完成各类财务报表。

2015年招商银行纳入集团合并范围，财务部、金融事业部积极组织和协调，与中介机构多次研讨，最终完成了并表工作。2016年1月中外运长航纳入合并范围，财务部攻克难关，实现了快报、季报、决算报表在报送方式和系统方面与集团系统顺利对接转换。2018—2019年，辽港集团在集团财务部指导和招商港口推进下，报表工作率先融入招商局集团财务管控体系，纳入集团合并范围的215户子企业当月即实现国资委、财政部快报全级次上报。招商工业、招商蛇口、中国外运也都在深入了解被并购企业的基础上，制定全面、细致的财务衔接方案，建立有效的财务对接沟通机制，及时准确完成各类财务报表。

（四）持续提高决算全级次上报质量

如前所述，这个时期重大并购重组频繁发生，导致集团并表企业数量节节攀升。招商局集团根据具体情况，不断调整改进决算工作方法，保证决算全级次上报质量。2016年度，集团首次将中外运长航纳入决算范围，全级次户数由2014年的388户和2015年的432户，大幅增加至1 351户，极大地增加了国资委财政部决算工作的难度。集团通过完善审核公式、统一填报标准、加强填报指导等手段加强决算工作的事前准备。此外，集团还创新了国资委决算审核形式和报送方法。并将决算审核问题整理为确认单发给二级公司相关人员签字确认，督促各公司按照要求准时完成整改工作。

集团将之前各公司国资委决算网络填报、网络审核的形式，改为网报与单机版相结合，决算审核与集中会审相结合。通过审核方式的改变，各二级公司在上报决算数据时，已进行网络审核和单机版审核两轮数据审核，集团再进行第三轮数据审核，大大降低了数据错误的概率。同时，集团组织财务专管员、集团主审计师中心组、各二级公司审计师组成审核小组，随决算审核一同到二级公司的现场进行报送文档的现场审核检查工作，既达到了在国资委决算审核前对各二级公司需重点关注事项的一次集中整理和熟悉，又为下一步对各二级公司财务决算的批复提供了素材。

2014年招商局集团财务工作会议合影留念

2015年招商局集团财务工作会议合影留念

招商局集团跨越式发展与财务价值创造 （2014—2019 年） | 第八章

2016 年招商局集团财务工作会议合影留念

2017 年招商局集团财务工作会议合影留念

2018年招商局集团财务工作会议合影留念

2019年招商局集团财务工作会议合影留念

第九章

招商局集团创建世界一流与财务数智化（2020—2022年）

2020年以来，新冠肺炎疫情严重冲击了全球经济和产业链供应链，疫情和逆全球化思潮导致外部环境的不稳定性、不确定性进一步加大。我国加快构建以国内大循环为主体、国内国际双循环相互促进的新发展格局，充分激发市场主体活力，助力企业加快建设世界一流企业。

招商局集团按照国家决策部署，在双循环的背景下，结合自身管理实践，积极推进增长方式"由量向质"、业务结构"由重入轻"、战略导向"由散向聚"的转变，推动各产业板块从主要依靠要素投资驱动的规模扩张转向创新驱动的内生增长转变，从重资本业务比重过大向轻重资本业务均衡发展转变，从过去的并购战略转向聚焦战略，强调控增量、做精做强存量。聚焦高质量发展，坚持稳中求进的工作总基调，坚持底线思维，坚持创新驱动，贯彻落实"培育具有全球竞争力的世界一流企业，做强做优做大国有资本"的各项要求。

招商局集团不断完善自身的财务管理机制，首次举办招商局集团"铸力·智行"财务骨干人才培训班，不断加强财务队伍建设，深入开展经营效益分析，持续推进质效提升工程，全方位提升财务管理能力水平。借助数字化发展契机，一方面积极促进数字经济和实体经济融合发展，打造数

字经济新优势,以财务数字化规划为核心,加快数智化转型。另一方面通过数智化管理会计体系、数智化司库系统和数智化产权系统等的建设,推动财务管理体系向价值创造型财务转型,加快建设与世界一流企业相适应的世界一流财务管理体系。

招商局集团继续执行《招商局集团会计制度(2019)》,根据新的会计准则进行调整,补充完善行业会计指引、会计核算手册。在会计报告方面,全面启动年报提速专项工作,持续提升会计信息质量,推进新并购企业的会计整合。

第一节 双循环下高质量发展与招商局集团创建世界一流发展战略

进入2020年以来,根据《中共中央关于制定国民经济和社会发展第十四个五年规划和二〇三五年远景目标的建议》,我国加快构建以国内大循环为主体、国内国际双循环相互促进的新发展格局。招商局集团贯彻新发展理念,以高质量发展为目标,以畅通国内大循环和国内国际双循环为战略。与此同时,招商局集团将并购重组战略转向聚焦战略,通过聚焦核心主业,集中配置资源,将核心主业做精做强做大,形成新的核心竞争力。在此期间,招商局集团加快增长方式"由量向质",加快业务结构"由重入轻",重塑集团高质量发展模式。

一、双循环与新时代的高质量发展要求

双循环的新发展格局是党中央立足国家发展战略和国内外形势,根据我国发展阶段、环境、条件的新变化以及由此出现的新情况和新问题,着眼于我国经济中长期发展作出的战略决策,旨在重塑我国国际合作和竞争新优势,在全面深化改革与高水平开放过程中,助力经济高质量发展。

（一）双循环与高质量发展背景和要求

2020年5月14日，中央政治局常务委员会会议首次提出"构建国内国际双循环相互促进的新发展格局"。2020年的两会期间，中央再次提出"逐步形成以国内大循环为主体、国内国际双循环相互促进的新发展格局"。

在双循环的背景下，招商局集团完整、准确、全面贯彻新发展理念，以高质量发展为主题，大力推进提质增效，优化国有资本布局结构，切实防范化解重大风险，实现了更高质量、更有效率、更加公平、更可持续、更为安全的发展。另外，招商局集团深刻理解和把握构建新发展格局的主攻方向，通过率先探索、聚焦重点、加快突破等有效路径，强化集团创新主体地位，并进一步加大对科技创新的投入，主动承担国家重大科技任务，加快关键核心技术攻关，加强创新链和产业链对接，当好畅通国内大循环的主力军和促进双循环的排头兵。

（二）创建世界一流集团战略与世界一流财务管理体系

党的十九大提出要做强做优做大国有资本，培养具有全球竞争力的世界一流企业，建立中国特色现代国有企业制度。

招商局集团立足新发展阶段、贯彻新发展理念、服务构建新发展格局，努力夯实核心竞争力，培养新的增长点，力争在产业方面培育出四个"世界一流"，四个"中国领先"。为促进经济社会持续健康发展、全面建设社会主义现代化国家做出更大贡献。四个"世界一流"——世界一流的港口综合服务企业、世界一流航运企业、世界一流智慧物流平台企业、世界一流价值创造银行。四个"全国领先"——中国最佳商业银行、中国最佳投资银行、中国领先的城市与园区综合开发运营服务商、中国领先的高速公路投资运营及交通科技综合服务商。

2021年2月，国资委成立由国资委领导、招商局集团等八家中央企业与北京国家会计学院共同参与的《对标世界一流企业财务管控体系建设与评价》课题组，对中央企业财务转型升级与世界一流财务管控体系建设开展系统性研究。2022年2月，国资委印发《关于中央企业加快建设世界一流财务管理体系的指导意见》（以下简称"指导意见"）。指导意见提出了未来 5~15 年中央企业财务管理体系建设与优化的奋斗目标，以"1455"为框架，明确提出围绕一个目标，推动四个变革，强化五项职能，完善五大体系。围绕一个目标，即加快构建世界一流财务管理体系。推动四个变革，即推动财务管理理念变革、组织变革、机制变革、功能手段变革。强化五项职能，即以财务管理主要对象"票、账、表、钱、税"为维度，强化核算报告、资金管理、成本管控、税务管理、资本运作五项职能。完善五大体系，即全面预算、合规风控、财务数字化、财务管理能力评价、财务人才队伍建设体系。招商局集团结合自身管理实践，根据指导意见有关要求，制定实施方案，扎实推进世界一流财务管理体系建设工作，着重在财务数智化、管理会计应用、财务人才队伍建设等方面发力，取得了积极的成效。

二、招商局集团"两个转变"

根据新时代的发展趋势，招商局集团提出了"两个转变"的要求，一是要加快增长方式"由量向质"转变，推动各产业板块从主要依靠要素投资驱动的粗放增长向创新驱动的内生增长转变，这是高质量发展的必由之路；二是要加快业务结构"由重入轻"转变，推动从重资本业务比重过大向轻重资本业务均衡发展转变，在做强重资本业务的基础上做大轻资本业务，不断提高资本回报率。

（一）招商局集团"由量向质"转变

科技创新是促进"由量向质"转变的根本动力，其所带来的技术进步能深刻影响参与生产的各种要素，不断催生新的经济模式，改变企业的生产函数、投入产出关系和商业模式，提升全要素生产率，进而以更高质量、更有效率的方式提高经济效益和资本回报。

招商局集团以科技创新为"由量向质"转变的第一动力，聚焦主业和客户需求，着力推动产业关键核心技术攻关，不断提升自主创新能力，开发更多具有较高科技含量和市场价值的产品及服务，提高产品质量、议价能力及市场占有率。

招商局集团强化创新成果在业务场景的研发应用水平，以科技创新赋能各公司在客户服务、生产运营、内部管理、生态模式四方面的转型提升，提升管理效率，降低运营成本，增强客户满意度和黏性，实现提质增效。如招商港口、招商工业、招商轮船、招商公路、中国外运、招商蛇口、招商金融等通过加快推进智慧港口、智慧工厂、智能航运、智慧高速、智慧物流、智慧社区/园区/商业、金融科技的建设，进而不断提升产业创新能力和核心竞争力。

招商局集团通过"由量向质"转变的发展理念不断赋能企业商业模式的创新和变革，从而拓展产业发展空间。如各业务板块围绕"产业＋数字化"，探索发展新模式、新业态、新经济，向平台化经营、产业生态圈等方向持续开展商业模式创新，加快推动商业模式改进和效益提升。各业务板块发挥自身产业和品牌优势，通过项目合作、产业共建、搭建联盟等方式，有效推动与各类企业的协同发展，构筑产业生态圈，在巩固和强化现有产业领先优势的基础上，寻找扩展业务边界和新增长点机会。

（二）招商局集团"由重入轻"转变

招商局集团"由重入轻"转变是指持续强化资本管理，不断优化资本结构，推动集团业务平稳增长，以实现长期均衡可持续发展。原则上除大健康等战略性扶植业务外，各业务板块主要通过核心主业的精耕细作实现净利润的较快增长，推动资本内生积累。各业务板块发展所需资本金补充以外部为主，大力推动引入战略投资者或其他权益资本作为资本补充。严格控制通过总部新增负债向二级公司提供资本补充或直接开展新增投资的方式。除此之外，集团为进一步优化资本，从业务竞争力和战略契合度两个维度，研究确定将不具市场竞争力、盈利能力长期偏低的资产退出，从处置业务中回收财务资源。

招商局集团严格控制高资本消耗的业务，以投资资本回报率的高低为标准优化资源配置。具体来说，集团结合行业特点及发展趋势，大力拓展风险相对较低、资本消耗相对较少的轻资本业务，推动业务逐步由"重"向"轻"转变，在轻资本业务布局上形成领先优势。

在交通物流板块，招商公路逐步形成"公路运营+基金管理"的商业模式，扩大轻资产经营收益；招商轮船探索轻资产经营，输出船舶管理品牌和服务。在城市园区板块，产业园区以园区、物业开发运营为基础，发展代建代管、物业管理、资产管理服务等轻资产经营业务。在金融板块，严格控制高资本消耗型金融产品的开发，做强做优做大低风险、轻资本消耗的财富管理业务，并坚持"轻资本运营、重资产配置"，协同打造万亿级私募平台。

第二节 招商局集团发展状况

招商局集团在创建世界一流企业时期的经营状况良好，净利润和资产规模在2020—2021年持续保持央企第一，连续18年荣获国资委经营业绩考核A级，连续6个任期荣获业绩优秀企业的称号，实现了世界500强的赶超进位。

2022年招商局集团连续六年获得"业绩优秀企业"称号

一、招商局集团创建世界一流企业时期经营模式

招商局集团依据"国家所需、招商所能"的部署，聚焦核心主业，集中配置资源，在特定产品和服务上做精做强做大，在特定区域上建立规模优势，形成相应的技术、管理、规模的核心竞争力。

（一）产业聚焦

2022年6月，国资委印发《关于国有资本投资公司改革有关事项的通知》，经国资委对国有资本投资公司试点改革情况的全面评估，招商局集团等五家央企正式转为国有资本投资公司。

招商局集团从业务竞争力和战略契合度两个维度，将业务分为核心业务、稳定业务、成长业务、处置业务四类，分类确定财务和管理资源配置举措，实现集团业务组合的发展均衡健康。产业聚焦的战略目标首先是聚焦主责主业和培育战略新兴产业，优化集团国有资本布局。到"十四五"期末，实现集团涉及业务领域总数的净减少。其次是实现稳健可持续的股东回报增长。集团业务组合整体回报保持较高水平、国有资本权益实现持续稳定增长、集团总部短期和长期财务状况皆可持续。最后是形成稳定和增长兼备的业务结构。

（二）业务聚焦

招商局集团针对各业务板块进一步明确细分业务的差异化定位、相应的发展策略及未来资源配置比例。招商局集团通过集中有限资源重点发展有前景的细分业务，深耕细分市场，率先在细分业务和细分市场实现有质量、有效益的世界一流、国内领先的业务板块。此外，招商局集团加快退出不具市场竞争力、盈利能力长期偏低的细分业务，回收资源投入有竞争力和吸引力的领域。

（三）区域聚焦

区域聚焦是指坚持立足香港，深耕粤港澳大湾区。各业务板块依实际

情况，积极参与落实国家重大区域发展战略，协同推进，深耕市场，实现规模效益。区域聚焦的战略目标是结合新时期、新局势，以内外循环大战略为指引，构建差异化的战略举措，推动区域间协调发展。

二、招商局集团创建世界一流企业时期经营情况

招商局集团在创建世界一流企业时期的资产规模、收入与利润等经营指标稳步增长，2020—2021年净利润与资产规模蝉联央企第一。2022年，集团克服需求收缩、供给冲击和预期转弱的经济环境压力，继续保持了稳定增长。

2021年集团全年实现营业收入9 292亿元，同比增长14.19%，净利润为1 695亿元，同比增长23.66%，总资产达到114 741亿元，均创下历史新高。招商局集团2020年和2021年总资产、营业收入和净利润情况如表9-1所示。

表9-1　2020年和2021年招商局集团资产与经营情况　　　　单位：万元

年份	资产总额	营业收入	净利润
2020	1 031 185 330.00	81 371 315.00	13 710 549.00
2021	1 147 409 341.00	92 919 008.00	16 954 010.00

资料来源：2020年、2021年招商局集团审计报告。

第三节　招商局集团创建世界一流财务管理

招商局集团以优化财务管理制度体系、加强财务人才队伍建设、加快财务数字化实施等为重点，不断完善财务管理体系，探索创建世界一流财务管理，促进转型升级。

一、财务管理目标与财务组织

招商局集团在创建世界一流企业时期，认真贯彻落实党的十九大"培

育具有全球竞争力的世界一流企业,做强做优做大国有资本"的要求,并通过加快构建世界一流企业的财务管理体系实现企业财务管理转型升级的目标。

(一) 财务管理的总体目标与基本原则

招商局集团财务管理工作总体目标是,按照"质量、效益、规模"均衡发展的指导思想,合理运用资本运作等手段,有效配置财务资源,不断提升综合效益,保障集团健康、持续、稳定发展,实现集团价值的最大化。

招商局集团财务管理工作逐步形成了成本效益平衡原则、收益风险均衡原则、短期与长期利益相结合原则、集中管理与分级授权相结合原则和目标导向与过程管理相结合原则等五大基本原则。

(二) 财务组织的调整与职能优化

为支撑集团"3S战略""数字化转型规划""财务转型规划",集团财务部及时调整组织架构与相关职能。这一时期财务组织架构的主要变化如下:

一是新设了质效提升处,编制4人(财务部整体编制增加至40人)。其主要职能:建设完善集团质效提升体系,制定集团质效提升的规划、目标和计划;开展集团质效提升工作,指导各二级公司质效提升的项目推进、重大举措管理;开展对各二级公司质效提升工作的评价。推动质效提升数字化工作;制定质效提升宣传与学习方案,组织各公司落实宣传和培训工作;总结提炼、推广具有较强复制性的典型举措,推动卓越运营相关的建设转型。

二是对财务部(产权部)内设机构职能进行了部分调整,最主要的变化是将原会计核算处改为核算与共享处,并调整了综合管理处的部分职能,将原有的财务数字化及共享建设职能调出至核算与共享处,增加财务人员管理等职能。调整后各处室职能具体如下:(1)综合管理处,建立完善集团财务管控体系;承担部门内部综合协调、行政办公、日常管理等事务;完成领导交办的其他工作。(2)核算与共享处,编制集团总部预算、中长期财务规划,监督预算执行情况,审核总部各部门预算调整事项;开

展集团总部税务管理；负责管理集团总部会计核算和会计档案管理工作，编制集团总部财务报表，开展集团总部本地业财工作；建立完善集团总部财务管理相关制度；根据集团财务数字化规划，推动集团财务数字化工作；督导二级公司财务数字化与共享分中心建设，审核建设方案与风险事项，推动业务数字化与业财一体化建设；归口管理招商共享及武汉分公司，配合处理公司化运作相关事务，推动综合财务共享建设。

二、资金管理深化与司库建设

招商局集团认真落实国资委资金管理工作要求，资金集中度和管理效率不断提升、资金保障能力不断增强，为企业持续健康发展提供了有力支撑。

（一）资金管理的深化

2020年以来，按照国资委降杠杆、减负债工作要求，招商局集团加强债务风险管控，保障财务安全。集团强化资金集中管理，研究搭建"一体两翼""分层集中"的司库体系，形成境内以招商财务为资金集中主要平台、境外以集团香港为筹融资平台的管理架构，资金集中度不断提高，资金管理精细化水平进一步提升。通过合理安排资金计划，积极创新融资工具，不断拓展融资渠道，招商局集团的有息债务率较好地控制在了40%左右，圆满完成国资委降杠杆、减负债工作目标，整体资本结构保持在稳健水平。同时还重点深入抓好了以下几项工作。

一是统筹资金安排。根据招商局集团经营发展需要，提前做好资金计划，维护资金链安全，有序偿还及重组到期债务，保障了招商局集团重大项目资金需求。合理安排债务结构，2021年末，形成了中长期和人民币债务为主、直接融资和固息产品近半的债务结构，整体具备较强的抵御风险的能力。

二是多措并举，全力保障流动性安全，助力"抗疫"复工复产。受疫情影响，招商局集团下属各公司的现金流受到不同程度冲击，为应对此情况，集团下发《关于在疫情防控期间做好境外流动性风险防范的通知》等多个文件，多次与各二级公司逐项梳理可能面临的流动性问题并商讨对策，排查境内、境外流动性和债务风险，针对流动性缺口进行了专项预案准备，确保各公司能应对市场突发情况，保证流动性安全。同时积极利用各项金融扶持政策，以2020年为例，集团向金融机构提用防疫贷款22.6亿元，发行抗疫专项债券25.6亿元，利率较市场利率低50～135个基点（BP），有力支持了各公司的复产降本工作。

三是降本增效，持续压控财务成本。招商局集团主动进行存量贷款定价转换工作，按照中国人民银行通知精神，提前在2020年8月末前完成招商局集团内部所有贷款的调整工作，利用监管政策视市场情况最大程度降低了财务费用。提前置换权益工具，积极协调，例如中保投资有限责任公司提前置换400亿元优先股和招商银行100亿元权益工具项目。完成提前续期、下调利率和延长融资期限等关键条款谈判，节约融资成本7.7亿元，保证了招商局集团资本结构长期稳定和大幅压降了中长期财务成本，降低了总部经常性现金流压力。同时，集团抓住利率下行的窗口，进行低成本融资及置换高息债务，实现了综合融资成本的逐年下行，集团2020年有息债务平均资本成本为3.85%，2021年下降至3.49%。

（二）以数字化为基础的司库体系

随着金融支付手段更新迭代，以及企业转型升级和创新发展加快，传统的资金管理模式已难以适应管理能力现代化和国资监管数字化的新要求。招商局集团结合国资委《关于推动中央企业加快司库体系建设 进一步加强资金管理的意见》要求，主动把握新一轮信息技术革命和数字经济快速发展的战略机遇，将司库体系建设作为促进财务管理数字化转型升级的切入点和突破口，重构内部资金等金融资源管理体系，进一步加强资金的集约、高效、安全管理。

1. 数字化司库体系的价值与效益

招商局集团数字化司库管理体系以建设强风控能力、强服务能力的价值创造型司库管理体系为目标。通过管理优化与系统建设两大主线实现四个效益，即全覆盖可视化、强化风险管控、统筹资源提升效益和赋能经营决策，最终在"看得见""管得住""调得动""用得好"四个方面实现价值。

在"看得见"方面,贯彻"穿透""可视""监测"要求,实现账户、结算、票据、债务、担保等业务全面可视。在"管得住"方面,做到严禁对无股权关系企业提供借款,担保符合国资委管控要求;监测供应商和客户信用状态变化,建立应收账款清收责任制;全面防范资金舞弊风险、合规性风险、流动性风险和金融市场风险。在"调得动"方面,将统一电子结算平台对外接口;建立集团统一的"票据池";建立跨账户、跨单位、跨层级、跨区域的"资金池";对银行授信资源进行统一管理;按照"量入为出、以收定支"的原则做好集团资金预算安排,维护资金链安全和资金整体平衡。在"用得好"方面,全面挖掘数据价值,对资金头寸、融资成本、利率汇率等进行多维度、全方位分析。

招商局集团司库系统的预期效益是实现资金全景可视、强化风险管控、统筹司库资源和赋能决策分析。在资金全景可视方面,通过全集团统一的司库平台,汇聚全球各区域、各二级公司、子公司的账户资金数据、每一笔收付信息、票据、授信、融资、担保等数据,实现集团的资金可视、资金监控、风险可控。在强化风险管控方面,招商局集团通过优化账户管理规范,强化账户安全;梳理结算流程提升点,实现端到端闭环管理;集成汇率风险系统、优化流动性风险自动取数、加强利率敏感度测算、加强应收应付管理等全面强化资金风险管控。统筹司库资源即集团、二级公司所有司库用户通过统一门户进入各司库应用,完成司库业务办理、查询和分析,并通过其他资金系统应用、资讯应用的加入,丰富司库应用业态。在赋能决策分析方面,招商局集团依托数据湖基础设施,运用人工智能(AI)、大数据等技术,通过数据分析建模,结合不同管理层关注点,形成资金、投融资、风险等分析视图、主题分析、自动化报告,为集团经营决策提供支持。

2. 数字化司库系统的架构

招商局集团司库系统的架构主要由五个部分组成,分别是应用架构、技术架构、数据架构、安全架构和集成架构。

应用架构由司库门户、司库应用、司库决策分析和司库数据中台四部分构成。司库门户是指支持 PC 端和移动端门户,且可以与招商随行的 PC 端、移动端集成,包括单点登陆、权限设置、资讯、查询、自助服务、各子系统入口等。司库应用是指以分布式微服务架构提供包括账户、结算、票据管理、融资管理、投资管理、资金计划、银企直联、衍生品台账等应用功能。司库决策分析基于数据中台,提供大屏展示、管理驾驶舱、商业智能(BI)报表、管理报表风险指标监控分析等功能,搭建司库绩效、机构关系、风险等应用。司库数据中台是指按照集团数据管理体系,与集团主数据、数据湖对接,进行数据抽取、清洗和模型加工等。

技术架构是招商局集团基于集团统一的技术架构体系要求,并结合未来系统的实际情况,进行初步的分层设计,主要包括前端接入、开发框架、应用数据集成与底层基础设施四层。

数据架构是由数据主题对应的应用主线、业务领域、数据主题及数据源系统四部分组成,由集团数据湖(集团 EAS 系统、集团共享平台、财务公司系统和其他单位系统)实现对集团司库系统的数据支持,从而形成各项数据主体所需信息,通过各项数据主体的数据处理实现业务领域管理,最终完成各项应用主线。

安全架构是由安全管理、安全基础设施和运维安全三部分组成。安全管理包括安全策略、岗位人员、规范制度和培训演练等方面内容。安全基础设施体系包括应用安全、服务器安全、网络安全与终端安全。运维安全包括安全对象监控、安全事件管理、主动安全评估和安全风险管理。

集成架构的集成对象是集团司库门户内部各业务模块之间及与其他外围相关系统,其应用集成方式有内部和外部之分,内部主要是集团司库管理平台门户层与内部各模块以 API 网关接口服务调用方式进行数据交互,外部主要是集团司库管理平台与其他外部资金相关应用系统通过接口服务调用 API 方式集成。

三、质效提升持续推进

2020 年以来,经过几年的工作推进与落地,质效提升工程已由招商局集团总部主导,转化为二级公司和基层单位挑大梁,管理体系持续下沉,不断拓展深化质效提升工程的覆盖面和影响力,逐步推动质效提升工程常态化运营。

(一)质效提升体系深化

为全面深化质效提升,2020年招商局集团质效提升领导小组增加集团办公室、事业部和数字化中心等部门人员,并在工作层面联合各部门共同推进各二级公司质效提升工作。在保持集团引导作用的同时,增强二级公司主导作用,促进各二级公司建立科学管理体系;同时加强三、四级公司作为举措落地执行的主体作用。截至2020年底,全集团质效提升工程的覆盖面和参与度得以进一步提升,共涵盖全部二级公司、120家三级业务单元,全集团2 425名质效提升工程办公室成员、4 299名举措负责人深入参与质效提升,举措负责人的范围包括二级公司管理层到业务单元的普通员工,均深度参与推动举措的开发、评审和执行。

2021年集团质效提升工程办公室正式调整为集团财务部常设机构质效提升处,为质效提升常态化提供组织保障。同时多家二级公司陆续将质效提升工程办公室职能加入组织架构中。三、四级公司作为举措落地执行的主体,一方面在二级公司统筹下落实相关要求;另一方面作为需求端,通过在具体业务实践中的举措、改善与优化,提升全员主动性和积极性,充分发挥"腿部着力"的作用。

同时为加强重大举措管理成效,招商局集团于2020年起每年分别组织召开年中和年终两次集团重大举措质量评审会,集团领导、各职能部门以评审会的形式,以评促建,帮助各公司检讨不足、分析问题并提出专业性意见,围绕战略匹配度、KPI支撑度、改革创新性、长期价值、管理破题五个质量维度评价,2020—2021年共评选出111条集团重大举措。

(二)质效提升常态化机制

在工作机制方面,随着质效提升逐步进入常态化运营,首先集团对质效提升会议机制持续优化调整,其中集团质效提升工程领导小组会由双月会议变为半年度会,集团副主任会议和二级公司一对一会议由月度变为双月会议,集中解决质效提升推进过程中的重大事项,提高工作效率。其次增加针对性汇报,一是新增集团分管领导质效提升专题汇报会,更深入参与指导二级公司质效提升工作开展,掌握落实情况,持续推动质效提升逐步成为集团常态化职能工作；二是新增集团重大举措月报，通过定期汇报让集团质效提升工程领导小组及时了解各公司重点举措进展，预警风险事项。此外，集团 PMO 定期将质效提升的工作要求以及优秀案例和经验通过工作动态的形式 OA 下发，促进集团各二级公司之间学习沟通，2021 全年累计发布六期质效提升工作动态。

在上下联动方面，为提升集团职能部门对一线单位了解，学习基层业务，强化项目分析管理能力，促进双向交流，集团 PMO 定期开展基层单位质效提升调研，帮助基层单位完善工作机制、找准工作方向、提升工作能力，助力质效提升"腿部"实现自主发力、科学发力。2021 年，集团 PMO 联合二级公司业务专家组建工作小组，对招商工业下属大扬州基地、海门基地和辽港集团下属大连集装箱码头开展调研，在大扬州基地，辅导小组基于公司业务价值链梳理抓手树，围绕"降低成本、提高效率、提升能力"的目标，聚焦战略规划的重点、经营管理的难点、生产流程的痛点，组织基层单位开发举措 48 条，实现举措管理效益 2 860 万元，助力公司不断提升企业的核心竞争力。

在考核激励方面，通过优化质效提升考核评价方案和激励机制，进一步压实二级公司主体责任。具体考核方案聚焦举措质量和运营机制，通过举措质量的提升和运营机制的完善来促使各级业务单位推动质效提升工程落地，让质效提升工程成为企业管理水平提升的重要工具，帮助各单位建立科学的管理体系；激励方案设置物质奖励和精神表彰，通过完善的质效提升工作体系让激励触及到来自一线单位的每一位举措负责人，2021 年招商局集团新设质效提升年度优秀基层单位和优秀个人奖项，全年共评选出 20 家基层单位和 20 位举措负责人，充分调动了各级质效提升 PMO 人员、举措负责人等关键人员的积极性、主动性和创造性，有效推动各项举措开发和落实。

在宣传培训方面，通过官方微信公众号、内部专栏、主题活动等线上线下渠道，围绕优秀人物、黄金举措、基层动起来、上下联动赋能一线等主题，以视频、动画、海报、长图、沙画、书刊等多种形式，做好专项策划和及时报道，营造创新求变、自我改革的良好氛围，提高全体人员"提质增效从我做起"意识。2021 年集团 PMO 共制作和发布各类宣传材料合

计195篇,下属各单位合计近2 000篇。同时,为推动内部资源共享和能力提升,集团定期组织各级PMO开展质效提升系列培训,主题包括工作方法论、管理工具、至元系统、黄金举措、采购管理,以及优秀月度之星代表分享系列,为在质效提升工作中表现出色的基层员工代表提供更多展示自我的平台。2021年组织了超过110场次质效提升系列培训,持续锻造人员的专业能力和管理技能,推动质效提升的理念进一步深入人心。

(三)质效提升成效

在质效提升举措深化推进中,2021年集团各公司在全面复盘2019年、2020年举措开发的经验基础上,聚焦于公司内部可控的成本挖掘和能力提升两个方面,新开发举措1 759条,其中成本类占比19.0%,赋能类占比62.0%,收入类占比19.0%,截至2021年底,76%的举措已推进至L4阶段(计划执行完成),当年实现举措管理效益17.04亿元。此外,33条重大举措进入L4阶段(计划执行完成),取得了良好成效,不断夯实举措质量,比如,招商港口"粤港澳大湾区组合港简化通关流程,提高通关效率"举措,截至2021年底,大湾区组合港项目累计开通10个组合港码头点位(顺德新港、北滘一期、北滘二期、佛山九江、中山外贸、佛山三水、佛山高明、肇庆高要、珠海洪湾、珠江西域),完成驳船作业1 110艘次,大船作业2 030艘次,累计业务箱量超过4.5万TEU,服务大湾区进出口企业超1 341家,参与驳船公司17家,注册驳船277艘,报关行68家,组合港业务跨关区便利优势正逐步体现。中国外运"基于统一企业项目构建4PL+3PL业务模式"举措,引入4PL模式后,外运统一企业六大区域,共运作166条线路,为38家工厂、25 000个门店、商超、商行等"小b"端用户提供端到端运输,实现中国外运"TO小b"的突破,项目年营收总计约6.8亿元,同比增长了近20倍。招商工业"通过联合研发8000 PCTC项目推进滚装船船型谱系化工作"举措,联合德他马林共同研发"成本可控"的高性价比新一代8 000车位汽车运输船标准船型,截至2021年底已完成所有相关技术图纸及文件,并获得DNV挪威船级社AIP证书,首次拥有自主知识产权的大型LNG动力汽车运输船船型设计,为公司建立谱系船型开创先例。

2020年以来，集团各部门尝试以质效提升方法论和至元系统助力重点工作的有序开展，集团财务部将各个职能处室的重点工作分解，共计开发49条举措；集团风险管理部围绕下属公司的风控年度重点工作，共计开发25条风险管理类举措；集团安全监督管理部围绕安全生产责任落实和提升安全生产管控能力，共计开发234条安全生产类举措；集团法律合规部选取三个海外单位开发4条举措，借助质效提升推动集团海外业务法律合规风控工作执行落地；集团PMO全年重点工作和能力提升项也全部纳入至元系统进行跟踪和落实，共计开发10条举措。

各二级公司在深化推进质效提升工作中成效显著，亮点突出。如招商金融以结果为导向，聚焦重点痛点难点开发举措，打造金融特色举措群，同时优化质效提升工程办公室组织和工作机制，构建"1+5+3"质效提升工程办公室工作体系，落实分管员制度和强化考核，形成结合全面对标的金融特色质效提升考核方案；招商蛇口坚持以质效提升为抓手，充分将质效提升机制与日常经营管理工作融合，推动公司"一城一模板"、采购提效、持有物业专题举措等多项重要管理工作的落地，向常态化工作迈出重要一步；招商港口将质效提升进一步覆盖到TCP、厦门湾港务、丹东港，并运用课题管理推进重点专项工作，将世界一流港口三年战略目标79项总部任务、49项对业务单位的考核要求分解后纳入举措；招商轮船围绕中心工作，聚焦实际效益，打造提升文化，创新应用质效，提升工作机制，将重点工作管理、KPI考核与质效提升三合一，并积极推动质效提升示范党组织建设；招商工业以质效提升助力企业减亏扭亏、督办事项、中期经营分析会要求等工作稳步落地；招商海通与关键行动计划（KAP）紧密结合，推动海通深层次变革；招商公路积极应对疫情影响全力拓展降本增效空间，聚焦成本管控，通过对标分析找短板滚动开发举措，提炼举措经验，形成《增收专题操作指引》；中国外运积极贯彻集团"腰部发力"的整体要求，按照"横向统筹，纵向发力，穿透层级，两厢延伸"的十六字方针，落实"战略导向、目标导向、问题导向、结果导向"的工作原则，全面、深入地推动质效提升工程，聚焦战略、提升能力、追求实效。强化对重点工作的支持，实现战略重点工作全覆盖，并进一步推广课题管理机制强化过程管理，促进二级公司横向交流，打通沟通壁垒，强化"总部—

二级公司—业务一线"的纵向部署与资源配置能力,结合举措开发的双循环实现重点工作分解与有效落实,深化与 COE 机制融合,借助举措单位联络人机制强化对业务一线的直接穿透监督、赋能服务。

招商局集团质效提升——中欧班列

四、产权管理体系深化与提升

2020 年以来,招商局集团的产权管理工作主要聚焦完善产权管理工作体系、提高产权管理工作效能、优化国有资本的运营配置、稳妥有序推进混合所有制改革。同时积极响应招商局集团数字化转型,推动产权系统升级,提高管理效率,提升产权管理价值。

(一)产权管理制度完善

在产权管理制度建设方面,招商局集团根据国资委相关要求,于 2020 年对合伙企业的基本情况和管理现状进行全面统计,并修订现行制度,增补有限合伙企业产权登记的相关内容。2020 年 11 月,集团层面更新发布《招商局集团公司登记、产权登记和内部登记管理规定》。集团持续完善产权管理制度体系建设，督促下属公司深化理解产权管理制度要求，严格遵守国有资产法律法规，加强国有产权保护、防止国有资产流失。

在对下属公司的产权管理方面，招商局集团对招商蛇口和中国外运自行审批经济行为所涉及的评估备案项目进行检查，衡量优化放权效果，提升授权单位评估报告质量，形成管理闭环；响应招商局集团做实北京总部的号召，将招商公路以及中国外运长航的评估项目交由招商局集团北京总部进行备案，同时提升评估备案效率；出台产权管理工作考核评价指标并下发至各公司，按日常工作和系统记录等进行打分排序，年度终了进行表彰。疫情期间通过网络直播等方式分享产权管理知识，解答各公司在产权管理工作中遇到的难点和疑问；及时贯彻落实各项制度及管理要求。为强化风险管控，加大对二级公司产权管理工作监督检查力度，按照新的产权管理要求修改并出台2021年工作考核评价指标并下发至各二级公司。

在夯实资产价值管理方面，招商局集团通过汇总、整理集团范围的盘活资产优化清单，持续提高资源配置效率。招商局集团2020年全年共完成内部系统登记6 964项，完成国资委产权系统登记1 385项，完成评估报告审核192项，其中协议转让29项，通过境内产权交易所挂牌转让97项，收购非国有单位资产32项，增资使国有股比增加5项，增资使国有股比减少18项，其他11项。并及时完成招商局集团评估机构备选库调整更新。截至2020年底，招商局集团产权登记系统中收录法人企业2 966户，产权管理户数及评估备案数量均创新高。在产权登记中从工作机制、纠查整改、数据治理等入手，努力提升数据质量。在评估备案中完善分工机制，梳理审核要点，加大合规性及合理性的审核力度。2021年招商局集团充分发挥产权市场"发现买主、发现价值"的功能，通过国有资产"阳光下"流转的方式，全年共挂牌转让99项，充分发挥了产权市场在资源配置中的基础性作用。同时，招商局集团继续推进低效无效资产的处理，包括中外运长航的"一企一策"、辽港集团的"411工程"等专项工作，通过对非主业、非主控、非经营、非相关以及低效、亏损资产的资产变现，为主业发展提供支持。

（二）数字化产权系统建设

招商局集团为提高产权系统登记及时率、挖掘产权价值和满足日益加强的监管要求，在集团数字化战略和面向价值型财务管理转型的背景下，积极探索产权系统建设，并取得了一定的效果。

1. 产权系统的建设历程

产权管理数字化建设的方向为标准化、体系化和系统化。标准化要求集团摸索高效、标准的产权管理流程，实现产权业务流程清晰规范、数据完整准确。体系化要求集团提炼产权管理诉求，形成产权全生命周期管理，实现信息可跟踪和最大化利用。系统化要求集团梳理产权管理数字化需求和已有内部信息系统，为系统建设提供业务基础。

基于前述建设方向，招商局集团于2020年10月正式启动产权管理数字化项目立项规划，对原产权登记系统进行整体升级换代。集团财务部联手招商金科，坚持独立自主的研发路线，深入各二级公司现场进行业务调研和需求分析，明晰系统愿景定位和功能蓝图，完成系统方案设计和开发计划铺排。

新一代产权管理系统——招商企元产权管理系统（一期）（以下简称"招商企元系统"）于2021年11月30日正式上线。招商企元系统基于"招商云"系统架构，深度融合国资委产权系统元素，将产权登记延伸至经济行为决策环节，实现了"交易过程和结果并重"的产权业务处理。

截至2022年4月，产权系统已经实现产权登记、个人工作台、公司详情查询、统计分析、产权移动端、资产评估、评估机构管理、评估业务管理、备案业务、数据查询与分析、企智数据稽核、并表公司稽核、审计报告公司稽核、流程超时预警和国资委产权系统数据报送等功能。

产权登记方面，产权系统可以对新设、收购、增资/减资、转让、改制、注资、注销等信息进行登记。个人工作台方面，产权系统集成任务、通知、预警、业务快速办理、分析、企业画像功能以提升用户工作效率。公司详情查询方面，产权系统页面有导航栏、数据项、标签、业务快速办理、财务概况、交易情况和历史信息，这有助于集团及二级公司快速查询情况。统计分析方面，产权系统有固定报表、股权结构图、企业地图、企权管理制度体系建设，督促下属公司深化理解产权管理制度要求，严格遵守国有资产法律法规，加强国有产权保护、防止国有资产流失。

在对下属公司的产权管理方面，招商局集团对招商蛇口和中国外运自行审批经济行为所涉及的评估备案项目进行检查，衡量优化放权效果，提升授权单位评估报告质量，形成管理闭环；响应招商局集团做实北京总部的号召，将招商公路以及中国外运长航的评估项目交由招商局集团北京总部进行备案，同时提升评估备案效率；出台产权管理工作考核评价指标并下发至各公司，按日常工作和系统记录等进行打分排序，年度终了进行表彰。疫情期间通过网络直播等方式分享产权管理知识，解答各公司在产权管理工作中遇到的难点和疑问；及时贯彻落实各项制度及管理要求。为强化风险管控，加大对二级公司产权管理工作监督检查力度，按照新的产权管理要求修改并出台2021年工作考核评价指标并下发至各二级公司。

在夯实资产价值管理方面，招商局集团通过汇总、整理集团范围的盘活资产优化清单，持续提高资源配置效率。招商局集团2020年全年共完成内部系统登记6 964项，完成国资委产权系统登记1 385项，完成评估报告审核192项，其中协议转让29项，通过境内产权交易所挂牌转让97项，收购非国有单位资产32项，增资使国有股比增加5项，增资使国有股比减少18项，其他11项。并及时完成招商局集团评估机构备选库调整更新。截至2020年底，招商局集团产权登记系统中收录法人企业2 966户，产权管理户数及评估备案数量均创新高。在产权登记中从工作机制、纠查整改、数据治理等入手，努力提升数据质量。在评估备案中完善分工机制，梳理审核要点，加大合规性及合理性的审核力度。2021年招商局集团充分发挥产权市场"发现买主、发现价值"的功能，通过国有资产"阳光下"流转的方式，全年共挂牌转让99项，充分发挥了产权市场在资源配置中的基础性作用。同时，招商局集团继续推进低效无效资产的处理，包括中外运长航的"一企一策"、辽港集团的"411工程"等专项工作，通过对非主业、非主控、非经营、非相关以及低效、亏损资产的资产变现，为主业发展提供支持。

（二）数字化产权系统建设

招商局集团为提高产权系统登记及时率、挖掘产权价值和满足日益加强的监管要求，在集团数字化战略和面向价值型财务管理转型的背景下，积极探索产权系统建设，并取得了一定的效果。

1. 产权系统的建设历程

产权管理数字化建设的方向为标准化、体系化和系统化。标准化要求集团摸索高效、标准的产权管理流程，实现产权业务流程清晰规范、数据完整准确。体系化要求集团提炼产权管理诉求，形成产权全生命周期管理，实现信息可跟踪和最大化利用。系统化要求集团梳理产权管理数字化需求和已有内部信息系统，为系统建设提供业务基础。

基于前述建设方向，招商局集团于2020年10月正式启动产权管理数字化项目立项规划，对原产权登记系统进行整体升级换代。集团财务部联手招商金科，坚持独立自主的研发路线，深入各二级公司现场进行业务调研和需求分析，明晰系统愿景定位和功能蓝图，完成系统方案设计和开发计划铺排。

新一代产权管理系统——招商企元产权管理系统（一期）（以下简称"招商企元系统"）于2021年11月30日正式上线。招商企元系统基于"招商云"系统架构，深度融合国资委产权系统元素，将产权登记延伸至经济行为决策环节，实现了"交易过程和结果并重"的产权业务处理。

截至2022年4月，产权系统已经实现产权登记、个人工作台、公司详情查询、统计分析、产权移动端、资产评估、评估机构管理、评估业务管理、备案业务、数据查询与分析、企智数据稽核、并表公司稽核、审计报告公司稽核、流程超时预警和国资委产权系统数据报送等功能。

产权登记方面，产权系统可以对新设、收购、增资/减资、转让、改制、注资、注销等信息进行登记。个人工作台方面，产权系统集成任务、通知、预警、业务快速办理、分析、企业画像功能以提升用户工作效率。公司详情查询方面，产权系统页面有导航栏、数据项、标签、业务快速办理、财务概况、交易情况和历史信息，这有助于集团及二级公司快速查询情况。统计分析方面，产权系统有固定报表、股权结构图、企业地图、企业年报等，这有助于集团及二级公司自动生成数据、快速查询相关信息，以便进行下一步决策。产权移动端方面，产权系统可以进行公司详情查询、人员任职查询、地图查询、上市公司市值查询等，这有助于集团及二级公司实时了解产权变动情况，以便管理者进行管理。资产评估方面，产权系统有评估业务管理、备案业务管理、机构库、专家管理、项目查询等功能，这有利于集团及二级公司智能化地管理自身的资产，从而获得竞争优势。在评估机构、评估业务管理、备案业务和数据查询与分析方面，产权系统实现了全流程的数智化管理，如评估立项登记就包括项目查询、新增项目登记、删除评估项目和评估项目查看等，这实现了更好的内部控制。企智数据稽核、并表公司稽核和审计报告公司稽核方面，产权系统可以将系统数据和外部数据的进行比对，从而提高系统数据的准确性。流程超时预警方面，产权系统会对超时未处理待办任务的个人进行预警，警示其待办任务处理超时，进而提升任务办理时效。国资委产权系统数据报送方面，产权系统可以通过RPA方式，按照要求实现登记数据自动报送国资委产权系统。

2. 产权系统的实施效果

招商局集团通过产权系统的搭建和应用，产权管理逐步实现以下三个方面转变，成效初步显现。

（1）实现了从"公文"向"业务"的转变。招商局集团借助产权系统对资产评估管理工作进行了数字化的流程重塑，由集团OA公文系统处理转为由业务系统处理，这不但进一步提高了资产评估备案工作质量和效率，而且从根本上减轻了各公司工作量负担，大幅减少了OA公文数量，提高了总部管理效能。新评估备案流程主要有三个变化点。一是不再分成两个系统审核。将原国资委系统审核和OA审批流程合二为一，提升工作效率。二是结构化评估业务信息。各公司评估审核跳脱公文形式，通过表格化的信息填列，各环节都可以看到结构化信息，有助于后续分析总结工作。三是取消下发批复文件环节。经咨询国资委及借鉴其他央企的工作方式，集团不再通过OA系统下批复，减少审批环节，提升总部效能。

（2）逐步实现从"管数"向"养数"再到"用数"的转变。招商局集团产权系统着力开发的大数据分析、数据挖掘、模型算法、可视化、跨部门场景应用等"用数"的相关功能，使产权的养数、用数和流程优化形成一个相互作用、互为驱动的关系，对产权数据深度的共享、分析、挖掘和应用，发现集团经营管理的一些问题、不足或机会，再对业务流程不断进行适应性的调整、优化，甚至重构。

（3）逐步实现从"工具"向"平台"的转变。产权是资本的表现形式，管资本的主要内容就是管产权，从资本布局，到资本运作，再到资本安全，都离不开产权管理工作在划定监管边界、建立产权纽带、畅通流转渠道等方面提供路径和手段，只有抓住产权管理工作这个"牛鼻子"，才能真正做好管资本这篇"大文章"。对于国有企业而言，产权管理是其开展一切工作的基础，与提高国有资本运营效率、优化国有经济布局结构、深化混合所有制改革、防止国有资产流失等息息相关。产权管理也是基于企业法人视角的管理，产权数据能够给集团各部门和业务单元的各类日常或专项工作提供有价值的信息，例如国企改革、国别资产、参股公司、SPV管理、董监高登记和风险预警等。目前，招商局集团的产权系统通过开发游客模式功能，已满足集团范围内全部员工查询使用的需求，另外，招商局集团的产权系统还引入"多租户"管理的技术服务，基于"内容共建、组件共享、用完即走、随时插拔"的工作理念，深度拓展了平台化功能场景，为战略发展、人力资源、法律风控和海外发展等更多非产权部门人员提供实际的业务解决方案和创新的平台工作方式。

截至2021年，招商局集团内部产权管理涉及3 451户法人企业，同比增加193户。招商局集团近五年资产评估备案数量逐年攀升，在2021年时，各类资产评估案首次达到200项。

五、招标采购管理深化与完善

2020年以来，招商局集团在招标采购管理结构体系和管控手段上都进行了大的深化和提升，主要集中在提高定位、完善体系、提升手段三个方面。

首先是提高招标采购管理定位，招商局集团将采购与招标作为集团发展赋能的一个重要方面。按照"集团引导、招投标中心赋能、二级公司强管控"的管理模式,"依法合规、提高效率、提升效益"的采购管理原则,不断夯实采购管理基础,完善采购管理体系。推动招商局集团采购的标准化、集约化、数字化工作,努力实现"卓越采购和数字化采购双轮驱动"的采购管理目标。招商局集团交易平台2020年全年采购总金额(平台实施+平台备案)1 389.68亿元人民币,同比增长11.39%。招商局采购管理工作得到国资委对标评估专家组的高度认可,连续四年获得国资委评审第八小组第一名的好成绩。

其次是继续完善采购管理体系。依托"一处一中心"架构形成采购管理处和招投标中心"一体两翼,分工协作,同频共振"的工作模式,通过明确"一处一中心"工作界面和权责,充分发挥各方工作主动性。制定交易平台采购活动清单,明确二级公司、招投标中心、采购管理处的工作职责,进一步理顺三者关系。在保证合规性前提下,调整小额零星采购在交易平台实施金额标准,提升采购效能。充分发挥赋能作用,编制完成覆盖招商局集团各类采购招标文件范本,并嵌入交易平台,提高工作效率。严把合规底线,不断完善和修订采购管理相关制度,梳理优化采购流程,提升采购效率。打造采购能力方面,组织对标招商局集团内外部优秀采购案例,建立采购管理案例库,奠定采购管理辅导基础。联合招商工业共同组成采购COE,寻找招商工业采购管理提升方向。开展长航集团下属上海公司和重庆公司采购管理专题辅导,开发降本新举措。构建招商局集团专属"一站式"数字化培训学习平台,上线61节视频课程。联合招商局集团PMO举办卓越采购系列课程培训4场,超3 000人次参加。继续推进集采的管理,加强对采购数据的分析,深入挖掘集采机会。加强集采统筹力度,总结和固化在集采实施过程中行之有效的工作方法和机制,实现对集采的规范化管理。通过对采购标的进行必要的标准化,降低日常管理难度,进而实现够量采购。2020年,招商局集团充分发挥采购规模优势,实现集中采购金额279.96亿元,较2019年的175.99亿元增长59.07%。

最后是推进采购数字化转型。按照卓越采购和数字化采购的双轮驱动模式,推进采购数字化转型。主动创新求变,推动交易平台2.0上线运行,实现页面、操作和功能"三重优化",提升客户体验。与二级公司业务系

统对接,实现了业务审批流程与采购流程无缝衔接。开发远程异地分散评标功能,解决跨区域评审需求,提升工作效率。研发招商局集团总部采购管理模块,满足预算、采购、合同、付款等闭环管理,实现业财一体线上化操作。开展采购主数据项目建设,规范和统一招商局集团采购品类与供应商主数据,筑牢采购管理数据基础。

六、经营效益分析深化与提升

经营效益分析是业财融合的关键和重点,招商局集团一直着力于提升经营效益分析的方式、水平和手段。特别是自2020年以来,在管理会计分析方面进行了改进和深化,大大提高了业财融合和推动经营管理的成效。

(一) 项目投资收益分析

招商局集团高度重视推进管理会计工作,集团领导在财务工作会上也多次提出关于管理会计的工作要求。各公司根据工作要求,结合业务实际,借助数字化工具,深入推进管理会计工作,其中,招商蛇口的"投资收益监控分析系统"较具代表性。

2021年,招商蛇口完成数智化重点项目"投资收益监控分析系统"全国上线。该项目的建设目标是实现对房地产开发项目成本净利润率和IRR两项核心指标的动态监控,系统指标值成为拿地承诺兑现、考核评价等多应用场景唯一数据来源,这标志着招商蛇口对房地产开发项目盈利能力跟踪和评价实现数智化管理,为公司投资决策和经营调优提供有力支撑。

项目启动之初,招商蛇口面向总部和一线开展了细致的调研,充分了解各业务口的核心痛点和业务诉求,据此设计出系统整体蓝图,即基于项目全周期的视角,拉通投前、投后环节,实现全流程两率动态监控,以促进可研目标兑现。该项目的核心在于对拿地后项目动态两率进行定期和定点测算,得出项目主要节点和月度的成本净利润率、项目IRR等主要指标,从而实现对项目全周期盈利能力的线上监控。建设的重点是实现月度动态两率与二阶目标两率、二阶目标两率与一阶可研两率的对比分析,同时也能够支撑其他关键场景,如营销深化定位会、项目启动会、首开后简报、营销定调价等两率测算成果应用。另外，该项目在成果应用上具备高扩展性，两率测算结果将成为公司数据资产，进一步应用在结转成本业财一体化、盈利预测、项目减值测试、资金计划铺排和现金流风险评估等方面。

招商蛇口数智化管理会计项目的建设成果可以概括为"一条线""一张图""一盘棋""一湖数"。

"一条线"是指针对公司面临多个业务部门的部门墙与数据壁垒问题，设计了一条主线来串联业务、组织、系统，实现了数据联通和管理联动。

"一张图"是指项目组通过归因下钻形成归因分析图，帮助了业务的精准改进。归因分析是公司经营调优的重要抓手，通过逐层分解两率指标关键因子形成归因分析图，呈现出影响指标偏差的一级因子、二级因子、三级因子与因子对应的权重，各专业线围绕重要影响因子进行深入细致的原因分析，从而找到改进方向和调优举措，助力盈利目标达成。

"一盘棋"是指统一运营与管理标准，提升了指标应用价值。项目组在投前可研和投后运营方面，拉通可研沙盘及线下沙盘的测算标准，确保项目在不同阶段始终遵循同一套测算标准来测算两率，确保了目标与实际口径一致，提升了测算结果的应用价值；在项目管理上，项目组形成了自主操盘项目管理标准和联合操盘项目管理标准，将"一城一模板"管理目标值设定为两率测算模型初始参数，修改参数需进行审批，使两率测算结果更真实地反映项目实际情况，提升了项目的管理价值。

"一湖数"是指项目组通过建立数据治理长效机制，保障了相关数据的准确。

（二）多维度管理会计分析

管理会计工作是一个完整的体系，包括很多方面。基于不同时期的管理需要，招商局集团的管理会计有不同的侧重点。这段时期，招商局集团高度重视管理会计分析工作，持续丰富完善月度快报分析，拓展分析维度，提升决策价值。2022年，集团财务条线按照集团领导"用数字说话"的指示精神，组织开展"用数字说话——深化管理会计应用 加强经营效益分析"工作，积极探索健全业财融合的财务分析体系，完善分析机制。通过全面、深入的分析，提出问题、建议，以更好地支撑管理决策。相较以往，这次分析呈现出以下新特点。

一是进一步延伸分析深度。分析以杜邦分析为起点，在传统财务分析的基础上，深入各公司业务，以"揭示各公司经营业务状况、剖析问题和不足、提出改善建议"为导向，更加强调业财融合，向经营前端延伸，在分业务或分板块等多维度分析上做深挖和拆分，评估成本、效益，发现问题并提出经营建议。

二是进一步扩展分析广度。采用"同大横"分析方法，通过和自身对比，剖析发展趋势；和行业对比，看发展表现；和对标公司对比，查摆发展差距。分析时，既分析共性指标，也分析各公司的个性指标，尽量拓展分析维度，从数据分析结果来查找问题。在时间范围方面，区间尽量拉长，原则上不少于五年。

三是进一步完善分析体系。分析更加全面化、机制化，集团财务部与各公司财务条线依次采用自上而下、自下而上的工作方式。制定通用分析模板，建立多维度指标体系。各公司在通用模板基础上，结合公司所在行业、经营实际，与集团财务部逐一讨论、交流，共同确定个性化分析模板，对分析内容进一步深化完善，最终形成分析成果。同时，在总结分析经验的基础上，进一步提出改善举措，固化分析机制、考核机制，并计划以后年度定期开展分析工作。

以招商蛇口为例，招商蛇口管理会计分析的核心思路是利用数智化技术在不同维度上，将自身与对标公司进行财务指标的对比，然后找出自身经营、财务方面存在的短板，从而找出提升经营业绩的举措并推进。相关分析维度如表9-2至表9-9所示。

表9-2　　　　招商蛇口四个维度上的对标公司

公司	维度	对标公司
招商蛇口	整体层面	万科、保利、中海、华润、龙湖
	销售型物业	万科、保利、中海、华润、龙湖
	持有物业	龙湖、华润
	物业管理	碧桂园、绿城、保利、中海

表 9-3 招商蛇口管理会计分析——资产状况

分部	序号	对标分析报告框架内容
资产状况对标（对标组：万科、保利、中海、华润、龙湖）	1	对标组房企资产负债表简表（主要项目）
	2	对标组房企总资产对比
	3	对标组房企存货对标（增长趋势、存货结构、已竣工存货规模等）
	4	对标组房企投资性房地产对标（投资性物业规模、结构（在建在营）分析等）
	5	应收款项对标，包括应收账款、其他应收款、债权性质分类、期限结构以及应收账款回收率
	6	长期股权投资对标，包括对外股权投资规模、增速情况
	7	所有者权益结构对标

表 9-4 招商蛇口管理会计分析——盈利能力

分部	序号	对标分析报告框架内容
盈利能力对标（对标组：万科、保利、中海、华润、龙湖）	1	对标组房企损益简表（主要项目）
	2	对标组房企营业收入对标，包括收入规模、业务结构对标
	3	对标组房企经常性利润以及经常性利润之现金流比对标
	4	对标组房企净利润对标，包括利润结构、净利润率对标
	5	对标组房企经济增加值（EVA）对标，EVA = 税后净营业利润 - 资本成本
	6	对标组房企综合毛利率对标（同口径）
	7	对标组房企归母净资产收益率（ROE）对标
	8	对标组房企总资产报酬率对标，对比全部资产的获利能力及投入产出情况
	9	对标组房企人工成本利润率对标，人工成本利润率 = 利润总额/人工成本总额
	10	对标组房企费用管控情况对标，主要为销售及管理费率对比
	11	对标组房企实际所得税率对标，所得税税负情况对比
	12	对标组房企综合债务成本对标，综合债务成本率 = 总利息支出/平均有息债务
	13	对标组房企长期股权投资回报情况对标，长期股权投资回报率 = 应占利润/平均长期股权投资

表 9-5　　　招商蛇口管理会计分析——偿债能力

分部	序号	对标分析报告框架内容
偿债能力对标（对标组：万科、保利、中海、华润、龙湖）	1	对标组房企负债结构简表（有息债务、经营负债等）
	2	对标组房企有息债务对标，包括债务规模、期限、币种、品种、有息债务率等
	3	对标组房企资产负债率对标
	4	对标组房企流动比率对标
	5	对标组房企速动比率对标
	6	对标组房企利息保障倍数对标
	7	对标组房企货币资金/有息债务对标
	8	对标组房企三道红线对标（现金短债比、剔除预收账款后的资产负债率、净负债率）

表 9-6　　　招商蛇口管理会计分析——运营能力和资本市场表现

分部	序号	对标分析报告框架内容
运营能力和资本市场表现对标（对标组：万科、保利、中海、华润、龙湖）	（一）	运营能力
	1	对标组房企总资产周转率对标
	2	对标组房企存货周转率对标
	（二）	资本市场表现
	3	对标组房企股东结构及控股股东持股情况对标
	4	对标组房企平均市净率、平均市盈率表现对比
	5	对标组房企资本运作情况对标

表 9-7　　　招商蛇口管理会计分析——房地产开发销售业务

分部	序号	对标分析报告框架内容
分业务情况对标——房地产开发销售业务（对标组：万科、保利、中海、华润、龙湖）	1	房地产销售业务收入、毛利率对标分析
	2	房地产结转收入季度均衡性对比
	3	结转覆盖率对标，合同负债对房地产结转的覆盖率对比（上年合同负债余额/本年房地产结转收入）
	4	分区域盈利情况对比
	5	房地产存货减值对比分析

表9-8　招商蛇口管理会计分析——持有物业

分部	序号	对标分析报告框架内容
分业务情况对标——持有物业（对标组：华润、龙湖）	1	持有物业应收贡献对标
	2	持有物业整体营收规模、增长趋势
	3	持有物业收入结构（分业态营收对比）
	4	持有物业盈利能力对比：毛利、毛利率
	5	持有物业战略布局差异
	6	存量商业体量、单店体量、坪效对比

表9-9　招商蛇口管理会计分析——物业管理业务

分部	序号	对标分析报告框架内容
分业务情况对标——物业管理业务（对标组：碧桂园、绿城、保利、中海）	1	物管行业：业务规模、业务结构、战略赛道、新兴赛道、收并购、盈利情况
	2	对标组核心指标：规模类（营收、营收增速）、盈利能力（净利润、毛利率、销售费用及管理费用率、净利润率、净资产收益率）、人效指标（人均营收、人事费用率、人工成本利润率）
	3	营收增长率、营收来源结构、关联方支持
	4	毛利率对标分析
	5	净利润对标分析

七、税务管理系统建设

自 2020 年以来，我国税务体系迈向"以数治税"，税务工作进入一个新的时代。另外，为应对新冠肺炎疫情的影响，我国出台各类税收优惠政策用以扶持企业发展。招商局集团根据上述环境变化和政策变化积极做好税务管理的应变和调整。

（一）国家税收政策的调整

2020—2021 年，国家先后出台《关于进一步深化税收征管改革的意见》等税收政策，要求深化税收征管改革、提升税收治理能力。以移动互联、大数据、云计算、人工智能、区块链、5G 为代表的新技术，加快了税务机关对金税三期工程建设和优化步伐。同时，税务机关积极地加强了

"智慧"税务建设,充分运用税收大数据,推动税收征管和服务流程全方位创新变革。税务机关的征管模式已朝着"自主申报、事后管理"转变,同时深化税收大数据的应用,运用数据分析结果构建事前预警风险、事中精准分析风险、事后高效识别追踪高风险的监控体系。这对招商局集团的税务管理工作提出了更高的要求。

同时,伴随全球经济一体化进程,国际税收领域也带来一些新热点,国际避税和跨境税源管理问题越发突出,这些对招商局集团在国际税收管理方面的工作也提出了新的要求。

(二)探索税务管理系统的建设

2020年,招商局集团积极推进了税务管理系统的建设。从系统建设开始,招商局集团成立了集团税务管理系统建设项目组,聘请了税务咨询顾问,以集团税务主管领导为组长、各二级公司税务主管领导以及集团税务数字化主管领导为副组长的项目领导班子,统一思想,广泛动员,保障项目所需的资源。结合集团税务业务实际,项目组设计了72份调查问卷、对19家二级公司超过180人的管理层、执行层进行了62场访谈。通过对48家样本公司收集超过800份涉税文档,梳理出超过300个需要进行治理的涉税基础数据及纳税申报指标。经过半年多的研究与分析,项目组对集团税务管理系统设计了"5+2功能模块",即5个管理型需求模块(基础信息、知识库、风险管理、税务档案、统计分析)加2个业务型需求模块(纳税申报、发票管理)。5个管理型需求模块由集团统一规划、统一建设,全集团覆盖,确保全集团的税务数据和管理模式一致,为后续的精细化管理提供决策支撑;1个业务型需求先在集团总部及招商蛇口先行先试,试点成熟后将在全集团推广。

2022年8月,经过两年的设计、开发与建设,招商局集团已基本完成税务系统核心功能的构建,完成了税务管理系统的平台建设,集团总部和第一批单位的税务业务处理实现从线下到线上的转变,在集团内实现主要税务管理工作的工作流程、政策解读、计税规则等事项的统一。同时,为更好地解决业务的痛点、难点,集团不断加强与内外部的联系,协调各方资源完善税务管理系统的功能。以纳税申报为例,2022年8月,招商局集团内有555家公司可从业务系统中自动获取涉税业务数据、生成计税底稿和申报表（自动算税率达24.8%）。在深圳市税务局的支持下，招商局集团的税务管理系统接通了深圳市税局的直连申报平台、打通了深圳区域的纳税申报"最后一公里"，深圳区域的公司不仅可从业务系统中自动获取涉税业务数据、生成计税底稿和申报表，还能一键报税、缴款、取回完税凭证并推送税金记账凭证（税企直连率达9.4%）。在深圳区域实现了纳税申报业务的闭环管理，有效地提升了税务管理效率。2022年，集团税务管理系统获得了集团创新成果——管理类创新三等奖。

在税务管理系统的平台建设的过程中，招商局集团特别重视集团内税务数字资产的积累，为税务分析、税务风险预防预测、税收安排打好基础、提供支持。截至2022年8月，招商局集团税务管理系统已沉淀超过2 900家纳税主体的税务户口簿、登记了3 984笔税收优惠信息、396笔财政返还信息、上架了20本税务风险手册、归档了29.16万份纳税申报表、收录了32.85万条政策法规、通过税企直连进行了811次申报并缴纳税款超过7.48亿元。招商局集团税务管理系统已进入数据治理及建设阶段，数字化工具已成为招商局集团税务管理的重要抓手和支撑。

（三）招商局集团加强税务管理的统筹能力

自2018年搭建集团税务管理体系以来，招商局集团总部特别关注建立总部税务信息共享、税务资源统筹协调机制。集团总部加强了对集团内共性问题的统一研究及分析，例如，为配合经济合作与发展组织（OECD）提出的"税基侵蚀与利润转移"行动计划，防止企业国际逃避税，英属维尔京群岛（BVI）、开曼等离岸管辖区陆续颁布了经济实质法案，要求在当地开展特定活动的实体建立符合法规要求的商业实质，否则将面临罚款、刑罚甚至被注销的风险。招商局集团在BVI、开曼等管辖区成立的各类实体，面临着税务合规、运营成本、补税风险等方面的诸多挑战。经过初步讨论，招商局集团认为这是集团内各二级公司都存在的共性问题，应统一应对以降低风险。2020年，招商局集团总部财务部结合香港、BVI和开曼等地税务机关的最新要求，组织各二级公司对集团内171家离岸公司进行了梳理，根据各公司经营业务等情况统一制定应对策略，并要求各二级公

司做好相关的申报工作，平稳应对经济实质法带来的影响。

第四节 招商局集团财务人才工程

自蛇口工业区率先在全国实行人才公开招聘，至最早在全国推行能进能出、能上能下、能多能少的"六能"改革，招商局集团对人才的管理始终保持着先进性和示范作用。招商局集团拥有着丰富的人才资源，总员工约26万名，其中财务人员约6 000名。招商局集团通过财务人才梯队的科学建设与多方式进行财务人才培养，促进了财务人才流动、激发了财务人才潜能。同时高质量的财务人才队伍有效地支持了集团财务管控体系，为集团战略高效落地作出了重大贡献。

一、战略导向的财务人才管理

招商局集团基于集团发展战略和经营管理的需求，以财务文化为内涵，在集团管理层、集团人力资源部以及各公司的支持下，构建了财务人才"选、育、用、留"的全流程管理体系。

（一）战略导向的财务人才管理体系

招商局集团对财务人才的管理体系主要包含人才聘用、人才梯队建设和人才培养与考核三大方面。

人才聘用是人力资源管理中的重要一环。招商局集团自蛇口工业区开始，率先在我国实行市场化的招聘制度，为蛇口工业区的快速发展奠定了良好的基础。通过市场化招聘与高层次人才市场引进来实现人才招聘。高度市场化的招聘方式为招商局集团吸引了无数的优秀人才，优秀人才的引入为集团实现战略目标奠定了基础。

招商局集团在人才梯队建设中，构建起双通道管理机制。该机制详细阐述不同层级与职级之间、财务管理序列与财务专业序列之间的管理结构。完整清晰的晋升通道充分调动起财务人员的积极性。不同的序列关系使得财务人员能够充分发挥自己的才能，做到真正的人尽其才、才尽其用。

在人才培养与考核方面，招商局集团积极采用多种培养方式，打造常态化学习机制，并建立起财务人员能力考核模型与业务评测机制。通过常态化的学习机制使得财务人员能够适应时代的发展，并充分理解集团的战略目的。而科学的考核评测方式一方面可以激励财务人员学习自主性，另一方面使管理层方便进行合理的岗位调整与职务提升。

（二）财务文化建设

财务文化体现了企业财务管理的共同价值观，与企业财务管理的价值理念、团队意识、行为规范和思维模式息息相关。优秀的财务文化对于企业财务管理起到至关紧要的导向作用，是企业不可多得的精神财富。

2019年，招商局集团财务部在财务工作会上发布"专注、高效、简单"的财务文化。2020年，在汲取多方意见后，将"简单"进一步细分为"忠诚、干净"，整个财务文化修订为"忠诚、干净、专注、高效"。"忠诚、干净"是思想、道德等意识层面的要求，"专注、高效"是专业工作层面的要求，两者相辅相成。具体而言：

忠诚即百折不挠、坚守初心。财务人员要坚定政治立场，保持对事业、对人民的永远忠诚。勇于担当，积极作为。

干净即做人做事、大道至简。坚决守住底线，不越红线，干净做人、干净做事。人际交往简单，管理方式扁平，财务流程简洁，使得财务人员将更多的精力投入到工作中，以工作为重心，更好地着力财务，服务业务。

专注即专业为本、热情如注。财务是专业的职业，需要有专业的素质、专业的能力、专业的水平，专业是财务工作的根本。同时，财务人员要保持工作激情，全身心地投入企业的财务管理工作，专注于企业价值提升。

高效即结果导向、超出预期。高质量、高效率的完成各项工作，过程中遵循有问题解决问题，没问题持续改进的工作方式，力求超出预期。

招商局集团财务工作的方方面面都体现了财务文化的应用。例如扁平化的管理提升了效率，将管理向解决问题导向转变；财务专管员制度的建立，更是高效地解决了集团总部和二级公司的沟通问题，畅通并简化了汇报流程；集团总部财务人员对二级公司业务的深入了解，锻造了财务专业能力，对财务人员的职业规划和企业的价值提升都大有助益。

二、内外结合的财务人才选用模式

招商局集团在财务人才的选用上，坚持内外结合的模式。

首先是外部招聘模式，包括校园招聘和社会招聘两种模式。招商局集团总部财务部原则上不开展校园招聘，各公司的财务部门每年均会根据公司统一安排提出校园招聘的财务岗位需求，为财务队伍补充新鲜血液。社会招聘一般适用于需要具备一定工作经验的岗位，是集团总部及各公司财务部在出现岗位空缺时普遍采用的一种招聘方式，完全遵循市场化的原则。市场化的财务人才选用机制，拓展了集团财务人才队伍的来源渠道，会计师事务所、央企与国企、民企等多元化的工作背景也为集团财务管理理念和能力等的提升注入了新的动力。

其次是内部交流模式，包括财务负责人委派、交流轮岗等多种形式。《招商局集团财务负责人工作职责管理规定》要求各二级公司财务负责人由集团委派，财务机构负责人的任命也需报集团批准。原则上，财务负责人连续任满两个任期一般要进行轮岗。2022年，结合各公司相关岗位的实际情况，集团对财务系统的部分关键岗位进行了一定的交流调整。财务人才的内部交流，可以使集团财务管理的有关要求得到更好地执行贯彻，促进财务人才流动，同时也是避免财务贪腐的重要手段之一。同时，集团总部财务部和各主要公司财务部还持续探索完善财务专管员工作机制。由专管员具体对接各主要业务板块的财务管理工作，承上启下，一方面全方位锻炼了财务人才的综合能力，另一方面也储备培养了一批内部的骨干财务管理人才，丰富了内部交流任职的财务人才基础。

三、财务人才成长与路径

招商局集团科学设计财务人才成长路径，探索创新举措，为打造一批与招商局集团发展战略相匹配的"铁军"打下基础。

（一）财务人才培养的核心

财务人才的能力框架、培养机制、用人机制是财务人才培养的核心。

在人才能力框架建设方面，根据招商局集团高质量发展的战略需求，科学构建复合型财务人才能力框架是财务人才的基础，复合型财务人才能力主要包括科学思维能力、创新提效能力、风险管控能力、统筹协调能力、国际经营能力、数智化财务科技能力。

在人才培养方面，招商局集团探索建立健全多层次财务人才培养培训体系，加强中高级财务人才队伍建设，推动财务人才结构从金字塔型向纺锤型转变。同时，根据集团"向境外派出财务主管人员"的管控要求，多措并举落实境外财务人才的培养管理。

在选人、用人、待人机制方面，既要选好人、用好人，识人德才、识人潜能，选拔贴合新时代复合型财务人才要求的干部，为集团发展注入新的生机活力；又要让财务人员"流动"起来。建立财务人员在兄弟公司之间、上下级公司之间流动的工作机制，发挥好各个年龄段干部的积极性，通过人员的流动，激发财务队伍的活力。同时积极营造尊重、关心、支持人才创新的良好氛围，为财务人员的职业发展创造条件，要"用得上"，也要"留得住"。

（二）"双通道"管理机制

人才流动和素质的全面培养是招商局集团财务人才管理的重点。为了加强人才流动的空间和渠道，畅通人才发展通道，优化财务人员的职业生涯，招商局集团实行"双通道"管理机制。

"双通道"机制即集团根据经营管理的现状，结合战略发展的重点需要，设定管理序列和专业序列两大通道。优秀人才可以在这两个序列进行培养、选择和晋升。管理序列指具有管理类职务，承担团队管理职责，对所在部门或团队的工作结果负责的管理类工作职位的集合。专业系列指具有专业技术类职务，从事专业技术工作，通过发挥专业判断和技能，为集团总部各专业领域工作提供相应支持、保障，并对专业业务成果负责的专

业类工作职位的集合。

"双通道"机制的各职位序列的员工需要具备规定的基本条件,并满足相应的管理序列或专业序列职位的任职条件。另外,集团还设置了职位动态调整机制,主要包括调岗、晋升、降职等。招商局集团的职位动态调整以绩效导向,对于绩效考评结果较差、排名靠后且得分较低等工作不在状态的财务人员,予以降职或解聘,对于绩效考评结果较好的财务人员,予以逐级晋升。招商局集团以绩效导向的职位动态调整不仅能促进组织和个人绩效的提升,还能促进管理流程和业务流程优化以及集团基础管理水平的提高,从而最终保证集团战略目标的落地。

四、打造常态化学习机制

随着知识和技术的更新速度加快,企业需要不断创新和引进新技术和新理念,伴随而来的是需要持续加强对员工的培训学习。为此招商局集团财务系统打造常态化的学习机制,通过内部文刊、讲堂培训、外部授课和学术教育等方式增加财务人才对先进的管理理念与管理方法的掌握,实现财务人才自身素质的提高。

(一)常态化自主学习

经过多年的发展,招商局集团积累了很多好的经验和好的做法,为使好的经验以及好的做法能在财务系统得到有效分享,招商局集团在2019年建立并发布集团的内部文刊——《财务工作动态》,并一直延续至今。《财务工作动态》主要刊登相关政策解读、各单位先进经验和做法、重点工作进展等情况,使企业集团以及下属公司都可以借鉴学习优秀经验和做法,为财务人员提升专业能力提供了专业的信息共享和互动交流平台,增加了不同层级财务工作的分享机会,助力提升财务人员专业能力。

此外,招商局集团还大大推动财务人员培训工作,定期举办"招商局财务大讲堂"和财务部内部培训等,内容涉及宏观经济、政策解读、财务管理、创新思维、资金管理、税务管理等诸多领域,为财务人员拓宽视野、提升能力提供了较好的渠道。以2020年为例,招商局集团累计组织

"招商局财务大讲堂"培训15次、财务部内部培训12次,参与6 652人次,形成了浓厚的学习氛围。

(二)打造财务骨干人才培训班

为了进一步打造常态化学习机制,招商局集团坚持通过外部授课与学术教育来培训财务人才。2021—2022年,招商局集团克服了新冠肺炎疫情的影响,分别在北京国家会计学院和厦门国家会计学院举办招商局集团"铸力·智行"财务骨干人才培训班,其中铸力班的学员主要是各二级公司财务部总经理、部门正职、副总经理、总助、三级公司财务总监,智行班的学员主要是各二级公司财务部高级经理、高级经理助理及三级公司相应级别。"铸力·智行"财务骨干人才培训班更注重对学员系统化理论的培养,培训班通过课堂研修、分组讨论、撰写学习心得相结合的方式,提升了财务骨干人才的领导能力、通用能力以及财务专业能力。

2021年招商局集团"铸力·智行"财务人才培训班——智行一班

五、财务人才管理长效机制

经过多年来的探索,招商局集团逐步实践、总结形成了一系列行之有效的财务人才管理工作机制。

一是完善的财务负责人委派制度。二级公司财务负责人由集团委派，财务负责人任前安排到集团总部财务部挂职锻炼，财务机构负责人的任命需报集团批准，这些制度安排确保了财务队伍的垂直管理能够落到实处，财务管理的基本原则能够有效贯彻，具体的财务工作能够找到有力的抓手。

二是严格的财务负责人报告制度。各公司财务负责人每季度终了15日内需向集团总部上报财务负责人报告、税务工作报告，便于集团总部充分了解二级公司财务工作管理重点和难点，构建良性沟通渠道。日常工作中突发的重大事项，也需及时上报集团。

三是全面的财务工作考核制度。根据财务工作考核评价指标体系，每年对财务综合管理、产权管理、采购管理、税务管理等方面工作进行评价，将评价结果分解量化，各二级公司分值横向比较，并将考核结果反馈给各二级公司，持续提升各级财务部门的工作水平。

四是固定的一年三会制度。坚持每年召开财务工作会、财务负责人座谈会、财务决算会。每年年初召开集团财务工作会，布置年度工作；召开年中财务负责人座谈会，跟踪年度工作开展情况；年末财务决算会，布置财务决算工作，了解年度工作进展等。

五是独特的财务专管员制度。在集团总部及主要公司财务部均设置了财务专管员，对接下属公司，统筹各项事务。财务专管员深入了解各公司情况，起到督导分管公司经营、跨条线沟通协调的作用，同时有助于财务后备人才的培养。

六是成熟的学习型组织。以"铸力""智行"两班进行财务骨干人才选拔培养，通过"招商局财务大讲堂"对会计准则、税务、内控、财务管理、经济形势分析等进行培训，通过财务工作动态持续加强交流学习，多措并举打造学习型组织，培养铸就招商局集团财务"铁军"。

第五节 招商局集团财务数智化建设

招商局集团持续研发财务数智化新产品，推出财务数智化创新解决方案,全面助力集团财务数智化转型,真正实现从信息记录者向价值整合者转变,从而支撑战略、支持决策、服务业务、创造价值和防控风险。

数字化和智能化转型加速管理会计角色蜕变,数字化、智能化、实时化、决策型成为管理会计未来的重要发展趋势,管理会计与数据管理将实现高度融合、无缝对接,财务信息、市场信息、经营信息、技术信息相互交融,相互印证。招商局集团财务数智化建设作为集团整体数字化转型的切入点和驱动力,通过建设数智化管理会计、数智化司库系统、数智化产权系统等加速向数智化组织转变。

一、财务数智化框架

招商局集团的财务数智化框架可以概括为"1234",即1个目标,2个阶段,3类财务,4类应用。

"1个目标"是指招商局集团要达成"价值创造型财务"转型的目标。达成"价值创造型财务"转型的目标,要做到"实时""共享""智能"和"洞察"。"实时"是指绩效反映实时、资源管理实时、风险监控实时、过程管控实时;"共享"是指数据资产共享、预算数据共享、风控模式共享、业务资源共享;"智能"是指决策支持智能、资源分配智能、风险识别智能、业务支撑智能;"洞察"是指战略方向洞察、资源趋势洞察、风险数据洞察、运营过程洞察。

"2个阶段"是指为助力"价值创造型财务"转型目标,财务数字化转型分成两阶段:"固本增强"和"价值创造"。在前期的固本增强阶段,招商局集团立足完善信息化水平,夯实了数据基础。在这一阶段,二级公司需要拉平补齐应用建设,缩小应用差距,注重强化数据与标准管控,推动化繁为简,推进业财融合。集团通过加强IT治理,形成横向与纵向财务信息建设需求与落地分工机制,不断发展应用新技术,助力夯实信息化建设基础。在价值创造阶段后期,招商局集团立足数智化变革赋能,推动创新发展。在这一阶段,财务以认知计算、高级分析、大数据等技术为基础,推动财务转型,成为企业价值的架构师,集团则借助数字技术的应用,解放并赋能财务人员,推动其构建新的知识和能力体系,更好地在企

业的规划、决策、控制和评价方面发挥作用。

"3类财务"是指战略财务、运营财务和业务财务。战略财务、运营财务和业务财务既要各司其职，又要相互配合，以达到高效，进而为集团创造价值。

"4类应用"是指决策分析应用群、资源调控应用群、经营管控应用群和财务运营应用群。其中，决策分析应用群包含3个应用，资源调控应用群包含3个应用，经营管控应用群包含3个应用，财务运营应用群包含8个应用。这些应用可以帮助招商局集团全方位、全流程地实现财务数智化。

二、财务数智化实施

招商局集团在财务信息化向财务数智化转型升级中，主要着力业、财、税、银、档一体化的财务数智化建设，以传统财务共享处理模块（费用管理、总账核算等）为核心，向前融合业务平台（差旅管理、会计引擎等），向后对接支撑平台（税务管理、银企直联、会计档案、财务分析等），同时引入智能技术引擎贯穿全流程，构建财务数智化完整生态。从全业务场景出发，勾勒财务数智化全景图，打造财务应用生态圈，修复流程断点。

在业务融合方面，一是搭建差旅云平台，集采引进航空、酒店、用车和轮船等资源，组建差旅客服运营团队，构建阳光透明的差旅应用体系，为员工提供差旅申请、预订、报销、收款的一站式服务，实现事前有审批、事中有控制、事后有分析；二是搭建会计引擎平台，打造业财语言翻译器，实现业务与财务的快速、有效对接，降低业财一体化集成成本，提高集成标准化程度。如招商平安资产借力数字化提升会计核算效率，组织人员梳理业务场景和核算规则，嵌入业务系统审批流程，实现核心业务类型自动推送会计凭证，自动制证率提升至90%。招商仁和人寿拓展优化报表编制系统功能，集合业务、财务多源数据，提升业财数据核对效率，实现银行结算、投资资金划拨等自动制证，完成深证通对接，不断提升核算的自动化率。招商金融资产减值系统顺利发布上线，金融资产估值系统稳步推进落地，模拟金控报表实现自动化取数，资本充足率计算表成功对接管理驾驶舱，快报、季报编制自动化持续提升。招商租赁深入开发财务分析系统，组织上线预算管理系统，财务分析报告出具时效提升10天，预算管理实现逐月分解、滚动预测，管理精细化大幅提升。招商港口应用RPA机器人辅助财务报表编制，跨系统抓取业务类数据补充到财务系统、模拟人工操作系统编制报表，实现月度快报自动出具。长航集团积极配合集团综合共享中心建设落地，加大费控、发票、差旅云、税务管理系统等应用推广，全力推进数字化转型。中国外运针对物流行业业态多、管理范围广、业务系统多的特点，打造统一结算平台，规范结算标准、提升业财匹配数据质量、实现业务收支自动集成，有效促进业财深度融合；并组织建设了实物资产管理信息系统，实现资产全生命周期管理，大幅提升了中国外运在优化资产配置、提高资产使用效率、明晰资产管理权责、完善信息统计体系、落实核心资产管理等方面的管理水平。

三、财务数智化成效

这一时期，招商局集团的财务数智化在财务处理、税务融通、银企对接、档案存储、财务数字科技、决策支持等方面得到了应用和实施。

（1）财务处理，一是打造智慧报销应用，以"招商随行"为基座，打通内外部、上下游的相关系统，贯穿费用报销全流程，提供智能互联、流程透明和人机互动的便捷用户体验；二是统一会计核算标准，统筹组织人员、客商信息、核算体系等治理，围绕主数据平台实现线上、高效管理，无缝衔接各个系统。

（2）税务融通，一是搭建税务管理平台，以"互联网＋管理"的建设思路，实现纳税信息采集、核对、调整并一键出具申报表，对接税务政策知识库，完善税基信息管理，强化税务风险治理能力；二是搭建发票管理平台，对接内部业财系统、外部税局系统，覆盖税票所有的业务场景，实现发票一键开具、自动识别及快速查验。

（3）银企对接，一是搭建银企直连通道，实现财企和银企直联结算，解决合并支付、境外支付、回单获取等难点，实现支付结算全业务不落

地，在提升资金结算效率的同时强化资金风险管控；二是开发流水采集机器人，实时地获取无法开通银企直连的银行账户流水信息，保障资金信息的完整性与实时性，为资金大数据分析奠定数据基础。

（4）档案存储，开发电子档案平台，集成业务系统与财务系统，实现电子档案自动归档，真正实现从前端业务到后端财务的全线上化管理，减少档案人员工作量，降低档案管理成本。

（5）财务数字科技，集团积极组织探索财务机器人在财务信息工作中的应用。针对传统通过人工对审计报告进行检查繁琐、耗时，且容易疏漏的问题，集团财务部积极与各公司、外部专业机构研究探讨实现由财务机器人取代人工对审计报告进行检查的可行性，列出实施内容清单并邀请外部系统开发商进行技术交流，初步确认了技术的可行性，同时开展对外部开发商的技术测试及招标工作。除开发审计报告检查RPA工具外，集团初步确定了一系列应用场景及方案，逐步推进落实。集团下属公司积极布局财务机器人发展，成果斐然。例如辽港集团2020年启动"小辽人"智慧报表平台，由报表校验机器人对高重复、标准化、规则明确的大数据进行自动匹配，输出异常数值及相应修改建议报告，从而释放各公司审核人员检查工作量，约可实现报表提速20%。招商证券、招商海通、招商交科、招商财务、招商轮船大力推广RPA技术在财务工作中的应用，上线银行对账、报表报送、费用报销、税务申报等自动化机器人，减少人工操作，财务效率显著提升。借助机器人流程自动化（RPA）、图像识别（OCR）、规则引擎等智能技术，提升信息采集、审批流程等自动化水平，提升财务管理质效。

（6）决策支持，一是从基于结果的分析转向基于过程的挖掘，各单位根据管理需要在财务系统灵活构建各种管理视图的合并架构，以多组织批量自动编报等共享模式进行高效合并处理，为管理会计分析提供有效支撑；二是从单维度财务分析转向多维度业财分析，集团合理组织各系统"上云入湖"，构建集团统一数据中台；三是从阶段性报告转向实时性分析，集团管理驾驶舱为各层级管理者提供经营指标的分析展示，为管理决策提供有力支撑。

第六节

招商局集团以融促产的深化与创新

实业兴则金融兴、金融活则实业活，实业和金融相伴共生、相得益彰。招商局集团在强化风险隔离的基础上对两者进行了规范，实现了辩证统一，成功走出了一条产融相互促进、协调发展，又风险隔离的特色道路。

一、以融促产的特点与路径

（一）基金与产业的结合

招商局集团多家下属公司涉及基金业务，如博时基金、招商创投、招商资本等。

博时基金主要经营范围为基金募集、基金销售与资产管理。截至2022年3月，博时基金公司共管理322只公募基金，剔除货币基金后，博时基金公募资产管理总规模5 144亿元。博时基金作为国内资产管理规模最大的公募基金公司之一，依靠其丰富的资产管理经验，在招商局集团"以融促产"工作中担任着重要角色。例如在博时招商蛇口产业园封闭式基础设施证券投资基金（以下简称"博时蛇口产园REIT"）中，博时资本管理有限公司作为资产支持专项计划管理人承担购买基础资产等义务，博时基金作为销售机构承担履行基金募集发售相关职责等义务。成功参与首批基础设施公募REIT的发行，博时基金在招商蛇口产园REIT的发售与后续管理等方面发挥了重要作用。

招商创投自成立以来，投资聚焦于"产业+互联网"和科技创新，主要覆盖两类：一是招商局集团的优势产业（金融、地产和交通）与互联网的结合；二是大健康、消费升级、人工智能等创新领域。从2021年起，招商创投已分别与招商公路、招商港口、招商租赁、中国外运、招商证券和招商蛇口6家同属招商局集团的二级子公司设立了双GP私募股权基金，

通过协同创新,推动集团产业转型升级和新产业培育。

由招商创投与招商蛇口共同创立招商启航,旗下厘米空间通过与蛇口网谷等产业园区的协同,使创业项目在同一区域内实现产品再到产业的无缝衔接。

招商资本主要从事另类投资与资产管理业务,同时具备明显的产业资本特征,多年来,通过组建体系化与规模化的产业基金的方式,全力支持招商局集团实业转型和新产业探索。

(二)证券与产业的结合

招商证券经过30年的发展,已成为国内拥有证券市场业务全牌照的一流券商。在证券投资与咨询方面积累了丰富的经验。证券和产业的有效结合既支持了招商证券的业务发展,同时也加快了招商局集团相关产业发展的效率与质量。

例如,在安通控股公司司法重整项目中,招商证券协助招商局集团内部实业企业对安通的投资价值进行合理估测并推进关于安通项目的内部决策流程,同时招商证券作为财务投资人以自有及募集资金4.5亿元参与重整。重整后的安通控股避免了被破产清算,公司供应商、客户的业务及经济利益得以保全。以重整投资成本为基准,截至2022年6月,招商局集团对安通控股公司的投资合计实现浮盈6.5亿元。

(三)融资租赁等与产业的结合

招商租赁作为类金融机构,通过融物的方式发挥重要作用。一方面,招商局集团产业涉及交通物流、城市与园区综合开发运营、大健康等多个领域,这些产业往往对租赁业务有较大的需求。另一方面通过融资租赁的方式可以优化招商局集团产业中的资本结构,缓解现金流压力并进一步释放产能。

招商租赁在成立当年便开始了在招商局集团相关产业的业务扩展。2021年,集团内的招商工业举行45 000方"LNG-JIAXING"交船仪式,这是招商工业致力于LNG运输船建造和维保改装方面的能力建设和产品突破,招商租赁全程参与并为产业公司的创新提供支持保障,有力地推动了招商工业在LNG产品相关设计开发、生产组织和创新研发等方面积累经营优势。这次交付是招商租赁与招商工业真正践行集团"实业强国、金融报国"要求，持续地在重大海洋装备以融促产方面加强内部协同、推动转型升级新的典范项目。

招商平安资产的主要业务为不良资产收购处置管理与另类资产管理等。随着宏观经济增速放缓，国内企业的风险开始逐渐暴露，不良资产管理公司的市场也逐渐增大。相比银行、证券、保险、基金以及租赁等，不良资产管理公司有着逆周期的特征，是招商局集团布局全周期金融板块的重要一环。同时招商平安资产作为招商局集团内专业的不良资产管理与特殊机遇投资机构，具备参与上市公司司法重整项目的专业能力和业务经验。例如，在对安通控股司法重整项目中，招商平安资产深度参与安通控股重整计划的制订、谈判与执行。同时招商平安资产通过债权人公关、作为管理人顾问出具《股权价值分析报告》，出资3.22亿元参与低效资产剥离等一系列操作，有效地保障了安通控股司法重整项目的顺利推进。仅2020年招商平安资产在深度参与招商局集团产业发展方面就落地项目5个，新增规模约达到58亿元。

二、以融促产的典型案例

（一）蛇口产园REIT项目*

蛇口产园REIT项目是国内公募首批项目之一，同时是深圳证券交易所首单产业园区基础设施REIT项目；参与机构包括招商蛇口、博时基金、博时资本、招商证券与招商银行等。

房地产投资信托基金（Real Estate Investment Trusts，REIT）是一种以发行收益凭证的方式汇集特定多数投资者的资金，由专门投资机构进行房地产投资经营管理，并将投资综合收益按比例分配给投资者的一种信托基金。相较于国外成熟的REIT产业，国内起步较晚，2020年4月

---

* 本部分参考《产园REIT之路——蛇口产园REIT复盘报告》。

中国证券监督委员会、国家发展和改革委员会联合发布《关于推进基础设施领域不动产投资信托基金（REIT）试点相关工作的通知》，在基础设施领域正式启动了公募 REIT 试点工作。蛇口产园 REIT 作为首批 REIT 产品之一，同时也是首批项目中唯一一单央企项目，这意味着在实际操作层面并没有任何参考对象与标准，对项目组各成员单位有着极大的考验。但是创新始终流淌在招商局集团的血液中，从蛇口工业园区作为改革先锋到蛇口产园 REIT 的成功发行，这片土地延续了改革开放的"招商血脉、蛇口基因"。

蛇口产园 REIT 中涉及的重点模块主要包括资产合法合规、资产重组、税务安排、资产估值、现金流预测和财务处理等。

资产合法合规主要依据于《关于推进基础设施领域不动产投资信托基金（REIT）试点相关工作的通知》，要求主要包括四个方面，分别是基础设施项目合法合规性、基础设施项目运营与现金流情况、基础设施项目公司合法合规性和基础设施项目转让的合法有效性。对基础设施的尽职调查主要由招商证券进行。通过了解项目的各项实际情况，并在对转让限制问题充分尽调的基础上，项目组提前与相关政府主管部门沟通并及时取得其出具的无异议函。

资产重组的顺利进行是产品能否发行的重要前提，资产重组的过程主要包括：资产剥离、资本弱化架构搭建与股权交易。在对固定资产进行资产剥离时，深圳市招商创业有限公司（招商蛇口下属公司）将两个基础设施项目分别划归两家新设的项目公司，进而由原始权益人——招商蛇口转让其所持项目公司股权。在股权交易中，博时基金代表基础设施基金认购资产支持专项计划资产支持证券的全部份额。

资产估值将影响 REIT 的产品定价，同时对投资人的投资决策、管理人的经营决策都有着非常重要的影响，资产估值也贯穿于 REIT 运营的整个流程之中。在产品发行阶段为产品定价提供参考，满足交易所对资产情况的披露要求；在产品存续阶段，每年需至少评估一次，定期披露资产信息；在产品退出、市场形势发生重大变化或其他必要时，也需对资产进行估值。此次项目中深圳戴德梁行土地房地产评估有限公司作为资产评估机构选取收益法作为评估方法对项目中两项基础设施进行了评估。

现金流预测是投资者最为关心的问题之一，基础设施 REIT 标的资产为成熟的基础设施资产，主要收益来源为基础设施资产产生的长期、稳定的现金流，现金流也是可供分配金额分红的主要来源。蛇口产园 REIT 的首发底层资产是招商蛇口全资子公司项目公司（万海）和项目公司（万融）分别持有的万海大厦和万融大厦。其获取收益的主要方式为租赁型，可供分配金额预测涉及的具体内容为营业收入、成本费用、其他利润表科目、经营活动产生的现金流量净额、筹资活动产生的现金流量净额和可供分配金额预测报告调整事项。

财务处理通常在重组过程中涉及，主要包括基础资产重组前后计量方法问题、业务出表与资产出表以及同一控制下企业合并与非同一控制下企业合并的判断。在蛇口产园 REIT 项目中，招商蛇口并无权力主导基础设施基金的相关活动，也不单独享有主要可变回报。据此，招商蛇口作为原始权益人，对于所转让的基础设施项目公司股权"终止确认"，即"出表"，并确认相关损益。蛇口产园 REIT 收购基础设施项目所在公司 100% 股权，收购前项目公司最终控制方为招商局集团，收购完成后项目最终控制方为蛇口产园 REIT，而招商蛇口仅持有蛇口产园 REIT 32% 的份额，不对 REIT 形成控制，因此蛇口产园 REIT 收购项目股权构成非同一控制下企业合并。蛇口产园 REIT 项目的基础资产作为投资性房地产进行核算，为避免因公允价值变动蛇口产园 REIT 基金净值产生较大波动，蛇口产园 REIT 项目在公募基金合并层面对基础资产采用成本法进行后续计量。

2021 年 6 月 21 日，蛇口产园 REIT 完成挂牌上市，其所拥有的宝贵研究成果与实操经验，进一步推动了我国公募 REIT 市场发展，促进了基础设施行业投融资循环，增强了金融服务实体经济能效。

（二）中国外运资产证券化等项目

中国外运在以融促产上深化创新，并取得了一定成效，具体体现在应收账款资产证券化项目和中期票据与公司债券项目。

2019 年，中国外运的"中国外运有限公司 2019 年度第一期人民币应收账款定向资产支持票据（ABN）"在银行间市场成功发行。中国外运人民币 ABN 总储架金额为 50 亿元，发行规模 11 亿元。针对应收账款底层资

产期限短、周转快的特点,为降低发行成本,此次发行突破了市场上常规的一年及以上期限结构,创新性地采用了 0.52 年的发行期限,成为国内 ABN 市场首单半年期限应收账款产品,也是招商局集团及中国外运首单通过资本市场发行并实现底层资产出表的产品。2020 年,中国外运发行了第二批应收账款 ABN 产品 5 亿元,在债券市场大幅波动的情况下,实现了优先级发行利率低至 3.6%,并首次成功实现了次级债部分市场化销售。

2021 年 6 月,中国外运成功发行规模 20 亿元、期限 3 年、票面利率 3.50% 的中期票据,其中招商银行作为联席主承,招商财务认购中期票据债 2 亿元。2021 年 7 月成功发行规模 20 亿元、期限 3+2 年、票面利率 3.15% 的公司债券,招商证券作为联席主承。两次发行实现了远低于银行同期借款的利率水平,当年节约利息费用约 5 600 万元。

(三) 招商租赁 1600T 海上风机安装船经营租赁项目

招商租赁自 2021 年起,提出聚焦"五新"战略,积极研究介入海上风电安装市场的策略和模式。

与此同时,在中央要求绿色发展的背景下,全国沿海省市大力推进海上风电项目,国内海工企业纷纷将投资热点转向海上风电安装平台,海上风电新增装机量开始进入快速增长阶段。招商工业海工业务践行国家战略,积极谋求转型,大力开拓海洋装备的新技术、新市场,与招商租赁的"五新"高度契合。招商租赁充分发挥融资租赁工具的差异化优势,与招商工业积极开展海上风电安装船等方面的深度合作。招商租赁通过成立东疆特殊目的实体公司与招商工业旗下招商重工签订《船舶建造与销售合同》,由招商重工负责船舶设计、采购、建造、调试并最终交付总包服务。同时东疆特殊目的实体公司与上海明华签订《船舶监造协议》与《船舶管理协议》,由上海明华负责对船舶的监造及后续运营,最终由招商租赁持有船舶实物资产。

该项目为招商工业打造自主设计的国产品牌,解决大型高端海工装备"卡脖子"难题,在满足国家"2030 年碳达峰,2060 年碳中和"战略规划方面迈出重要一步,为招商局集团内产融协同提供了新模式和新实践,充分发挥了招商局集团"国家所需、招商所能"特点,既为深远海风电设备安装提供了"招商装备",也为风电产业商业发展模式提供了具有以融促产特色的"招商方案",有力地支撑了国家深远海的风电资源开发。

2022年5月17日,招商工业1600T自升式风电安装平台开工仪式在招商工业海门基地激光车间举行。该项目的实施既推动了招商局集团传统产业转型,也布局了新兴产业的思路和方向。

第七节 招商局集团的会计核算与会计报告

一、我国企业会计准则持续完善

2020年6月19日,财政部发布了《新冠肺炎疫情相关租金减让会计处理规定》(以下简称"10号文"),10号文规定对于租金减让,满足一定条件的,企业可以按照《企业会计准则第21号——租赁》进行会计处理,也可以选择采用10号文规定的简化方法进行会计处理。企业选择采用简化方法的,不需要评估是否发生租赁变更,也不需要重新评估租赁分类。企业应当将该选择一致地应用于类似租赁合同,不得随意变更。

为了深入贯彻企业会计准则,解决执行中出现的问题,2021年1月26日财政部印发《企业会计准则解释第14号》,该解释涉及了关于社会资本方对政府和社会资本合作(PPP)项目合同和关于基准利率改革导致相关合同现金流量的确定基础发生变更两方面的会计处理、附注披露及新旧衔接。

2021年12月30日,财政部发布了《企业会计准则解释第15号》,该解释涉及固定资产达到预计可使用状态前或研发过程中产出的产品或副产品对外销售的会计处理、资金集中管理列报、亏损合同判断三部分内容,对资金集中管理的规范有助于统一列报、充分披露,从而便于财务报表使用者对企业的资金情况作出全面、适当的评价。

二、招商局集团会计核算

按照相关准则实施要求,招商局集团从 2021 年 1 月 1 日起全面执行收入、租赁会计准则。与此同时,集团继续修订完善会计核算体系,补充完善行业会计指引和公司核算手册。

(一) 会计准则变化的影响

1. 新收入准则对核算的影响

财政部于 2017 年修订了收入准则,其中在境内外同时上市的企业以及在境外上市的企业,自 2018 年 1 月 1 日起施行;其他境内上市企业,自 2020 年 1 月 1 日起施行;非上市企业,自 2021 年 1 月 1 日起施行。招商局集团自 2018 年 1 月 1 日起分步施行,2021 年 1 月 1 日起全面施行新收入准则。

新收入准则引入了收入确认计量的五步法,并针对特定交易(或事项)增加更多的指引。新收入准则要求首次执行该准则的累积影响数调整首次执行当年年初(即 2021 年 1 月 1 日)留存收益及财务报表其他相关项目金额。对可比期间信息不予调整。在执行新收入准则时,集团仅对首次执行日尚未完成的合同的累计影响数进行调整。

根据相关准则实施要求,集团部分子企业执行新收入准则,对 2021 年初合并资产负债表进行调整,调整主要为存货及预收款项重分类为新准则中的合同资产及合同负债,以及收入确认规则变化导致集团年初净资产调整减少约 3.55 亿元。

2. 新租赁准则对核算的影响

财政部于 2018 年修订了租赁准则,其中在境内外同时上市的企业以及在境外上市的企业自 2019 年 1 月 1 日起施行;其他企业自 2021 年 1 月 1 日起施行。招商局集团自 2019 年 1 月 1 日起分步施行新租赁准则,2021 年 1 月 1 日起全面施行新租赁准则。新租赁准则完善了租赁的定义,增加了租赁的识别、拆分和合并等内容;取消承租人经营租赁和融资租赁的分类,要求在租赁期开始日对所有租赁(短期租赁和低价值资产租赁除外)

确认使用权资产和租赁负债。改进了承租人对租赁的后续计量，增加了选择权重和租赁变更情形下的会计处理；并增加了相关披露要求。

对于首次执行日前已存在的合同，集团在首次执行日选择不重新评估其是否为租赁或者包含租赁。对首次执行日之后签订或变更的合同，集团按照新租赁准则中租赁的定义，评估合同是否为租赁或者包含租赁。新租赁准则依据合同中一方是否让渡了在一定期间内控制一项或多项已识别资产使用的权利以换取对价，来确定合同是否为租赁或者包含租赁。

根据相关准则实施要求，集团部分子企业执行新租赁准则，对2021年初合并资产负债表进行调整，调整主要为增加确认使用权资产及租赁负债，以及租赁确认规则变化导致集团年初净资产调整减少约3.49亿元。

3. 其他准则对核算的影响

2019年12月10日，财政部发布了《企业会计准则解释第13号》，对招商局集团及下属公司2020年度财务报表均无显著影响。

根据新冠肺炎疫情相关租金减让会计处理规定，招商局集团确定对属于适用范围的租金减让全部采用简化方法。集团于2020年度确认因租金减让导致的租赁付款额计入当期损益的金额对于集团合并财务报表不重大。

2021年1月26日，财政部发布了《企业会计准则解释第14号》。2021年12月30日，财政部发布了《企业会计准则解释第15号》。两份文件对招商局集团2021年度财务报表均无显著影响。

（二）新准则的平稳切换

1. 平稳切换新收入、新租赁准则

2021年，集团合并范围境内上市公司、非上市公司全面执行新收入准则、新租赁准则。为推进准则顺利切换，招商局集团结合具体工作，深入开展准则研究，广泛组织业务培训，周密部署系统改造，积极应对实施过程中的困难，确保新旧准则平稳过渡。集团联合金蝶，以招商蛇口为试点，制定业务流程，建立核算规则，共同研发租赁合同管理系统，并推广至全集团公司实施。实现集团309户适用单位、947项租赁合同管理及核算的系统化。招商蛇口提前启动新准则实施调研，周密制订实施方案，作为试点单位积极配合新租赁管理系统开发，并于2021年一季度率先试点上

线。招商工业逐一梳理建造合同条款,明确处理原则方法、核定年初调整数、编制会计处理备忘录,扎实做好准则切换各项工作,确保了新收入准则顺利切换。招商租赁深入研究新租赁准则,出版《新租赁准则的影响及应对》,对于新旧准则过渡可能遇到的问题进行预判,并提出可行的过渡方案。

2. 深化新金融工具准则应用

招商金融进一步对金融企业预期信用损失计提情况进行梳理,制订统一的减值计提政策及模型,统筹成员公司设计减值计量引擎,实现数据接入、减值计量、管理报表的系统生成。招商证券重点推进金融工具核算统一,升级金融工具估值核算系统,统一招证国际、招商期货核算平台,实现16项非标业务业财数据的自动对接,有效提高工作效率和质量。招商平安资产率先在地方AMC中探索建立了金融资产财务估值模型及信用减值模型、风险偏好政策,实现了风险类别管理全覆盖。

(三)补充完善分行业会计指引

招商局集团继续完善分行业会计指引的编写工作,陆续制定或修订船舶及海工装备修造、航运业务和招商金融会计核算指引。

1. 船舶及海工装备修造会计核算指引

为统一招商工业船舶及海工装备修造业务的会计政策和会计估计,规范会计确认、计量、记录、报告等行为,保证会计信息质量,根据《企业会计准则》《招商局集团会计制度》及其他有关财经法规,结合船舶及海工装备修造行业特性和招商工业的实际情况,招商工业于2021年重新修订了其《船舶及海工修造行业会计核算指引》。

该指引分为四个部分。第一部分总则,主要阐述该指引的编制目的、适用范围、关键术语和定义以及主要内容等。第二部分会计核算,是该指引的核心内容,按业务板块分为船舶及海工装备修理业务、船舶及海工装备建造与改造业务、专题事项。该部分以船舶及海工装备修造业务流程为主线,通过归纳和描述流程中相关经济和会计事项,系统性地阐述了相关会计核算原则、核算流程、核算方法等。第三部分会计科目,在招商局集团管控会计科目的基础上,结合船舶及海工装备修造行业特性和各公司实际情况，兼顾招商局集团综合共享中心建设要求，细化和统一了招商工业管控会计科目，规范了科目核算内容和辅助核算项目等。第四部分核算案例，编制船舶及海工装备建造常规业务会计核算典型案例，为财务人员提供具象说明，以更好地指导实务操作。

2. 航运业务核算指引

为体现招商轮船所涉行业业务和会计核算特点，统一会计政策和会计估计、规范会计确认、计量、记录、报告等一系列会计行为，实现会计流程标准化，保证会计信息的真实、完整、准确、透明，满足各方对会计信息的需求，招商轮船于2018年颁布并于2021年修订了《招商局能源运输股份有限公司航运业务财务核算指引》。

该指引由总则、会计政策及估计、各业务板块会计处理规则、会计科目和附件五大部分构成。其中，第一部分总则部分明确了核算指引的使用范围和定位；第二部分会计政策及估计统一规定了合同履约进度的运用及频率、单票业务收支预算制度、运输佣金、燃润料备件物料的存货管理、应收款项、固定资产折旧、固定资产后续支出、船员劳务业务全额法及差额法核算规则、待派船员费用的分摊、营运间接费用的分摊等具有航运业务特色的重要会计政策和会计估计；第三部分详述了细分场景的会计处理，将航运业务分为航运核心业务、航运配套业务及其他核心经济事项会计处理和通用经济事项会计处理规则，其中通用经济事项包含重要项目的核算，如船舶固定资产核算、坞修核算、燃油核算、滞期费/速遣费核算、亏损合同核算、往来核算和租赁核算等；第四、第五部分规定了会计科目的设置、管理、维护和使用流程和明细项目。

3. 招商金融会计核算指引

为加强招商局金融事业群/平台对成员单位管控力度，体现招商金融所涉行业业务和会计核算特点，招商金融编制了《招商金融会计核算指引》。

该指引是在《招商局集团会计制度》规定下，根据招商金融所涉行业的特点编制的具体核算细则，是指导招商金融成员单位业务核算的操作手册。该指引以规范招商金融涉及行业业务核算为重点，涵盖金融通用、租赁、基金管理、不良资产管理、金融科技服务、资金融通、产业链金融、顾问服务等业务。

该指引由总则、关于运用会计政策过程中所作重要判断和会计估计的原则性指引、通用经济事项会计处理规则、各业务板块会计处理规则、会计科目五部分构成。总则包括编制目的、编制依据、整体框架；关于运用会计政策过程中所作重要判断和会计估计的原则性指引和相关案例；通用经济事项会计处理规则对应付职工薪酬、金融工具、长期股权投资、租赁（承租人处理）、无形资产/固定资产管理及税项的业务概述、核算范围及会计处理规则作出规定；各业务板块会计处理规则对租赁业务、基金管理业务、不良资产管理业务、金融科技服务及研发业务、资金融通业务、产业链金融业务、顾问服务业务及其他投资业务的核算规则和具体业务会计处理作出规范；会计科目部分则规定了会计科目的设置原则、使用及维护原则、设置与核算定义。

（四）补充完善公司会计核算手册

随着新会计准则的陆续实施，集团下属各公司根据自身经营情况，不断完善会计核算制度，先后颁布多项会计核算细则。比较具有代表性的是计划颁布的《招商局公路网络科技控股股份有限公司会计核算办法实施细则》和2021年颁布的《中国长江航运集团有限公司会计核算细则》。

1. 招商公路会计核算细则

为有效贯彻执行和承接招商局集团对会计核算等财务基础工作的行业化、集团化和专业化管理要求，适应招商公路自身业务发展和管理要求，招商公路制定了《招商公路网络科技控股股份有限公司会计核算办法实施细则》（以下简称《实施细则》），适用于招商公路及其各所属全资、控股公司，各参股公司可参照执行。

《实施细则》的设计是依据《中华人民共和国会计法》《企业会计准则》《企业会计准则—应用指南》《企业会计准则讲解》《会计基础工作规范》《会计档案管理办法》等相关法律、法规、文件，结合招商公路的业务特点和相关管理规定而制定。

《实施细则》分"总则""会计政策及估计""专业经济事项会计处理规则"共三章。其中"总则"对编制目的、设计依据、适用范围和基本会计原则作出解释；"会计政策及估计"对34项会计政策及估计作了详细说明；"专业经济事项会计处理规则"分板块对公路板块、智慧交通板块、交科院板块三个板块的业务收入的会计处理进行规范。

2. 长航集团会计核算细则

为有效贯彻执行和承接招商局集团对会计核算等财务基础工作的行业化、集团化和专业化管理要求，适应长航集团业务发展和管理要求，长航集团制定了《中国长江航运集团有限公司会计核算细则》（以下简称《核算细则》），适用于长航集团及其各所属全资、控股公司，各参股公司可参照执行。

《核算细则》依据《中华人民共和国会计法》《企业会计准则》《企业会计准则应用指南》《企业会计准则讲解》《会计基础工作规范》《会计档案管理办法》等相关法律、法规、文件，结合长航集团的业务特点和相关管理规定而制定。

《核算细则》分为"总则""会计政策及估计""通用经济事项会计处理规则""专业经济事项会计处理规则"共四章。其中，"总则"对编制目的、设计依据、适用范围和基本会计原则作出解释；"会计政策及估计"对34项会计政策及估计作了详细说明；"通用经济事项会计处理规则"对劳务派遣、安全生产费等19个项目会计处理作出规范；"专业经济事项会计处理规则"分别对长江航运、长江旅游、船舶修造、港航服务、其他业务五部分的业务收入会计处理进行规范。

通过制定和执行《核算细则》，相关公司统一了所属公司的会计政策和会计估计，实现会计流程标准化，统一和规范会计确认、计量、记录、报告等一系列会计处理行为，保证会计信息的真实、完整、准确、透明，满足各方对会计信息的需求，为管理层决策提供更有效的支持，同时为集团财务共享服务中心建设及业务财务信息系统一体化建设夯实了基础。

三、招商局集团会计报告

集团的会计报告包括管理快报，国资委、财政部快报、季报、决算管理报表，国资委、财政部决算报告和审计报告。在此时期，招商局集团全面启动年报提速工作,并采取多种措施克服疫情影响,提升报表工作效率,巩固会计信息质量。随着并购重组工作的推进和新会计准则的全面实施,会计核算的平稳尤为重要,集团提前部署,确保会计报告工作顺畅进行。

(一) 启动年报提速专项工作

为实现年报提速目标,集团财务部逐级分解目标、逐项制订计划,提出预决算审定机制、函证控制机制、联合营公司审定数据披露机制、重大事项跟踪解决机制等五项提速工作机制,并在年度决算、审计工作中全面推动落实。集团及各公司年度审计报告均按既定提速日期出具。

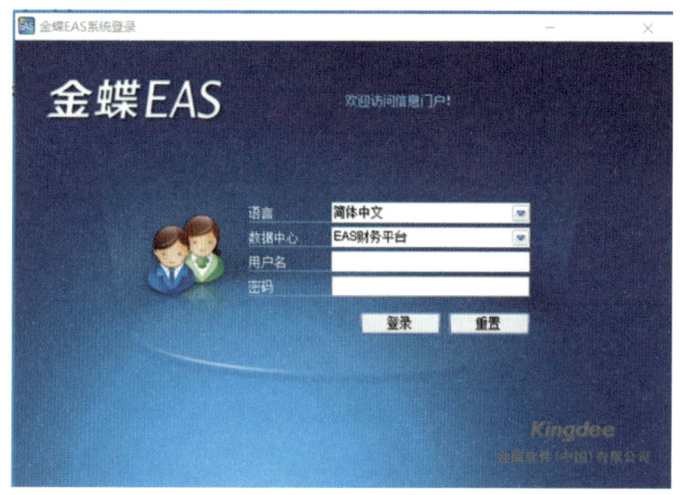

金蝶 EAS 财务系统界面

为了落实集团的年报提速目标,集团下属各公司根据自身情况,分别制定相应配套机制。例如,招商公路提出"提质""提速"的双提目标,从强化组织领导、加强流程管控、规范会计核算和编审标准、完善联合营公司定数机制方面着手,提前完成管理报表、国资委决算报表的编制上报。招商蛇口有效利用 EAS 决算报表到审计报告的输出成果,积极配合事务所开发审计报告软件,实现 60% 单体审计报告的自动输出,单份审计报告节省 3~4 小时。中国外运进一步优化完善审计、决算沟通和复核流程,采用"小黑板"公告等制度措施,助力报表提速、提质,并首次获得上交所信息披露 A 类评级。辽港集团决算期间，利用远程与现场办公相结合的机制，居家不离岗、进度不延迟、质量不打折，提前 2 天完成审计报告定稿。

（二）通过数字化手段持续提升工作效率

招商局集团积极推进财务数字化规划落地，采用数字化手段规范报表工作流程，提升工作效率。集团利用辽港集团对账中心业务设计和 10 年应用经验，牵头设计开发全集团统一的对账平台，各公司积极配合测试并不断反馈优化建议。多方努力下，对账平台于 2020 年第三季度正式上线，成功支撑全集团完成了三季报关联交易、往来、现金流的对账及抵销工作，相关错误大幅减少，初步解决了困扰集团多年的难题。招商仁和人寿完成关联交易数据湖项目的规则梳理，打通 Oracle 总账系统和 EAS 系统的对接通道，助力集团针对非 EAS 总账系统的公司，实现数据自动对接，大幅提高系统自动化率。中国外运积极推进久其管理报表从 Oracle 核算系统自动取数工作，单体公司平均有效自动取数率达到 70% 左右，完成了报表编制自动化工作阶段性目标。招商金融的金融资产减值系统顺利发布上线，金融资产估值系统稳步推进落地，模拟金控报表实现自动化取数，资本充足率计算表成功对接管理驾驶舱，快报、季报编制自动化持续提升。招商财务优化对账平台数据生成机制，实现内部往来及交易数据自动取数，提高数据准确性和完整性，提升内部往来核对效率。

（三）推进新并购企业的会计信息工作整合

为规范新增并表单位财务信息对接工作，集团财务部制定《新增并表单位会计信息管理办法》，要求新增并表单位提前准备，报表先行，从统一会计政策、统一报表系统、统一审计师、统一质量标准等方面与集团财务信息要求实现全面对接。例如，招商港口组织完成辽港集团 280 家、湛江港 23 家并表单位财务系统及会计科目切换，为后续财务管理融合提供了抓手。招商轮船依托 "1108" 二期项目，进一步厘清、理顺股权架构，积极压降空壳公司，优化结构，为简化合并架构打下了坚实基础。招商交科

成立财务整合项目组，通过工作周报机制积极部署推动完成新并入单位财务管理组织优化、母子公司会计政策及会计科目统一、财务报告标准规范、产权信息全面核查等整合工作。招商财务注销两港财务公司，积极筹备大连分公司和深圳分公司的开立事项，完成所有业财融合相关系统及应用的部署工作，重组工作取得阶段性成效。

2020年招商局集团财务工作会议合影留念

2021年招商局集团财务工作会议合影留念

2022年招商局集团财务工作会议合影留念

参 考 文 献

[1] 白万纲. 治理与控制体系的设计——秦晓改变招商局 [J]. 董事会，2008（10）：3.

[2] 财政部办公厅. 现行财务会计制度全书 [M]. 北京：中国财政经济出版社，1999.

[3] 财政部条法司. 中华人民共和国财政法规汇编. 会计管理分册 [M]. 北京：中国财政经济出版社，1987.

[4] 曹普，曲青山，黄书元. 中国改革开放全景录：中央卷 [M]. 北京：人民出版社，2018.

[5] 常旭. 内外交困与战略调整：亚洲金融危机前后的招商局集团 [J]. 经济研究参考，2019（21）：11.

[6] 陈润，贺大卓. 分析产生影响 协同创造价值：招商金融20年 [M]. 北京：商务印书馆．2019.

[7] 成放晴. 中国会计改革创新的试验场：深圳特区30年会计改革创新的尝试 [M]. 北京：中国财政经济出版社，2011.

[8] 崔刚，汪要文，侯立新，等. 金融企业会计 [M]. 北京：机械工业出版社，2011.

[9] 戴国华. 管理会计实践与案例：会计人员转型与提升读本 [M]. 北京：中国财政经济出版社，2016.

[10] 第一次全国国有资产管理工作会议秘书处. 加强国有资产管理完善社会主义制度——第一次全国国有资产管理工作会议材料汇编 [M]. 北京：中国财政经济出版社，1990.

[11] 段晓燕. 招商局：秦晓的"商业函数方程式" [J]. 21世纪商业评论，2007（4）：36-39.

[12] 对外经济贸易部外国投资管理司. 利用外资文件汇编（第二集）[M]. 北京：中国经济出版社，1989.

[13] 冯建，余海宗，毛洪涛. 中国经济改革30年：会计卷 [M]. 成都：西南财经大学出版社，2008.

[14] 冯守东. 构建现代化经济体系背景下的税制改革研究 [J]. 税收经济研究，2018，23（5）：5.

[15] 付磊，等. 新中国会计制度史 [M]. 上海：立信会计出版社，2016.

[16] 傅育宁. 创新是招商局最大精神财富 [J]. 现代国企研究，2010（2）：1.

[17] 傅育宁. 金融业的变革与发展 [C]. 中国发展高层论坛会，2010.

[18] 傅育宁. 未来创新的着力点 [J]. 现代国企研究，2012（4）：1.

[19] 傅育宁. 招商局船队为什么能盈利 [J]. 物流时代周刊，2012（10）：1.

[20] 傅育宁. 中国商业银行转型须把握好"三大关系" [J]. 现代国企研究，2012（11）：1.

[21] 高蓓，卢晓萍，董艳敏. 经济效益与财会改革 [M]. 大连：大连海事大学出版社，1994.

[22] 高云升. 交通运输会计学 [M]. 上海：上海科学技术文献出版社，1989.

[23] 高云升. 水运会计 [M]. 北京：人民交通出版社，1986.

[24] 贡华章，王国梁，周明春，等. 会计与信息系统 [M]. 北京：商务印书馆，2005.

[25] 郭永清. 新中国企业会计核算制度变迁研究 [M]. 大连：东北财经大学出版社，2003.

[26] 国家国有资产管理局政策法规司. 国有资产产权管理手册 [M]. 北京：经济科学出版社，1995.

[27] 国务院国有资产监督管理委员会企业改革局. 做强做大探索与实践 [M]. 北京：中国经济出版社，2005.

[28] 国务院国资委. 基石：国有典型企业成功案例剖析 [M]. 北

京：中国经济出版社，2008．

[29] 国务院国资委新闻中心，《国资报告》杂志社．国企改革12样本［M］．北京：中国经济出版社．2016

[30] 国资委．关于中央企业加快建设世界一流财务管理体系的指导意见［J］．中国管理会计，2022（1）：7．

[31] 胡建华．以科技助推媒体融合发展［J］．新闻战线，2019（20）：2．

[32] 胡政，朱耀斌，朱玉华．招商局与中国港航业［M］．北京：社会科学文献出版社，2010．

[33] 胡政．招商局画史［M］．上海：上海社会科学院出版社，2007．

[34] 胡政．招商局与深圳［M］．广州：花城出版社，2007．

[35] 滑永宽．工业企业内部经济核算［M］．兰州：甘肃人民出版社，1985．

[36] 黄菊波．新中国企业财务管理发展史［M］．北京：经济科学出版社，1996．

[37] 黄玲．邓小平南方谈话与深圳实践——深圳探索的回顾与启示［J］．红广角，2012（5）：5．

[38] 黄群慧．"新国企"是怎样炼成的——中国国有企业改革40年回顾［J］．中国经济学人（英文版），2018（1）．

[39] 黄运武．商务大辞典［M］．北京：中国对外经济贸易出版社，1998．

[40] 黄镇东．加强内地与香港交通合作 发挥香港国际航运中心作用——交通部部长黄镇东答记者问［J］．中国港口，1997（3）：9．

[41] 贾康．税费改革研究文集［M］．北京：经济科学出版社，2000．

[42] 贾康．亚洲金融危机与中国的积极财政政策［M］．北京：中国财政经济出版社，2000．

[43] 江波．江海波涛：情系招商局［M］．北京：中国大地出版社，2008．

[44] 姜妍，王卓．集团管理财务信息化过程研究——以招商局集团为例［J］．工业技术经济，2013（11）：7．

[45] 交通运输部，《中国交通运输改革开放30年》丛书编委会．中

国交通运输改革开放 30 年［M］. 北京：人民交通出版社，2009.

［46］鞠天相. 争议与启示：袁庚在蛇口纪实［M］. 北京：中国青年出版社，1998.

［47］李二根. 财务模型在企业战略管控过程中的作用研究［J］. 财讯，2019（27）：3.

［48］李建红. 不忘初心开拓创新 全力打造世界一流企业［J］. 南方企业家，2017（11）：6.

［49］李建红. 建设"一带一路"，实现共赢发展［J］. 中国水运，2017（6）：2.

［50］李建红. 落地生根开花结果——招商局集团践行"一带一路"倡议的探索实践［J］. 求是，2017（9）：3.

［51］李建红. 招商局集团：扎实推进世界一流企业建设［J］. 国资报告，2020（1）：3.

［52］李建红. 招商局集团"十三五"的改革创新之路［J］. 国资报告，2016（12）：23-26.

［53］李坤. 招商局：正在创造第三次辉煌［N］. 证券时报，2008-06-26（B03）.

［54］李漫，堵光耀. 打造会计引擎 助推业财融合升级［J］. 财务与会计，2021（11）：5.

［55］李薇. 中央企业重组整合研究——以中外运长航重组为例［D］. 成都：西南财经大学，2016.

［56］李晓鹏. 全面深化产融结合［J］. 中国金融，2016（2）：3.

［57］李园园. 招商局经营体制变迁研究［D］. 北京：北京工商大学，2007.

［58］梁跃进. 提升招商局集团的核心竞争力——访招商局集团董事长秦晓先生［J］. 综合运输，2004（1）：4.

［59］刘青山. 吉布提港口"一港五通"招商局集团：国内模式走出去打造"东非蛇口"［J］. 国资报告，2017.

［60］刘清亮. 蛇口的资金管理现象——集团企业资金管理模式研究［J］. 交通财会，2001（4）：4.

［61］刘佐. 中国税制改革40年的简要回顾（1978～2018年）［J］. 经济研究参考，2018（38）：10.

［62］龙丽，石乃华. 竞争性标杆：招商局重塑集团管控的制度创新［J］. 财务与会计：理财版，2009（2）：3.

［63］楼继伟. 建立现代财政制度［J］. 中国财政，2014（1）：10-12.

［64］马昌时. 关于特区会计与西方会计的比较［J］. 中国注册会计师，1992.

［65］马卫刚. 在构建新发展格局中实现国资国企高质量发展［J］. 人民论坛，2021（1）：81-83.

［66］聂兴凯，尹佳音. 新企业会计准则下会计报表编制与分析［M］. 上海：立信会计出版社，2008.

［67］牛文文，李岷. 秦晓调控"招商"诸侯［J］. 中国企业家，2003（3）：31-32.

［68］企业会计准则编审委员会. 企业会计准则操作实务［M］. 上海：立信会计出版社，2007.

［69］钦祥华. 随遇集：我在招商局［M］. 北京：中国大地出版社，2009.

［70］秦国强. 中国交通史话［M］. 上海：复旦大学出版社，2012.

［71］秦晓. 从结构和制度看亚洲金融危机和危机之后的复苏［J］. 中国投资（中英文），2000（6）：4.

［72］秦晓. 规模，质量，效益均衡发展：企业基业常青之路［M］. 北京：社会科学文献出版社，2010.

［73］秦晓. 制度变迁中的实践与思考［M］. 哈尔滨：黑龙江教育出版社，2002.

［74］邱胜利. 内部控制与操作风险管理：操作实务指南［M］. 北京：中国金融出版社，2009.

［75］饶恒. 招商局集团：数字化转型 平台化发展［J］. 国资报告，2020（4）：75-78.

［76］深圳经济特区招商局蛇口工业区特区会计学编写组. 特区会计学［M］. 武汉：湖北科学技术出版社，1985.

[77] 深圳市财政局. 经济特区会计改革与实务 [M]. 北京：中国财政经济出版社，1990.

[78] 深圳市财政局. 深圳财政十年 [M]. 北京：中国财政经济出版社，1990.

[79] 深圳市南山区区志编纂委员会. 深圳市南山区志 [M]. 北京：方志出版社，2012.

[80] 深圳市史志办公室. 深圳市大事记：1979－2000 年 [M]. 深圳：海天出版社，2001.

[81] 帅俊. 多元化综合性集团企业采购管理模式探讨 [J]. 招标采购管理，2021 (6)：1.

[82] 粟健，金玲，乐阳，陈冬冬. 企业质效提升工程工作体系方法的实践探析——以招商局集团为例 [J]. 现代管理科学，2021 (1)：90－96.

[83] 粟健，李佳杰，范峤，等. 招商局集团：久久为功 打赢质效提升攻坚战 [J]. 经济导刊，2020 (8)：6.

[84] 孙飞. 招商局集团：以市场化为核心深化改革 [J]. 市场观察，2016 (10)：2.

[85] 孙黎，曹声容. 长大的鞋子 [M]. 北京：中国社会科学出版社，2005.

[86] 汤照连. 招商局与中国近现代化 [M]. 广州：广东人民出版社，1994.

[87] 唐国平. 会计学基础 [M]. 北京：高等教育出版社，2007.

[88] 涂俏. 袁庚传 [M]. 北京：作家出版社，2008.

[89] 汪洪波. 浅谈 2001 年版《企业会计制度》实施背景和创新 [J]. 会计之友，2001 (9)：2.

[90] 王积慧，张翼飞，郭永清. 改革开放 40 年我国企业会计改革的演变与贡献 [J]. 财经科学，2019 (2)：13.

[91] 王俊. 并购变革与企业绩效 [M]. 广州：华南理工大学出版社，2011.

[92] 王开国. 现代企业产权改革与管理实务 [M]. 北京：新华出版社，1995.

[93] 王盛祥. 工业企业会计 [M]. 长春: 吉林人民出版社, 1982.

[94] 王义桅. "一带一路": 机遇与挑战 [M]. 北京: 人民出版社, 2015.

[95] 王瀛. 傅育宁: 由减法到加法 [J]. 中国企业家, 2013 (7): 1.

[96] 王玉德, 郑清, 付玉. 招商局与中国金融业 [M]. 杭州: 浙江大学出版社, 2013.

[97] 王玉德, 等. 再造招商局 [M]. 北京: 中信出版社, 2008.

[98] 王增业. 司库管理: 资金管理升级版 [J]. 北京石油管理干部学院学报, 2014 (2): 6.

[99] 王主德, 杨磊, 左志坚. 再造招商局 [M]. 北京: 中信出版社, 2008.

[100] 魏江, 邬爱其, 彭雪蓉. 中国战略管理研究: 情境问题与理论前沿 [J]. 管理世界, 2014 (12): 5.

[101] 邬双舟. 静悄悄的革命·巨变 三年重整三年再造 成就"第三次辉煌" [J]. 中国水运, 2007 (12): 2.

[102] 邬双舟. 静悄悄的革命·探寻 六年新政谱写招商局最美乐章 [J]. 中国水运, 2007 (12): 1.

[103] 吴殿卿. 叶飞与"蛇口模式" [J]. 党史博览, 2013 (2): 16–21.

[104] 吴军军. "剩余收益制": 完善承包经营责任制的新探索 [J]. 工厂管理, 1992 (2): 2.

[105] 武光. 征程漫漫 [M]. 北京: 中共党史出版社, 2001.

[106] 徐崇温. 关于社会主义本质的研究——纪念邓小平南方谈话发表十周年 [J]. 马克思主义研究, 2002 (1): 10.

[107] 徐广成, 徐睿阳. 招商蛇口换股吸收合并招商地产的思考 [J]. 财务与会计, 2016 (19): 3.

[108] 许涛, 王亚亚. 雁形出海 畅游"一带一路" [J]. 中国外汇, 2017 (8): 6.

[109] 薛誉华. 国有资本经营与资产管理 [M]. 北京: 中国财政经济出版社, 2000.

[110] 杨瑞丰. 工业企业经济活动分析 [M]. 北京：地质出版社，1996.

[111] 杨伟斌. 招商局漳州开发区发展战略研究 [D]. 厦门：厦门大学，2001.

[112] 杨阳. 招商蛇口产业园公募REITs分析——资产篇 [J]. 股市动态分析，2021（11）：2.

[113] 姚望春. 国有控股母子公司管理控制：基于中央企业的研究 [M]. 北京：经济管理出版社，2016.

[114] 叶飞. 招商局大有可为 [J]. 福建党史月刊，2008（1）：23-25.

[115] 叶红玲. 招商局携手腾讯打造互联网＋超级样本 [J]. 中国水运，2017（1）：1.

[116] 佚名. 财务会计工作手册 [M]. 北京：水利电力出版社，1984.

[117] 佚名. 加强风险控制 优化资金结构——招商局集团理财工作纪实 [J]. 中国总会计师，2005（11）：52-53.

[118] 佚名. 坚持战略导向的财务管控 实现集团持续协调发展——招商局集团财务战略管理成果 [J]. 中国总会计师，2006（11）：2.

[119] 佚名. 交通部企业集团财务管理试行办法 [J]. 交通企业管理，1995（12）：2，5-8.

[120] 佚名. 精进创新 致远未来：招商交科 畅通山河——招商局重庆交通科研设计院有限公司发展综述 [J]. 中国公路，2015（9）：6.

[121] 佚名. 你好，招商蛇口！蛇口工业区吸收合并招商地产实现整体上市 [J]. 深交所，2016（1）：25.

[122] 佚名. 招商局与中外运长航重组进入实施阶段 [J]. 中国港口，2016（3）：2.

[123] 易惠莉，胡政. 招商局与近代中国研究 [M]. 北京：中国社会科学出版社，2005.

[124] 原诗萌. 央地重组整合重塑辽宁港口 [J]. 国资报告，2020（11）：5.

[125] 泽恩. 央地重组：国企改革的新动向 [J]. 上海企业，2019（7）：2.

[126] 张长胜. 企业全面预算管理（第二版）[M]. 北京：北京大学出版社，2014：15.

[127] 张后铨. 招商局史: 近代部分 [M]. 北京: 中国社会科学出版社, 2007.

[128] 张琳. 1997年亚洲金融危机及中国的应对策略研究 [D]. 贵阳: 贵州财经大学.

[129] 张天赦. 招商局与中外运长航战略重组 无偿划转整体并入追求: 1+1>2 [J]. 中国水运, 2016 (3): 80.

[130] 张巍. 浅议我国会计规范的变迁 [J]. 财会研究, 2008 (3): 3.

[131] 张一峰. 招商局漳州开发区建设发展的若干经验 [J]. 开放潮, 2001 (2): 3.

[132] 章秉权, 熊明钧. 关于特区中外合资企业的审计问题 [J]. 交通财会, 1991 (8): 2.

[133] 章秉权, 熊明钧. 浅谈外汇收支双轨记帐制的运用 [J]. 交通财会, 1990 (3): 6.

[134] 章秉权, 熊明钧. 中外合资企业会计核算实务 [M]. 北京: 人民交通出版社, 1990.

[135] 招商. 百年招商局奋力创建世界一流企业 [J]. 市场观察, 2017 (10): 49-51.

[136] 招商局会计史（下卷）[M]. 北京: 人民交通出版社, 1994.

[137] 招商局会计史编委会. 招商局会计史: 下卷 [M]. 北京: 人民交通出版社, 1994.

[138] 招商局集团有限公司. 打造"产业资源+资本扶持"平台模式 招商局集团有限公司推进双创循环发展 [J]. 中国贸易导刊, 2020.

[139] 赵彦旭. 招商蛇口换股吸收合并招商地产整体上市案例分析 [D]. 北京: 北京交通大学, 2018.

[140] 赵映林. 改革开放是实现中国梦的必由之路——纪念改革开放40周年 [J]. 文史杂志, 2018 (6): 7.

[141] 郑洪涛, 张颖. 企业内部控制暨全面风险管理设计操作指南 [M]. 北京: 中国财政经济出版社, 2007.

[142] 郑洪涛, 张颖. 企业内部控制学 [M]. 大连: 东北财经大学出版社, 2015.

[143] 中共中央党史研究室. 中国共产党历史图志 [M]. 上海：上海人民出版社, 2001.

[144] 中国管理模式杰出奖理事会. 解码中国管理模式 [M]. 北京：机械工业出版社, 2009.

[145] 中国交通年鉴1986 [M]. 北京：中国交通年鉴社, 1986.

[146] 中国企业联合会, 中国企业家协会. "十四五"展望：新格局下的大企业高质量发展 [J]. 中国经济报告, 2020（6）：4-19.

[147] 钟坚. 改革开放梦工场——招商局蛇口工业区开发建设40年纪实（1978-2018）[M]. 北京：科学出版社, 2018.

[148] 朱华建. 企业财务管理能力与集团财务管控 [M]. 成都：西南交通大学出版社, 2015.

[149] 朱士秀. 招商局史：现代部分 [M]. 北京：人民交通出版社, 1995.

[150] 朱玉. 对外开放的第一块"试验田"——蛇口工业区的创建 [J]. 中共党史研究, 2009（1）：29-34.

[151] 邹嘉龄, 刘春腊, 尹国庆, 等. 中国与"一带一路"沿线国家贸易格局及其经济贡献 [J]. 地理科学进展, 2015.

后　记

2022年是招商局创立150周年，为梳理和总结集团会计工作发展脉络，我们于年初启动了《招商局会计史（1978—2022）》编写工作。对于本书的编写，招商局各级领导高度重视，组建了由内部财务骨干和外部专家联合组成的编写组。本书延续了原人民交通出版社《招商局会计史》的脉络和结构，对招商局自改革开放以来的会计工作发展进行了梳理和总结。

为系统梳理招商局自1978年至2022年的会计历史脉络，总结提炼招商局会计创新体系，我们特别邀请了北京国家会计学院郑洪涛教授团队、中南财经政法大学汪军民教授团队、华北电力大学张颖博士团队、中宏经纬管理咨询张军华团队等进行了多次实地调研和分析，多次与招商局领导和财务部进行沟通交流，研究确定了本书的编写思路。

招商局广泛发动各单位积极参与，在集团办、人资部、战发部、风管部、历史博物馆以及各公司的大力支持下，尽可能收集会计历史资料。同时，专门征询了付刚峰先生、胡政先生、李引泉先生、粟健先生、华立先生的意见建议，并邀请了吴振勤女士、刘清亮先生、王琳琳女士、吕胜洲先生、刘杰先生等领导组成专项小组，对改革开放以来招商局各阶段的会计发展历程进行回顾，对各阶段的特点进行了梳理总结，为本书的编写工作提供有力支持。

招商局财务条线的领导、同事，积极参与了调研访谈、资料收集、梳理总结等工作，为本书的顺利编写打下坚实基础。

本书具有一定的专业性、历史性，在编审过程中，耗费了编辑们的大量时间和心血，特别感谢出版社和编辑的专业把关及辛勤付出。

后　记

　　由于时间跨度大、涉及范围广，特别是招商局的隶属关系发生多次变化，现存的历史性财务资料难以完全满足《招商局会计史（1978—2022）》的编纂。同时受时间和篇幅限制，很多会计创新和亮点没有完全呈现，存在资料片面、细节疏漏和笔力不足的情况，我们期待读者的多多指正。

　　以史为鉴知兴替，以史正人明得失，以史化风浊清扬。愿我们的努力能够对我国企业会计史、大型央企的财务管控以及广大财务工作者有所借鉴和帮助。

编　者

2022 年 12 月

图书在版编目（CIP）数据

招商局会计史：1978—2022 / 编写组编著. —北京：经济科学出版社，2022.12（2023.1 重印）
ISBN 978 - 7 - 5218 - 4371 - 2

Ⅰ.①招… Ⅱ.①编… Ⅲ.①国有企业 - 企业会计 - 会计史 - 中国 - 1978 - 2022 Ⅳ.①F279.241

中国版本图书馆 CIP 数据核字（2022）第 240934 号

责任编辑：初少磊　赵　蕾　尹雪晶
责任校对：李　建
责任印制：范　艳

招商局会计史
(1978—2022)
本书编写组
经济科学出版社出版、发行　新华书店经销
社址：北京市海淀区阜成路甲 28 号　邮编：100142
总编部电话：010 - 88191217　发行部电话：010 - 88191522
网址：www.esp.com.cn
电子邮箱：esp@esp.com.cn
天猫网店：经济科学出版社旗舰店
网址：http://jjkxcbs.tmall.com
北京季蜂印刷有限公司印装
710×1000　16 开　31.25 印张　500000 字
2022 年 12 月第 1 版　2023 年 1 月第 2 次印刷
ISBN 978 - 7 - 5218 - 4371 - 2　定价：198.00 元
（图书出现印装问题，本社负责调换。电话：010 - 88191510）
（版权所有　侵权必究　打击盗版　举报热线：010 - 88191661
QQ：2242791300　营销中心电话：010 - 88191537
电子邮箱：dbts@esp.com.cn）